방송문화진흥총서 162

# 디지털 시대의 위기 커뮤니케이션

### 계획 수립 · 관리 · 대응

## Ongoing Crisis Communication

Planning,
Managing, and
Responding 4th ed.

W. 티머시 쿰스 지음
배현석 옮김

한울
아카데미

\*  이 책은 MBC재단 방송문화진흥회의 지원을 받아 출간되었습니다.


\*  이 도서의 국립중앙도서관 출판예정도서목록(CIP)은 서지정보유통지원시스템 홈페이지(http://seoji.nl.go.kr)
   와 국가자료공동목록시스템(http://www.nl.go.kr/kolisnet)에서 이용하실 수 있습니다.
   CIP제어번호: CIP2016005799(양장), CIP2016006116(학생판)

# Ongoing Crisis Communication

Planning, Managing, and Responding (4th ed.)

W. Timothy Coombs

**Ongoing Crisis Communication: Planning, Managing, and Responding (4th ed.)**
by W. Timothy Coombs

Copyright ⓒ 2015 by SAGE Publications, Inc.
Korean translation copyright ⓒ HanulMPlus Inc., 2016

All rights reserved. This Korean edition was published by arrangement with SAGE Publications, Inc.
on the United States, United Kingdom, and New Delhi.

이 책의 한국어판 저작권은 SAGE Publications, Inc.와의 독점계약으로 한울엠플러스(주)에 있습니다.
저작권법에 의해 보호를 받는 저작물이므로 무단 전재와 무단 복제를 금합니다.

# 차 례

# 옮긴이 서문

2014년 4월 16일 오전 8시 50분경, 전라남도 진도군 조도면 부근 해상에서 청해진 해운 소속의 인천발 제주행 연안 여객선 세월호가 전복되어 침몰했다. 이 사고로 탑승인원 476명 중 295명이 사망하고 9명이 실종되었다. 이 사건은 대한민국 역사상 최악의 참사 가운데 하나로, 긴급재난 상황에 어떻게 대응해야 하는지조차 모르고 있던 무능함의 극치를 보여준 사고이자 사고 피해자 가족들에게 더 큰 아픔을 '남겨주고 있는' 참으로 가슴 아픈 사건으로 기록되고 있다.

그로부터 1년이 조금 더 지난 2015년 5월 20일, 바레인에서 귀국한 한 사업가가 메르스 확진 판정을 받으면서 한국에 메르스가 유입된 것이 확인되었다. 지극히 안이한 대응으로 방역망이 뚫리면서 감염자는 점점 늘어나, 2015년 7월 28일 기준으로 사망자 36명, 확진자 186명을 기록했다. 하지만 최초 확진자가 발생한 병원들의 초기 대응은 초보적인 수준이었고, 이후 정부의 후속 대응 역시 별로 다르지 않았다. 중동보다 높은 인구 밀도는 물론 응급실과 입원실의 높은 환자 밀도 그리고 잦은 병문안 문화 또한 부실한 대응에 기름을 부었다.

다시, 2016년 1월 24일, 이번에는 제주공항이었다. 제주에서 7년 만에 발효된 한파주의보로 항공기 운항이 중단되고 승객 2만 명의 발이 묶이는 등 공항 기능이 사실상 마비되는 일이 벌어졌다. 언론은 "제주공항 청사 안

이 흡사 난민촌을 방불케 합니다. 추위에 떨던 아이들은 모포 위에서 곯아 떨어졌고, 모포를 구하지 못한 어른들은 신문지를 깔고 눕거나, 짐수레 위에서 잠시 눈을 붙입니다"라고 보도하고 있었다. 이런 '하얀 전쟁'과 같은 상황은 5일 동안 계속되었다. 물론 이번 폭설은 제주도민들 사이에서도 흔하게 겪지 못한 일이었고, 금방 눈이 녹는 제주의 특성상 충분한 제설차량을 확보하지 않은 상황에서 제설작업이 쉽지는 않았기 때문에 어쩔 수 없다고 항변할 수도 있을 것이다. 그러나 재난은 최악의 경우를 선정해 대비해야 하고, 최소한 공항에 수천 명의 승객이 몰리거나 교통이 마비될 것을 예상하고 여객기나 대중교통을 이용하지 않도록 사전에 경고해야 했다. 반복되는 이러한 어리석음을 질타하듯 한 케이블 방송사는 외국 공항의 위기 대응 매뉴얼과 우리 공항의 위기 대응 매뉴얼을 비교해 보여주기도 했다.

이상의 세 사건에서 드러난 모습은 한국 사회가 위기에 처할 때마다 반복적으로 나타나는 부끄러운 위기 대응 자화상이다. 이와 같은 위기가 발생할 때마다 위기를 관리해야 할 당사자와 정부는 물론 언론기관들마저도 이 위기를 어떻게 극복해야 할지 우왕좌왕하는 모습에 국민들은 매번 가슴을 쓸어내려야 한다. 한국 사회에는 이러한 위기를 사전에 어떻게 예방할 수 있는지, 혹여 이러한 위기가 발생할 경우 어떻게 관리해야 하는지, 그리고 이렇게 위기가 지나간 후 이러한 위기를 어떻게 평가해야 앞으로 유사한 위기가 또다시 발생하지 않도록 교훈으로 삼을 수 있는지에 대한 지침과 교본이 전혀 마련되어 있지 않다. 이처럼 부끄러운 우리 사회의 민낯이 역자가 이 책을 번역하지 않을 수 없었던 가장 큰 이유다. 이 책은 왜 우리가 위기에 대비해야 하고, 위기가 발생할 경우 어떻게 대응해야 하며, 위기가 지나간 후 또다시 같은 위기를 겪지 않기 위해서 위기를 어떻게 평가해야 하는지를 잘 보여주고 있다.

저자 W. 티머시 쿰스(W. Timothy Coombs)는 현재 미국 텍사스 A&M

대학교(Texas A&M University) 교수로, 상황 위기 커뮤니케이션 이론(SCCT: situational crisis communication theory)을 개발하고 검증한 공로로, 2002년 미국 PR 협회로부터 잭슨, 잭슨 & 와그너 행동과학상을 수상한 것에서 볼 수 있듯이 위기 연구 전문가다. 저자는 위기관리는 어떤 조직도 직면할 수 있는 도전이자 많은 조직이 실패하는 도전이기도 하다고 지적한다. 위기관리에 실패할 때, 이해관계자와 조직은 고통을 받으며, 모든 조직은 반드시 위기에 대비해야 한다고 저자는 역설한다. 위기 커뮤니케이션은 위기관리의 생명선이다. 위기 커뮤니케이션이 효과적이지 않을 때, 위기관리 노력도 효과적이지 않다. 이에 저자는 위기 커뮤니케이션에 관한 많은 연구들을 토대로 위기관리에 대한 다양한 실무자와 연구자들의 글을 통합하고 정리해 *Ongoing Crisis Communication: Planning, Managing, and Responding*(4th ed.)을 세상에 내놓았다.

공공기관에서 위기관리 매뉴얼 형식으로 보고서가 발간, 소개되어 있으나 본격적으로 위험이나 위기 그리고 위기 커뮤니케이션에 대해 다룬 서적들은 극소수며 위기관리 및 위기 대응 커뮤니케이션에 관한 연구도 아직 활발한 편이 아니다. 따라서 저자의 원서를 번역한 『디지털 시대의 위기 커뮤니케이션: 계획 수립·관리·대응』은 아직은 초기 단계에 머물러 있는 위기관리 및 위기 커뮤니케이션에 관한 논의와 연구를 활성화할 것으로 기대된다.

역자에게 번역 작업은 늘 그렇듯 "언제 이 작업이 끝날까?"라는 물음표로 시작했다가 "어, 어느새 몇 페이지 남지 않았네!"라는 느낌표로 끝나는 보람된 일이다. 대학교 4학년 때 '발행부수 공사기구(Audit Bureau of Circulation)'에 관한 자료 번역이 역자의 첫 번째 번역 작업이었으니, 어느덧 번역 일에 발을 들여놓은 지 30년이 되었다. 30년의 작업에도 불구하고 여전히 번역 작업은 역자에게 그리 녹록지 않은 일이다. 역자는 지금도 "번역 작업은 배우자를 고르는 일과 같아, 외모를 중시하면 사람 속이 부실해질 수 있고 사람 속에만 신경 쓰다 보면 외모가 부실해질 수 있다"는 모교 은사님의 번역 철학을 고수하고 있다. 학술적 전문성에 영어 독해 능력은 물론 그것을 우리말로 적절하게 표현해내는 작업이 삼위일체가 되어야 정확하고 읽기 쉬운 글이 탄생한다고 믿는다. 이런 믿음을 바탕으로 최선을 다해 번역 작업에 임했다고 자부하지만 사람이 하는 일이라 실수와 미흡함이 어찌 없을 수 있겠는가? 이런 실수와 미흡함은 전적으로 역자의 책임이며, 책임자로서 독자들의 지적과 질책을 마다하지 않을 것이다.

『디지털 시대의 위기 커뮤니케이션: 계획 수립·관리·대응』의 출간을 재정적으로 지원해준 방송문화진흥회와 출간을 허락해준 한울엠플러스(주)의 전폭적인 지원이 없었더라면 이 책은 아마 한국 사회에 소개되지 못했을 수도 있었을 것이다. 다시 한 번 이 책의 출간 지원을 결정해준 방송문화진흥회와 한울엠플러스(주) 관계자 여러분, 특히 까다로운 역자의 교정 조건을 받아들여준 편집부원들에게도 깊은 감사를 드린다.

또한 이 책은 사랑하는 가족들의 배려와 사랑이 없었더라면 이 세상에 나오지 못했을 것이다. 늘 곁에서 염려해주고 분에 넘치게 챙겨주는 사랑하는 아내 수정 씨, 아빠와 같은 길을 걸으면서 학문적 동반자이자 이제 조언자로 성장해가고 있는 사랑스러운 딸 은결 양, 군 복무를 마치고 복학해 미래의 꿈을 향해 도전해갈 착하고 듬직한 아들 한결 군, 그리고 역자를 세상에 있게 해주셨고 정성과 사랑, 기도로 아들의 미래를 기원해주셨던 아버님 어머님께 이 책을 바치면서, 두 어른의 편안한 안식을 기원한다.

2016년 봄의 문턱에서

배현석

## 이 책의 목적

위기관리(crisis management)는 어떤 조직도 직면할 수 있는 난제이자 많은 조직이 해결하는 데 실패하는 난제이기도 하다. 위기관리에 실패할 때, 이해관계자(stakeholder)와 조직은 고통을 받는다. 모든 조직은 반드시 위기에 대비해야 한다. 카니발 크루즈(Carnival Cruises), 보잉(Boeing), 이케아(Ikea)는 유명하고 존경받는 회사지만, 최근에 직면한 위기를 성공적으로 처리했는가 하는 점에서 이 회사들은 큰 차이를 보였다. 위기 커뮤니케이션(crisis communication)은 위기관리의 생명선이다. 위기 커뮤니케이션이 효과적이지 않을 때, 위기관리 노력도 효과적이지 않다. 위기 커뮤니케이션에 관한 연구도 많고 위기 커뮤니케이션에 대한 사례도 많다. 위기 커뮤니케이션과 관리에 대한 엄청나게 많은 글은 축복이자 저주다. 그렇게 많은 정보를 가지고 있다는 것은 대단한 일이지만, 그 모든 것을 찾아내 정리하는 것은 쉬운 일이 아니다. 사람들은 매우 다른 관점에서 위기에 대한 글을 쓰기 때문에, 위기 커뮤니케이션과 관리에 대한 글들은 파편화되어 있다. 이러한 상황으로 인해 관리자는 단편적인 정보를 정리하는 데 애를 먹거나 매우 중요한 자료를 완전히 놓쳐버릴 수도 있다. 저자들은 종종 그들의 전문 분야에 초점을 맞춘 나머지 다른 전문 분야에서 개발된 개념과 아이디어를 자신의 그것과 연결하지 못한다. 이러한 파편화된 상황은 또한 여러 관점을 통합함으로써 얻을 수 있는 위기 커뮤니케이션과 관리에 대한 더 충분한 이해를 방해한다. 여기에다 관련된 여러 커뮤니케이션 개념이 위기관리와 관계가 있지만 아직 위기관리 문헌에 통합되지 않고 있다는 사실이 더해져, 상황은 훨씬 더 복잡해진다. 실무자, 연구자, 교육자들은 이러한 파편화된 접근으로 인해 제한을 받을 수밖에 없다. 이 책의 1차적인 목적은 위기관리에 대한 다양한 실무자와 연구자들의 글을 통합하고 정리해놓은 자료를 제공하는 것이다.

이 책이 강조하는 바는 위기관리 과정에서 커뮤니케이션의 역할이다. 일반 관리자는 전략적 위기 커뮤니케이션의 가치와 위기관리의 가치를 반드시 인식해야 한다. 이 책은 위기관리 과정 전반에서의 커뮤니케이션 역할을 강조하며, 관리자, 연구자, 교육자에게 도움을 주는 지식 체계를 제공하고자 한다. 이 책에서 '과정'은 중요한 단어다. 너무나 많은 사람이 위기관리는 위기관리 계획을 수립하거나 위기가 닥칠 때 대응하는 것을 의미한다고 생각한다. 이는 위기관리에 대한 반응적(reactive)[1]이며 꽤 제한된 접근방식이다. 위기관리에 대한 더 충분하고도 더 선제적인(proactive) 접근방식은 전 과정을 살펴보는 것이다. 관리자는 위기관리를 스와트(SWOT) 분석과 유사한 것으로 생각해야 한다. SWOT는 강점(strength), 약점(weakness), 기회(opportunity), 위협(threat)을 나타낸다. 조직은 위기관리를 통해, 어떤 조직이 위협에 대처하거나 위기에 대비하지 못하는 것이 약점임을 알게 된다. 강점은 어떤 조직이 잘 하고 있는 위기관리의 요소들이다. 기회는 어떤 위기가 오기 전에, 위기가 온 동안, 그리고 위기가 지나간 후

---

[1] 어떤 문제가 발생하고 난 후에 사후적으로 반응을 보이는 것으로, '선제적'에 반대되는 개념이다(역자 주).

어떤 조직이 접근할 수 있는 자원을 말한다. 위협은 위기로 발전할 수 있는 요인들이다. 신속한 위기 SWOT 분석은 관리자로 하여금 위기관리와 위기 커뮤니케이션을 매우 진지하게 받아들여야 할 필요성을 일깨워줄 것이다.

## 이 책의 독자

나는 학생과 실무자를 위해 이 책을 썼으며, 특히 학부 학생에게 이론에 뿌리를 두고 있는 위기 커뮤니케이션에 대한 응용적 접근방법을 제시한다. 이상적으로 말하자면, 이론은 실무에 지식과 정보를 제공해야 하며, 나는 위기관리 과정에 대한 통찰력을 얻기 위해 위기 커뮤니케이션 및 관리에 관한 최고의 연구를 골랐다. 실무자들은 이 책을 통해 위기 커뮤니케이션에 대한 이해와 위기 커뮤니케이션의 실행을 향상할 수 있다. 이 책은 위기관리자가 되고자 하는 사람들에게 도움을 주는 데 사용될 수 있도록 설계되어 있다. 기업 커뮤니케이션(corporate communication), 조직 커뮤니케이션, 공중 관계(PR: public relations), 혹은 관리 경험이 있는 사람이라면 누구나 위기팀(crisis team)에 포함될 수도 있다. 이 책이 제공하는 정보는 더 효과적인 위기팀원이 되는 데 도움을 줄 것이다.

## 이 책의 구성

이 서문에서 나는 위기관리 과정이란 말을 사용하고 있다. 위기관리는 위기 전 단계(precrisis), 위기 단계(crisis event), 위기 후 단계(postcrisis)의 세 단계로 구성되어 있다고 볼 수 있다. 이 책은 이러한 세 단계를 따르고 있다. 1장에서는 위기관리에 대한 3단계 접근방법에 대해 논의한다. 2장에서는 위기관리에서 소셜 미디어(social media)의 중요성이 증가한 점을 중점적으로 살펴본다. 3장과 4장은 위기 전 단계의 예방 측면에 초점을 맞추는 한편, 5장과 6장은 위기 전 단계의 대비 측면에 초점을 맞춘다. 7장과 8장은 위기 단계에 초점을 맞추며, 9장은 위기 후 단계에 대해 설명한다. 후기에서는 커뮤니케이션 기술과 세계화가 앞으로의 위기 커뮤니케이션 발전에 어떻게 영향을 미칠지를 살펴보고 이 책이 제공하는 핵심적인 통찰력을 되돌아본다.

### 교수법적 특징

이 책에는 '당신은 어떻게 하겠습니까?'에 관한 사례들이 제시되어 있다. 각 사례는 그 장에 소개되어 있는 핵심 포인트에 초점이 맞추어져 있다. 교재에 소개된 개념들을 그 사건에 적용해볼 수 있게끔 설계된 일련의 질문과 함께 실제 위기 사건에서 비롯된 정보가 제시된다.

이 새로운 판에는 '위기 리더십 역량(Crisis Leadership Competency)' 박스가 매 장마다 등장한다. 이 박스들은 다양한 상황에서 효과적으로 위기 커뮤니케이션을 관리하는 데 필요한 필수적인 리더십 기술을 중점적으로 소개한다.

각 장은 그 장을 요약하는 결론과 더불어 독자들이 교재 내용에 대한 이해를 넓히는 데 도움을 주는 논의를 위한 질문으로 끝을 맺는다.

### 네 번째 판의 새로운 점

위기 커뮤니케이션과 관리는 매우 역동적이어서 세 번째 판이 발행된 지 몇 년 지나지 않아 이 분야에는 상당한 변화가 일어났고, 나는 이 책의 네 번째 판을 쓰지 않을 수 없었다. 연구자들은 꾸준히 위기관리 과정에 대한 통찰력을 추가로 제공한다. 소셜 미디어는 계속해서 위기 커뮤니케이션의 난제가 되고 있다. 관리자는 위기 시 소셜 미디어의 효용성과 위기를 야기할 수 있는 소셜 미디어의 잠재력 모두를 반드시 이해해야 한다. 연구자들은 이중 위기(double crisis)와 위기에 대해 소통하고자 하는 다양한 목소리를 고려해야 할 필요성과 같은 아이디어를 계발함으로써 위기 커뮤니케이션에 대한 우리의 이해를 넓혀 주었다. 네 번째 판에서 나는 연구를 통해 나타나는 위기 커뮤니케이션에 대한 더 복잡한 관점을 파악해 그것을 실무자들이 접근할 수 있고 또 사용할 수 있는 정보로 바꾸고자 노력했다.

네 번째 판에서 바뀐 주요 내용은 다음과 같다.

- 1장은 재난과 조직의 위기를 구분하고 있다.
- 2장은 전통적인 미디어 위기와 소셜 미디어 위기 간의 차이를 살펴보고 있다. 서로 다른 유형의 소셜 미디어 위기와 각각의 위기가 야기하는 의사 전달 요구사항에 대한 확대된 논의가 이루어진다.
- 3장은 위기관리에서 증대하고 있는 기업의 사회적 책임(CSR: corporate social responsibility)의 역할과 행동주의자들이 잠재적 위기를 야기함으로써 기업 행동(corporate behavior)에 영향을 미치려는 시도에서 어떻게 점차 '사적 정치(private politics)'를 활용하는지에 대해 알아본다.
- 4장은 적기(赤旗, red flag, 탐색을 고려해보도록 알려주는 경고신호)의 개념과 위기 탐색(crisis scanning) 시 점차 많이 사용하고 있는 감성분석(sentiment analysis)을 추가한다.
- 5장은 위기팀 내에서 소셜 미디어 관리자의 새로운 역할은 물론 훈련과 즉흥적 대응(improvisation) 간의 관계에 주목한다.
- 6장은 단지 일반적으로 사용되는 요소 목록이 아니라 기본 구성요소

에 초점을 맞추기 위해 위기관리 계획(CMP: crisis management plan)에 대한 논의를 수정한다. 사전에 작성된 메시지 견본은 물론 위기관리 계획과 소셜 미디어 계획의 연계 필요성에 대한 더 진전된 논의도 이루어진다.

- 7장은 어떤 조직의 위기를 리더십으로 설득할 수 있는 역할 중요성(role importance)을 보강한다.
- 8장은 위기 커뮤니케이션의 목적과 대상에 대한 부분을 새로 추가한다. 또한 부인(否認) 위기 대응 전략과 사과(謝過) 위기 대응 전략의 유용성 및 위험에 대한 확대된 논의도 이루어진다.
- 9장은 추모 및 추모와 위기 커뮤니케이션의 관계에 대한 논의를 확대한다.
- 마지막으로 후기에서는 이 책의 핵심 통찰력을 다시 한 번 요약함과 동시에 세계화와 커뮤니케이션 기술이 위기 커뮤니케이션의 가까운 장래에 요구하는 바를 예측해본다.

## 감사의 말

책은 많은 자료에 의존하기 때문에 실제로 자기 혼자서 쓴 책은 존재하지 않는다. 나는 이 책의 개정판을 출간하는 데 도움을 준 사람들에게 감사를 드리고 싶다. 이 책을 업데이트하고 위기 커뮤니케이션 및 위기관리 지침서로서의 가치를 높이는 작업을 하면서 세이지(Sage) 출판사에 계신 분들, 특히 맷 버니(Matt Byrnie)와 그의 편집 보조원 개브리엘 피치니니(Gabrielle Piccininni)가 보여준 신뢰에 고마움을 전한다. 소셜 미디어의 재빠른 채택은 이 책을 업데이트할 필요성을 야기한 핵심 요인이다. 네 번째 판을 검토해준 필립 G. 클램핏(Phillip G. Clampitt), 케이스 히릿(Keith Hearit), 메리 앤 모핏(Mary Anne Moffitt), 마이클 J. 팔렌차르(Michael J. Palenchar), 샤리 R. 베일(Shari R. Veil)에게 감사한다.

또한 세 번째 판을 검토해준 테네시 대학교(University of Tennessee) 팔렌차르, 일리노이 주립대학교(Illinois State University) 토마시 페디우크(Tomasz Fediuk), 펜실베이니아 주립대학교 요크 캠퍼스(Penn State York) 조 R. 다우닝(Joe R. Downing), 드폴 대학교(DePaul University) 소라 김(Sora Kim), 뉴욕 시립대학교(CUNY) 바루크 대학(Baruch College) 린다 로페즈(Linda Lopez), 켄터키 대학교(University of Kentucky) 베일에게도 고마움을 전한다. 끝으로 이 책의 여러 초안을 읽고 의견을 준 셰리(Sherry)와 늘 내 곁에 있어주는 먹시(Mugsy)에게도 깊은 감사의 뜻을 전한다.

W. 티머시 쿰스(W. Timothy Coombs)

# 01

# 더 많은 위기관리 지식의 필요성

　유람선 코스타 콩코르디아(Costa Concordia)호가 바위에 부딪혀 침몰하고, BP(British Petroleum)의 딥워터 허라이즌(Deepwater Horizon)[1] 기름 유출사고로 11명의 작업인부가 죽고 멕시코 만의 환경 파괴를 불러일으킨다. 엔론(Enron)은 이해관계자들에게 재정 손실을 숨겼다가 파산하고, 유람선 카니발 트라이엄프(Carnival Triumph)호는 전력이 끊겨 바다에 표류하고, 보잉의 드림라이너(Dreamliner)는 배터리 문제로 이륙하지 못하며, 9/11 테러 공격으로 대략 3000명이 사망한다. 이러한 사건·사고는 어떤 조직도 위기에 영향을 받지 않을 수 없다는 점을 일깨워준다. 만약 어떤 조직도 위기에 영향을 받지 않을 수 없다면, 모든 조직은 위기에 대비해야 한다. 1주일 중에 어떤 날을 택하든 당신은 기차 탈선, 비행기 충돌, 비영리 기관이 부적절하게 사용한 자금, 생산시설 폭발, 작업 현장에서 무언가에 맞거나 다친 노동자, 혹은 대장균에 감염된 쇠고기, 칠면조 고기, 닭고기, 또는 심지어 콩나물에 대한 기사를 찾을 수 있을 것이다. 요컨대 모든 조직은 위기관리에 대해 그들이 할 수 있는 한 많은 것을 배워야 한다.

---

1　석유 시추 플랫폼(역자 주).

계속 진행되는(ongoing) 위기관리의 속성을 정확히 포착하는 종합적인 위기관리 프로그램(CCMP: comprehensive crisis management program)을 수립하는 것은 쉬운 작업이 아니다. 위기관리 과정은 다양하며 소집단 의사 결정, 미디어 관계(media relations),[2] 환경 탐색(environmental scanning), 위험 평가, 위기 커뮤니케이션, 위기 계획 수립, 평가방법, 재난 사회학(disaster sociology), 평판 관리와 같은 다양한 분야의 지식 통합을 필요로 한다. 위기관리 과정의 모든 단계와 하부 단계를 포함하는 완벽한 CCMP를 수립하기 위해서는 다양한 위기관리 문헌을 반드시 찾아보아야 한다. 엄청나게 많은 위기관리 정보를 자세히 살펴보는 것은 벅차긴 하지만 반드시 필요한 작업이다.

이 책의 1차적인 목적은 위기관리 지식을 정리하는 작업을 간소화하는 통합적인 틀을 제공하는 것이다. 위기관리 3단계 모델에 기반을 두고 있는 진행 접근방법(ongoing approach)은 그 기초를 제공한다. 3단계는 위기 전 단계, 위기 단계, 위기 후 단계를 말하는데, 각 단계는 세 하부 단계로 구성되어 있다. 세 단계는 위기관리 과정에 대한 다양한 통찰력을 요약하고 체계화하는 데 사용된다. 서로 다른 분야에서 나온 무수히 많은 아이디어가 하나의 연속적인 과정으로 종합된다. 그럼으로써 최종적으로 우리는 계속 진행되는 위기관리 과정의 각 단계를 개발하기 위한 지침을 얻을 수 있다. 앞으로 이루어질 위기관리 분야의 발전은 3단계 접근방법이라는 종합적인 틀 속으로 쉽게 흡수될 수 있기 때문에 이 책은 살아 있는 지침서다.

여기에 제시된 3단계 모델은 위기관리를 어떻게 '해야 하는지'에 대한 다양한 제안을 제공한다. 이 책의 목적은 위기를 실제로 관리하거나, 위기관

---

2  매체 종사자와의 인간적 관계를 말하는 것으로, 기업이 뉴스 매체에 취급되도록 하기 위한 PR(public relations) 작업, 신문·잡지·방송 매체의 관계자와 우호적 인간관계를 많이 맺는 것이 그 일의 주요 내용이다(역자 주).

리를 연구하거나, 혹은 가르치는 데 관심이 있는 사람들에게 도움을 주는 것이다. 위기를 실제로 관리하는 데 관심 있는 사람들에게 이 책은 위기관리 프로그램을 수립하기 위한 종합적인 접근방법을 제공한다. 위기관리 연구에 관심이 있는 사람들에게 이 책은 위기관리 연구를 위한 분석 틀을 제공한다. 위기관리를 가르치는 사람들에게 이 책은 미래의 위기관리자를 교육하는 데 필요한 추가적인 자료를 제공한다. 이 책은 핵심 아이디어들에 대한 요약으로 끝을 맺으며, 실무자, 연구자, 교육자들에게 제공한 일부 통찰력을 강조한다. 그 밖에도 이 책의 부록은 연구와 조사에 사용될 수 있는 많은 위기를 제안하고 있다.

## 1. 위기관리의 정의

위기관리에 관한 책은 많지만, 받아들여지는 위기에 대한 한 가지 정의는 존재하지 않는다. 어떤 주제를 정의하는 방식은 그것에 대한 접근방식을 보여주기 때문에, 구체적인 정의를 가지는 것은 중요하다. 이 책이 위기관리에 어떻게 접근하는지를 독자들이 이해할 수 있도록 하기 위해, 먼저 위기관리에 대한 정의부터 살펴보기로 한다.

'위기(crisis)'는 실무자와 학자들이 자주 사용하는 매우 광의적인 용어다. 공유되는 스트레스를 야기하는 체계 내의 어떤 실패(breakdown)가 위기에 대한 일반적인 정의다(Perry, 2007). 이와 같은 일반적인 정의는 매우 다양한 사건에 적용될 수 있다. 이 책의 초반부에서 '위기'라는 용어가 의미하는 바를 구체적으로 밝히고 위기를 다른 유사한 개념과 구별하는 것은 중요하다. 〈그림 1-1〉은 위기를 어떻게 개념화하고 있는지를 보여준다. 우리는 위기에 대한 일반적인 개념을 출발점으로 삼고 그 아래에 재난(disaster)과

〈그림 1-1〉 **위기의 유형**

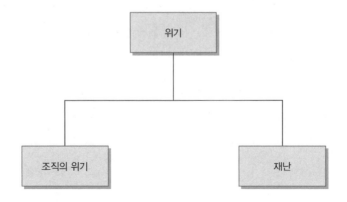

조직의 위기(organizational crisis)를 둔다. 재난과 조직의 위기 모두에 대해 쓴 책들이 있긴 하지만, 받아들여지는 각각의 용어에 대한 한 가지 정의는 존재하지 않는다. 이 책이 위기라는 주제에 접근하는 방식을 명확히 하기 위해 두 개념을 구별하는 것은 중요하다.

### 1) 재난의 정의

재난은 갑자기 발생하고, 체계의 일과(routine)에 심각한 지장을 초래하고, 그러한 지장에 대처하기 위해 새로운 행동 방침을 요구하며, 가치와 사회적 목표를 위태롭게 하는 사건이다(Quarantelli, 2005). 이것은 재난에 대한 정의라기보다 일단의 특징이긴 하지만, 재난의 속성을 잘 포착하고 있다. 재난은 또한 규모가 크고 다수의 정부 부처의 대응을 요구한다. 재난은 조직의 위기를 낳을 수 있다. 예를 들면, 조직은 재난이 조직의 운영에 미치는 효과에 대처할 필요가 있을 수도 있다. 토네이도가 있은 후 고객들에게 끊긴 전기 공급을 복원할 필요가 있는 전력회사가 한 예가 될 수 있을 것이다. 반대로 위기가 재난을 촉발할 수 있는 있는 상황은 좀처럼 보기 드물다. 그런 드문 예로 유니언 카바이드(Union Carbide)의 유독가스가 인도 보팔(Bhopal)에서 유출된 사건과 딥워터 허라이즌이 침몰하면서 멕시코 만에 원유가 유출된 사건이 있다. 많은 연구가 재난에 대처하는 방법에 대한 수많은 조언을 내놓았으며, 재난과 조직의 위기를 극복하기 위한 노력 간에는 어느 정도 공통된 부분이 존재한다. 그러나 이 책은 조직의 위기에 초점을 맞춘다. 이 책이 위기에 접근하는 방법을 독자들에게 명확히 보여 주기 위해, 이제 조직 위기에 대한 매우 구체적인 정의를 살펴보기로 한다.

### 2) 조직 위기의 정의

위기는 어떤 예측할 수 없는 사건이 건강, 안전, 환경, 경제 이슈와 관련된 이해관계자들의 중요한 기대를 위협하며, 조직의 성과에 심각한 영향을 미쳐 부정적인 결과를 초래할 수 있다고 지각하는 것이다. 이 정의는 위기에 대한 여러 가지 관점을 종합한 것이다. 이 정의는 다른 저자들이 위기를 설명할 때 사용한 공통된 특성을 정확히 담아내고자 했다.

위기는 지각과 관련되어 있다. 우리가 통상적으로 위기라고 생각하는 것은 위기라고 지각하기 쉬운 사건이다. 바로 그런 이유에서 산업 재해(in-dustrial accident)나 허리케인(hurricane)이 위기라는 데 이의를 제기하는 사람은 거의 없다. 그러나 어떤 사건을 위기라고 규정하는 데 도움을 주는 것은 이해관계자의 지각이다. 이해관계자(stakeholder)란 조직에 영향을 받거나 조직에 영향을 줄 수 있는 사람이나 집단을 말한다(Bryson, 2004). 만약 이해관계자들이 어떤 조직이 위기에 처해 있다고 믿는다면, 위기는 존재하며 이해관계자들은 그 조직이 위기에 처해 있는 것처럼 그 조직에 반응한다. 자동차 회사인 아우디(Audi)는 거의 10년 동안 고객들에게 그들의 변속기에는 아무런 문제가 없다고 말했다. 그러나 몇 대의 자동차가 (급 가속과 함께) 갑자기 중립에서 기어 상태로 변속되어 부상과 사망을 초래했기 때문에 고객들은 위기를 지각했다. 토요타(Toyota)가 자동차가 통제 불가능할 정도로 그리고 때로는 치명적일 정도로 가속되는 가속페달 잠김 현상으로 씨름하고 있던 2009년을 되돌아보자. 토요타는 그러한 위기에 대한 늑장 대응으로 비난을 받았다. 토요타 경영진은 그러한 문제를 알아보고 토요타가 위기에 처했다는 것을 인식하는 데 어려움을 겪었다. 경영진은 그와 같은 사건을 이해관계자의 관점에서 바라보고 위기가 발생했는지를 제대로 평가할 수 있어야 한다.

위기는 예측할 수는 없지만(unpredictable) 예상할 수 없는(unexpected) 것은 아니다. 현명한 조직은 그들에게 언제 위기가 닥칠 것인지는 모르지만 그들에게 위기가 닥칠 거라는 것은 안다. 위기는 예상할 수 있다. 위기는 갑자기 발생하기 때문에 위기에는 놀라움과 예측 불가능함과 같은 요소가 포함된다(Barton, 2001; National Research Council, 1996). 그러나 어떤 위기는 많은 경고를 보낸다(Irvine & Millar, 1996). 예를 들면, 만약 어느 주요 텔레비전 뉴스 매거진 프로그램이 어떤 조직에 대한 부정적인 기사를 방송할 계획이라면, 경영진은 그 사건을 몇 달 전에 알 것이다. 식품 보조제 회사인 메타보라이프(Metabolife)는 1999년 그와 같은 위기에 직면했다. 이 회사는 리드 타임(lead time)[3]을 이용해 공격적인 멀티미디어 캠페인을 벌였는데, 이는 그들의 제품이 해로운 부작용을 일으킨다는 고발로부터 스스로를 방어하기 위한 것이었다. 그들은 라디오와 신문 광고를 통해 자신들이 특별히 제작한 웹사이트에 사람들이 방문하게 하고, 거기서 편집되지 않은 인터뷰 영상을 보고 뉴스 프로그램이 진실을 어떻게 왜곡하는지

---

3 어떤 일의 발단에서 최종 결과가 나오기까지 걸리는 시간(역자 주).

를 알 수 있게끔 했다.

위기는 조직이 어떻게 행동해주기를 바라는 이해관계자의 기대를 어긋나게 할 수 있다. 이러한 기대는 건강, 안전, 환경, 혹은 경제적 관심사와 관련되어 있을 수 있다. 비행기는 안전하게 착륙해야 하고, 제품은 우리를 해쳐서는 안 되고, 경영진은 돈을 훔쳐서는 안 되며, 조직은 사회의 가치를 반영해야 한다. 위기는 이해관계자들의 어떤 기대를 깨뜨려 사람들을 속상하거나 화나게 하는데, 이는 조직과 이해관계자 간의 관계를 위태롭게 한다. 바로 이런 이유에서 위기는 조직의 평판에 위험한 것으로 간주된다(Barton, 2001; Dilenschneider, 2000). 평판(reputation)이란 이해관계자가 조직을 어떻게 지각하는가 하는 것이다. 어떤 조직이 이해관계자의 기대를 저버릴 때, 이해관계자는 그 조직을 덜 긍정적으로 지각하게 되고, 따라서 그 조직의 평판이 손상된다.

사건과 위기 간의 차이점은 '심각한 영향'의 유무에 있다. '사건(incident)'은 국지적인 사소한 혼란(disruption)이다. 자판기가 설치되어 있는 어떤 공장의 회의실에서 수도 밸브가 파손되어 사방에 물이 뿜어져 나오는 경우를 예로 들어보자. 파손된 밸브가 수리되고, 일부 회의의 일정이 변경되며, 자판기는 하루 동안 사용하지 못한다. 파손된 밸브는 조직의 더 큰 일과에 영향을 미치지 않고 교체될 수 있기 때문에, 이것은 위기가 아니고 사건이다. 만약 망가진 수도 밸브로 인해 공장의 업무가 마비된다면, 그것은 전체 조직에 피해를 주기 때문에 위기가 된다(Coombs, 2006b; Pauchant & Mitroff, 1992). 위기는 전체 조직에 피해나 영향을 주거나 혹은 그럴 수 있는 가능성을 지니고 있다.

위기는 또한 부정적이거나 바람직하지 않은 결과를 초래할 가능성을 지니고 있다. 만약 사업에 피해가 생긴다면, 조직은 대개 재정적 손실(예, 생산성 손실, 수입 감소)을 겪을 것이다. 그러나 위기로 인한 피해는 재정적 손

## BP와 텍사스 시티 I

텍사스 주, 텍사스 시티(Texas City)[4]에서 이 사건이 발생한 시점은 2005년 3월 23일 오후 1시 20분이었다. 당신은 그 도시에 있는 BP 정유공장에서 일하고 있다. 갑자기 무언가가 폭발하면서 땅이 흔들린다. 당신은 밖으로 나가 이성화(isomerization)[5] 공정 설비가 있는 쪽에서 큰 화염과 연기가 몰려오는 것을 본다. 당신은 작업자들이 오늘 이성화 공정 설비에서 이성화 공정 개시 작업을 하고 있다는 것과 개시 작업은 정유공장에서 가장 위험한 공정 가운데 하나라는 것을 안다. 경보가 울리고, 사람들은 소리치며 달리고, 일부 직원은 돕기 위해 달려가고 있다. 당신은 BP 텍사스 시티 위기팀(crisis team)의 PR 담당자다. 당신은 지금 어떻게 하겠는가? 이 회사는 이 사건에 대응하기 위해 무엇을 해야 하는가?

---

실을 넘어 이해관계자의 부상이나 사망, (현장 혹은 현장에서 떨어진 지역의) 건물의 구조적 혹은 재산상 피해, 평판 손상, 브랜드에 대한 손해, 환경적 피해로 확대된다(Loewendick, 1993). 그러한 피해는 다양한 이해관계자에게 영향을 미칠 수 있다. 비행기 충돌은 승무원, 승객, 지상에 있는 사람들의 사망을 초래할 수 있다. 그뿐만 아니라 어떤 전체 산업이 그 산업에 속해 있는 한 조직의 위기에 영향을 받을 수 있다. 사람들이 어떤 국한된 위기를 전체 산업에 투사할 때 산업 전체가 재정적 손실(예, 많은 비용을 초래하는 새로운 규제)이나 평판 손상을 겪을 수 있다. 2006년, 유람선 산업 전체가 카니발 크루즈 유람선 화재에 관련되었는데, 왜냐하면 그 위기는 한 회사에 국한된 위험이 아니라 산업 전반의 위험이었기 때문이다. 화재는 모든 유람선에서 발생할 수 있는 위험이며, 사람들은 안전함을 느끼고 싶어 했다. 고용인, 승객, 지역사회 주민들은 산업 재해나 교통사고로 다치거나 죽을 수 있다.

환경 피해는 사고의 또 다른 결과다. 지역사회 주민 역시 건축물의 구조적 피해나 재산상의 피해를 입을 수 있다. 폭발로 인해 창문이 박살날 수 있으며, 대피로 인해 지역사회 주민의 금전적 피해, 시간적 피해, 혼란과 같은 비용을 초래할 수 있다. 어떤 사고를 부주의하게 처리하는 것은 피해를 가중할 수 있다. 투자자는 위기의 대가로 돈을 잃을 수 있다. 예를 들면, 어떤 조직에는 사고로 인한 보수 비용이 발생할 수 있는 한편, 제품 결함으로 인해 제조물 책임(product liability) 소송과 리콜(recall) 비용이 초래될 수 있다. 위기는 조직과 조직의 이해관계자 그리고 그들의 산업에 현실적이거나 잠재적인 부정적 결과를 안겨준다. 위기관리는 위기를 적절하게 처리하기 위한 권고사항을 제공함으로써 위협을 피하거나 줄이기 위한 것이다.

### 3) 위기관리

위기관리(crisis management)란 위기를 방지하고 실제 발생하는 피해를 줄이기 위한 일단의 요인을 말한다. 달리 말하자면, 위기관리는 위기의 부정적인 결과를 막거나 줄임으로써 조직과 이해관계자 그리고 산업을 피해로부터 보호하고자 하는 것이다. 위기관리는 긴급 상황 대비에서 진화한 것으로, 그것을 바탕으로 한 네 가지(예방, 대비, 대응, 수정) 상호 관련된 요인으로 구성되어 있다.

경감(mitigation)이라고도 알려져 있는 '예방(prevention)'은 위기를 피하기 위한 조치를 말한다. 위기관리자는 종종 경고신호(warning sign)를 찾아내며, 그런 다음 위기를 예방하기 위한 조치를 취한다. 예를 들면, 토스터기의 과열문제가 화재나 고객의 부상을 야기하기 때문에, 결함이 있는 토

---

4　미국 텍사스 주 동남부의 갤버스턴(Galveston) 만(灣)에 면한 항구 도시(역자 주).
5　화합물을 형성하고 있는 분자를 이성체로 변화시키는 화학 반응을 말한다(역자 주).

스터기를 리콜한다. 일반 시민은 대체로 예방 조치를 알아차리지 못한다. 발생하지 않은 위기에 대한 뉴스 기사는 보기 드물기 때문이다.

'대비(preparation)'는 위기관리 계획(CMP)을 포함하기 때문에, 위기관리 요인 가운데 가장 잘 알려진 요인이다. 사람들은 위기관리에 대해 그 밖의 것은 아무것도 모르지만 조직이 CMP를 가지고 있어야 한다는 것은 알고 있다. CMP는 위기관리라는 빙산의 일각이다. 사람들은 CMP가 위기관리 과정이라고 생각하지만, 실제로 대부분의 과정은 눈에 보이지 않는다. 대비는 또한 위기 취약성 진단, 위기관리팀과 대변인 선택 및 훈련, 위기 포트폴리오(portfolio) 작성, 위기 커뮤니케이션 체계 개선을 포함한다.

'대응(response)'은 대비 구성요소들을 위기에 적용하는 것을 말한다. 위기는 (연습으로서) 가상적일 수도 있고 실제적일 수도 있다. 대비 구성요소들은 정기적으로 테스트되어야 한다. 테스트에는 가상적으로 이루어지는 위기와 훈련이 포함되는데, 이를 통해 CMP, 위기팀원, 대변인, 위기 커뮤니케이션 체계의 적합도를 측정한다. 실제 위기 시에는 동일한 위기관리 자원의 집행이 이루어지게 되는데, 단지 결과가 가상적인 것이 아니라 실제적이라는 것뿐이다. 대응은 실제 위기 동안 매우 공개적으로 이루어진다. 어떤 조직의 위기관리 대응은 뉴스 미디어의 잦은 보도와 비평의 대상이 된다(Pearson & Clair, 1998). 많은 인쇄 매체가 바슈롬(Bausch & Lomb)의 리뉴 모이스처록(ReNu with MoistureLoc)이 2006년, 실명을 초래할 수 있는 일종의 진균 안구 감염인 푸사륨 각막염(Fusarium Keratitis) 발병과 연관이 있는데도 그것을 리콜하지 않은 것을 비판했다(Dobbin, 2006; Mintz & Di Meglio, 2006). 바슈롬은 그 제품의 배송을 중단했고, 마침내 그 제품을 진열대에서 치워줄 것을 소매상인들에게 요청했다. 그러나 공식적인 리콜이 발표된 때는 위기가 시작된 지 한 달이 지난 5월 15일이었다(Mintz & Di Menglio, 2006). 위기는 좋은 뉴스거리며, 리뉴 모이스처록에 관한 뉴스는 이미 온 사방에 퍼져나갔다는 점을 기억하라.

실제 위기에서 대응은 위기가 이해관계자와 조직에 미치는 부정적인 영향을 줄이는 것과 관련 있는 결과를 얻고자 한다. 바꾸어 말하면, 대응은 위기관리의 목표를 달성하는 데 도움을 준다는 것이다. 조직은 일반적인 위기 커뮤니케이션의 목표, 몇 가지 예를 들면, 공중(公衆)의 안전 위협, 평판 손상, 브랜드 피해, 판매 감소를 제한하고자 한다. 그러나 대응에는 향상된 조직으로 이끌어주는 기회도 존재한다. 더 탄탄한 평판, 더 강력한 브랜드, 조직을 일하기에 더 안전한 장소로 변화시키는 것과 같은 것이 조직의 향상에 포함될 수 있다.

'복구(recovery)'는 대응의 일부로, 위기 이후 가능하면 빠른 시일 내에 정상적인 운영 상태로 되돌아가려는 조직의 시도를 말한다. '업무 연속성(BC: business continuity)'이라는 개념은 운영을 정상적인 상태로 되돌리려는 노력을 나타낸다. 앞에서 언급한 것처럼, 위기로 인해 조직이 작동하지 않는 시간(downtime)은 재정 손실로 이어진다. 조직이 더 빨리 정상적인 운영 상태로 되돌아갈수록, 재정 손실은 더 적어질 것이다.

'수정(revision)'은 네 번째 위기 요인으로, 가상 혹은 실제 위기 상황에서 조직의 위기관리를 수행하는 동안 무엇이 좋았고 무엇은 좋지 않았는지를 판단하는 등, 조직의 위기 대응에 대한 평가를 수반한다. 조직은 이러한 통찰력을 통해 위기 예방, 대비, 대응 노력을 수정한다. 이상적으로 말하자면, 올바른 조치는 미래에 그대로 재현되는 반면, 실수는 피하고 더 적절한 조치로 대체될 것이다. 수정은 기관 혹은 조직 기억(institutional or organizational memory)을 발전시키는 것으로, 이는 위기에 대한 조직의 지각과 조직의 대응 능력을 확장함으로써 위기관리의 효과성을 향상할 수 있다(Li, YeZhuang, & Ying, 2004; Weick, 1988). 어떤 조직이 연습을 통해 더 다양한 위기를 경험하면 할수록, 그 조직은 현실의 유사한 상황을 더 잘 다룰 수 있다. 네 가지 위기관리 요인은 나선형적으로 연관되어 있다. 만약 예방이 실패하면, 최적의 위기관리 수행을 위해 대비가 요구된다. 수정은 위기관리 실행으로부터 오는 것이며, 앞으로의 위기 예방과 대비 모두에 정보를 제공한다. 또한 대비를 향상하는 것은 당연히 대응을 향상할 것이다.

위기관리 과정을 이해하는 것은 효과적인 위기 커뮤니케이션을 위해 반드시 필요하다. 우리는 서로에게 영향을 주는 독특한 단계를 포함하는 위기관리의 기본 틀을 만듦으로써 과정이라는 개념을 확장할 수 있다.

## 2. 최초의 위기관리 기본 틀

위기가 확인 가능한 생애주기를 가지고 있다는 생각은 위기관리 문헌에 퍼져 있는 일관된 주제다. 생애주기의 각기 다른 국면은 각각의 조치를 필요로 하기 때문에, 위기관리자는 그러한 생애주기를 이해할 필요가 있다(Gonzalez-Herrero & Pratt, 1995; Sturges, 1994). 단계적 접근방법(staged approach)이란 위기관리 기능이 특정한 순서에 따라 실행되는 별개의 부분들로 나눠진다는 의미다. 더욱이 생애주기 관점은 효과적인 위기관리는 반드시 조직의 정상적인 운영과 통합되어야 함을 보여준다. 위기관리는 위기 동안 단순히 계획을 수립하고 그것을 실행하는 것이 아니다. 그 대신 위기관리는 계속 진행되는 과정(ongoing process)으로 간주하는 것이 적절하다. 조직 구성원들은 매일 잠재적 위기를 자세히 살펴보거나, 그것을 막기 위해 조치를 취하거나, 이 책에 자세히 제시되어 있는 위기관리 과정의 여러 측면을 검토할 수 있을 것이다. 위기관리는 생각날 때 어쩌다 짬짬이 하는 일이 아니라 조직에 속해 있는 많은 사람이 상시(常時)로 해야 하는 일이다. 근무일마다 위기관리자는 위기 예방과 대응을 향상하기 위해 무언가를 할 수 있을 것이다(Coombs, 2006a).

생애주기 관점은 위기관리에 대한 다양한 단계적 접근방법을 만들어냈다. 이러한 접근방법들은 방대하고도 다양한 위기관리에 대한 글을 체계화하고 통일된 일단의 위기관리 지침을 만드는 데 필요한 기본 틀을 구축하는 방법을 제공한다. 학문 분야에 상관없이, 거론된 다양한 토픽은 위기관리에 대한 하나의 포괄적인 점진적 접근방법(incremental approach)[6] 안에 자리할 수 있다. 하나의 포괄적인 틀은 흩어져 있는 위기관리에 대한 통찰력을 체계화하고 위기관리자가 위기관리 과정의 어떤 단계에서도 손쉽게 그들의 최상의 옵션을 떠올릴 수 있게 해준다. 위기관리자는 이용 가능한 자원에 더 쉽게 접근해서 그것을 사용함으로써 위기관리 과정을 향상할 수 있다. 이 책에서 사용하는 기본 틀은 기존 위기관리 과정 모델의 영향을 받았다. 이러한 모델을 검토하는 것은 위기관리에서 과정의 중요성을 강화해줄 것이다.

## 1) 위기관리에 대한 과거의 단계적 접근방법

여러 위기관리 모델을 검토해보면, 세 가지 영향력 있는 접근방법이 도출된다. 여기서 영향력이 있다는 것은 자신의 위기 모델을 개발하는 과정에서 특정 접근방법을 인용한 사람의 수가 많음을 의미한다. 세 가지 모델이란 핀크(S. Fink, 1986)의 4단계 모델, 미트로프(I. I. Mitroff, 1994)의 5단계 모델, 기본적인 3단계 모델을 말한다. 핀크의 모델은 가장 먼저 개발된 모델로, 그의 중요한 저서 『위기관리: 피할 수 없는 것을 위한 계획 수립

---

6  기존의 정책이나 결정을 일단 인정하고 그보다 약간 향상된 대안에 대해서만 부분적이며 점진적으로 채택해야 한다는 접근방법(역자 주).

(*Crisis Management: Planning for the Inevitable*)』에 제시되어 있다. 그의 위기 생애주기 모델은 1990년대 이후에 등장한 글들에 잘 반영되어 있다. 그는 위기 생애주기의 4단계를 밝히기 위해 다음과 같이 위기를 의학적 질병에 비유했다. ① 전구증상(prodromal) 단계: 잠재적 위기의 단서나 힌트가 나타나기 시작한다. ② 위기 발생 혹은 급성(acute) 단계: 수반되는 피해와 함께 위기를 촉발하는 사건이 발생한다. ③ 만성(chronic) 단계: 위기를 정리하고자 하는 노력이 진행되는 동안 위기의 영향이 오래 지속된다. ④ 해결(resolution) 단계: 위기가 이해관계자들에게 더 이상 걱정거리가 되지 않음을, 즉 위기가 종료되었음을 보여주는 어떤 분명한 징후가 존재한다.

핀크의 접근방법은 위기를 하나의 연장된 사건(extended event)으로 취급한 첫 번째 시도 가운데 하나다. 여기서 특별히 주목할 점은 경고신호가 위기를 촉발하는 사건에 선행한다는 그의 신념이다. 위기관리자가 경고신호를 알고 그것을 판독해낼 때 그들의 일이 확대되고 더 선제적(proactive)이 된다. 잘 준비된 위기관리자는 어떤 위기가 닥칠 때 그저 CMP를 실행하는(즉, 반응적인) 것만이 아니라, 위기가 되거나 위기로 이어질 수 있는 상황을 찾아내 해결하는(즉, 선제적인) 일에도 관여한다. 위기는 그냥 발생하는 것이 아니라 진화한다. 위기는 위기를 촉발하는 사건(급성 단계)으로 시작해서, 위기를 해결하기 위한 확대된 노력으로 옮겨가며(만성 단계), 깨끗한 결말로 끝이 난다(해결 단계). 위기관리자는 위기 생애주기의 각기 다른 단계에 대해 서로 다른 조치를 취해야 한다. 따라서 위기관리는 단계별로 실행되는 것으로, 하나의 단순한 조치가 아니다.

핀크의 모델을 정교화한 스터지스(D. L. Sturges, 1994)의 모델은 여러 위기 단계 동안 각기 다른 조치가 어떻게 요구되는지를 보여주고 있다. 스터지스는 위기 생애주기의 여러 단계 동안 각기 다른 유형의 커뮤니케이션이 필요하다고 강조한다. 급성 단계에서는 위기의 발생이 지배적이다. 이해관계자들은 무슨 일이 일어나고 있는지 알지 못하기 때문에, 위기가 그들에게 어떤 영향을 미치는지 그리고 스스로를 보호하기 위해 무엇을 해야 하는지에 대한 정보를 요구한다. 예를 들면, 지역사회 구성원들이 어떤 지역에서 대피해야 하는지 혹은 고용인들이 다음 교대 근무시간에 출근해야 하는지와 같은 정보는 매우 중요하다. 반대로 해결 단계에서는 위기가 결말을 맺는다. 해결 단계에서 이해관계자들은 조직의 평판을 강화하고자 하는 메시지를 잘 받아들일 것이다. 위기가 발생할 때 이해관계자들은 위기가 그들에게 어떤 영향을 미칠지 알아야 하지만, 일단 위기가 끝나면 평판 구축 메시지를 받아들일 여지가 생긴다(Sturges, 1994). 각 위기 단계의 요구 사항들은 위기관리자가 어떤 특정한 시기에 할 수 있고 또 해야 하는 일을 보여준다. 이 책 후반부의 장들은 여러 위기 단계 동안 요구되는 각기 다른 조치에 대해 상세히 기술한다.

두 번째로 영향력 있는 접근방법은 위기에 관한 글을 많이 쓰는 사람이자 위기 전문가인 미트로프의 접근방법이다. 그는 위기관리를 다음과 같이 다섯 단계로 나눈다. ① 신호 탐지(signal detection): 위기를 예방하기 위해 위기 경고신호가 탐지되고 그러한 신호에 따른 행동이 이루어지는 단계, ② 조사 및 예방(probing and prevention): 조직 구성원들이 알려진 위기 위험 요인을 찾고 그것이 주는 잠재적 피해를 줄이고자 노력하는 단계, ③ 피해 봉쇄(damage containment): 위기가 닥치고 피해가 조직 가운데 위기의 영향을 받지 않은 부분이나 주위 환경으로 퍼져나가는 것을 막기 위해 조직 구성원들이 노력하는 단계, ④ 회복(recovery): 조직 구성원들이 가능한 한 빠른 시일 내에 정상적인 업무 운영 상태로 되돌아가기 위해 노력하는 단계, ⑤ 학습(learning): 조직 구성원들이 그들의 위기관리 노력을 재검토하고 비평함으로써 조직의 기억을 늘리는 단계.

미묘한 차이도 분명히 존재하지만, 핀크(1986)와 미트로프(1994)의 접근방법 간에는 비슷한 점도 많다. 미트로프가 제시한 단계들은 핑크의 생애 주기를 상당 정도 반영하고 있다. 신호 탐지와 조사는 전구증상 단계의 일부로 볼 수 있다. 둘 사이의 차이점은 미트로프의 모델이 탐지와 예방을 강조하는 정도에 있다. 핑크의 모델은 위기가 예방될 수 있음을 암시하는 반면, 미트로프의 모델은 위기를 적극적으로 찾아내서 그것을 예방하려 한다.

피해 봉쇄 단계 및 위기 발생 단계 간과 회복 단계 및 만성 단계 간에도 비슷한 점이 많다. 피해 봉쇄 단계와 위기 발생 단계는 둘 다 위기가 발생할 때 위기를 촉발하는 사건에 초점을 맞추고 있다. 그러나 미트로프(1994)의 모델은 위기의 영향을 제한하는 것을 더 강조하고 있다. 오거스틴(N. R. Augustine, 1995)과 애머먼(D. Ammerman, 1995)은 둘 다 위기가 조직의 건강한 부분으로 퍼져나가는 것을 제한할 필요성을 강조한다. 회복 단계와 만성 단계는 정상적인 운영 상태로 되돌아가고자 하는 자연스러운 필요성을 반영한다. 실제로 위기관리의 성공을 진단하는 한 가지 척도는 정상적인 운영 상태를 회복하는 속도다(Mitroff, 1994). 미트로프의 모델은 위기관리팀이 어떻게 회복을 촉진할 수 있는지를 강조하는 반면, 핑크(1986)의 모델은 단지 조직들이 회복에 이르는 속도는 서로 다를 수 있다고만 기록하고 있다.

학습 단계와 해결 단계는 둘 다 위기의 종식을 나타낸다. 학습 단계에 대한 추가적인 검토와 비평들은 미트로프(1994)의 모델이 단순히 위기 기술(記述)이 아닌 위기관리를 강조하고 있는 것과 관계가 있다. 핑크(1986)의 모델은 단순히 위기가 더 이상 걱정거리가 되지 않을 때가 해결 단계라고만 적고 있다. 핑크의 경우, 위기의 종식은 위기관리 기능의 종료를 나타낸다. 반대로 미트로프의 모델에서 위기의 종식은 그것과 동시에 새로운 시작을 나타내기 때문에 순환적이다. 조직 구성원들은 체계를 향상하기 위한 방법을 찾고자 위기관리 노력을 재검토하고 비평한다. 마지막 단계는 위기관리 체계의 향상을 실행에 옮기는 것이 시작됨을 의미한다. 그래서 학습 단계는 신호 탐지 단계나 조사 및 예방 단계로 되돌아갈 수 있다. 곤잘레스-헤레로와 프랫(A. Gonzalez-Herrero & C. B. Pratt)은 마지막 단계를 회복 단계의 연속으로 취급함으로써 미트로프의 생각을 확장했다. 마지막 단계는 평가와 재정비 외에도 핵심 이해관계자와의 연락 유지, 위기와 관련된 이슈 모니터링, 미디어에 업데이트 제공을 포함한다(Gonzalez-Herrero & Pratt, 1995, 1996). 회복 단계에서 이해관계자와의 커뮤니케이션 및 후속 정보 제공이 학습 단계로 이어진다.

핀크(1986)와 미트로프(1994) 모델 간의 근본적인 차이는 마지막 단계를 비교함으로써 드러난다. 미트로프의 모델은 능동적이며 위기관리자가 각 단계에서 해야 할 일을 강조한다. 핀크의 모델은 더 기술적이며 각 단계의 특징을 강조한다. 이것은 핀크가 위기관리자들에게 권고사항을 제공하고 있지 않다는 것을 말하려는 것이 아니다. 그보다는 미트로프 모델이 핀크 모델보다 더 지시적(prescriptive)이라는 것이다. 핀크는 위기가 어떻게 진행되는지를 보여주는 데 관심이 있는 반면, 미트로프는 위기관리 노력이 어떻게 진행되는지에 관심이 있다. 초기 모델들은 기술적인 경향이 있어서, 이런 근본적인 차이를 예상하지 못했던 바는 아니다.

3단계 모델을 만든 사람이 누구인지 분명하게 확인되지는 않지만 다양한 위기관리 전문가들이 이 모델을 추천했다(예, Birch, 1994; Guth, 1995; Mit-chell, 1986; Seeger, Sellnow, & Ulmer, 2003). 그러나 처음으로 이 모델의 구성요소에 대해 상세하게 논의한 사람은 리처드슨(B. Richardson, 1994)이다. ① 위기 전(precrisis) 혹은 재난 전(predisaster) 단계: 경고신호가 나타나고 사람들은 위험을 제거하기 위해 노력한다. ② 위기 충격(crisis impact) 혹은 구제(rescue) 단계: 위기가 닥치고 위기에 휘말린 사람들을 위해 지원이 제공된다. ③ 회복(recovery) 혹은 종식(demise) 단계: 이해관계자들의

〈표 1-1〉 **단계적 위기관리 접근방법의 비교**

| 핀크의 모델 | 미트로프의 모델 | 3단계 모델 |
|---|---|---|
| 전구증상 | 신호 탐지<br>조사 및 예방 | 위기 전 |
| 위기 발생 | 피해 봉쇄 | 위기 |
| 만성 | 회복 | |
| 해결 | 학습 | 위기 후 |

자신감이 회복된다.

이 3단계 접근방법에 따라 위기관리 과정은 위기 전, 위기, 위기 후라는 세 거시 단계(macrostage)로 나눌 수 있다. '거시(macro)'라는 용어는 세 단계가 일반적이며, 각 단계는 더 구체적인 여러 하부 단계(즉, 미시적 수준)를 포함하고 있음을 나타낸다. 이것은 경제학과 비슷한데, 경제학에서 거시경제학은 경제에 작용하는 모든 힘을 다루는 반면, 미시경제학은 구체적인 요인을 다룬다. 핀크(1986) 모델과 미트로프(1994) 모델은 모두 자연스럽게 이 일반적인 3단계 접근방법에 잘 들어맞는다. 위기 전 단계는 위기 대비의 모든 측면을 포함한다. 전구증상 신호, 신호 탐지, 조사는 위기 전 단계에 포함될 것이다. 위기 단계는 위기를 촉발하는 사건에 대처하기 위해 취해지는 조치들을 포함하며, 위기에 적극적으로 대처하는 기간이다. 피해 봉쇄, 위기 발생, 회복 혹은 만성 단계는 모두 위기 단계에 속한다. 위기 후 단계는 위기가 끝나거나 해결된 것으로 간주되는 이후의 시기를 반영한다. 학습 및 해결은 모두 이 단계의 일부다. 〈표 1-1〉은 세 가지 서로 다른 단계적 위기관리 접근방법에 대한 비교를 요약해놓은 것이다.

## 3. 3단계 접근방법의 개요

3단계 접근방법은 위기관리에 사용되는 다른 단계적 접근방법들을 포괄할 수 있기 때문에, 3단계 접근방법이 이 책을 구성하는 기본 틀로 선택되었다. 이상적인 위기관리 모델은 다양한 모델 모두를 수용할 뿐만 아니라 다른 위기관리 전문가들이 제공하는 추가적인 통찰력도 수용할 것이다. 모든 위기관리자가 단계적 모델을 통해 그들의 생각을 제시하지는 않는다. 따라서 포괄적인 모델은 임의적인 통찰력(random insights)[7]도 위기관리 과정에 포함시킬 수 있어야 한다.

3단계 접근방법은 위기관리 문헌들을 분석하는 데 필요한 포괄적인 틀을 구축하기 위한 적절한 거시적 수준의 일반성(generality)을 가지고 있다. 세 단계는 다른 두 지배적인 위기관리 모델을 수용하고 다른 위기관리 전문가들의 생각을 통합하기에 충분할 만큼 일반적이다.

각 단계에는 별도의 하부 단계나 그 단계가 진행되는 동안 취해져야 할 조치들을 포함하고 있다. 각 하부 단계별로 해당 하부 단계에서의 위기관리 토픽에 대한 글들을 모았다. 그런 다음 위기관리자들에게 제공할 수 있는 필수적인 권고사항들을 정제하기 위해 각 하부 단계별로 모아진 글들을 면밀하게 검토했다. 각 하부 단계별로 위기 지혜(crisis wisdom)가 위기관리자에게 얼마나 유용한지에 대한 논의와 함께 그러한 지혜와 그러한 지혜에 대한 검증이 제시된다. 더욱이 이 3단계 접근방법은 위기관리자들이 제공하는 통찰력을 체계화하고 활용하는 통합된 체계를 제공한다.

---

7  특정 모델이나 특정 장에서 논의된 내용과 특별히 관련되어 있지 않은 부가적인 아이디어를 말한다(역자 주).

## 1) 위기 전 단계

위기 전 단계는 ① 신호 탐지, ② 예방, ③ 위기 대비라는 세 하부 단계를 포함한다. 3~6장은 위기 전 단계에 대해 논의한다. 조직 구성원들은 선제적이어야 하며 위기를 예방하기 위해 가능한 한 모든 조치를 취해야 한다. 위기 전 단계는 위기에 직면하기 전에 실행되어야 할 조치들을 수반한다. 그러나 모든 위기가 다 예방될 수 있는 것은 아니기 때문에, 조직 구성원들은 반드시 위기에 대비도 해야 한다.

3장은 신호 탐지에 대해 다룬다. 대부분의 위기는 조기 경고신호를 보낸다. 만약 빠른 조치가 취해지면, 이와 같은 위기는 피할 수 있다(Gonzalez-Herrero & Pratt, 1995). 위기관리자는 반드시 경고신호의 발원지를 찾아내서 경고신호와 관련된 정보를 수집하고 그러한 정보를 분석해야 한다. 예를 들면, 고객이 제기하는 불만의 패턴이 제품의 결함을 밝혀줄 수 있을 것이다. 그러한 불만을 그 조직의 해당 제조 담당 부서에 보고함으로써 추가적인 불만과 매우 가시적인 리콜, 고객과의 다툼, 혹은 이 둘 모두가 발생할 가능성을 예방할 수 있을 것이다. 위기관리자는 잠재적인 위기를 탐지해내고 그것에 대응하는 체계를 반드시 개발해야 한다.

4장은 위기 예방에 대해 다룬다. 일단 위기 발생 가능성이 탐지되면, 위기를 예방하기 위한 조치들이 반드시 취해져야 한다. 예방 조치는 이슈 관리, 위험 관리, 평판 관리, 세 가지 범주로 나눠진다. 이슈 관리(issues management)란 어떤 문제가 위기로 발전하는 것을 예방하기 위한 조치를 취하는 것을 의미한다. 위험 관리(risk management)는 위험 수준을 제거하거나 낮춘다. 평판 관리(reputation management)는 회사의 평판을 악화시키거나 손상할 수 있는 이해관계자와 조직 간의 관계에서 나타나는 문제를 해결하고자 하는 것을 말한다. 5장과 6장은 위기 대비에 대해 살펴본다. 위기관리자는 위기 발생에 반드시 대비해야 한다. 대비는 일반적으로 위기 취약성을 찾아내고, 위기팀을 만들고, 대변인을 정하고, CMP를 작성하고, 위기 포트폴리오(조직에 닥칠 가능성이 매우 높은 위기의 목록)를 만들며, 위기 커뮤니케이션 체계 구축을 수반한다.

### 2) 위기 단계

이 단계는 위기의 시작을 보여주는 위기 촉발 사건으로 시작한다. 위기 단계는 위기가 해결되었다고 간주될 때 끝이 난다. 위기 단계 동안 위기관리자는 조직이 위기에 처해 있다는 것을 반드시 인식하고 적절한 조치를 취해야 한다. 이 단계는 위기 인지와 위기 봉쇄라고 하는 두 가지 하부 단계를 포함한다. 이해관계자와의 커뮤니케이션은 이 단계에서 매우 중요한 측면이다. 조직은 말과 행동을 통해 이해관계자와 커뮤니케이션을 한다.

7장은 위기 인지에 대해 다룬다. 조직에 속해 있는 사람들은 위기가 존재한다는 것을 반드시 인지하고 위기 사건에 대응해야 한다. 위기 인지 (crisis recognition)는 사건이 어떻게 위기로 분류되고 받아들여지는지(위기를 어떻게 경영진이 받아들이게 만들 것인지)에 대한 이해와 위기 관련 정보를 수집하는 수단을 포함한다. 8장은 위기 대응에 대해 다루며, 위기 봉쇄 및 회복과 관련된 토픽을 포함한다. 위기 봉쇄(crisis containment)는 초동 대응, 커뮤니케이션과 평판 관리와의 관계, 비상 계획(contingency plan), 후속 관심사의 중요성과 내용을 포함해서 조직의 위기 대응에 초점을 맞춘다.

### 3) 위기 후 단계

위기가 해결되고 끝난 것으로 여겨질 때, 조직은 다음에 해야 할 것을 반

**케어프리 크루즈 라인 I**

금요일 오후, 플로리다 주 마이애미(Miami)에 있는 케어프리 크루즈 라인즈(Carefree Cruise Lines) 본사의 시계는 5시가 조금 지났음을 가리키고 있다. 당신의 유람선 대부분은 케어프리 브랜드지만, 당신의 회사는 규모가 더 작은 여러 하위 브랜드(sub-brand)의 크루즈 라인도 소유하고 있다. 한 하위 브랜드의 유람선 한 척이 조난당했다는 전화가 걸려온다. 그 유람선은 이탈리아의 어느 해안에 있으며, 당신 회사의 본사가 있는 마이애미와 이탈리아 간에는 6시간의 시차가 있다. 그 전화에 따르면, 조난 신호를 보냈고 승객들이 대피 중이라고 한다. 당신은 케어프리 크루즈 라인즈의 위기관리팀에서 PR 업무를 맡고 있다.

- 이 전화를 받은 후 당신이 첫 번째로 한 생각은 무엇인가?
- 당신의 조직이 이 위기에 대한 대응책을 준비하는 데 있어서 당신이 도와야 할 것은 무엇인가?
- 이 상황에서 핵심 이해관계자는 누구인가?
- 당신의 조직은 어떤 조치를 취해야 하는가?
- 당신의 조직은 그러한 조치를 핵심 이해관계자들에게 어떻게 알려야 하는가?

드시 고려해야 한다. 위기 후 조치는 ① 조직이 다음 위기에 더 잘 대비하고, ② 이해관계자들이 조직의 위기관리 노력에 대해 긍정적인 인상을 가지게 하며, ③ 위기가 진정으로 끝났는지를 확인할 수 있도록 도움을 준다. 9장은 위기관리 평가, 위기로부터의 학습, 이해관계자들과의 후속 커뮤니케이션 및 위기 관련 이슈에 대한 지속적인 모니터링과 같은 기타 위기 후 조치를 다룬다.

### 4) 위기관리의 중요성

이 장의 첫 문단은 위기가 도처에서 발생한다는 사실을 일깨워주고 있다. 실제로 오늘날의 환경은 위기관리를 특히 더 중요하게 여기는 것 같다. 오늘날 대비를 하지 않는 조직은 이전에 비해 더 많은 것을 잃는다. 여러 새로운 사실로 인해, 모든 유형의 조직은 위기에 더 취약해지게 되었다. 이로 인한 부실 관리(mismanagement) 비용이 증가하고 있는 것처럼 보임에 따라, 위기관리가 더욱 중요해지고 있다. 관리자들이 꼽는 위기로 인한 일반적인 부정적 영향은 수입 감소, 인력 감축 및 해고, 기업 평판 손상, 언론의 조사 증가, 정부의 조사 증가, 주가 하락, 소셜 미디어상의 논의 증가(*Reputation in the Cloud Era*, 2011; *Rising CCO IV*, 2012) 등이다. 효과적인 위기관리의 필요성을 높여주는 새로운 사실로는 더 높아진 평판의 가치, 커뮤니케이션 기술을 통한 이해관계자들의 능동성, 위기에 대한 더 넓어진 관점, 태만한 계획 수립 실패 등이 있다.

### 5) 평판의 가치

1990년대까지도 저술가들은 여전히 평판의 가치에 대해 논쟁을 벌이고 있었다. 평판은 평가와 관련된 것으로, 어떤 조직은 호의적인 평판 혹은 호의적이지 않은 평판을 가진 것으로 간주된다(Coombs & Holladay, 2005). 실무자와 학자들은 평판이 엄청난 가치를 지닌 보이지 않는 조직의 자원이라는 데 전적으로 동의한다. 호의적인 평판은 고객을 끌어들이고, 투자에 대한 관심을 이끌어내고, 최고의 재능을 가진 직원을 끌어들이고, 직원에게 동기를 부여하고, 직무 만족도를 높여주고, 더 긍정적인 미디어 보도를 이끌어내며, 재무분석가로부터 긍정적인 평가를 얻어낸다(Alsop, 2004; Davies, Chun, da Silva, & Roper, 2003; Dowling, 2002; Fombrun & van Riel, 2004; Kim & Yang, 2013; van Riel, 2013). 앞 문장에는 조직의 성공에서 매우 중요한 자원을 통제하는 핵심 이해관계자들이 인상적으로 나열되어 있다(Agle, Mitchell, & Sonnenfeld, 1999). 평판은 이해관계자들이 조직을 상대로 겪는 직간접적인 경험을 통해 쌓인다(Aula & Mantere, 2008; Fombrun & van

Riel, 2004). 긍정적인 상호작용과 조직에 대한 긍정적인 정보는 호의적인 평판으로 이어지는 반면, 불쾌한 상호작용과 부정적인 정보는 호의적이지 않은 평판으로 이어진다. 위기는 평판이라는 자산에 위협을 준다(Barton, 2001; Davies et al., 2003; Dilenschneider, 2000; *Reputation in the Cloud Era*, 2011). 평판의 중요성이 더 강조됨에 따라, 평판 자산을 보호하는 수단으로서 위기 관리의 중요성도 그에 상응해서 강조되고 있다(Coombs & Holladay, 2002).

## 6) 이해관계자의 능동성

오늘날은 화난 이해관계자들이 위기를 발생시킬 가능성이 더 높다(*The changing Landscape of Liability*, 2004). 소비자, 주주, 고용인, 지역사회 단체, 행동주의자들은 조직을 대할 때 점차 소리 높여 항의하는 경향이 있고, 인터넷을 사용하여 그들의 우려를 표현한다(Coombs, 2002; Heath, 1998). 인터넷은 웹페이지, 토론 게시판, 블로그, 마이크로블로그, 소셜 네트워크, 내용물 공유 사이트를 포함해 이해관계자들이 그들의 의견을 표현할 수 있는 여러 수단을 제공한다. 이러한 인터넷 채널의 핵심적인 특성은 조직뿐만 아니라 사용자도 내용물을 만들어낼 수 있다는 점이다. 이해관계자들이 내용물을 만들어내는 인터넷 채널을 통틀어 '소셜 미디어'라고 부르는데, 이용자들이 내용물을 만들어내는 채널을 일컬어 '이해관계자 미디어(stake-holder media)'라고 부르기도 한다(Hunter, Le Menestrel, & de Bettingnies, 2008). 2장은 소셜 미디어에 대해 더 자세하게 살펴본다. 대다수의 소셜 미디어 메시지는 결코 수용자를 찾지 못한다. 그러나 불만을 품은 이해관계자들이 온라인상의 다른 이해관계자들에게 공감을 불러일으킬 때, 위기가 발생할 수 있다. 이해관계자들 사이에 퍼져나가는 합법적인 비판은 조직의 평판에 직접적인 위협을 가한다. 여기 한 예가 있다. 갭(Gap)은 2010년 새롭게 바꾼 로고를 공개할 계획을 세웠다. 처음의 디자인이 갭의 웹사이트에 공개되자, 자신의 의견을 적극적으로 표출하는 이해관계자 집단이 온라인을 통해 부정적인 반응을 보였다. 로고 변경에 항의하기 위해 만들어진 갭의 페이스북(Facebook) 페이지와 트위터(Twitter) 계정은 가장 눈에 띄는 항의의 진원지였다. 로고를 새롭게 바꾸겠다는 갭의 생각에 엄청난 양의 부정적인 온라인 댓글이 달렸다. 그래서 갭은 이해관계자들의 의견을 수용해 로고를 바꾸지 않겠다고 발표했다(Halliday, 2010). 이 사례는 소셜 미디어가 위기나 위기에 대한 위협을 불러일으킬 잠재력을 가지고 있음을 보여준다.

행동주의자 집단은 인터넷을 사용하여 집단을 구성하고 조직의 행동을 바꾸도록 조직에 압력을 넣는다. 소셜 미디어는 부정적인 홍보 캠페인 및 보이콧(boycott)과 함께 여러 혼합된 압력 전술의 일부다. 예를 들면, 이너프 프로젝트(Enough Project)는 전자회사들에게 분쟁지역 광석(conflict mineral)[8] 구매를 공개하라는 압력을 넣기 위해 페이스북, 트위터, 유튜브(YouTube), 플리커(Flickr),[9] 인스타그램(Instagram)을 활용했다. 인터넷은 관리자들이 그들의 의견을 듣게 하고 그들의 의견을 조직의 의제로 고려하게 하는 등 행동주의자 집단의 힘을 증대시켜줄 수 있는 잠재력을 가지고 있다(Coombs, 1998, 2002; Heath, 1998; Putnam, 1993). 그린피스(Greenpeace)가 어떻게 푸마(Puma), 나이키(Nike), 아디다스(Adidas), H&M, C&A, 망고(Mango), 자라(Zara), 리-닝(Li-Ning), 리바이스(Levi's), 에스프리(Esprit), 빅토리아 시크릿(Victoria's Secret), 지-스타(G-Star), 로(Raw), 발렌티노(Valen-

---

8 정치적으로 불안정한 지역이나 국가에서 주로 산출되는 금, 주석, 텅스텐, 탄탈 등과 같은 전자기기에 많이 사용되는 광석(역자 주).

9 미국 기업 야후(Yahoo)의 온라인 사진 공유 커뮤니티 사이트로 2004년 2월부터 운영되고 있다(역자 주).

tino), 베네통(Benetton)으로 하여금 그들의 납품업체가 직물을 생산할 때 유해 화학물질을 사용하지 않는 것에 합의하도록 압력을 넣을 수 있었는지 검토해보라. 또는 유럽에서 환경 이슈에 대한 우려가 어떻게 치키타(Chi-quita)로 하여금 중남미에서 바나나 재배방법을 바꾸도록 권장할 수 있었는지 확인해보라. 열대우림동맹(Rainforest Alliance)과 협력하에 치키타는 그들의 바나나 농장에서 생산되는 모든 바나나에 대해 우수 바나나 재배자 (Better Banana Grower) 인증을 받았다("*Corporate Conscience Award*" *presented to Chiquita*, 2003).

## 7) 커뮤니케이션 기술

이해관계자들의 능동성에 대한 논의는 커뮤니케이션 기술의 발전이 위기관리에 영향을 미치는 한 가지 방식을 보여주고 있다. 이러한 기술의 발전은 커뮤니케이션의 전송을 더 쉽고 더 빠르게 해준다. 커뮤니케이션 기술에 대해 달리 생각해볼 수도 있는데, 그것은 커뮤니케이션 기술이 세상의 일을 더 잘 볼 수 있게 해준다는 것이다. 10여 년 전에는 눈에 띄지 않고 지나갔던 사건이 지금은 눈에 아주 잘 들어온다. 이 세상에는 더 이상 외딴 지역이 존재하지 않는다. 24시간 뉴스 네트워크나 심지어 단지 관심이 있는 개인도 비디오 클립을 완벽하게 갖춘 채 위기를 폭로할 수 있는 기회를 갖는다. 더욱이 커뮤니케이션 기술 덕분에 위기는 이제 전 세계적이다. 뉴스는 전 세계적이기 때문에, 아프리카의 외딴 지역에서 발생한 어떤 사건에 대한 뉴스가 빠른 속도로 전 세계로 퍼져나간다. 한때 외지거나 세상으로부터 멀리 떨어진 지역일지라도 이제는 미디어와 다른 이해관계자들이 쉽게 접근할 수 있기 때문에, 조직에서 발생하는 위기는 더 이상 고립된 위기일 수 없다. 위기는 CNN이나 다른 국제 뉴스 서비스에서 보도될 수도 있고 또는 어떤 웹사이트의 주제가 될 수도 있다. 2013년 4월 24일, 방글라데시에 있는 한 의류공장이 붕괴되었다. 이 비극적인 사건으로 천 명이 넘는 사람이 목숨을 잃었다. 붕괴 장면을 담은 영상과 기사가 CNN, BBC 이외에도 수많은 온라인 뉴스 매체와 소셜 미디어를 통해 소개되었다 (Alam, 2013). 행동주의자들의 온라인 게시로 인해, H&M, 자라, 월마트 (Walmart), 갭이 방글라데시에 있는 공급업체를 이용하고 있다는 사실과 프리마크(Primark)가 공급업체들을 붕괴된 건물에 입주시켰다는 사실이 사람들에게 알려졌다(Engel, 2013). 그 밖에도 행동주의자들과 기업은 여러 인터넷 채널을 사용해 기업들이 방글라데시 노동자들의 안전을 향상하기 위한 조치를 취하고 있는지 여부를 설명했다. 커뮤니케이션 기술 발전 덕분에 위기는 이제 지구촌 사람들의 눈에 띌 가능성이 더 높아졌다. 우리는 후기에서 위기의 국제적 속성에 대해 다시 다룰 것이다.

## 8) 위기에 대한 더 넓어진 관점

2001년 9월 11일, 그 끔찍한 사건이 있기 전에는 대부분의 조직이 그들 자신만의 작은 세계에 초점을 맞추었다. 위기관리가 조직이 위치한 장소에서 그들에게 일어날 수도 있는 일에 의해 이루어졌다. 그러나 9/11 테러는 다른 장소에서 일어나는 공격이나 사건이 당신의 조직에 영향을 미칠 수 있음을 보여주었다. 부수적 피해를 일으키는 사건이 반드시 중대한 테러 사건일 필요는 없다. 근처에 있는 화학시설이 폭발함으로써 당신의 시설에 있는 사람들이 대피해야 하고 당신의 시설을 폐쇄해야 할 수도 있다. 비행기 추락사고로 당신 사무실이나 공장까지 가는 교통편이 마비될 수도 있다.

따라서 조직은 이제 그들에게 위기를 발생시킬 수 있는 인근 시설까지 포함하는 것으로 위기에 대한 그들의 관점을 넓혀가고 있다. 또한 9/11 테러는 보안(security)과 긴급 상황에 대한 대비를 더욱 강조함으로써 위기관리에 대한 관점을 확장했다. 보안은 예방과 경감의 한 요소다. 9/11 테러이후, 보안 관련 지출과 보안 관리의 필요성이 엄청나게 치솟았으며 관리우선순위에서도 높은 순위를 계속해서 유지하고 있다. 테러 우려로 인해촉발되긴 했지만, 보안은 직장 폭력(workplace violence)과 같은 다른 위기에도 도움이 될 수 있다. 그 밖에도 보안에 대한 강조는 비상 상황(emergency)대비의 필요성에 대한 인식과도 결부되어 있다. 조직은 두 가지 기본적인비상 상황 대응인 대피나 임시 건물 내 대피소(shelter-in-place) 제공에 대비해야 한다. 비상 상황 대비는 테러리즘뿐만 아니라 조직이 직면하는 어떤 위기에도 도움을 줄 것이다(Coombs, 2006b). 비극적인 사건이었던9/11 테러는 위기관리자가 위기관리에 대한 그들의 관점을 넓히도록 경종을 울린 사건이었다. 위기관리에 대한 더 넓은 관점은 미래에 발생하는 위기에서 생명을 구해냄으로써 조직에 잘 이바지할 것으로 기대된다.

소셜 미디어는 위기에 대한 관점을 넓히는 데 포함되어야 할 또 하나의요소다. 관리자는 위기 위협요소, 특히 평판을 해치는 위협요소가 온라인상에서 나타나 급속히 자라날 수 있다는 사실을 매우 민감하게 받아들여야한다. 버슨-마스텔러(Burson-Marsteller)와 펜션벌랜드(Penn Schoen Berland)의 연구에 따르면, 55%의 관리자는 소셜 미디어가 위기에 대한 조직의 취약성을 높여주었다고 응답했다(*Reputation in the Cloud Era*, 2011). 소셜 미디어를 모니터해서 그것을 위기 대응에 통합할 방법을 결정해야 할 필요성이 높아지고 있다. 후반부의 장들은 소셜 미디어가 어떻게 위기 커뮤니케이션의 변화를 야기하는지에 대해 더 자세하게 살펴볼 것이다.

### 9) 태만한 계획 수립 실패

만약 어떤 조직이 피해로 이어질 수 있는 것으로 알려져 있거나 피해로 이어질 수 있는 것으로 합리적으로 예측 가능한 위험을 줄이거나 제거하는 합당한 조치를 취하지 않으면, 그 조직은 태만한 것으로 간주되어왔다. 조직의 이러한 책무는 1970년 직업안전보건법(1970 Occupational Safety and Health Law)에 기반을 두고 있다(Headley, 2005). 예측 가능한 위험의 범위는 직장 폭력, 산업 재해, 제품 형질 변경(product tampering), 테러리스트의 공격으로 확대되고 있다(Abrams, n.d.). 이 새로운 책무 영역은 '태만한 계획 수립 실패(negligent failure to plan)'로 알려져 있으며 위기관리와 밀접히 관련되어 있다. 어떤 조직이 잠재적 위기를 막기 위한 예방 조치를 취하지 않았고 대응 준비도 하지 않았다면, 그 조직은 법적 책임을 져야 한다. 위기 예방과 위기 대비 모두 태만한 계획 수립 실패를 막는 방어수단 구실을 한다. 배심원들은 이미 적절한 위기관리를 하고 있지 않는 조직을 처벌하고 있다(Blythe & Stivarius, 2003; Headley, 2005). 위기관리는 위기로 인해 조직이 즉각적인 피해뿐 아니라 소송으로 인한 2차 피해를 입는 것을 막기 위한 '상당한 주의'(due diligence, 여기서 'diligence'는 다른 사람이나 조직에 피해를 주지 않기 위한 노력을 말함)다.

## 4. 위기 리더십: 간과된 자원

리더십(leadership)은 위기관리와 위기 커뮤니케이션에 대한 논의에서 흔히 간과된다(James & Wooten, 2010). 리더십은 "한 사람이 어떤 공통의 목표를 달성하기 위해 집단에 영향을 미치는 과정"으로 정의될 수 있다(Northouse, 1997: 3). 위기 동안 리더십은 위기관리 노력의 효과성에 중대한 영향을 미칠 수 있다. 훌륭한 지도자는 정기적으로 문제를 해결하고, 계획을 따르며, 비전을 수립해줄 것을 요청받는다. 이런 행동은 위기 동안 매우 가치 있는 행동이다. 위기 리더십 전문가인 제임스와 우튼(E. H. James & L. P. Wooten, 2010)은 위기 리더십은 마음가짐이라고 주장한다. 훌륭한 위기 지도자는 기꺼이 배우고자 하고, 새로운 아이디어를 받아들이며, 위기 후 조직이 더 튼튼해질 거라고 믿는다. 지도자는 (공중이 보는 가운데) 이해관계자들의 감시를 받고 있으며 위기를 사라지게 할 수 있지만 장기적으로는 비효과적일 수 있는 지름길을 사용하라는 압력을 받기 때문에, 위기 리더십은 독특하다고 할 수 있다(James & Wooten, 2010). 이 책의 각 장에는 그 장의 토픽이 효과적인 위기 리더십과 어떻게 관련되어 있는지를 강조해서 보여주는 리더십 박스가 있다. 그러한 통찰력은 제임스와 우튼이 개발한 위기 리더십 역량(crisis leadership competency)을 바탕으로 하고 있다.

## 5. 결론

위기의 가능성이 높아짐에 따라, 부정적인 결과의 가능성도 높아지고 있다. 조직은 위기에 직면할 때 큰 도박을 한다. 이미 살펴본 새로운 사실들은 위기관리의 필요성이 줄어드는 게 아니라 커지고 있음을 보여주고 있다. 위기관리의 가치는 전문가들이 위기 대비의 필요성을 처음 역설했던 1970년대 말보다 지금이 더 크다. 그 결과, 효과적인 위기관리가 더 높이 평가되게 되었다. 효과적인 위기관리는 생명·건강·환경을 보호하고, 위기 생애주기가 완료되는 시기를 줄여주고, 매출 손실을 막아주고, 평판 손상을 제한하고, 공공정책 이슈(예, 법과 규제)로 발전하지 않도록 막아주며,

돈을 절약할 수 있게 해준다. 오늘날의 운영 환경은 조직이 위기관리에 대비할 것을 요구한다.

일반적으로 우리는 뉴스 미디어와 인터넷을 통해 위기를 경험한다. 그 결과, 위기관리를 단기적 과정으로 보고, 또 위기관리자를 별로 바쁠 일이 거의 없는 사람으로 간주하기 쉽다. 효과적인 위기관리는 계속 진행되는 관리다. 위기관리자는 계속해서 위기 발생 가능성을 줄이고, 조직에 위기가 발생할 경우를 대비하기 위해 노력한다. 더욱이 위기관리자는 예방·대비·대응을 향상하기 위해 각각의 위기를 신중하게 분석한다. 위기관리 단계들에 대한 이해는 사람들이 위기관리 및 위기 커뮤니케이션의 복잡성과 계속 진행되는 속성을 더 잘 이해하도록 도와준다.

## 토론문제

1. 관리자들이 위기관리 체계의 시행에 반대할 때 사용하는 주장으로는 어떤 것이 있는가?
2. 당신은 위기가 영속적이라는 생각에 동의하는가 아니면 동의하지 않는가?
3. 무엇이 사건을 위기로 만든다고 생각하는가? 위기와 재난은 어떻게 다른가?
4. 위기관리에 대한 단계적 접근방법의 대안은 무엇인가?
5. 어떤 사람은 위기 전 활동의 가치에 의문을 제기한다. 당신은 사람들이 어떤 이유에서 위기 전 활동을 찬성 혹은 반대한다고 생각하는가?

# 02 | 온라인 세계가 위기 커뮤니케이션과<br>위기관리에 미치는 영향

미국, 유럽, 아시아의 위기관리자과 이야기할 때, 가장 큰 흥미를 끄는 토픽은 소셜 미디어다. 이들 지역의 위기관리자에게는 소셜 미디어와 온라인 커뮤니케이션이 일반적으로 위기 커뮤니케이션에 영향을 미치는 여러 가지 방식을 이해하고자 하는 간절한 바람이 있다. 이러한 관심으로 인해 온라인 커뮤니케이션은 이 장에서 강조되어 다루어질 뿐만 아니라 이 책의 나머지 부분에도 포함될 것이다. 이러한 관심은 부분적으로 온라인 커뮤니케이션과 위기 커뮤니케이션을 언급할 때 자주 사용되는 '혁명'이라는 단어 덕분이다. 혁명(revolution)은 당신의 주목을 끌고 사람들로 하여금 위기 커뮤니케이션을 향상하기 위한 세미나를 열도록 만들지만, 혁명이란 표현은 과장된 것이다. 인터넷이 위기 커뮤니케이션의 진화(evolution)를 앞당긴다고 생각하는 것이 더 적절하다. 우리가 말하는 인터넷의 의미를 다듬는 것으로 시작해보자. 인터넷은 단 하나의 커뮤니케이션 채널이 아닌 많은 커뮤니케이션 채널을 제공한다. 이러한 채널의 예를 몇 가지 들어보면, 웹사이트, 토론 게시판, 블로그, 마이크로블로그, 채팅룸(chat room), 리스트서브(Listserv), 이미지 공유, 소셜 네트워킹 사이트가 있다. 인터넷 커뮤니케이션 채널은 인터넷의 상호작용적이고 상호 연결된 속성을 강조한다.

예를 들면, 마이크로블로그 서비스인 트위터는 종종 조직과 이해관계자 간의 상호작용을 촉진할 수 있는 능력 때문에 환영받았다. 사용자들은 정보를 찾고, 다른 사용자와 연결하며, 전통적 커뮤니케이션 채널보다 더 쉽게 그들의 우려를 인터넷에 표현할 수 있다. 사람들은 인터넷 이전에도 본질적으로 동일한 커뮤니케이션 작업을 수행했다는 점을 우리는 기억해야 한다.

인터넷은 혁명이 아닌 위기 커뮤니케이션의 중요한 진화 단계 가운데 하나다. 위기관리자는 여전히 경고신호를 파악해야 할 필요성에 직면해 있고, 동일한 기본적 커뮤니케이션 요구를 받고 있고, 같은 개념을 활용하고 있으며, 효과적인 전략적 대응책을 마련해야 한다. 위기관리자는 위기를 예방하고/하거나 위기가 야기하는 피해를 제한하기 위해 경고신호를 찾아내야 한다. 바뀐 것은 정보가 수집되는 방식과 어떤 경우에는 그러한 정보가 처리되는 방식이다. 위기관리자는 신속하고 정확한 대응책을 만들어달라는 요구에 직면한다. 바뀐 것은 '신속함'을 규정하는 방식과 초기 대응을 내놓는 방식이다. 즉, 위기관리 계획(CMP)과 위기팀은 여전히 위기관리 노력의 핵심이다. 바뀐 것은 CMP가 저장되고 이용되는 방식과 위기팀원들이 상호작용하는 방식(5장과 6장 참조)이다. 위기관리자는 반드시 핵심 위기 요인을 따져보고 적절하고 효과적인 위기 대응책을 마련해야 한다. 바뀐 것은 매우 중요한 위기 정보를 찾아내는 방법과 그들의 메시지를 전달하는 방식이다. 이미 2001년에 모든 위기의 25%가 인터넷과 관련되어 있는 것으로 추정되었다(Herbst, 2001). 이 장에서는 인터넷이 위기 커뮤니케이션과 위기관리에 영향을 미치는 주요 방식들을 집중적으로 살펴본다. 이러한 방식들 가운데 많은 것이 이후의 장에서 더 다루어질 것이다.

먼저 온라인 환경에 대한 짧은 논의로 시작하는데, 이러한 논의는 온라인 환경이 위기 커뮤니케이션에 미치는 영향을 평가할 수 있는 정황을 제공한다. 그런 다음, 소셜 미디어가 위기관리의 세 단계별 위기 커뮤니케이선에 미치는 영향이 중점적으로 다루어질 것이다.

## 1. 온라인 환경: 다중 커뮤니케이션 채널

우리는 먼저 온라인 환경 자체에 대한 논의를 하지 않고서는 인터넷이 위기 커뮤니케이션과 위기관리에 미치는 영향에 대한 논의를 할 수 없다. 온라인 환경이 아니라 위기가 이 책의 초점임을 감안할 때, 이것은 매우 기본적인 논의다. 조직은 온라인 세계에 들어와 있으며, 따라서 웹페이지 사용을 통해 온라인 존재감(online presence)을 만들어냈다. 테일러와 켄트(M. Taylor & M. L. Kent, 2007)는 위기 시 웹사이트를 사용하는지 그리고 사용된다면 어떻게 사용되는지를 조사하는 초기 연구를 주도했다. 점점 더 많은 이해관계자들이 위기 동안 웹사이트를 활용하고 있기 때문에 웹사이트를 위기 커뮤니케이션에 포함하는 것이 얼마나 중요한지를 그들은 관찰했다(Taylor & Perry, 2005). 많은 조직이 여전히 그들의 웹사이트에서 위기에 대한 언급을 하고 있지 않지만, 실무자들은 이 조언을 받아들였다. 그러나 웹사이트는 현재의 위기 커뮤니케이션과 위기관리 사고에 영향을 줄 온라인 커뮤니케이션 도구의 시작에 불과하다.

웹사이트는 일반적으로 웹 2.0(Web 2.0)이 아닌 웹 1.0을 반영한다. 웹 2.0은 사용자 생성 내용물(UGC: user-generated content)[1,2], 그러한 내용

---

1  UCC(user-created content)라고도 한다(역자 주).

2  영어 'content'의 우리말 표기로 국립국어원은 '콘텐츠'를 제시하고 있으나, 이는 복수형인 'contents'를 우리말로 나타낸 것에 가까운 것으로 영어의 'contents'는 '목차'라는 뜻으로 주로 사용된다. 온라인상에 올리는 내용물을 의미하는 'content'는 단수로 사용되며, 따라서 굳이 우리말로 표기한다면 '콘텐트' 혹은 '칸텐트'에 더 가깝다. 영어 'content'를 '콘텐츠'로 표기하는 것에 대해 일본식 표기 가능성을 제기하는 사람들도 있다.

물의 공유, 내용물을 만들기 위한 공동 작업을 촉진하는 애플리케이션(appli-cation)을 말한다. 웹 2.0은 상호작용을 촉진하며 사용자가 웹 내용물을 만들 수 있도록 해준다(O'Reilly, 2005). 기업 웹사이트는 내용물 생성과 공유를 촉진하기보다는 주로 내용물을 배급한다(웹 1.0). 웹 2.0은 소셜 미디어의 기반이었다. 소셜 미디어는 사용자들이 통찰력과 경험, 의견을 서로 공유할 수 있게 해주는 온라인 기술을 모아놓은 것이다. 텍스트, 음성, 영상, 혹은 멀티미디어 형태로 공유가 가능하다(Safko & Brake, 2009). 소셜 미디어는 위기 커뮤니케이션/관리와 온라인 세계 간의 연계성을 증가시킨 원인이다. 이제 조직이나 전통적인 뉴스 미디어가 아닌 사용자가 정보의 생성 및 배급을 통제하기 때문에, 소셜 미디어는 진화적 자극제(evolution-ary stimulus)라고 할 수 있다. 사용자들은 전통적인 정보 게이트키퍼(gate-keeper)를 우회한다. 소셜 미디어가 위기 커뮤니케이션/관리에 미치는 영향을 살펴보기에 앞서 소셜 미디어에 대한 우리의 이해를 정교하게 다듬는 것은 중요하다.

소셜 미디어는 다음과 같은 다섯 가지 특징을 공유하고 있는 온라인 커뮤니케이션 채널/도구들을 모아놓은 것이다. ① 참여(participation): 누구나 내용물을 만들 수 있고 내용물에 대한 피드백을 줄 수 있다. ② 개방성(openness): 대부분의 소셜 미디어는 사람들이 내용물과 피드백을 게시할 수 있게 한다. ③ 대화(conversation): 소셜 미디어는 양방향 상호작용을 촉진한다. ④ 공동체: 비슷한 관심사를 지닌 집단이 빨리 형성될 수 있다. ⑤ 연결성(connectedness): 다른 내용물로 연결되는 링크(link)의 사용빈도가 높

만약 그것이 사실이라면 이는 결코 받아들일 수 없는 표기라고 역자는 생각한다. '콘텐트라고 적을 수 있는데 왜 굳이 '콘텐츠'로 표기하는지 이해하기 힘들다는 이유와 외래어를 순화해보자는 이유에서 역자는 차라리 '내용물'로 표기하기로 했다. 이에 대해 독자 여러분들의 양해를 구한다(역자 주).

다(Voit, n.d.). 상호작용성(interactivity)이 이상의 다섯 가지 특징을 연결하는 핵심 요인이라는 점에 주목하라. 이러한 특징은 자명하지만, 공동체라는 특징에 대해서는 추가로 주목할 필요가 있다. 공중 관계 담당자들의 주목을 끈 인터넷의 본래 특성 가운데 하나는 온라인 공동체가 형성되는 방식이었다. '온라인 공동체(online community)'[3]는 웹 도구를 사용하여 서로를 연결하고 정보를 교환하는 비슷한 목적이나 관심사를 지니고 있는 사람들의 집단으로 정의될 수 있다(Owyang, 2007). 소셜 미디어는 온라인 공동체가 더 빨리 그리고 더 쉽게 형성될 수 있게 해주었다. 온라인 공동체는 조직의 중요한 이해관계자들의 집합체가 될 수도 있다. 그래서 이러한 공동체의 의견과 행동은 조직에 큰 영향을 미칠 수 있다. 부정적인 온라인 댓글은 소중한 평판 자산을 위협할 수 있다(Oneupweb, 2007). 조직에 영향을 미칠 수 있는 그런 잠재력으로 인해 온라인 공동체와 소셜 미디어는 위기 커뮤니케이션/관리에 매우 중요하다. 다음의 예는 이러한 점을 잘 보여준다.

2010년 5월 6일, 프록터 앤드 갬블(P&G: Procter & Gamble)이 만드는 제품인 팸퍼스(Pampers)는 "팸퍼스는 소문이 완전히 잘못된 것이라고 생각한다"라는 제목의 보도자료를 발표했다. 다음 발췌문은 그때 상황을 잘 요약하고 있다.

팸퍼스 부사장인 조디 앨런(Jodi Allen)은 다음과 같이 말했다. "팸퍼스의 새로운 드라이 맥스(Dry Max) 기저귀가 발진과 다른 피부 자극을 야기한다는 소문이 소셜 미디어를 통해서 번지고 있는데 이것은 완전히 잘못된 것이다.

---

3   원래의 뜻이 왜곡되지 않는 범위 내에서 우리말로 순화한다는 의미하에 '온라인 공동체'로 번역했다(역자 주).

이러한 소문은 소수의 부모들에 의해 계속되고 있는데, 이 가운데 일부는 우리가 이전 제품인 크루저(Cruiser)와 스와들러(Swaddler)를 교체한 것에 불만인 반면 또 다른 일부는 경쟁력 있는 제품과 천으로 된 기저귀의 사용을 지지한다. 어떤 부모들은 우리 제품이 '화학적 화상(chemical burn)'을 야기한다는 신화를 조장하려고 했다. 우리는 이러한 주장과 다른 주장에 대해 광범위하고도 철저한 조사를 실시한 결과, 보고된 피부 질환이 우리 제품의 물질에 의해 야기되었다는 증거는 전혀 발견하지 못했다. 이 분야에서 매우 존경받는, 우리와 아무런 관련이 없는 의사들이 우리의 데이터를 분석했고 우리의 결론을 확인해주었다"(para. 1).

부모들은 온라인을 통해 팸퍼스의 새 제품이 유아에게 해롭다는 의견을 내놓고 있었다. 그것은 기저귀를 부모들에게 판매하려는 회사에게는 심각한 비난이다. 부모들은 그들의 자녀에게 해를 주는 제품을 구매하길 원하지 않는다. 소셜 미디어(예, 블로그, 마이크로블로그, 소셜 네트워킹 사이트)는 그러한 '소문'이 퍼지는 통로다. 인기 있는 소셜 네트워킹 사이트인 페이스북은 그러한 소문을 더욱 부추기는 소셜 미디어의 대표적인 예다. 팸퍼스의 한 페이스북 페이지에 팸퍼스가 심지어 물집을 포함한 심각한 기저귀 발진을 일으켰다는 한 토론 쓰레드(thread)[4]가 등장했다. 그 페이스북 페이지는 1만 명이 넘는 회원을 가지고 있는데, 이들 가운데 많은 이들이 그들의 우려와 경험을 그 페이지에 올렸다. 팸퍼스에는 10만 명이 넘는 팬(fan)을 가지고 있는 자체 페이스북 페이지가 있는데, 부모들은 팸퍼스의 자체 페이스북 페이지에도 '새 팸퍼스 기저귀는 끔직해!'라는 제목의 토론(이 토론 쓰레드는 현재 온라인상에 존재하지 않음)에 새 팸퍼스의 부작용에 관한 이

---

4   하나의 주제에 대해 사용자들이 게시판에 올린 일련의 의견(역자 주).

야기를 올렸다. 팸퍼스는 그러한 우려에 대한 반응에 대응했다. 다음은 팸퍼스와 한 고객(고객의 이름은 바꾸었음)이 주고받은 언쟁이다.

데비(Debbie): 나는 내가 많은 비난을 받을 거라는 것을 알지만 그래도 할 수 없습니다. 나는 내가 겪은 일을 사람들에게 알리고자 합니다.

나는 10월 8일 딸아이가 태어난 이후 줄곧 딸아이의 기저귀를 팸퍼스의 것으로 사용해오고 있었습니다. 이 기저귀에는 아무런 문제가 없었고 나는 이 기저귀를 '엄청' 좋아했습니다. 내가 처음 이 기저귀를 사용하기로 한 이유는 기저귀의 부드러움 때문이었습니다. 그다음 이유는 그것의 흡수력이었죠. 딸아이의 피부는 민감해서 팸퍼스와 하기스(Huggies) 이외의 다른 기저귀를 사용하면 피부에 발진이 돋았습니다. 그렇지만 하기스는 너무 뻣뻣해서 좋아하지 않았어요.

팸퍼스의 신제품이 나왔을 때, 새라(Sarah)는 여전히 크루저를 차고 있었고 나는 팸퍼스가 신제품으로 바꾼 이유를 이해하지 못했습니다. 나는 신제품 기저귀를 한 박스를 구입했으나 신제품은 내가 이전에 샀던 것과 '정확히' 똑같은 것처럼 보였습니다. 신제품 기저귀를 사용하기 위해 박스를 열어보았을 때, 우리는 그것이 다르다는 것을 바로 알았어요. 신제품 기저귀는 '정말' 얇았으며 부드러운 느낌은 들지 않았지만, 어쨌든 사용했습니다.

새라의 피부에 곧바로 발진이 돋기 시작했어요. 그리고 새라의 발진은 '정말 상태가 좋지 않은' 발진이었습니다. 나는 아이가 볼일을 보면 바로 새 기저귀로 바꿔줍니다. 나는 새라가 보내는 신호를 알기 때문에 볼일을 본 후 보통 1~2분 후에 새 기저귀로 바꿔주죠. 아이의 발진은 물집과 출혈을 동반했습니다. 그리고 내가 아이의 발진을 깨끗이 치료해주면 발진은 곧바로 좋아지곤 했습니다. 나는 주위 사람들에게 수소문하기 시작했고 '많은' 사람들의 아이들에게서도 똑같은 문제가 일어나고 있다는 것을 알게 되었습니다.

우리는 하기스 리틀 무버스(Little Movers)와 하기스 오버나이트(Overnight)로 바꾸었고 그 이후로 아이에게 그 같은 발진은 생기지 않았습니다.

팸퍼스 관계자들에게: 당신들은 '정말' 이 문제를 조사할 필요가 있습니다. 이것은 몇몇 사람에게 국한된 문제가 '아닙니다'. 이 문제는 '많은' 부모에게 일어나고 있습니다.

**팸퍼스**: 안녕하세요? 데비 씨. 당신이 당신의 경험을 공유한다는 이유로 우리는 당신을 절대 비난하지 않을 것입니다. 우리는 그것에 감사하지만, 마리아(Maria) 씨의 아이들과 브리짓(Bridget) 씨의 아이뿐만 아니라 새라에게도 발진이 돋은 것에 대해서는 정말 유감으로 생각합니다.

우리의 기저귀가 당신 아기의 피부에 안전하고 부드러운지를 확실히 하기 위해 우리가 철저히 평가한다는 점을 이해해주시기 바랍니다. 나는 당신이 제공해준 정보를 보건안전과에 전달하긴 하겠지만, 당신과 브리짓 씨 그리고 마리아 씨가 1-866-586-5654로 직접 전화해주기길 진정으로 바랍니다. 전화 상담은 월요일부터 금요일, 오전 9시에서 오후 6시(동부시간) 사이에 항상 가능합니다.

셸리(Shelley) — 나는 당신의 피드백을 품질관리팀(Quality Control Team)과 반드시 공유하겠습니다. 그 기저귀로 고생을 하셨지만 우리는 당신이 그 기저귀를 한 번 더 사용해보게 하고 싶습니다. 위의 번호로 연락을 주신다면 우리는 약간의 도움을 드릴 수 있습니다.

팸퍼스는 소셜 미디어를 통해 우려를 나타내는 사람들에게 다가가기 위해 노력하고 있었다. 팸퍼스는 심지어 가정에서 사용하는 소비자 제품에 대한 블로그를 운영하고 있는 4명의 영향력 있는 '엄마 블로거'인 르네 비그너(Renee Bigner), 케이트 마시 로드(Kate Marsh Lord), 티파니 스네데이커(Tiffany Snedaker), 스테퍼니 매너 바그너(Stephanie Manner Wagner)와 회의를 개최했다. 이 회의는 팸퍼스는 물론 팸퍼스와 독립적인 전문가들이 그 상황에 대한 정보를 제공하고 소문을 불식할 수 있는 기회였다. 4명의 블로거는 회의 후 그 기저귀 제품을 더 확신하게 되었다는 데 의견을 같이 했다(Sewell, 2010). 관리자들은 소셜 미디어에 등장하는 부정적인 정보를 조직의 평판, 제품의 평판, 제품 판매에 대한 진정한 위협으로 간주한다. 바꾸어 말하면, 소셜 미디어는 전면적인 위기로 발전할 가능성이 있는 문제에 대한 경고신호가 될 수 있다는 것이다.

　'소셜 미디어'는 서로 다른 다양한 온라인 커뮤니케이션 도구를 포괄하는 광의적인 용어다. 소셜 미디어의 종합 목록을 작성하는 것은 해변에서 모래를 헤아리려 하는 것과 같다. 새로운 도구가 계속해서 등장하기 때문

〈표 2-1〉 **소셜 미디어의 범주**

| 소셜 네트워크 | 사람들이 내용물을 공유하고 친구와 커뮤니케이션을 하는 개별 웹사이트 (예, 페이스북, 마이스페이스, 비보) |
|---|---|
| 블로그 | 사람들이 내용물을 게시하고 다른 사람들이 그것에 대해 의견을 제시할 수 있는 온라인 저널 |
| 위키(wiki) | 사람들이 함께 노력하여 내용물을 만들고 편집하는 웹페이지 (예, 위키피디아) |
| 팟캐스트(podcast) | 가입 기반 서비스를 통해 만들어지고 분배되는 음성 및 영상 내용물 (예, The Executive Lounge with Andrew Coffey) |
| 포럼(forum) | 특정 관심사와 토픽을 중심으로 하는 온라인 토론 |
| 내용물 공동체 (content community) | 사람들이 스스로 조직해서 특정 내용물을 만들고 의견을 제시하는 곳 (예, 유튜브, 플리커) |
| 마이크로블로그 | 사람들이 게시글을 통해 적은 양의 정보를 공유하는 사이트(예, 트위터) |
| 애그리게이터 (aggregator) | 하나의 사이트에 서로 다른 사이트들의 내용물(예, 뉴스 기사, 블로그)을 수집하는 도구; 내용물에는 흔히 인기 순위가 매겨지며 사용자들의 의견도 달릴 수 있음(예, 레딧 혹은 포퓰스) |
| 소셜 북마킹 (social bookmarking) | 사람들이 그들이 온라인에서 찾은 내용물을 공유하고 평가하는 도구 (예, 딜리셔스) |

에 당신은 완전한 종합 목록을 작성할 수 없다. 그러나 우리는 여러 유형의 소셜 미디어를 범주별로 구분할 수는 있다. 범주 체계는 위기 커뮤니케이션에 유용하다. 위기 커뮤니케이션에 어떻게 서로 다른 범주가 사용될 수 있는지를 이해함으로써 위기관리자는 범주 내의 개별 도구를 이용하는 방법을 이해할 수 있다. 〈표 2-1〉은 각 범주에 대한 정의와 함께 종합적인 범주 목록을 보여주고 있다. 상호 연결되어 있는 인터넷답게 범주들은 종종 서로 다른 범주와 결합해서 사용되기 때문에 범주들이 서로 중첩되는 것처럼 보인다. 그러나 각 범주는 서로 다른 독특한 특성을 가지고 있다. 모든 범주는 다른 사용자와 정보와 의견을 공유할 수 있는 기본적인 능력을 가지고 있다.

UCC, 즉 사용자 제작 내용물이 소셜 미디어를 지배하고 있음을 인식하는 것은 중요하다. 이것은 이해관계자들이 지배하는 데 익숙해져 있음을 의미한다. 따라서 전통적인 미디어 관계(media relations)에서 나온 기본적인 아이디어는 적용되지 않을 뿐만 아니라 적용되어서도 안 된다. PR 관계자들이 전통적인 뉴스 미디어를 겨냥해 PR 활동을 펼치는 것처럼 블로거를 상대로 PR 활동을 하는 방법에 대한 온라인 호언(豪言)들을 쉽게 찾아볼 수 있다. 소셜 미디어는 정보를 전달받는 곳이 아니라 상호작용과 통제가 이루어지는 곳이다. 이 점을 지적하는 이유는 위기 커뮤니케이터들이 소셜 미디어를 전략적으로 사용하고자 한다면 그들은 반드시 상식과 요령을 갖추고 있어야 하기 때문이다. 소셜 미디어의 1차적인 가치는 이해관계자들에게 정보를 제공하는 데 있는 것이 아니라 그들이 말하는 것을 '경청하며' 그들이 정보를 원할 경우 정보에 '접근하는' 수단을 제공하는 데 있다. 경청과 접근을 위기 관계 단계들과 연결함으로써 위기관리자에게 소셜 미디어가 지니고 있는 잠재적 가치를 잘 살펴볼 수 있을 것이다.

## 1) 위기의 개념화 다듬기

1장에서 우리는 '위기'를 정의했다. 이 책에서 사용되는 위기라는 용어는 조직의 위기를 가리킨다고 했다. 소셜 미디어를 통해 전달되는 UCC의 출현으로 인해 우리는 위기를 개념화하는 방식을 다듬을 필요가 있다. 〈그림 2-1〉은 조직의 위기를 두 가지 큰 범주, 즉 전통적 위기와 소셜 미디어 위기로 나눌 수 있음을 보여준다. 전통적 위기는 조직 운영 중단과 더불어 공공의 안전과 복지 이슈에 더 초점을 맞춘다. 이러한 위기를 전통적 위기라 부르는 이유는 위기관리의 개발이 이러한 여러 가지 유형의 위기를 중심으로 고안되었기 때문이다. 우리는 5장에서 다시 전통적인 위기에 대해 논의할 것이다.

소셜 미디어 위기는 소셜 미디어에 의해 야기되거나 증폭되면서 조직에 해를 끼칠 수 있는 사건으로 정의될 수 있다(Owyang, 2011). 소셜 미디어 위기는 평판에 대한 우려에 더 초점을 맞춘다. 콘웨이, 워드, 루이스 및 번하르트(T. Conway, M. Ward, G. Lewis, & A. Bernhardt, 2007)는 이해관계자들로부터의 평판 위협을 '인터넷 위기 잠재력(Internet crisis potential)'이라 불렀다. 그것이 소셜 미디어 위기가 공공의 안전이나 복지 요소를 포함하지 않을 수도 있음을 의미하는 것은 아니다. 그러나 대부분의 소셜 미디어 위기는 평판에 영향을 미친다. 마찬가지로 전통적 위기도 평판 측면을 포함하지만 전통적 위기는 주로 공공의 안전과 복지에 대한 것이다. 조직의 평판은 반드시 가꾸고 보호되어야 할 소중한 자산이기 때문에 평판에 대한 우려는 중요하다.

소셜 미디어 위기라는 개념도 지나치게 광의적이다. 소셜 미디어 위기의 유형은 서로 다를 수 있다. 소셜 미디어 위기를 구분하는 한 가지 방법은 위기의 진원지로 구분하는 것이다. 위기의 진원지를 이해하는 것은 위

〈그림 2-1〉 **전통적 위기와 소셜 미디어 위기**

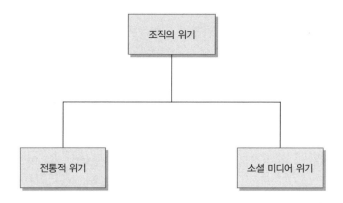

〈그림 2-2〉 **소셜 미디어 위기의 원천과 유형**

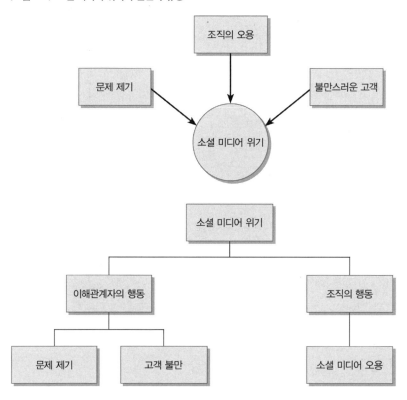

기가 야기하는 위협과 위기에 대응하는 최상의 옵션을 판단할 수 있게 도와주기 때문에 중요하다. 〈그림 2-2〉는 위기의 진원지에 따라 소셜 미디어 위기를 체계화하는 두 가지 서로 다른 관점을 보여주고 있다. 대부분의 경우, 소셜 미디어 위기는 실제로 유사 위기(paracrisis)지만 실제 위기로 될 가능성을 지니고 있다.

불만스러운 고객에 의한 소셜 미디어 위기는 실제로 위기라기보다는 고객 관계(customer relations) 문제다. 많은 회사가 현재 소셜 미디어를 그들의 고객 서비스의 일부로 사용한다. 불만스러운 고객은 자발적으로 나타나거나 조직화된 노력의 일부일 수도 있다. 맥도날드(McDonald's)가 사람들에게 해시태그(hashtag)[5] #McDStories를 사용해서 맥도날드에 대한 그들의 좋은 기억을 공유해달라고 요청했을 때, 많은 사람은 대신 그 해시태그를 사용하여 그들의 끔찍한 이야기를 했다. 맥도날드 사례는 고객이 자발적으로 불만을 분출한 사례다. 2012년 크리스마스 기간에 스타벅스(Starbucks)는 런던 자연사박물관(Natural History Museum)에 임시로 만든 스케이트장에 프로젝션 스크린을 설치하는 것을 후원하기로 했다. 그 스크린은 #SpreadTheCheer라는 해시태그를 가진 스타벅스의 트윗(tweet)을 보여주었다. UK 언컷(UK Uncut)이라는 한 단체가 그 해시태그를 사용해 스타벅스가 영국에서 내는 세금이 극도로 적은 것에 대한 불쾌감을 나타냈다. 설상가상으로 음란한 트윗이 등장하는 것을 막아주는 필터가 작동하지 않는 바람에 어린이들이 다소 저속한 언어에 노출되었다(Morse, 2012). 스타벅스 사례는 조직화된 노력의 사례이자 소셜 미디어 위기의 마지막 범주인 문제 제기(challenge)와도 관련되어 있다. 이에 대한 대응은 불만을 해소하

---

5  트위터에서 '#특정 단어' 형식으로, 특정 단어에 대한 글이라는 것을 표현하는 기능(역자 주).

기 위해 노력하는 것, 즉 효과적인 고객 서비스 업무를 펼치는 것이다. 만약 고객들이 유사한 제품 실패나 문제를 보고한다면, 불만스러운 고객에 의한 소셜 미디어 위기는 제품 피해 상황(product harm situation)[6]에 대한 조기 경고신호가 될 수 있을 것이다.

문제 제기는 이해관계자들이 조직의 행동과/이나 정책이 부적절하거나 무책임하다고 지각할 때 발생한다(Lerbinger, 1997). 문제 제기의 핵심은 조직이 무책임하게 행동하고 있다고 이해관계자들이 주장한다는 것이다. 그러한 비난은 평판을 손상할 수 있다. 평판은 이해관계자의 기대를 충족시키는 것을 토대로 하고 있다(Fombrun & van Riel, 2004). 이러한 이유로 이해관계자의 기대를 저버리는 것은 평판을 해친다(Finet, 1994). 평판은 관리자들이 훼손하는 것이 아니라 쌓아가야 할 소중한 조직의 자산이다(Davies, Chun, da Silva, & Roper, 2003). 문제 제기는 조직에 대한 부정적인 의견으로 조직의 평판을 훼손하는 역할을 한다.

문제 제기라는 개념은 분명 매우 모호하다. 쿰스(W. T. Coombs, 2010c)는 ① 유기적 문제 제기, ② 폭로 문제 제기, ③ 악인 문제 제기라는 세 가지 문제 제기 유형을 확인함으로써 문제 제기에 대한 더 정확한 견해를 제시하고 있다. 이 세 가지 문제 제기 유형은 위기 커뮤니케이션에 서로 다른 영향을 미친다. 문제 제기의 속성은 평판이 영향을 받는 방식과 문제 제기에 가장 잘 대응하는 방법에 영향을 미친다. 유기적 문제 제기(organic challenge)는 조직이 이해관계자들의 가치와 관심사의 변화를 따라잡지 못하는 데서 비롯된다. 시간이 지나면서 이해관계자들의 가치와 신념은 변할 수 있다. 따라서 이해관계자들은 조직이 그러한 새로운 가치와 신념을 반

---

6 '제품 피해 위기(product-harm crisis)'란 어떤 제품에 결함이 있거나 오염되거나 혹은 소비자에게 해롭다는 사실이 널리 밝혀짐으로써 야기되는 위기를 말한다(자료: http://lexicon.ft.com/Term?term=product_harm-crisis)(역자 주).

영해주기를 기대한다. 의류 생산 및 공급 회사에 종사하는 노동자 처우에 대한 이해관계자들의 우려는 이해관계자들의 가치 및 신념 변화를 보여주는 아주 좋은 사례다. 만약 조직의 행동이 이해관계자들의 행동을 반영하기 위해 변하지 않는다면, 이해관계자들은 조직이 그들의 기대를 저버린 것으로 지각할 것이다. 조직들은 종종 이해관계자들의 기대(가치 및 신념 변화)에 미치지 못하기 때문에 기대가 어긋나는 것은 자연스러운 과정일 수 있다. 공급 사슬(supply chain)[7]에 있는 노동자에 대한 이해관계자들의 가치가 변했을 때, 공급업체 사이에서 나이키가 어떻게 노동력 착취의 표적이 되었는지 생각해보라. 유기적 문제 제기는 기대가 어긋나고 있는 데 대해 관리자가 주목해주기를 바라는 것이다.

폭로 문제 제기(expose challenge)는 조직이 하는 말과 조직이 하는 행동이 일치하지 않을 때 발생한다. 어떤 조직이 환경 개선에 시간이나 자원을 거의 할애하지 않으면서 그들이 친환경적인 조직이라고 주장할 때 '위장 환경주의(greenwashing)'에 대한 비난이 제기되는 것이 한 예다. 이해관계자들은 폭로 문제 제기를 통해 관리자에게 사회적 혹은 환경적 관심사에 대한 그들의 행동이 과장되었음을 큰 소리로 외친다. 폭로 문제 제기는 조직이 악의를 가지고 있는 듯한 인상을 불러일으킨다. 관리자들이 조직의 사회적 및 환경적 수행을 의도적으로 과장하는 것처럼 보이게 한다. 관리자들이 이해관계자의 기대를 충족시키는 척하는 것처럼 보이게 만드는데, 이것은 어떤 기대가 존재한다는 것을 단순히 인식하지 못하는 것보다 평판에 더 해롭다.

악인 문제 제기(villain challenge)는 조직과 특정 이해관계자 집단 간의

---

7  공급 사슬이란 제품 및 서비스를 원재료에서 소비에 이르도록 공급하기 위해 공급업체, 제조공장, 유통센터, 소매할인점, 고객을 연결하는 단계들의 흐름을 말한다(역자 주).

일련의 논쟁 가운데 하나다. 이해관계자들은 일반적으로 조직과 오랜 분쟁 관계에 있는 전문적인 행동주의자 단체다. 악인 문제 제기는 더 큰 전쟁 속에서 이루어지는 또 하나의 전투일 뿐이다. 이해관계자들은 조직을 악한 방식을 개혁할 필요가 있는 악인으로 묘사하고 싶어 한다. 이런 사사로운 전쟁과 아무런 관련이 없는 사람들에게 악인 문제 제기는 소음처럼 들릴 수도 있고 '또다시 으르렁거리는 두 사람'으로 묵살될 수도 있다(Coombs, 2010c).

관리자는 ① 반박, ② 억압, ③ 개혁, ④ 회개라는 네 가지 전략을 사용하여 문제 제기에 대응할 수 있다. 이 전략들은 조직이 그들의 의사 결정 과정에 영향을 미치고자 하는 시도에 통상적으로 대응하는 방식을 토대로 하고 있다(Bowers, Ochs, & Jensen, 1993). 반박(refutation) 전략은 문제 제기가 틀렸음을 입증하려 한다. 한 가지 옵션은 조직이 실제로 이해관계자의 기대를 충족시키고 있음을 입증하는 것이다. 관리자들은 그들이 이해관계자의 기대를 충족시키고 있는데도 이해관계자들이 그들의 그러한 행동을 인지하지 못할 뿐임을 입증하는 증거를 반드시 제시해야 한다. 또 하나의 옵션은 이해관계자의 기대가 타당한지에 대해 의문을 제기하는 것이다. 관리자들은 그러한 기대가 많은 사람이 공히 기대하는 바가 아니며 조직이 충족시켜주어야 할 기대가 아니라고 주장하는 것이다. 그러한 기대는 단지 소수의 이해관계자들과 관련되어 있을 뿐이기 때문에 무시할 수 있다는 것이 조직의 입장이다. 관리자들이 이 옵션을 사용하기 위해서는 이러한 이해관계자들이 대다수의 이해관계자들과 보조를 맞추지 못하고 있다는 것을 보여주어야 한다. 만약 이해관계자들이 조직이 그러한 기대를 충족시키고 있다고 거짓말하거나 다른 사람들이 그러한 기대에 신경 쓰지 않는다고 거짓말하고 있다는 것을 입증할 경우 폭로 문제 제기가 발생하기 때문에, 반박은 문제 제기로 인한 피해를 증가시킬 수 있다. 그러나 그러한 문제 제기가 잘못되었거나 단지 매우 제한된 이해관계자들의 견해를 반영하기(즉, 기대가 타당하지 않기) 때문에 반박 전략이 적절할 때도 있다. 예를 들면, 악인 문제 제기는 그러한 문제를 제기하는 소수의 공격적인 이해관계자 집단만의 관심사라고 규정될 수 있다.

억압(repression) 전략은 이해관계자들이 다른 사람에게 그들의 문제 제기를 알리지 못하게 하는 것이다. 문제 제기자를 침묵하게 하기 위해 소송 및 다른 형태의 협박이 사용될 수 있다(Coombs & Holladay, 2010). 억압은 아이디어의 자유로운 교환을 막고 검열당하는 듯한 인상을 불러일으키기 때문에 위험한 옵션이다. 다른 이해관계자들이 조직에 반발함으로써 억압 전략에 부정적으로 반응할 수도 있다.

개혁(reform) 전략은 기대를 저버린 점을 인정하고 조직이 그러한 기대를 충족시키기 위해 어떻게 노력할 건지를 설명하는 것이다. 관리자는 이해관계자들의 기대가 타당하다고 인정하고 이러한 기대를 반영하기 위해 조직의 행동을 바꾸려 한다. 개혁 전략은 유기적 문제 제기와 잘 어울린다. 이러한 대응은 조직이 이해관계자들의 기대를 이해하고 그것에 대응하는 데 시간적 격차가 있음을 반영한다.

회개(repentance) 전략이란 경영진이 자신들의 주장이 과장되었음을 인정하고 그들 조직이 이미 충족시켜 주었다고 주장한 이해관계자들의 기대를 충족시키기 위해 노력하는 것을 말한다. 회개 전략은 폭로 문제 제기와 잘 어울린다. 회개 전략의 핵심 요소는 잘못을 인정하는 것이다. 그러나 잘못을 인정하는 것이 문제를 개선하기에 앞서 악화시킬 수 있다. 이해관계자들은 조직이 처음에 기만한 것에 대해 화가 나 있을 수 있다(Kim, Ferrin, Cooper, & Dirks, 2004). 회개는 장기적인 투자다. 그들 조직이 그저 그럴듯한 말을 하는 것이 아니라 실제로 기대를 충족시킬 것임을 입증하는 데는 시간이 걸릴 것이다(Smith, 2008).

문제 제기는 독특하고도 복잡한 사회적 위기다. 문제 제기 위기에 대한 대응은 5장에서 논의할 다른 어떤 위기 유형에 대한 대응보다 더 다양할 수 있다. 관리자는 여러 가지 대응 옵션을 가지고 있지만, 대응 전략을 선택하기 전에 문제 제기의 속성을 반드시 신중하게 평가해야 한다. 유기적 문제 제기, 폭로 문제 제기, 악인 문제 제기는 각기 독특한 특성을 가지고 있기 때문에 서로 다른 대응 전략이 더 효과적이다.

## 2. 위기 커뮤니케이션에 미치는 영향

소셜 미디어는 위기 커뮤니케이션에 다양한 영향을 미친다. 3단계 위기 관리 모델은 이러한 영향에 대한 논의를 체계화하는 데 유용한 틀을 제공한다. 이 부분에서 우리는 이후의 장들에서 논의될 소셜 미디어의 주요 영향에 대해 살펴본다.

### 1) 위기 전 단계

경청은 위기 경고신호를 탐색하는 가장 좋은 방법이다. 소셜 미디어는 이해관계자들이 만들어내는 경고신호를 발견할 수 있는 기회를 제공한다. 위기관리자에게 블로그, 마이크로블로그, 내용물 공동체, 소셜 네트워크, 포럼, 애그리게이터, 소셜 북마킹은 모두 훌륭한 탐색 도구다. 문제는 위기로 발전할 준비가 되어 있는 것 같은, 새롭게 나타나는 동향을 정확히 찾아내기 위해 엄청난 양의 정보를 처리하는 것인데, 이것에 대해서는 4장에서 다시 다루기로 한다. 온라인상의 모든 글이나 영상이 실제로 잠재적인 위기인 것은 아니다. 그러나 겉으로 보기에 중요하지 않은 것 같은 정보원(情

報源)에서 나온 아이디어가 급속도로 퍼져나감으로써 위기 가능성을 야기할 수 있는 것이 인터넷의 속성이다. 이러한 우려는 바이럴 메시지(viral message)[8]에 대한 큰 씨 접근방법에 뿌리를 두고 있다.

큰 씨(big-seed) 접근방법[9]은 인터넷상에서 아이디어가 어떻게 퍼져나가는지, 즉 어떤 메시지가 어떻게 바이러스처럼 퍼져나가는지에 관심이 있는 작은 씨 접근방법과 대조되는 접근방법이다. 작은 씨(small-seed) 접근방법은 어떤 아이디어를 온라인상에 등장시키기 위해서는 단지 소수의 영향력 있는 사람이 메시지를 전파할 필요가 있다고 주장한다(Thompson, 2008). 야후의 네트워크 연구자인 와츠(D. J. Watts)는 컴퓨터 모델링을 사용해 보통 사람이 성공적인 바이럴 메시지의 가장 가능성이 높은 정보원임을 보여주었다. 큰 씨 접근방법에서는 많은 사람들(씨들)이 최초 메시지의 목표가 된다. 큰 씨 접근방법에서는 소수의 영향력 있는 사람을 찾기보다는 다양한 부류의 대상 수용자들에게 도달하기 위한 대규모의 노력이 이루어진다. 와츠와 페레티(D. J. Watts & J. Peretti, 2007)는 매스 미디어 수용자도 바이럴 메시지를 퍼뜨릴 수 있다고 주장한다. 따라서 위기관리자는 영향력 있는 이해관계자들이 하는 말을 모니터할 수 있을 뿐만 아니라 다수 이해관계자들의 말에도 귀를 기울여야 한다. 이 시점에서 유사 위기(paracrisis)라는 개념을 소개하는 것이 도움이 될 것이다.

'유사(para)'라는 용어는 무언가와 비슷함이나 무언가로부터의 보호를

---

8  바이럴 마케팅(viral marketing)에서는 자신이 원하는 목적을 담은 메시지를 소셜 네트워크 환경에 널리 퍼뜨려 그 메시지를 전달하고, 메시지를 전달받은 사람들은 자신이 속해 있는 집단 안에서 공유하고 또 다른 사람들에게 퍼져나가는 패턴을 반복하여 바이럴 마케팅의 궁극적인 목표에 도달하게 되는데 그렇게 퍼져나가는 메시지를 바이럴 메시지라고 한다(역자 주).

9  큰 씨 마케팅(big-seed marketing)은 바이럴 마케팅의 효과를 더 크게 하기 위한 목적으로 전통적인 매스 미디어를 함께 사용하는 수정된 바이럴 마케팅을 말한다(역자 주).

의미한다. 유사 위기는 조직의 평판 및 평판과 관련된 자산을 위협하기 때문에 위기와 닮아 있다. 그러나 유사 위기는 위기팀의 가동을 요구하지 않으며 조직을 붕괴시키지 않는다. 그럼에도 태만(neglect)이나 부실 관리(mis-management)가 실제 위기를 야기할 수 있기 때문에 유사 위기에도 주목할 필요가 있다. 유사 위기는 특정 유형의 위기 경고신호다. 유사 위기는 위기처럼 보인다. 어머니들을 불쾌하게 만든 모트린(Motrin)[10] 광고는 유사 위기의 한 예다. 2008년, 모트린은 어머니들이 팔걸이 모양의 아기 포대를 사용함으로써 요통을 앓는다는 점을 지적하는 자극적인 광고를 내보냈다. 이 광고는 인쇄 광고와 온라인 동영상 광고로 소개되었다. 많은 어머니들이 그 광고를 보고 기분이 상한 나머지 소셜 미디어를 통해 그들의 분노를 표출했다. 트위터는 어머니들이 모트린을 공격하는 데 사용한 가장 인기 있는 소셜 미디어였다. 심지어 트위터를 통해 표출된 불만을 담은 9분짜리 유튜브 동영상도 등장했다. 그 광고는 토요일 오전 온라인에 등장했다. 토요일 저녁, 소셜 미디어를 통한 비판이 트위터에 쏟아졌다. 그다음 주 월요일, 모트린의 제조사인 맥네일 컨슈머 헬쓰케어(McNeil Consumer Health-care)는 그 광고를 인터넷에서 내리고 사과문으로 대체했다(Tsouderos, 2008). 맥네일 컨슈머 헬쓰케어가 모트린을 제조하거나 판매하는 과정에 어떤 혼란이 발생하지는 않았다. 회사와 제품의 평판이 약간 손상되었는데, 만약 그러한 유사 위기가 재빨리 그리고 효과적으로 처리되지 않았다면 피해가 더 커졌을 가능성이 있었다. 맥네일 컨슈머 헬쓰케어는 그 광고를 제거하고 사과를 함으로써 그러한 유사 위기를 잘 관리했고, 그럼으로써 잠재적인 위기를 막았다.

소셜 미디어에 나타나는 유사 위기는 이해관계자들이 그것을 다 지켜볼

---

10 소염진통제인 이브프로펜(ibuprofen)의 상품명(역자 주).

수 있기 때문에 독특한 위기 경고신호다. 보통 위기 예방 노력은 이해관계자들의 눈에 띄지 않는다. 예를 들면, 어떤 조직은 안전 수칙을 수정하거나 유해 화학물질 방출 우려를 줄이기 위해 위험한 화학물질을 대체한다. 사람들의 눈에 띄는 것은 유사 위기에 영향을 준다. 유사 위기가 공개적으로 드러나게 되면 공개적인 관리가 필요하다. 관리자는 우려를 해결하기 위해 그들이 행하고 있는 것이나 그들이 그러한 우려를 왜 무시하기로 했는지를 모든 이해관계자에게 반드시 설명해야 한다. 유사 위기를 해결하는 것은 예방적 조치가 아닌 위기 대응처럼 보일 수 있기 때문에 유사 위기는 위기 전 단계와 위기 대응 단계 간의 경계를 모호하게 만든다. 여기서의 핵심은 인터넷은 유사 위기로 몰아가는 이해관계자들의 우려를 강조해 보여줄 수 있기 때문에 소셜 미디어는 유사 위기가 사람들의 눈에 띌 가능성과 유사 위기의 수를 증가시킨다는 것이다. 소셜 미디어와 위기에 관한 한 백서(白書)는 "소셜 미디어상의 갈등/위기를 결코 무시하지 말라"고 권고했다("Crisis Management for Social Media," n.d.: 4; IR Insight, 2012).

## 2) 위기 대응 단계

'전문가'가 위기를 관리하기 위해 온라인 환경을 사용하는 방법을 알려주는 웹세미나(webinar)나 실제 세미나를 찾는 것은 매우 쉽다. 이러한 온라인 위기 커뮤니케이션 '판매'는 전통적인 미디어는 더 이상 문제가 되지 않는다는 착각을 불러일으킨다. 실제로 온라인 위기 커뮤니케이션을 지나치게 사용하는 것은 위험한 착각이다. 표적 수용자를 보고 미디어를 선택해야 한다. 위기관리자는 원하는 표적 수용자에게 효과적으로 그리고 효율적으로 도달할 수 있는 커뮤니케이션 채널을 선택한다. 만약 온라인 채널이 위기 동안 당신의 이해관계자들과 관련이 있다면, 온라인 채널을 미디어 믹스(media mix)에 포함해라. 그러나 위기관리자는 온라인과 전통적인 커뮤니케이션 채널을 매듭 없고 일관된 위기 대응에 통합시켜야 한다(Wehr, 2007). 무엇보다 위기관리자는 온라인 채널을 사용해야 한다고 누군가가 말해서가 아니라 전략적으로 온라인 채널을 사용해야 한다(Oneupweb, 2007).

온라인 위기 커뮤니케이션 채널을 사용할 때는 ① 존재를 드러낼 것, ② 사건 현장에 있을 것, ③ 위기 전에 거기에 있을 것, ④ 공손할 것과 같은 네 가지 기본 규칙이 존재한다. '존재를 드러낼 것(be present)'이란 위기관리자가 온라인 세계에 몸을 숨기고 있어서는 안 된다는 것을 의미한다. 뉴스 매체를 포함한 이해관계자들은 정보를 얻기 위해 회사의 웹사이트와 조직의 기존 소셜 미디어 활동을 들여다볼 것이다. 만약 조직의 온라인 커뮤니케이션에서 위기가 결코 언급되지 않는다면, 그러한 언급 부재는 눈에 띌 것이다. 그 조직은 침묵하고 있는 데 대해 비판을 받을 것이고 위기에 대한 그들의 해석을 제시할 수 있는 기회를 놓칠 것이다.

'사건 현장에 있을 것(be where the action is)'이란 위기의 온라인 진원지를 위기 대응 메시지의 한 장소로 사용하는 것을 말한다. 만약 어떤 위기가 유튜브 영상으로 시작되었다면, 유튜브가 위기 대응이 이루어지는 장소 가운데 하나가 되어야 한다. 도미노 피자(Domino's Pizza)는 그러한 충고를 받아들여, 이 회사의 CEO는 도미노 직원이 음식에 장난을 치는 모습이 담긴 역겨운 동영상이 유튜브에 게시된 후 유튜브에 사과 동영상을 게시했다. 만약 어떤 위기가 페이스북에서 발생한다면, 해당 조직의 페이스북 페이지는 그 위기를 다루어야 한다. 위기에 대한 CEO의 메시지가 위기를 야기한 동영상만큼 인기가 있을까? 즉, 위기를 야기한 동영상을 본 사람들만큼 많은 사람이 위기에 대한 CEO의 메시지를 볼까? 조직을 비판한 사람들에게 쏟아진 우호적인 의견만큼이나 많은 우호적인 의견이 조직에게 쏟아질까? 대답은 분명 '그렇지 않다'이지만, 그러한 메시지를 위기의 진원지가

된 채널에 게시하는 것은 위기를 야기한 메시지와 함께 당신의 메시지와도 사람들이 접할 수 있는 가능성을 높인다.

'위기 전에 거기에 있을 것(be there before crisis)'이란 만약 조직이 이미 소셜 미디어를 사용하고 있었다면 위기 후에 소셜 미디어 공격을 감행하는 것이 덜 효과적임을 의미한다. 팔로어(follower), 즉 내용물을 정기적으로 보는 사람이 있을 때, 소셜 네트워킹 사이트, 블로그, 마이크로블로그는 매우 효과적이다. 이미 거기에 있다는 것은 당신의 위기 메시지가 공신력(credibility)과 신빙성(authenticity)을 갖게 해준다. 아메리칸 에어라인(American Airlines)과 사우쓰웨스트 에어라인(Southwest Airlines)은 안전검사를 위해 비행기를 착륙시켜야만 했을 때, 블로그를 사용해 그 문제를 논의했다. 위기 전에 사우쓰웨스트 에어라인은 너츠 어바웃 사우쓰웨스트(Nuts About Southwest)라 불리는 인기 있는 블로그를 가지고 있었던 반면, 아메리칸 에어라인은 블로그를 갖고 있지 않았다. 사우쓰웨스트 에어라인은 승객들에게 그러한 사실을 알리고 그들의 대답을 듣는 데 도움을 얻기 위해 그들의 블로그를 사용했다. 사우쓰웨스트 에어라인이 첫 번째 위기 게시글을 올린 직후 140개가 넘는 댓글이 달렸다. 아메리칸 에어라인이 위기 후에 블로그를 시작했을 때, 이해관계자들은 그러한 사실을 알지 못했으며 실제로 아무도 그들의 블로그에 접속하지 않았다. 아메리칸 에어라인은 그들의 회사 웹사이트와 그들의 블로그를 링크하지 않았음은 물론 그 블로그를 홍보하기 위한 아무런 노력도 하지 않았다. 결국 아메리칸 에어라인은 그 블로그를 중단했다. 아메리칸 에어라인의 경험은 소셜 미디어 게임에 늦게 뛰어드는 것이 문제가 됨을 보여준다(Holtz, 2007). 그러나 사건 현장에 있어야 할 필요성 때문에 위기가 발생한 후 소셜 미디어를 사용하기 시작하는 것도 여전히 가치 있는 일이다. 위기관리자는 반드시 위기 대응의 전략적 측면을 잊지 말아야 한다(Martine, 2007). 위기의 본질이 위기 대응을 전달하

## 버거킹 해킹

당신은 버거킹(Burger King)에서 소셜 미디어를 책임지고 있는 기업 커뮤니케이션(corporate communication) 전문가다. 월요일 오전 11시에 당신은 회사의 트위터 계정에 문제가 생겼음을 알게 된다. 버거킹 로고(logo)가 맥도날드 로고로 바뀌어 있고, 버거킹이 맥도날드에 팔렸다고 주장하는 트윗도 있다. 그런 다음, 꽤 음란하고 모욕적인 트윗들이 @BurgerKing에 올라온다. 그것들은 분명 당신이 당신의 회사 브랜드와 연관되기를 원하는 종류의 메시지가 아니었다. 당신은 회사의 트위터 계정이 해킹당했음을 깨닫는다.

1. 이것은 위기인가 아니면 유사 위기인가? 당신이 그렇게 결론 내리는 근거는 무엇인가?
2. 이번 해킹으로 입을 당신 회사의 평판 손상을 막기 위해 다음으로 당신이 하고자 하는 것은 무엇인가?
3. 질문 2에 대한 대답에서 밝힌 조치들을 완결하기 위해 당신이 접촉해야 하는 사람은 누구인가?

기 위한 소셜 미디어 옵션을 전략적으로 선택하는 데 있어 중요한 역할을 하는데, 이에 대해서는 8장에서 논의한다.

마지막으로 '공손할 것(be polite)'은 소셜 미디어를 통해 소통할 때 가장 중요한 점이다. 비록 이해관계자가 소셜 미디어에서 도발을 하려 하더라도, 조직은 결코 무례를 범해서는 안 된다. 화난 이해관계자들은 '트롤(troll)'[11]을 통해 의도적으로 조직을 짜증나게 만들려고 하는 한편, 조직에 대한 '비열한' 의견을 게시할 수도 있다. 혹독한 비판의 대상이 되는 것은 소셜 미디어상에 존재함으로써 치르는 대가의 일부다. 무례한 대응은 상황을 확대해서 더 악화시킨다. 소셜 미디어상에서 공손해야 함의 또 다른 부분은 소셜 미디어의 규칙을 따르는 것인데, 앞에서 제시한 조직의 소셜 미디어 위기 오용에 관한 논의는 이 점을 더 확실하게 보여준다. 위기 커뮤니케이션이 효과를 발휘하기 위해서는 조직이 어떤 소셜 미디어를 사용하고 있든

---

11 인터넷 토론방에서 남들의 화를 부추기기 위해 보낸 메시지(역자 주).

그 소셜 미디어의 규칙을 반드시 따라야 한다(Agnes, 2012).

### 3) 위기 후 단계

이해관계자들은 위기가 공식적으로 끝난 뒤에도 여전히 후속 정보와 업데이트를 요구할 수 있다. 소셜 미디어는 업데이트를 전달하고 이해관계자들이 가지고 있을 수도 있는 특정한 후속 질문을 다루는 또 하나의 채널을 제공한다. 위기관리자는 특정한 위기 웹페이지나 블로그를 얼마나 오랫동안 운영할 것인지 결정해야 할 것이다. 한 가지 기준은 관심이 사그라질 때 그 같은 사이트를 폐쇄하는 것이다. 관리자들은 위기가 끝났다는 또 하나의 신호가 나오기 무섭게 그러한 특정 위기 웹페이지와 블로그를 빨리 폐쇄하길 원할지도 모른다. 소셜 미디어의 장점은 여기에 있다. 트위터와 같은 마이크로블로그는 업데이트와 오래 끄는 질문에 대한 답변을 제공할 수 있는 훌륭한 통로다. 만약 사람들이 위기 동안 조직을 팔로우(follow)하기 시작한다면, 그 조직의 마이크로블로그는 관심이 있는 이해관계자들이 볼 수 있도록 업데이트를 올릴 수 있다. 더욱이 마이크로블로그는 질문에 답할 수도 있는데, 트위터의 경우 대답하는 글자 수가 140개 이하면 가능하다. 정규 회사 블로그와 소셜 네트워크 페이지 역시 업데이트를 게시하고 질문에 답변할 수 있는 기회를 제공한다. 소셜 미디어는 위기 후 단계에도 여전히 위기 이슈와 관련해 해당 조직에 관여하고자 하는 이해관계자들에게 도달할 수 있는 채널을 제공하는데, 이것에 대해서는 9장에서 자세히 다루기로 한다.

## 3. 결론

이 장을 시작하면서 우리는 인터넷이 위기 커뮤니케이션을 혁명적으로 바꿔놓기보다는 위기 커뮤니케이션의 진화를 가속화하고 있다는 점에 주목했다. 인터넷, 특히 소셜 미디어는 위기관리자가 완전히 새로운 직무를 만들어내도록 하는 것이 아니라 기존의 커뮤니케이션 관련 직무를 수행하는 것을 도와주기 때문에, 그것은 혁명이라기보다는 진화에 더 가깝다. 그러나 위기관리자들이 소셜 미디어를 그들의 활동과 통합하지 않는다면 업무상 배임[12]을 범하게 될 것이다. 예를 들어, 소셜 미디어는 직무 수행에 필요한 수단을 더 많이 제공해주는 반면 탐색의 필요성도 높여준다. 소셜 미디어는 그것의 영향만을 다루는 장을 별도로 마련할 필요가 있을 정도로 위기 커뮤니케이션에서 중요하다. 소셜 미디어는 위기 커뮤니케이터에게 혜택을 주는 동시에 책임도 더 지운다(Kerkhof, Shultz, & Utz, 2011; Mei, Bansal, & Pang, 2010). 앞에서 언급했듯이, 이후의 장들은 이러한 논의를 확대

---

**위기 리더십 역량: 상황 파악**

위기 지도자(crisis leader)는 위기 경고신호를 찾아내고 해석할 때 상황 파악을 한다. 위기가 발생한 후 위기 경고신호를 '보는 것'은 항상 쉽다. 진정한 기술은 위기가 발생하기 전에 경고 신호를 알아차리는 것이다. 위기 지도자는 경고신호의 정확한 위치를 찾아내고, 그것이 의미하는 바를 이해하며, 위기 발생 가능성을 줄이기 위해 무엇을 해야 할지를 판단할 수 있다(James & Wooten, 2010). 상황 파악은 2장의 기본 주제다. 소셜 미디어는 위기 경고 신호의 진원지라는 점에서 현대 조직에 정말 소중하다. 유사 위기는 근본적으로 경고신호다. 3장에서는 잠재적인 위기 경고신호 파악이라는 주제를 다시 살펴볼 것이다.

---

12 주어진 임무를 저버림. 주로 공무원 또는 회사원이 자기의 이익을 위하여 임무를 수행하지 않고 국가나 회사에 재산상의 손해를 주는 경우를 이른다(역자 주).

하여 소셜 미디어가 어떻게 전체 위기관리 과정을 통틀어 위기 커뮤니케이션 안으로 들어올 수 있게 되었는지에 대해 살펴볼 것이다.

토론문제

1. 온라인과 소셜 미디어가 하나의 커뮤니케이션 채널이 아니라 실제로 다중의 채널로 구성되어 있다는 것을 이해하는 것은 왜 중요한가?
2. 작은 씨 접근방법과 큰 씨 접근방법 가운데 당신은 어느 것이 더 매력적이라고 생각하는가? 그 이유는?
3. 당신은 입소문이 매우 강력한 이유가 무엇이라고 생각하는가?
4. 소셜 미디어를 사용하는 것과 관련된 위험은 무엇인가?
5. 위기와 유사 위기를 구분해주는 어떤 가치가 있다면 그것은 무엇인가?
6. 이 장에 소개된 사례 외에, 소셜 미디어가 위기 커뮤니케이션에 영향을 미치고 있는 것을 보여주는 다른 증거를 당신은 찾을 수 있는가?
7. 당신은 어떤 소셜 미디어를 사용하는가? 당신은 조직들이 위기 동안 당신에게 도달하기 위해 그것을 사용할 수 있다고 생각하는가? 그렇게 생각하는 이유는?
8. 전통적인 위기와 소셜 미디어 위기를 구분하는 것이 일리가 있다고 생각하는가? 그렇게 생각하는 이유는?

# 03

선제적 관리 기능과 위기관리

위기를 관리하는 최고의 방법은 위기를 예방하는 것이다. 만약 위기가 발생하지 않는다면, 이해관계자도 그리고 조직도 피해를 보지 않을 것이다. 일반적으로 사람들은 어떤 조직이 위기에 대한 대응으로 무엇을 하는지(8장의 주제)에 초점을 맞추기 때문에 위기관리가 반응적인(reactive) 것으로 생각한다. 그러나 현명한 위기관리자는 위기 경고신호를 찾고 또한 경고신호가 위기로 발전할 가능성을 줄이거나 제거하는 등의 선제적(proactive) 조치를 취하기도 한다. 실제로 위기관리자는 반드시 위기 경고신호를 탐색하고 모니터하며[이를 '위기 감지 기제(crisis-sensing mechanism)'라 부름], 필요한 경우 그러한 신호에 대해 조치를 취하기 위한 시스템을 개발해야 한다.

위기관리는 시간, 노력, 돈이 낭비되는 것을 막기 위해 조직 내의 기존 자원을 이용해야 한다. 위기 예방은 환경의 위협요소를 적극적으로 탐색하는 세 가지 관리 기능, 즉 이슈 관리, 평판 관리, 위험 관리를 이용함으로써 촉진된다. 이 장은 위기 예방 개념을 개발하기 위해 이 세 가지 기능과 위기관리를 통합한다. 이 장은 이 세 가지 기능 각각에 대해 정의하고, 그것들과 위기관리 간의 관계를 살펴보며, 이어서 그러한 기능들이 서로 밀접하게 연관되어 있는 이유에 대해 논의한다.

# 1. 선제적 관리 기능

위기 예방이란 위기로 발전할 가능성을 줄일 수 있기를 바라면서 위기 경고신호를 찾는 작업이다. 경고신호를 찾는 것을 신호 탐지라 한다. 신호 탐지(signal detection)는 탐색(scanning), 즉 사건에 대한 체계적인 조사와 분석으로 시작된다. 위기관리자는 위기 경고신호를 찾기 위해 조직 외부 (환경)뿐만 아니라 조직 내부도 탐색한다. 둘 가운데 어느 하나를 무시하면 당면한 위기에 대한 중요한 경고신호를 간과하는 결과를 초래할 수 있다. 이러한 과정의 일부로서 위기관리자는 경고신호를 찾기 위해 그들이 수집한 정보를 반드시 평가해야 한다. 그런 다음, 위기관리자는 위험을 알려줄 가능성이 가장 높은 경고신호의 추가적인 진전사항을 모니터해야 한다. 탐색은 일종의 레이더(radar)로, 가능한 한 많은 경고신호를 확인해준다. 모니터링은 일종의 집중 추적으로, 위기로 발전할 가능성이 가장 높은 경고신호를 면밀히 감시한다. 따라서 경고신호 탐지 단계에는 경고신호를 포함하고 있을 수도 있는 정보 수집과 분석이 반드시 포함되어야 한다.

## 1) 이슈 관리

여기서 이슈란 "만약 계속될 경우, 회사가 운영되는 방식에 상당한 영향을 미칠 … 추이나 조건"을 말한다(Moore, 1979: 43). 본질적으로 이슈는 일종의 문제로, 그것의 해결책이 조직에 영향을 미칠 수 있다. 이슈 관리(issue management)에는 이슈와 이슈에 영향을 미치기 위해 취해지는 조치의 확인이 포함된다(Heath, 1990). 이슈 관리는 이슈의 부정적인 영향을 줄이고자 하는 것으로, 이슈가 발전되고 해결되는 방식에 영향을 주고자 하는 체계적인 접근이라 할 수 있다. 이슈 관리는 이슈가 조직에 유리하도록 결말나게 하고자 하는 선제적 시도다. 이슈 관리는 내적 우려를 해소하는 한편(Dutton & Jackson, 1987; Dutton & Ottensmeyer, 1987), 조직의 환경에 존재하는 사회적·정치적 이슈, 즉 외적 이슈에도 역점을 둔다(Heath, 2005).

이슈 관리에는 이슈가 해결되는 방식에 영향을 미치려는 시도가 포함된다. 그것의 목적은 이슈가 위기를 피하는 방식으로 해결되게 하려는 것이다. 예를 들어, 트럭 운송회사가 철도 운송에 비해 경쟁 우위를 점할 수 있게 함으로써 철도회사의 재무건전성이 위협받을 수 있는 법안이 제안되었다고 해보자. 이슈 관리 노력을 통해 의회가 제안된 법안을 거부하도록 설득함으로써 위기를 예방할 수 있다. 커뮤니케이션은 어떤 이슈의 해결에 영향을 주기 위해 사용된다.

존스와 체이스(B. L. Jones & W. H. Chase, 1979)의 모델(이슈 확인, 분석, 변화 전략 옵션, 실행 계획, 평가)은 이슈 관리에 관여하고 있는 대부분의 사람들에게 친숙한 고전적인 모델이다. 실행 단계는 이슈에 대한 조직의 입장을 이슈에 관련된 이해관계자들에게 전하는 데 초점이 맞추어진다. 커뮤니케이션 프로그램의 목적과 목표가 개발되고, 그러한 목적과 목표를 달성하는 데 필요한 수단과 자원이 선택된다. 전달할 구체적인 메시지, 전달 시점, 사용할 커뮤니케이션 채널에 대한 결정이 내려진다(Jones & Chase, 1979). 커뮤니케이션 전략의 정확한 혼합(mix)은 이슈 관리 노력과 관련되어 있는 이해관계자와 현 이슈 진척 단계에 좌우된다(Crable & Vibbert, 1985). 앞의 화물 운송회사 사례를 발전시켜보면 이슈 실행 프로그램에 대해 더 분명히 알 수 있다. 그 철도회사가 설정한 목표는 트럭회사 친화적인 법안 통과의 저지다. 국회의원, 미디어, 유권자가 표적 이해관계자다. 메시지의 초점은

〈그림 3-1〉 **존스와 체이스의 이슈 관리 모델**

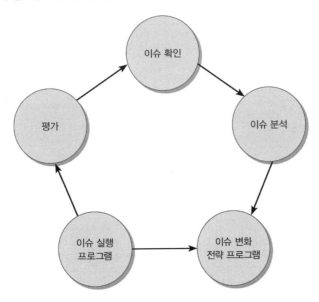

트럭 운송회사 친화적인 법안에 의해 야기되는 자동차 운전자들의 위험에 맞추어지며, 수개월 내에 선거가 실시되기 때문에 메시지는 반드시 즉각적으로 보내져야 한다. 광고, 홍보, 로비활동이 사용될 커뮤니케이션 채널이다. 이 사례의 초점은 조직이 그들의 환경에 영향을 주기 위해 이슈 관리를 사용하는 방식이다. 〈그림 3-1〉은 존스와 체이스 모델을 도식화한 것이다.

이슈 관리에는 조직 변화도 포함될 수 있다. 이슈 관리자는 이슈를 해결할 최상의 방법이 기준 및 계획의 운용을 바로잡거나 향상하는 것이라고 판단할 수도 있다. 폴리스티렌(polystyrene)으로 만든 햄버거 용기를 더 이상 사용하지 않기로 한 맥도날드 사례는 이 점을 잘 보여준다. 환경보호론자들은 수년 동안 환경 친화적이지 않은 맥도날드의 햄버거 용기에 대해 불만을 제기했다. 맥도날드의 원래 계획은 재활용을 강조함으로써 폴리스티렌 용기가 받아들여지게 하는 것이었다. 맥도날드는 재활용을 강조함으로써 폴리스티렌 용기가 수백 년 동안의 쓰레기 매립을 야기할 거라는 불만을 잠재울 수 있으리라 생각했다. 맥도날드는 이해관계자들의 태도를 바꾸고자 했다. 그러나 처음의 재활용 주장에 대한 소비자들의 반응은 좋지 않았고, 그래서 맥도날드는 그들의 폴리스티렌 용기 재활용 캠페인을 포기하고 그야말로 폴리스티렌 용기 사용을 중단했다(Snyder, 1991). 맥도날드는 이해관계자들의 의견을 바꾸려 하기보다는 그들의 처리방식을 바꾸었다.

곤잘레스-헤레로와 프랫(1996)이 말했듯이, 어떤 이슈는 위기로 발전하기 때문에 이슈 관리는 위기 탐색과 관련이 있다. 이슈 관리 노력이 이슈가 위기로 발전하는 것을 막아줄 때, 이슈 관리는 일종의 위기 예방이 될 수 있다(Grunig & Repper, 1992). 이것을 보여주는 사례는 제약회사들의 DTC(direct-to-consumer) 광고 사용이다. 당신은 틀림없이 많은 DTC 메시지를 봤을 것이다. 당신은 콜레스테롤(cholesterol), 고혈압, 사회공포증(social anxiety), 위산 역류, 혹은 성기능 장애에 관한 약 광고를 텔레비전에서 본 적이 있을 것이다. 그래서 당신은 DTC 광고에 노출되었을 것이다. 미국과 뉴질랜드는 DTC 광고를 허용하는 유일한 선진국이다.

2005년, 미국 상원과 식품의약국(FDA: Food and Drug Administration)은 DTC 규제 필요성을 심의하기 시작했다. 제약회사들은 정부 규제를 막기 위해 자율 규제를 하기로 결정했다. 2005년 8월, 주요 제약회사협회인 PhRMA는 DTC를 위한 새로운 15개항의 지도원칙 문서(2008년 업데이트됨)를 발표했다. 이 지도원칙의 대부분은 DTC 정보는 정확해야 하며 소비자를 오도하는 것이어서는 안 된다는 기존의 FDA 규정을 반복한 것이었다. 새 지도원칙에는 DTC 캠페인에 앞서 의사를 교육하는 것과 부적합한 연령의 수용자를 표적으로 하는 미디어에는 DTC 메시지를 허용하지 않는다는 내용이 포함되었다(PhRMA, 2008). 대부분의 주요 제약회사는 공개적으로 그 계획을 지지했다. DTC를 규제하자는 이야기는 거의 사라졌다.

PhRMA는 이슈 관리 커뮤니케이션 도구의 모든 영역, 즉 옹호 광고(advo-cacy advertising), 직접적인 로비활동, 풀뿌리 로비활동(grassroots lobby-ing), 편지 쓰기, 이메일, 웹페이지, 홍보를 사용했다.

위기 혹은 효과적이지 않은 위기관리는 이슈의 원인을 제공함으로써 이슈 관리의 필요성을 야기한다. 2000년, 시턴 홀 대학교(Seton Hall Uni-versity) 기숙사 화재로 3명의 학생이 사망했을 때, 뉴저지(New Jersey) 주의회는 모든 기숙사에 스프링클러 설치를 의무화하는 새 법을 통과시켰다. 엑손 발데즈(Exxon Valdez) 위기에 대한 효과적이지 않은 관리는 수십 년 동안 북극 국립야생보호구역에서의 원유 개발을 막는 데 도움을 주었다. 완하제1 시장은 이슈 관리가 어떻게 위기를 방지할 수도 있고 야기할 수도 있는지를 보여주는 사례다. 1990년대까지 두 주요 완하제인 코렉톨(Cor-rectol)과 엑스-랙스(ex-lax)의 주성분은 페놀프탈레인(phenolphthalein)이었다. 1990년대 초, FDA는 페놀프탈레인과 암 간의 연관성에 대해 조사하기 시작했다. 1995년, 쥐를 대상으로 한 예비 연구는 페놀프탈레인이 발암 물질일 수 있음을 보여주었다. 현재 FDA는 페놀프탈레인의 사용 금지를 고려 중이다. 엑스-랙스의 제조사인 노바티스(Novartis)는 아무런 문제를 발견하지 못했고 페놀프탈레인의 사용을 방어했다. 코렉톨의 제조사인 세링-푸라우(Schering-Plough)는 페놀프탈레인에서 비사코딜(bisacodyl)로 바꾸기로 결정했으며, 페놀프탈레인 사용을 금지하기로 한 FDA의 조치를 지지했다.

FDA는 페놀프탈레인과 암 간의 연관성을 뒷받침하는 추가 증거를 수집했다. 1997년 4월 1일, FDA는 페놀프탈레인이 암을 유발할 수 있다는 우려를 공개했다. 세링-푸라우는 그러한 결정을 지지했고 이미 1년 전에 코

---

1  배변을 쉽게 하는 약·음식·음료(역자 주).

렉톨에서 페놀프탈레인을 제거했음을 고객에게 알린 반면, 엑스-랙스는 여전히 페놀프탈레인을 사용했다. 노바티스는 계속해서 페놀프탈레인 금지 이슈에 맞서 싸웠다. 노바티스는 완하제 남용을 막기 위해 일반 소비자를 대상으로 한 교육 캠페인을 펼치겠다고 맞섰다. 그런 캠페인의 목적은 완하제를 적절하게 제한적으로 사용하면 위험하지 않으며 남용하는 사람에게만 암 발생 위험이 있다는 것을 알리는 것이었다. 1997년 8월, FDA는 페놀프탈레인 사용 금지를 제안했다. 그러자 노바티스는 엑스-랙스를 리콜했으며 그 직후 새로운 제조법을 소개했다. 그러나 그런 조치는 셰링-푸라우가 페놀프탈레인의 위협으로부터 고객을 보호하기 위한 조치를 훨씬 더 빨리 취함으로써 고객에 대한 관심을 보여주었기 때문에 코렉톨이 이미 경쟁 우위를 확보한 뒤였다.

## 2) 평판 관리

평판이란 이해관계자들이 조직에 대해 내리는 평가다. 그렇기 때문에 우리는 호의적인 평판과 호의적이지 않은 평판에 대해 이야기할 수 있다. 조직의 행동에 영향을 주거나 조직의 행동에 영향을 받는 어떤 집단도 이해관계자인데(Bryson, 2004), 이 점에 대해 더 자세하게 살펴볼 것이다. 1장에서 언급했듯이, 평판은 무형의 자산이긴 하지만 소중한 자산으로 널리 인정되고 있다.

평판 관리(reputation management)에는 조직에 대한 이해관계자의 평가에 영향을 주기 위한 노력이 포함된다. 이해관계자들이 직간접적인 상호작용을 토대로 조직을 평가하면서 평판이 형성된다. 직접적인 상호작용은 조직과 이해관계자 간의 관계의 기초를 이룬다(Fombrun & van Riel, 2004). 긍정적인 상호작용은 호의적인 평판을 형성하는 반면, 불쾌한 상호작용은 비호의적인 평판으로 이어진다. 호의적인 이해관계자 관계는 긍정적인 평판으로 간주될 수 있다. 관계의 역사, 즉 조직이 과거에 어떻게 이해관계자들을 대했는가 하는 것은 조직이 이해관계자의 기대를 충족시키는지 아니면 충족시키지 못하는지에 의해 결정된다(Finet, 1994). 조직은 이해관계자들의 기대를 충족시키거나 뛰어넘음으로써 호의적인 관계의 역사를 구축해 긍정적인 평판을 만들어낸다.

간접적인 상호작용은 조직이 그들의 이해관계자를 어떻게 취급하는가에 대한 매개된(mediated) 보고다. 뉴스 보도, 친구나 가족의 의견, 온라인 댓글, 조직이 보낸 메시지는 조직 평가를 위한 중요한 정보원이다. 당신은 엔론을 싫어하는가? 당신은 엔론 사람을 만났거나, 엔론 주식을 샀거나, 엔론 제품을 구매한 적이 있는가? 엔론에 대한 당신의 의견은 미디어 보도를 토대로 했을 가능성이 있다. 실제로 어떤 조직에 대한 이해관계자들의 개인적 견해는 직접적인 경험보다 간접적인 경험에 의존할 가능성이 더 높다(Carroll & McCombs, 2003; Stephenson & Blackshaw, 2006). 평판은 평가이기 때문에 주로 이해관계자들이 그들의 기대를 충족시키는 조직의 능력을 어떻게 평가하는지를 토대로 한다. 어떤 조직이 이해관계자들의 기대를 얼마나 잘 충족시키느냐 하는 것이 평판이 긍정적일지 아니면 부정적일지를 결정하는 대강의 지침이다. 평판은 어떤 측면에서 조직과 이해관계자의 관계를 반영한다. 이러한 관계에 대한 위협은 평판에 대한 위협이다. 이러한 관계와 평판 간의 연관성을 인식하기 위해 이러한 관계를 더 깊이 파보는 것은 중요하다.

그러나 '관계'라는 용어의 의미는 무엇인가? 조직과 이해관계자 간의 관계에 대해 이야기하려면 우리 모두가 '관계'와 '이해관계자'가 의미하는 바를 이해하고 그것에 동의한다는 가정이 전제되어야 한다. 위기관리 측면에서 관계는 둘 이상의 사람 혹은 집단들의 상호 의존성으로 정의될 수 있다.

이 정의는 오헤어, 프리드리히, 위먼 및 위먼(D. O'Hair, G. W. Friedrich, J. M. Wiemann, & M. O. Wiemann, 1995)의 정의를 다소 수정한 것으로, 두 사람 혹은 두 집단을 묶어놓는 요인인 상호 의존성에 초점을 맞추고 있다. 관계를 상호 의존성으로 정의하는 것은 대부분의 비즈니스 사고(business thinking)의 지침이 되는 이해관계자 이론과 일맥상통하기에 유용하다.

이해관계자 이론(stakeholder theory)은 조직의 환경은 다양한 이해관계자로 이루어져 있다고 가정한다. 조직은 이런 이해관계자들을 효과적으로 관리함으로써 생존하거나 성장한다(Bryson, 2004; Clarkson, 1991; Wood, 1991). 일반적으로 이해관계자는 어떤 조직에 대한 관심, 권리, 요구, 혹은 소유권을 가지고 있는 어떤 사람이나 집단으로 정의된다. 이해관계자는 1차 이해관계자와 2차 이해관계자의 두 집단으로 나눌 수 있다. 1차 이해관계자들은 그들의 행동이 조직에 해나 이득을 미칠 수 있는 사람이나 집단이다. 1차 이해관계자와 지속적인 관계를 유지하지 못하는 것은 조직의 실패를 초래할 수 있다. 전형적인 1차 이해관계자로는 직원, 투자자, 고객, 공급업체, 정부가 있다. 예를 들어, 조직은 직원 없이는 운영될 수 없으며, 정부 관리는 여러 법적인 이유나 규제를 통해 시설을 폐쇄할 수도 있다. 2차 이해관계자 혹은 영향력 행사자(influencer)란 조직의 행동에 영향을 미치거나 조직의 행동에 영향을 받는 사람이나 집단을 말한다. 전형적인 2차 이해관계자로는 미디어, 행동주의자 단체, 경쟁자가 있다. 영향력 행사자들은 조직의 운영을 멈추게 할 수는 없지만, 조직에 피해를 입힐 수 있다(Clarkson, 1995; Donaldson & Preston, 1995).

1차 이해관계자와 2차 이해관계자는 조직과 상호 의존적이기 때문에, 앞선 '관계' 정의와 관련이 있다. 각 이해관계자들은 어떻게든 그들을 연결해주는 조직과 연계되어 있다. 그들을 연결하는 것은 경제적 관심사일 수도 있고 사회적 관심사나 정치적 관심사일 수도 있다. 평판 관리는 조직과 조직의 다양한 이해관계자 간의 관계 관리이며, 조직의 성공은 이러한 관계의 효과적인 균형을 유지하는 것을 토대로 한다(Donaldson & Preston, 1995; Rowley, 1997; Savage, Nix, Whitehead, & Blair, 1991). 따라서 이해관계자는 위기관리에 중요한 역할을 할 수 있다.

1차 이해관계자는 조직의 운영을 중단시키고 위기를 촉발할 수 있다. 조직과 갈등이 있을 경우, 1차 이해관계자들은 조직에 대한 기여를 그만둘 수 있다. 그 결과, 그들의 기여가 대체될 수 없을 경우 조직은 운영을 중단할 수도 있다. 예를 들어, 불만스러운 직원들이 파업을 할 수 있으며, 불만을 품은 고객들이 불매운동을 할 수 있다. 1997년, 전미 트럭운전사조합(Teamsters Union)의 15일간 파업으로 UPS(United Parcel Service)는 6억 달러의 수입 손실을 입었다. UPS의 미국 노동력의 거의 3분의 2에 해당하는 18만 5000명의 조합원이 파업에 동참했다. UPS는 관리직원과 파업에 참여하지 않은 운전사들을 이용해 고작 그들의 운송 능력의 10%만 운영할 수 있었다. UPS는 운전사들 없이는 회사를 운영할 수 없다는 것을 깨닫고 그들의 요구를 인정했다(Sewell, 1997).

2004년, 크립토나이트(Kryptonite)는 인기 있는 고가의 자전거 잠금장치를 리콜할 거라고 발표했다. 많은 잠금장치가 빅(Bic) 볼펜의 외부 케이싱(casing)만으로도 열릴 수 있다는 것이 문제였다. 리콜을 하게 만든 힘은 토론방과 블로그를 통해 인터넷에 그들의 사례를 올린 화난 바이커(biker) 집단의 불만이었다. 어떤 사람들은 그들의 주장이 사실임을 증명하기 위해 심지어 잠금장치를 여는 방법을 보여주는 영상물을 올리기도 했다. 바이커들은 매우 비싼 그들의 자전거가 도둑을 맞거나 결함이 있는 잠금장치로 인해 위험에 처하게 되는 것에 대해 화가 났다. 크립토나이트는 1주일이 지난 뒤에야 고객의 우려에 반응을 보였는데, 1주일은 인터넷 세계에서 긴 시간이다(Wagstaff, 2006). 1차 이해관계자들이 조직에 기여하는 바를 대체하는 것은 어렵거나 종종 불가능하기 때문에 그들의 힘은 강력하다.

위기관리에서 1차 이해관계자에게만 초점을 맞추는 것은 실수일 것이다. 2차 이해관계자와의 관계에서 나타나는 문제 또한 평판을 해치거나 위기를 촉발할 수 있다. 미디어는 조직의 비행을 폭로하거나 다른 부정적인 홍보를 초래할 수 있고, 경쟁자는 조직의 운영을 구속하는 소송을 제기할 수 있으며, 행동주의자들은 조직을 상대로 불매운동을 벌이거나 항의를 할 수 있다. 다음의 몇몇 사례는 위기를 야기하는 데 있어서 2차 이해관계자의 역할을 잘 보여주고 있다.

2006년 2월, 에어본(Airborne)은 ≪굿 모닝 아메리카(GMA: *Good Morning America*)≫의 특집 보도로 인해 꿈에서 현실로 되돌아와야만 했다. 에어본은 제품 포장지에 그들의 제품이 감기를 낫게 해준다고 적었다. 실제로 그들은 에어본이 1시간 안에 감기를 치료해줄 수 있는 기적의 감기 치료제라고 주장했다. GMA 조사팀은 그 제품이 감기 및 독감 시즌에 손씻기 정도의 효과를 내는 데 그칠 뿐 치료제가 아니라고 보도했다. 조사팀이 밝혀낸 주요 발견사항은 에어본이 그들의 주장을 뒷받침하기 위해 사용한 임상 연구가 매우 의심스럽다는 것이었다. GMA는 그 임상 연구 회사가 오로지 에어본을 연구하기 위해 설립되었다는 것과 주 연구자가 허위 자격증을 가지고 있다는 사실을 밝혀냈다. 에어본은 그들의 웹사이트와 판촉 자료에서 그 연구에 대한 언급을 삭제하겠다고 약속했다(*Does Airborne Really Stave Off Colds?*, 2006). 에어본은 그들의 주장과 주장을 입증하는 자료에 대한 우려를 공개적으로 다루지 않을 수 없었다. 미디어의 보도가 위기를 촉발했던 것이다.

역시 2006년 2월, P&G는 건강 및 미용 제품 제조사인 바이-잡 래보러토리즈(Vi-Job Laboratories)를 상대로 소송을 제기했다. P&G는 바이-잡의 포장이 자사의 크레스트 프로-헬쓰 구강청결제(Crest Pro-Health Rinse)와 지나치게 비슷해서 소비자들이 혼란을 일으켜 잘못된 제품을 구입할 수 있다고 말하면서 바이-잡이 자사 제품의 독특한 상품 외장(trade dress)을 침해했을 뿐만 아니라 상품 외장의 가치를 감소시켰다고 주장했다. P&G는 또한 바이-잡의 바이-잡 린스 광고가 허위이며 소비자를 오도하고 있다고 주장했다(*Procter & Gamble Files Lawsuit against Vi-Jon Laboratories*, 2006). 2006년 4월, P&G와 바이-잡 간에 조정이 이루어졌다. 바이-잡은 시장에서 그들의 제품을 수거하고, 크레스트 프로-헬쓰 구강청결제와 비슷한 용기 디자인의 사용을 중단하며, 그들의 광고에서 치은염에 효능이 있다는 주장을 하지 않기로 합의했다(*P&G Reaches Settlement Agreement with Vi-Jon Laboratories*, 2006).

두 경우 모두 2차 이해관계자가 조직의 행동에 영향을 미쳤다. 1차 이해관계자뿐만 아니라 2차 이해관계자도 조직에 위기를 야기할 수 있다. 조직과 이해관계자와의 관계를 잘못 관리하는 것은 조직의 평판을 손상할 뿐만 아니라 위기로 발전할 수도 있다(Grunig, 1992; Heath, 1988). 따라서 조직과 이해관계자 간의 관계를 주시하는 것은 평판 관리의 일부로서 위기 탐색에 기여한다. 평판과 관련된 초기의 문제는 위기가 분출할 수 있음을 보여주는 신호다.

조직에 중요한 이해관계자의 범위를 넓히는 것은 기업의 사회적 책임(CSR: corporate social responsibility)과 평판의 개념화 및 관리 간의 통합을 촉진했다. CSR은 "조직이 사회에 미치는 영향에 영향을 미치고자 하는 행동의 관리"로 정의될 수 있다(Coombs & Holladay, 2010: 262). 노동자의 권리, 지속가능성, 인권, 질병 퇴치를 포함해 CSR의 사회적 영향은 다양하다. 전통적으로 재정적 요인이 기업 평판 관리의 주된 요소였기 때문에, 재정적 요인이 기업 평판을 평가하는 데 사용되는 기준이 되었다. 포춘(*Fortune*)의 가장 존경받는 기업(Most Admired) 목록과 평판연구소(Reputation Institute)의 렙트랙[RepTrak, 원래는 평판 지수(Reputation Quotient)였음]과 같은 유력한 평판 척도는 재정 지향성(financial orientation)을 반영한다. 사회적 책임은 이러한 척도 내에서 별로 중요하지 않은 요소였다. 예를 들면, 렙트랙은 리더십, 성과, 제품 및 서비스, 혁신, 시민정신, 작업 환경, 거버넌스(governance)2와 같은 일곱 가지 차원으로 구성되어 있다. CSR은 시민정신(예, 사회에 대한 기여), 작업 환경(예, 직원 복지에 대한 관심), 거버넌스(예, 책임 있는 권력 사용) 차원의 일부다. 가장 존경받는 기업 목록은 여덟 가지 차원으로 이루어져 있는데, 이 가운데 단 한 차원(지역사회 및 환경적 책임)만이 CSR과 관련되어 있다.

CSR은 평판에 대한 논의에서 점차 더 중요한 역할을 하고 있다. 평판 관리 사고(reputation management thinking) 분야의 선도자인 폼브런(C. J. Fombrun, 2005)은 CSR이 평판의 필수적인 부분이라고 말한다. CSR은 빠르게 평판 관리의 핵심 동인이자 필수적인 부분이 되고 있다. 평판은 평가이기 때문에 호의적인 것에서부터 비호의적인 것 사이가 그것의 범위다. CSR과 평판 모두 이해관계자의 기대에 좌우된다. 실제로 이해관계자의 기대가 CSR 과정의 기초라는 것이 현재 CSR 분야의 견해다. 이해관계자들은 어떤 사회적 관심사가 CSR 노력에 적합한지를 판단함으로써 CSR을 규정한다(예, Bhattacharya & Sen, 2003; Coombs & Holladay, 2010). 평판 관리자는 더 이상 투자자와 그들의 재정적 이익에만 집중할 수 없다. CSR은 이제 평판의 핵심적인 평가 기준의 일부다.

이 책의 앞부분에서 언급했듯이, 위기는 평판에 부정적인 영향을 미친

---

2   거버넌스란 "공통의 목표를 달성하기 위해 정부, 시민사회, 기업 등 관련 이해관계자가 함께 의사 결정을 해나가는 과정"을 말하는데, 이를 축구시합에 비유하면 축구의 거버넌스는 "시합에서 이기기 위해 감독과 선수들, 즉 스트라이커, 골키퍼, 윙, 미드필더, 수비수 등이 함께 골을 넣고자 노력해가는 과정"이라 할 수 있다(역자 주).

다. 평판은 또한 위기관리에 영향을 미친다. 위기 이전의 어떤 부정적인 평판은 위기를 관리하기 더 어렵게 만든다. 예를 들어, 이전의 평판이 부정적일 경우 이해관계자들은 더욱더 조직이 위기에 책임이 있다고 생각하게 될 것이고, 이로 인해 평판 손상은 더욱 심해진다(Coombs & Holladay, 2002, 2006). 위기 이전의 긍정적인 평판은 위기관리를 더 쉽게 할 수 있는 자원 역할을 한다. 위기 전문가들은 호의적인 조직-이해관계자 관계가 위기관리에 이롭다는 데 동의한다(예, Ulmer, 2001). 앨솝(R. J Alsop)이 말했듯이, "조직은 격동의 시기를 잘 헤쳐나가기 위해 '평판 자본(reputation capital)'을 축적한다. 그것은 마치 만일의 사태를 위해 저축을 하는 것과 같다. 만약 위기가 닥치더라도 … 평판은 덜 손상되고 더 빨리 다시 제자리를 찾는다"(2004: 17). 위기는 어느 정도 평판을 손상시킨다. "위기나 다른 부정적인 상황 전개는 분명 어떤 평판에도 세금을 부과하며 회사에게서 그들이 쌓아놓은 평판 자본을 빼앗아간다"(Alsop, 2004: 17).

### 3) 위험 관리

위험 관리(risk management)란 조직이 직면한 취약성을 줄이기 위한 시도를 말한다(Smallwood, 1995). 취약성은 위기로 발전할 수 있는 결점이다. 기본적으로 취약성은 위험이다. 위기처럼 모든 위험을 다 피하거나 모든 위험이 다 완벽하게 제거될 수 있는 것은 아니다. 따라서 위험 관리는 위기 예방 잠재력에 차이가 나는 수많은 전략을 수반한다. 위험 관리의 전 초기지는 위험 평가다.

위험 평가(risk assessment)는 위험 요인이나 약점을 파악하고 어떤 약점이 부당하게 이용당하거나 위기로 발전할 확률을 평가하고자 시도한다(Levitt, 1997; Pauchant & Mitroff, 1992). 모든 조직은 다양한 위험 요인에 직면한다. 전형적인 위험 요인으로는 직원, 제품, 생산과정, 시설, 경쟁, 규제, 고객이 있다(Barton, 2001). 위험 요인은 조직 운영의 정상적인 부분으로 존재한다. 다음 사례들은 위험 요인이 위기로 발전할 수 있는 잠재력이 있음을 잘 보여준다. 2012년 8월의 어느 아주 늦은 밤, 신입직원인 테런스 S. 타일러(Terence S. Tyler)는 뉴저지 주 올드 브리지(Old Bridge)에 있는 패스마크(Pathmark) 식료품점에 들어갔다. 그런 다음, 그는 AK-47 공격용 자동소총을 발사해 동료 직원인 18세의 크리스틴 로 브루토(Christine Lo Brutto)와 24세의 브라이언 브린(Bryan Breen)을 죽이고 자살하는데, 이것은 직원 위험(personnel risk)이다(NBC News, 2012). 2009년 1월, 유타(Utah) 주 솔트 레이크 시티(Salt Lake City)에 있는 실버 이글(Silver Eagle) 정유공장을 강타한 폭발사고로 4명의 직원이 화상을 입고 병원에 입원했으며 인근 주민들이 대피해야 했는데, 이는 생산과정 위험이다. 2010년 1월, 존슨 & 존슨(Johnson & Johnson)은 곰팡이 냄새로 인해 자사의 일반 의약품 리콜을 확대했다. 약 70명의 고객이 그 냄새로 메스꺼움을 느꼈다. 리콜에는 일반 타이레놀(Tylenol)과 초강력 타이레놀, 어린이용 타이레놀, 8시간 타이레놀, 타이레놀 관절염 치료제, 타이레놀 PM, 어린이용 모트린, 모트린 IB, 베나드린 롤레이즈(Benadryl Rolaids), 심플리 슬립(Simply Sleep), 세인트 조셉 아스피린(St. Joseph's aspirin)이 포함되었는데, 이는 제품 및 고객 위험이다.

위험 평가는 외부에 초점을 맞추기보다는 내부에 더 초점을 맞춘다. 위험 평가를 통해 확인된 내부 약점은 위기관리 탐색에 필요한 매우 중요한 정보를 제공한다. 예를 들면, 미국 직업안전보건국(Occupational Safety and Health Administration)의 기록을 통해 산성물질을 잘못 관리하는 패턴을 살펴볼 수도 있다. 해당 위기팀은 그러한 패턴에서 벗어날 수 있는 방법을 찾을 것이고, 그럼으로써 부상을 줄이고 위기 유발 위험 요인을 줄일 수 있을 것이다.

일단 위험이 확인되면, 위험 회피(risk aversion), 즉 위험 제거 혹은 감소를 위한 결정이 내려진다. 위험 회피 결정을 내리는 데는 두 가지 요인이 고려된다. 첫 번째 요인은 비용이다. 위험 관리자는 위험의 비용(예, 사망, 부상, 소송, 재산 피해의 비용)을 위험 감소 비용(예, 위험을 예방하거나 줄이는데 필요한 장비 및 실제 작업)과 비교하기 위한 위험 비교 형량(risk balancing)과 같은 절차를 사용한다. 위험 감소 비용이 위험으로부터 추정된 비용을 능가할 때 조직은 아무런 조치를 취하지 않을 수도 있다. 만약 이해관계자들이 이윤을 위해 그들의 안전이 희생되었다는 사실을 알게 된다면, 훨씬 더 나쁜 다른 유형의 위기가 터진다. 2010년 5월, BP의 텍사스 시티 정유공장 폭발을 새롭게 조명한 문서가 공개되었다. 브렌트 쿤(Brent Coon) 변호사는 BP가 사람의 안전과 생명보다 이윤을 앞세웠음을 보여주는 두 페이지짜리 문서를 공개했다. 그것은 텍사스 시티에서 사용된 트레일러에 대한 비용-편익 분석(cost-benefit analysis)에 관한 메모였다. 폭발로 인한 15명의 사망자 대부분이 트레일러에서 일하는 노동자였다. 그 문서는 어떤 유형의 트레일러를 구입해야 하는지를 판단하기 위한 계산에서 한 사람의 생명이 1000만 달러의 가치가 있음을 보여주었다. BP는 방폭 트레일러를 구입하는 데는 그들이 텍사스 시티 정유공장에서 사용하기 위해 구입한 폭발 방어력이 낮은 트레일러를 구입하는 것보다 10배나 비싼 비용이 들기 때문에 방폭 트레일러가 너무 고가(高價)라는 결론을 내렸다. 그 문서의 가장 충격적인 측면은 BP가 노동자를 아기 돼지에 그리고 사고를 나쁜 큰 늑대로 보면서 아기 돼지 삼형제[3] 비유를 사용했다는 것이다. 그 문서의

---

3   아기 돼지 삼형제가 각각 다른 재료를 구해 집을 짓고 늑대의 공격에 대처하는 이야기 (역자 주).

최종 결론은 사람의 생명을 지키는 데는 비용이 발생하며 BP는 노동자를 보호하는 데 드는 지나치게 많은 비용을 기꺼이 지불할 용의가 없다는 것이었는데, 이는 돈이 사람의 안전을 능가함을 보여준다(Outzen, 2010).

관리자가 위험 회피를 시도하기로 결정할 때, 위험 관리는 위기 예방이 된다. 위험을 완벽하게 제거하거나 합리적으로 가능한 한 낮은 수준으로 줄이기 위한 조치가 취해진다(Levitt, 1997). 제조 과정에서 위험한 화학물질을 사용하는 것은 이 점을 잘 보여준다. 본질적으로 더 안전한 제조방법을 사용하는 것은 더 안전한 화학공장, 저장시설, 화학공정을 설계하기 위한 접근방법이다. 본질적으로 더 안전한 제조방법으로 이어지게 하는 세 가지 공통된 위험 축소 전략은 ① 생산 현장에서 위험물질의 양을 줄이고, ② 덜 위험한 물질로 대체하며, ③ 덜 위험한 공정이나 저장 조건을 사용하는 것이다. 만약 현장에서 덜 위험한 물질이 사용된다면, 위기의 영향은 줄어든다. 셰브론 리치먼드 정유회사(Chevron Richmond Refinery)는 그들이 현장에 저장해두는 무수 암모니아(anhydrous ammonia)의 양을 줄였고 저장시설을 인근 주거지역에서 더 멀리 떨어진 곳으로 옮겼다. 만약 위험한 화학물질을 독성이 없거나 덜 위험한 화학물질로 대체할 수 있다면, 위험이 제거되거나 줄어들 수 있다. 폐수처리시설인 마운트 뷰 새니터리 디스트릭트(Mt. View Sanitary District)는 폐수를 소독하는 데 사용하는 세 가지 위험 화학물질(염소, 이산화황, 암모니아)을 자외선 시스템으로 대체했다. 사용되는 화학공정의 변경이나 화학물질이 저장되는 상태의 변경은 위험을 줄일 수 있다. 아크릴산염(acrylate) 제조사들은 레페 공정(Reppe process)[4]을 사용한 제조에서 더 안전한 프로필렌 산화(propylene oxidation) 공정으

---

4  발터 J. 레페(W. J. Reppe) 등에 의해 1930년대에 개발된 공업적 유기합성법. 촉매에 의해 아세틸렌을 가압하에서 반응시키는 점이 특징이며 부가 반응, 에티닐화, 고리화 중합, 카르보닐화 등을 하는 반응의 총칭이다(역자 주).

로 바꾸었으며, 다우 케미컬(Dow Chemical)은 액체 염소를 사용하던 것에서 덜 위험한 기체 형태로 바꾸었다.

본질적으로 더 안전한 제조방법을 사용하는 것은 위험을 제거하거나 줄이는 다양한 접근방법 가운데 하나다. 흔히 볼 수 있는 또 하나의 노력은 훈련이며, 위험 회피와 관련된 토픽은 화학물질 안전에서부터 이메일 사용에 이르기까지 다양할 수 있다. 조직이 위험을 줄이기 위해 취하는 조치는 실제 위험에 따라 다양하다(Lerbinger, 1997). 예를 들면, 많은 회사가 화학물질 위험이 아닌 컴퓨터 위험에 직면한다. 바이러스 퇴치용 소프트웨어, 방화벽, 직원의 인터넷 사용 정책은 위험을 예방할 수 있는 방법이다. 조직의 컴퓨터 시스템과 데이터베이스를 손상할 수 있는 멜리사(Melissa) 바이러스와 같은 바이러스의 위협을 생각해보자. 소프트웨어 개발회사인 코그노스 코퍼레이션(Cognos Corporation)은 멜리사 바이러스가 크기가 25K 이상인 파일을 감염시킨다는 사실을 알았다. 이 회사는 멜리사를 차단하기 위해 수신되는 메시지의 크기를 25K로 제한했다. 관리자들은 그러한 위험을 확인한 지 1시간 이내에 새로운 정책을 수립했고, 이 정책을 뒷받침하는 근거와 함께 이 정책을 직원들에게 전달함으로써 재빨리 조치를 취했다(Meserve, 1999). 위험 회피가 가능한지 여부를 결정하고, 그런 다음 그러한 위험 회피 프로그램을 수행하는 것이 위험 회피의 기본 과정이다.

위험이 명백해질 때, 위기가 발생할 수 있다. BP가 텍사스 시티에 있는 이성화 설비 조업 개시와 연관된 위험을 줄이는 데 실패했기 때문에 폭발사고가 발생했고, 그 결과 BP 정유공장에 있던 15명의 노동자가 사망했고 170명이 넘는 사람이 다쳤다. 위기는 종종 새로운 위험을 야기한다. 2010년 딥워터 허라이즌 원유 굴착용 플랫폼 폭발은 멕시코 만과 그 너머 지역에서 관광업과 어업에 종사하는 사람들에게 다수의 위기를 촉발했다. 더욱이 위기 커뮤니케이션은 위기에 대한 논의와 "위험의 특징, 원인, 정도, 중요성, 불확실성, 통제, 그리고 전반적인 지각에 관한 상호 교류적 커뮤니케이션 과정이자 하나의 커뮤니케이션 하부구조"인 위험 커뮤니케이션(risk communication)에 대한 참여를 요구할 수도 있다(Palenchar, 2005: 752). 위험 커뮤니케이션은 본질적으로 위험을 야기하는 조직과 위험을 떠안을 수밖에 없는 이해관계자 간의 대화다. 조직은 위험의 성격과 위험으로부터 사람들을 보호하기 위해 취할 수 있는 조치에 대해 설명하는 한편, 이해관계자들은 위험에 대한 그들의 우려와 위험에 대한 그들의 지각을 설명한다.

지금까지 우리는 직원 및 안전에 관련된 위험과 같은 전통적인 위험에 대해 논의했다. 이것들은 계량화하기 쉬우며 보험과 밀접한 관련이 있다. CSR과 소셜 미디어가 복합적인 위험 관리 요인에 추가될 때, 현대 조직은 더 다양한 위험에 직면하게 된다. 앞의 논의는 CSR과 평판을 연관시켰다. CSR은 평판에 중요하기 때문에 점차 위험 요인이 되고 있다. 만약 어떤 조직이 무책임한 것으로 비친다면(2장에서 논의한 문제 제기가 예가 될 것임), 평판이 손상된다. 따라서 CSR은 조직에 위험 요인이 된다. 예를 들어, 조직은 그들의 공급업체가 사회적·환경적 이슈에 관한 조직의 행동강령을 지키고 있는지 판단하기 위해 공급업체를 감사함으로써 CSR 위험을 관리한다. 조직은 다른 이해관계자들과 관계를 형성하기 위해 소셜 미디어에 의존하지만, 이 채널은 위험 요인이 되기도 한다. 2장에서 언급한 것처럼, 이해관계자들은 소셜 미디어를 장악(즉, 메시지 내용을 통제)할 수 있기 때문에 조직의 평판을 손상할 수 있다. 소셜 미디어 채널을 활용하는 것은 반드시 관리되어야 할 위험 요인이다. CSR과 소셜 미디어 위험은 선제적 관리 기능들이 어떻게 서로 연관되어 있는지를 잘 보여준다.

이슈 관리, 평판 관리, 위험 관리는 모두 위기 탐색에 기여할 수 있다. 이들 세 기능이 서로 결합될 때 그것은 위기 경고신호를 탐색하는 광범위한 레이더 시스템을 제공한다. 위기관리자의 과제는 이러한 조직의 세 가지 기능을 효과적인 위기 감지 기제와 통합하는 것인데, 이것은 4장에서 살펴 보기로 한다.

## 2. 선제적 관리 기능 간의 연관성

이슈 관리를 공공정책 결정에 영향을 미치는 것에서부터 조직 행동에 직접적으로 영향을 미치는 것을 포함하는 것으로 확대하는 것(예, Botan & Taylor, 2004; Grunig & Repper, 1992; Heath, 2005; Jaques, 2006)은 선제적 관리 기능들 간의 밀접한 연관성을 잘 살펴보는 데 도움이 된다. 이해관계 자들은 정부가 조직 행동을 지시하는 새로운 요구사항을 제정하게끔 노력 하는 대신 조직 개혁을 조직에 직접 요구하는 빈도가 늘어나고 있다. 조직 들은 정부 규제보다 자율 규제를 선호하기 때문에 그러한 변화를 흔쾌히 받아들여 왔다. 자율 규제는 비용을 줄여주며 조직이 규제의 세부사항을 더 잘 통제할 수 있게 해준다(Coombs & Holladay, 2011). 정치학자들은 공 공정책으로부터 직접적인 조직 행동으로의 변화를 사적 정치라 부른다.

행동주의자 이해관계자들은 그들의 목표를 달성하기 위해 의식적으로 정부 영역에서 사적 영역으로 옮겼다는 주장이 있다(Diermeier, 2007). '사 적 정치(private politics)'는 혼란스러운 용어이기 때문에 우리는 그것을 '조 직의 이슈 관리(organizational issue management)'라 부를 것이다. 커뮤니 케이션은 조직이 그들의 행동을 바꾸도록 고무하기 위한 동력을 발생하는 데 사용되기 때문에 조직 이슈 관리의 핵심이다. 조직의 이슈 관리는 전적 으로 조직에 성공적으로 압력을 행사할 수 있는 지렛대 작용점(leverage point)[5]을 찾을 수 있는 이해관계자의 능력에 달려 있다. 평판은 이해관계 자들에게 주요 지렛대 작용점이 되었다. 평판 위협은 행동주의자 이해관계자들에게는 권한(power)의 원천이지만 조직에게는 위험의 원천이다. 이해관계자들이 조직에 대한 부정적인 의견을 전통적인 미디어와 디지털 미디어에 제시할 때, 관리자는 그러한 부정적인 의견이 조직에 끼칠 평판 손상을 염려한다(Conway, Ward, Lewis, & Bernhardt, 2007; Coombs, 2002). 만약 조직이 그들의 행동을 바꾸지 않는다면, 행동주의자 이해관계자들은 공중 관계 도구를 사용해 그러한 위협을 실제 위기로 바꿀 것이다.

PR 연구자들은 조직 행동을 변화시키고자 하는 행동주의자 이해관계자들에게 권한의 원천이 되는 커뮤니케이션의 잠재력에 주목했다. 더욱이 인터넷은 PR 행동으로 발생하는 이런 권한을 높여준다(Coombs, 1998; Coombs & Holladay, 2012b; Heath, 1998). 전통적인 PR과 디지털 PR 노력은 부정적인 의견을 제시하는 데 사용될 수 있다. 따라서 만약 문제의 행동을 수정함으로써 평판 위협이 제거된다면, 관리를 통해 그러한 행동을 바꿀 것이다. 조직의 이슈 관리가 조직에 미치는 영향은 행동 방침에 대한 공적 약속처럼 간단할 수도 있고 독립적인 제3자에 의한 자율 규제 지침 모니터링 개발처럼 복잡할 수도 있다(Baron, 2003). 조직의 이슈 관리에는 위험으로 변할 수 있는 평판과 위기를 피하기 위한 이슈, 평판 및 위험 관리 필요성이 포함된다.

조직의 이슈 관리에 대한 논의가 잘 보여주듯이, 위기관리와 이슈 관리, 위기관리와 위험 관리, 위기관리와 평판 관리 간의 연관성을 따로 떼어내서 이야기하는 것은 꽤 부자연스럽다. 실제로 이러한 네 가지 선제적 관리 기능은 〈그림 3-2〉에서 보듯이 서로 밀접히 연관되어 있다. 이 사면체는 3개의 삼각형이 각 교점에서 만나는 4개의 삼각형으로 구성되어 있다. 3개

---

5  레버리지란 '지렛대(lever)의 작용'이란 뜻이니, leverage point는 지렛대가 작용하는 점, 즉 지렛대 작용점을 말한다(역자 주).

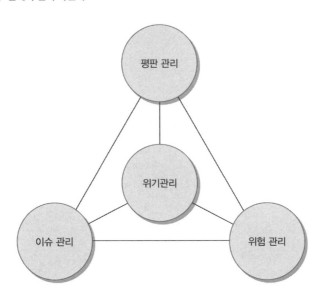

의 면을 가진 피라미드로 이 사면체를 더 간단하게 기술할 수도 있다. 선제
적 관리 사면체(PMT: proactive management tetrahedron)의 네 교점 각각
은 네 가지 선제적 관리 기능 중 하나를 나타낸다. 네 가지 기능 가운데 어
떤 하나라도 변한다면, 그것은 나머지 3개에 영향을 미칠 수 있다.

  평판은 이해관계자가 수신하는 조직에 대한 어떠한 정보도 포함하기 때
문에 가장 광범위한 개념이다. 따라서 위기, 위험, 이슈를 관리하려는 노력
은 평판에 영향을 미칠 수 있다. 우리는 위기가 어떻게 평판을 손상하는지
에 대해 이미 논의했지만, 마찬가지로 위험과 이슈도 손상할 수 있다. 예를
들어, 만약 어떤 조직이 이해관계자들을 원치 않는 위험에 노출되게 하거
나 이해관계자들이 반대하는 방향으로 이슈가 해결되는 것을 지지한다면,
평판이 악화할 수도 있다. 결국 그러한 위험과 이슈는 위기가 될 수 있다.

  사람들이 위험을 통제하기 위해 정부의 도움을 구할 때, 위험은 위기가

될 수 있다. 앞의 완하제 예를 다시 살펴보자. 완하제 성분이 위험이었고, 사람들은 정부가 그러한 위험에 대해 조치를 취해주기를 원했으며(이슈 관리), 그리고 환경보호청(EPA: Environmental Protection Agency)은 그 성분/위험을 금지함으로써 위기를 촉발했고 평판에 영향을 미쳤다. 위기관리자가 이슈 관리, 위험 관리, 평판 관리에 대해 잘 알고 있는 것은 중요한데, 왜냐하면 이 세 가지 관리는 서로 밀접히 연관되어 있기 때문이다. 이러한 선제적인 관리 기능의 가치는 위기 예방을 훨씬 뛰어넘어 위기관리의 다른 단계들에까지 미친다.

## 3. 결론

위기관리는 위기를 피하거나 예방하는 것을 포함할 때 가장 잘 작동한다. 이슈 관리, 위험 관리 혹은 회피, 평판 관리는 모두 위기 혹은 적어도 그것들의 가장 엄청난 결과를 피하기 위해 사용된다. 어떤 이슈는 위기로

---

**위기 리더십 역량: 창의성**

위기는 새롭고 독특한 상황을 만들어내기 때문에 위기 지도자는 창의성이 필요하다. 어떤 위기도 정확히 똑같지는 않다. 따라서 지도자는 위기 동안 새로운 사건을 해결할 수 있어야 한다. 창의성의 한 측면은 새롭고 유용한 아이디어를 생각해낼 수 있는 능력이다(James & Wooten, 2010). 이슈 관리, 위험 관리, 평판 관리, 위기관리로부터 나온 아이디어들을 결합함으로써, 지도자는 위기 동안 유용하게 사용할 수 있는 독특한 아이디어를 제시할 수 있다. 네 가지 영역에서 나온 모든 지식은 위기 동안 유용할 수 있다. 위기 동안 필수적인 창의성의 또 다른 측면은 위기 경고신호의 경로를 그려볼 수 있는 능력이다. 이슈 관리, 위험 관리, 평판 관리는 위기 경고신호의 잠재적인 경로를 마음속에 그려볼 수 있는 서로 다른 방법을 제공한다. 선제적인 관리 기능들을 결합함으로써 위기 경고신호의 예상 경로에 대한 새로운 통찰력을 제공해야 한다. 위기 경고신호의 효과를 예상해보는 것에 대해서는 4장에서 더 논의하기로 한다.

---

발전할 수 있기 때문에, 이슈 관리는 그 같은 위기를 예방하는 데 사용될 수 있다. 위험은 위기로 발전할 수 있는 잠재력을 가지고 있기 때문에, 위험 회피는 그러한 가능성을 줄이기 위해 사용된다. 평판에 대한 위협은 확인될 수 있고 해소될 수 있는데, 조직과 이해관계자들은 서로를 이해하고 함께 노력함으로써 평판과 관련된 문제가 위기로 악화하기 전에 조기에 해소할 수 있다. 예를 들면, 고객 불만사항은 고객들이 격분하기 전에 그리고 제품이나 서비스에 대해 공개적으로 항의하기 전에 시정될 수 있다.

## 토론문제

1. 이 장은 이슈 관리, 위험 관리, 평판 관리를 분리해서 다루고 있지만, 이들 영역은 서로 연관되어 있다. 어떻게 위험이 이슈가 되거나, 이슈가 위험이 되거나, 위험이 평판을 위협하거나, 혹은 이슈가 평판을 위협할 수 있는가? 당신은 이러한 세 가지 기능이 서로 연관되어 있음을 아는가?
2. 당신은 인식 차이가 어떻게 형성된다고 생각하는가? 이것은 당신이 인식 차이를 바로잡는 방식에 유용한 정보를 제공하는가?
3. 위험이 위기로 발전할 수 있다고 말하는 것은 어떤 의미인가?
4. 다른 선제적 관리 기능들이 평판 관리에 영향을 미칠 수 있기 때문에 평판 관리는 더 광범위한 개념이라고 말하는 것은 정확한가?
5. 당신은 조직이 이러한 관리 기능들을 관리하는 별도의 부서를 만들어야 한다고 주장할 것인가? 그렇게 생각하는 이유는 무엇인가?
6. 사적 정치는 위기관리자들에게 어떤 새로운 난제를 야기하는가?

## 04

# 위기 예방 과정

위기 예방은 선제적인 위기관리다. 위기 예방의 목적은 위기를 피하는 것이다. 예방을 나타내는 또 다른 용어는 '경감'이다. 경감(mitigation)은 어떤 것의 영향을 줄이는 것을 의미한다. 많은 위기가 예방될 수 있기 때문에, 위기관리자는 위기의 발생이나 위기의 영향이 줄어들기를 바랄 수 있다. 예방 그 자체는 무언가가 발생하지 못하게 하는 것 외에도 방해하는 것을 의미할 수 있다. 이 장에서 사용하는 '예방(prevention)'이라는 용어는 무언가가 발생하지 못하도록 막는 것과 무언가가 발생하는 것을 방해하는 것 모두를 나타낸다. 위기관리자는 위기 위협을 제거하거나 위협이 위기로 나타날 가능성을 줄이기 위한 조치를 취한다. 이슈 관리, 위험 관리, 평판 관리는 모두 위기 예방을 위한 아이디어를 제공한다. 이러한 분야들에 대한 연구를 토대로 이 장에서는 위기 예방을 구성하고 있는 요소에 대해 자세히 살펴본다.

위기 예방 과정은 신호 탐지(signal detection)와 수정(correction)의 조합이다. 신호 탐지는 위기 경고신호를 찾고자 시도하는 한편, 수정은 위협을 줄이거나 제거하고자 한다. 이 두 가지를 결합하면 다음과 같은 5단계 위기 예방 과정이 형성된다. ① 탐색할 정보원(情報源)을 확인하라. ② 정보를 수집하라. ③ 정보를 분석하라. ④ 타당할 경우 예방 조치를 취하라. ⑤ 위협 감소의 효과성을 평가하라. 첫 세 단계는 신호 탐지에 해당하고, 다음의 두 단계는 수정에 해당한다. 우리는 세 가지 선제적 관리 기능의 요소들을 결합함으로써 종합적인 위기 예방 프로그램을 만들어낼 수 있다. 이 장에서는 앞의 5단계 위기 예방 과정을 차례로 살펴본다.

## 1. 탐색할 정보원을 확인하라

이슈 관리와 평판 관리는 외부 위협을 강조하는 반면, 위험 관리는 내부 위협에 더 초점을 맞춘다. 그것들의 서로 다른 초점은 각각의 기능이 위협을 찾아내기 위해 탐색하는 전형적인 정보원에 반영되어 있다. 이슈 관리, 위험 관리, 평판 관리에 사용되는 원천은 서로 결합했을 때 관리자가 탐색해야 할 종합적인 일련의 정보원이 된다.

환경 탐색(environmental scanning)은 이슈 관리에서 널리 사용되는 도구다(Gonzalez-Herrero & Pratt, 1996; Heath, 1997; Heath & Nelson, 1986; Pauchant & Mitroff, 1992). 기본적으로 환경 탐색이란 환경의 변화, 추이, 사건, 그리고 최근에 발생한 사회적 이슈나 정치적 이슈 혹은 건강 이슈를 찾기 위해 환경을 주시하는 것을 의미한다. 정보는 미래의 행동을 계획하기 위한 조직의 의사 결정에 지침을 제공하기 위해 사용된다(Lauzen, 1995). 불행하게도 조직이 사용하는 환경 탐색 전략은 잘 개발되어 있지 않다. 그럼에도 위기관리자는 경고신호의 정확한 위치를 찾아내는 데 도움이 될 외부 탐색에 관련된 정보원에 반드시 주의를 기울여야 한다.

'적기(red flag)'는 이전의 위기관리 서적에서 위험 신호를 나타내는 용어로 흔히 사용되었다(James & Wooten, 2010). 적기를 위험 경고신호로 처음 사용한 때는 1700년대로 거슬러 올라간다(Thickeness, 2006). 탐색은 일반적인 과정이긴 하지만, 위기관리자는 적기라고 불릴 수 있는 것, 즉 알려진 위기 경고신호도 찾아야 한다. 적기는 살펴보아야 할 것과 살펴보아야 할 장소(정보원) 그리고 그것이 의미하는 바(분석)를 구체화해줌으로써 위기 예방 과정에 도움을 줄 것이다. 위기관리자들은 그들의 적기 목록을 만들고 업데이트해야 한다.

외부 탐색은 전통적인 인쇄 정보원과 온라인 정보원 모두를 사용한다. 실제로 대부분의 전통적인 정보원은 이제 온라인에서도 볼 수 있다. 환경을 모니터하는 데 사용되는 일반적인 방법은 전통적인 뉴스와 온라인 뉴스 정보원을 주시하거나, 그러한 정보원에 귀 기울이거나, 혹은 그러한 정보원을 읽는 것이다(Coombs, 2002; Heath, 1988). 뉴스 미디어에는 주요 혹은 엘리트 신문(예, ≪뉴욕 타임스≫, ≪월 스트리트 저널≫, ≪워싱턴 포스트≫), 시사 및 경제 잡지(예, ≪타임≫, ≪뉴스위크≫, ≪포춘≫), 저녁 뉴스와 TV 뉴스 매거진(예, ≪60분(*60 Minutes*)≫, ≪20/20≫)과 같은 텔레비전 뉴스 프로그램이 포함된다. 특별한 관심을 기울여야 할 것은 유사한 기관의 위기에 대한 정보다. 유사한 조직의 위기에 대한 사례연구는 위기팀이 그들 자신의 위기가 아닌 다른 누군가의 위기에서 배울 수 있게 해주기 때문에 위기관리자에게 유용한 자원이다(Pauchant & Mitroff, 1992).

다른 유용한 출판물로는 업계지, 관련 있는 의학 혹은 과학 잡지와 웹사이트, 사보, 여론조사 보고서가 있다. 업계지는 유사한 조직이 겪은 위기에 대한 소식을 전해줄 가능성이 있다. 업계지, 기타 출판물, 웹사이트는 업계 특유의 불만은 물론 업계가 직면하고 있는 이슈에 대한 정보를 제공한다. 의학 및 과학 잡지와 웹사이트는 사람들이 어떤 산업을 보는 방식에 영향을 미칠 수 있는 연구를 포함하고 있을 수도 있다. 콜레스테롤의 위험과 휴대전화 사용과 교통사고 간의 연관성에 대한 우려는 관계가 있는 연구 토픽의 예다. 일반인들은 뉴스 미디어가 아닌 의학 및 과학 출판물을 통해 이러한 건강 관심사에 처음 노출된다.

사보(私報)는 특별 이익집단, 재단, 정부 기관이 발행한 보고서를 포함하고 있다. 각 보고서는 조직에 대한 잠재적인 위협을 보여줄 수 있다. 특별 이익집단의 보고서는 조직에게 행동주의자 이해관계자들의 우려에 대해 알려주며, 그들의 화가 그들과 관련 있는 산업이나 특정한 조직에 초점이 맞추어져 있는지 보여준다. 재단들은 최근에 나타나는 이슈를 확인해줄 수 있다. 정부 출판물과 온라인 포털은 가능한 규제 변화나 법률 개정에 대한 통찰력을 제공하며 새롭게 나타나는 이슈를 확인해준다. 예를 들면, 「연방 관보(*Federal Register*)」는 잠재적인 규제 변화에 대한 정보를 포함하고 있고, 「의회 의사록(*Congressional Record*)」과 「의회 분기 주간 보고서(*Congressional Quarterly Weekly Report*)」는 새 법안에 대한 정보를 제공하며, 「의회 분기 조사 보고서(*Congressional Quarterly Researcher*)」는 미국 사회에서 중요한 이슈에 대한 정보를 제공한다. 여론조사 보고서는 태도, 생활양식, 가치의 변화를 알려줄 수 있다(Heath, 1997).

사람도 환경에 관한 또 다른 정보원이다. 위기관리자는 두 넓은 범주, 즉 여론 전문가와 조직의 이해관계자에 초점을 맞추어야 한다. 발표된 데이터처럼 여론 전문가도 일반인의 태도, 생활양식, 가치에 대한 통찰력을 제공한다. 이해관계자들은 그들이 이슈와 조직의 행동에 대해 어떻게 느끼고 있는지에 대해 말해줄 수 있다(Heath & Nelson, 1986). 환경 정보를 지나치게 매스 미디어에 의존하는 나머지 사람은 잊어버리기 십상이다. 평판 관리 분야의 정보원으로서 인터넷에는 사람에 대한 더 많은 것이 존재한다.

인터넷상의 정보는 전통적인 미디어나 출판물 정보원에서와는 다른 방식으로 전파된다. 토론 그룹, 게시판과 포럼, 웹페이지, 불평 전용 사이트, 블로그, 마이크로블로그, 내용물 공유 사이트, 애그리게이터, 소셜 북마킹 및 소셜 네트워킹 사이트는 간과해서는 안 될 정보원이다. 2장에서 언급했듯이, 온라인 커뮤니케이션 수단은 전통적인 웹사이트와 소셜 미디어로 구분할 수 있다. 소셜 미디어는 정보를 재빨리 전파할 수 있는 능력으로 인해 최근 가장 많은 관심을 받고 있다.

소셜 미디어는 사용하기 쉽다. 당신은 분명 당신 스스로 소셜 미디어에 어떤 내용을 이미 게시한 바 있을 것이다. 소셜 미디어는 사용자들이 내용물(예, 메시지, 영상, 이미지)을 다른 사람들이 접근할 수 있도록 인터넷에 간단하게 게시할 수 있게 해준다. 인터넷이 만들어졌기 때문에, (모험하듯) 온라인으로 가는 사람들은 (단순히 내용물을 보는 것이 아니라)[1] 흔히 내용물을 만드는 사람이 된다. 사람들이 온라인에서 만들어내는 내용물을 나타내는 초창기 용어는 '사용자 생성 내용물(UGC: user-generated content)'이었다. 오늘날도 존재하는 초창기 토론 게시판은 UGC의 초기 사례다. 오늘날은 UGC 대신 '소셜 미디어'라는 용어가 사용된다. 소셜 미디어는 사용자들이 내용물을 쉽게 만들어 인터넷에 게시할 수 있게 해주는 다양한 인터넷 기반 애플리케이션(채널)을 포함하고 있다. 사용자 제작(user-created) 내용물을 표현하는 데 사용되는 또 다른 용어는 '이해관계자 미디어(stakeholder media)'[2]다(Hunter, Menestrel, & De Bettignies, 2008).

사람들에게 필요한 것은 인터넷 접근과 키보드를 사용할 수 있는 능력뿐이다. 물론 대부분의 소셜 미디어는 누구에게도 별 관심을 끌지 못한다. 그러나 소셜 미디어는 잠재적으로 강력한 종류의 입소문 정보 전달 수단이다(Laczniak, DeCarlo, & Ramaswami, 2001). 입소문(word of mouth)은 소

---

1 문장의 의미를 더 분명하게 하기 위해 저자와의 이메일을 통해 확인한 내용을 첨가했다(역자 주).

2 다른 이해관계자들과 조직에 영향을 미치기 위해 이해관계자들에 의해 통제되는 미디어로, 지각된 이슈에 대한 해결책을 촉구하기 위해 존재한다(역자 주).

비자의 결정에 영향을 미칠 수 있는 만만찮은 힘으로 인정되기 때문에, 그 것은 무시되어서는 안 된다(Blackshaw & Nazzaro, 2004). 조직의 리더십이 공격 사이트(attack site), 즉 어떤 조직을 비판하기 위해 만들어진 웹사이트 에 대해 얼마나 우려하는지에 대해 살펴보자. 3장에서 언급했듯이, 소셜 미디어에 채널을 맞추는 것은 이해관계자들에게 귀 기울일 수 있는 매우 효과적인 수단이 될 수 있다. 대부분의 소셜 미디어는 조직과 무관하기 때 문에, 위기관리자는 그들의 관심사와 가장 관련이 있는 소셜 미디어를 반 드시 주의 깊게 확인하거나 그들을 위해 모니터해줄 컨설팅 회사를 고용해 야 한다. 조직이 경고신호를 찾기 위해 소셜 미디어를 모니터하는 것을 도 와줄 수 있는 회사들이 점차 늘어나고 있다. 2013년 현재, 유명한 소셜 미 디어 모니터링 회사로는 컬렉티브 인터렉트(Collective Intellect), 시소모스 (Sysomos), 어텐시티(Attensity), 크림슨 헥사곤(Crimson Hexagon), 스파이 럴 16(Spiral 16)이 있다. 예를 들면, 시소모스(2005~2013)는 실시간 소셜 미디어 모니터링과 자동화된 감성분석(sentiment analysis)[3] 같은 기능을 제공하는 허트비트(Heartbeat)라 불리는 제품을 가지고 있다. 조직은 유니 라이저(Unilyzer), 구글 얼러츠(Google Alerts), 혹은 트렌드스포터(Trend-spottr)와 같은 소프트웨어를 사용하여 그들 자신의 소셜 미디어 모니터링 시스템을 개발할 수도 있다. 고려해야 할 소셜 미디어의 범주에 대해 더 자 세히 논의하기 위해서는 3장을 참조하라.

다음 사례에서 소셜 미디어의 힘을 살펴보자. 이 글을 쓰고 있었을 당시, 만약 당신이 www.killercoke.org를 당신의 웹 브라우저에 치면, 킬러 코 크(Killer Coke) 웹사이트가 나타날 것이다. 사이트명이 암시하듯이, 그 사 이트는 코카콜라 컴퍼니(Coca-Cola Company)에 적대적이며 '살인자 코크

---

3  실시간으로 디지털 콘텐트를 검색하여 표출된 고객 감성을 읽어내는 분석(역자 주).

를 중단하라 캠페인(Campaign to Stop Killer Coke)'을 지지한다. 그러면 코크가 어떻게 살인자인가? 그 사이트는 콜롬비아에 있는 보안부대가 코카콜라 음료 충전 공장에서 일하는 전국식품산업노동자협회(SINALTRAINAL)의 회원을 납치해서 고문하고 살해했다고 주장한다. 그들의 주장에 따르면, 이 코카콜라 공장이 그러한 잔혹행위를 저지른 폭력적인 불법 무장단체 보안요원을 고용했다고 한다. 코카콜라 컴퍼니는 이러한 주장을 반박한다. 그러나 그 웹사이트는 코카콜라 컴퍼니를 공격하는 증언, 사진, 자료로 구성되어 있다. 미국에서 벌어지고 있는 그 캠페인의 핵심 요소는 대학 캠퍼스를 표적으로 하고 있다. 학생들은 코카콜라와의 자판기 설치 계약을 해지하라고 학교 직원들에게 압력을 넣고 있다. 미시건 주립대학교(Michigan State University), 럿거스 대학교(Rutgers University), 호프스트라 대학교(Hofstra University)와 같은 소수의 대학만이 코카콜라와 계약을 해지했다. 킬러 코크는 인터넷에서 업계지로 옮겨가, ≪비즈니스 위크≫는 2006년 1월 그 캠페인을 특집으로 다뤘다("Killer Coke' or Innocent Abroad?" 2006). 살인자 코크 캠페인은 해지된 계약을 통해 계속해서 코카콜라에 압박을 가하고 있으며, 인터넷은 이러한 노력의 진원지다.

그러나 인터넷은 조직에게 공포의 원천 그 이상이다. 인터넷은 잠재적인 문제를 예상하고 그것에 대응하는 데 사용될 수 있는 자원이다. 예를 들어, 인권에 관심이 있는 조직은 이해관계자들의 감성과 인권 이슈의 진전 상황에 대한 감을 잡기 위해 다양한 인권 지향 웹사이트와 블로그를 자세히 읽거나 트위터의 인권 조직을 팔로우할 수 있다. 이러한 통찰력은 있을 수 있는 위기를 예방하기 위한 조치의 길잡이가 될 수 있다.

인터넷은 조직이 간과해서는 안 되는 정보원이다. 측정 전문가 페인(K. D. Paine)이 말했듯이, "주류 미디어를 모니터하는 것으로는 충분하지 않다"(2011: 165). 인터넷 사용 인구는 계속해서 증가하고 있기 때문에, 이제 인터넷은 더욱 중요해지고 있는 환경 정보 자원이다. 인터넷은 이중 정보 원 역할을 한다. 즉, 인터넷은 인쇄 매체나 방송 매체에서도 발견되는 정보에 접근하는 데 사용될 수 있을 뿐만 아니라 소셜 미디어에서만 발견되는 정보를 수집하는 데도 사용될 수 있다.

더 큰 조직들이 경청 플랫폼(listening platform)으로도 알려져 있는 소셜 미디어 전용 모니터링 센터를 만들기 시작했다. 이 센터는 게토레이(Gatorade)의 소셜 미디어 미션 관제 센터(Social Media Mission Control Center) 와 델(Dell)의 소셜 미디어 경청 지휘 센터(Social Media Listening Command Center)처럼 여러 가지 이름을 가지고 있다(Swallow, 2010).

소셜 미디어 모니터링 서비스를 이용하든 그들 자신의 소셜 미디어 모니터링 센터를 개발하든, 위기관리자는 '대시보드(dashboard)'란 용어를 알아야 한다. 페인은 대시보드를 "소수의 중요한 요약 척도를 하나의 장소에 한꺼번에 보여줌으로써 데이터 보고를 단순화하는 기법"이라고 정의한다(Paine, 2011: 234). 이 용어를 들으면 당신은 차를 떠올릴 것이다. 차의 대시보드는 속도, 엔진 온도, 타이어 압력, 유량을 포함해 운전자에게 매우 중요한 데이터를 한꺼번에 보여준다. 대시보드는 소셜 미디어 메시지 분석에 의해 생성된 데이터를 시각적으로 보여줄 수 있다. 운전자처럼 위기관리자는 적절하게 설계된 대시보드에서 그들이 필요로 하는 모든 중요한 정보를 볼 수 있다.

위험 관리는 내부에 더 초점을 맞추고 있는 정보원도 살펴본다. 종합 품질 관리(TQM: total quality management)는 품질 향상을 위해 제조 과정을 체계적으로 평가한다. 이런 과정 속에는 결함의 근원을 찾아내는 것도 포함되는데(Milas, 1996), 이것은 리콜 필요성을 촉발할 수 있다(Mitroff, 1994). 환경 위기 노출(exposure)에는 오염 저감 조치와 조직에 의한 환경 위협이 포함된다. 오염은 사고, 소송, 항의, 혹은 규정 위반으로 인한 벌금으로 이어질 수 있다. 법규 준수 감사(legal compliance audit)는 조직이 모든 연방, 주, 지역의 법과 규정을 준수하고 있는지 확인해준다. 법규를 준수하지 않는 것은 소송이나 벌금을 초래할 수 있다. 재무 감사는 조직의 재무건전성을 검토해주는데, 이는 주주 반란(shareholder rebellion)과 같은 재정 지향적 위기 가능성을 보여줄 수 있다.

전통적인 보험 보장 범위는 보험에 들 가치가 있는 위험을 보여준다. 보험 위험(insurance risk)에는 법적 책임 노출, 범죄 노출, 노동자 보상 노출이 포함된다. 이 세 영역은 모두 소송과 극단적으로 부정적인 홍보(publicity)를 야기할 수 있다. 자연재해 노출은 자연이 조직에 무슨 일을 할 수 있는지를 확인해준다. 조직 관리자는 시설물이 홍수, 지진, 혹은 화산(자연활동은 통상 보험에 의해 보장되지 않음)에 의해 야기되는 위기의 위험에 처해 있는지를 반드시 알아야 한다.

안전, 유지 관리, 사고 기록은 위기로 발전할 수 있는 사소한 문제들을 보여준다. 위기관리자는 이러한 기록 속의 패턴을 살펴보아야 한다. 조직은 위기일발, 즉 어떤 나쁜 일이 거의 일어날 뻔한 순간을 경험한다. 일련의 위기일발은 큰 위기로 발전할 위험이 있다. 만약 예를 들어 어떤 장비에서 가벼운 손 부상과 같은 위기일발의 순간이 수차례 발생한다면, 절단이나 사망과 같은 큰 부상이 발생할 수도 있다. 사소한 사고 패턴을 깨뜨리기 위한 조치가 예방 단계에서 취해져야 한다. 마찬가지로 동일한 안전 위반 기록은 중대한 사고와 부상이 발생할 수 있음을 시사한다. 안전 예방 조치는 분명 사고와 부상을 방지하기 위해 필요하다. 주의를 기울이지 않는 사업장은 안전하지 않으며, 이러한 곤혹스럽고 예방할 수 있는 사고가 발생할 가능성이 높아진다(Komaki, Heinzmann, & Lawson, 1980).

직원들이 인터넷과 이메일을 사용하는 것 역시 위험의 근원이 된다. 이러한 온라인 커뮤니케이션 도구를 남용하게 되면 정보 누설, 컴퓨터 바이러스나 웜(worm), 차별 및 희롱 소송, 혹은 대역폭 용량 감소를 초래할 수 있다. 대부분의 회사는 온라인 위험을 둘러싼 우려로 인해 인터넷 및 이메일 사용 정책을 수립했으며 직원의 온라인 행동을 모니터하는 소프트웨어를 사용한다. 2006년에 발표된 한 연구에 따르면, 영국과 미국에 있는 대규모 회사의 38%가 직원의 이메일을 읽는 직원을 고용했다고 한다(Rost, 2006). 조직의 온라인 사용 정책 위반 여부를 조직이 효과적으로 판단할 수 없다면, 그러한 정책 사용은 실질적 의미가 없다. 모니터링 소프트웨어는 부적절한 웹사이트에 대한 접근을 차단하거나, 부적절한 언어가 사용되었는지 모든 이메일을 확인하거나, 사업 관련 사이트 및 비사업 관련 사이트 방문이라는 측면에서 모든 직원의 웹 활동을 기록하고 평가한다. 만약 조직이 직원의 인터넷 및 이메일 사용 정책을 수립하여 실행하지 않는다면 불필요한 위험을 떠맡게 된다.

제품 형질 변경(product-tampering) 모니터링은 제품 형질 변경 가능성 확인을 위해 제조 과정과 포장을 살펴본다. 제품 형질 변경은 리콜과 소송으로 이어진다. 행동 프로파일링(behavior profiling)은 잠재적으로 위험한 직원, 특히 폭력적으로 변하는 직원의 특성을 파악한다. 폭력적인 직원은 직장 폭력 위기를 촉발할 수 있다. 윤리 풍토 조사(ethical climate survey)는 문제를 일으키게끔 하는 유혹과 문제에 대한 문화적 눈가리개(cultural blinders)가 조직에 존재하는지를 평가한다. 그러한 눈가리개는 수표 사기, 성희롱, 혹은 인종차별과 같은 조직의 비행에 대한 경영진의 태도와 가치를 살펴봄으로써 확인할 수 있다(Mitroff & McWinney, 1987; Soper, 1995).

엔론과 엔론이 가장 존경받는 기업에서 가장 욕먹는 회사로 전락한 것에 대해 들어보지 못한 사람은 거의 없다. 위기를 촉발하는 조직 문화에 대한 이야기가 엔론 이야기의 핵심이다. 엔론이 경제지로부터 연이어 상을 받고 있었을 당시 엔론의 문화는 공격적이라는 평가를 받았다. 엔론은 가장 존경받는 기업, 가장 일하기 좋은 회사, 가장 혁신적인 기업 중 하나였다. 그러나 공격적인 문화는 또한 위험 감수 문화로 향했다. 엔론은 그들이 잘 알지 못하는 분야로 급격히 확장해나갔다. 높은 주가(株價)를 유지하려면 높은 영업이익을 유지해야 했기 때문에 엔론은 그러한 확장을 하지 않을 수 없었다. 국회의원들은 이를 두고 '탐욕의 문화(culture of greed)'라 불렀다(Cable News Network, 2002).

엔론의 위험 감수는 몰락을 가져왔다. 케네쓰 레이(Kenneth Lay), 제프리 스킬링(Jeffrey Skilling), 앤드루 패스토(Andrew Fastow)가 이끄는 최고 경영진은 오만해졌고 지나치게 낙관적이 되었다. 그들은 엔론이 실패하지 않을 거라고 믿었으며, 따라서 그들의 위험 감수는 강화되었다. 그러나 엔론은 실패하기 시작했고, 이것은 수입이 감소할 것임을 의미했다. 공격적이었던 최고 경영진은 매우 창의적이고 불법적인 회계 부정을 통해 손실은 감추고 이익은 두드러지게 했다. 그들이 분식회계를 저지르는 바람에 투자자들은 엔론이 파산했을 때 수십 억 달러의 손해를 보았다(Schuler, 2002). 엔론의 공격적 행위는 더 높은 주가와 이윤을 추구하기 위해 윤리를 무시하는 결과를 초래했다(Brewer, Chandler, & Ferrell, 2006). 엔론은 윤리적으로 문제가 있는 조직 혹은 도덕적으로 파산한 윤리 풍토를 가지고 있는 회사라고 말해도 무방하다. 위기를 지연시키기보다는 촉진할 수 있는 자신의 윤리 풍토와 문화의 측면을 모니터하지 않거나 바로잡지 못하는 회사는 유사한 운명에 처할 수 있다.

평판 모니터링을 위한 정보원은 잘 개발되어 있지 않지만, 〈표 4-1〉은 어느 정도 논리적인 선택을 확인해주고 있는데, 그것은 이해관계자, 특히 투자자, 고객, 행동주의자, 지역사회 이해관계자가 평판 관리에서 차지하는 중요성을 반영한다. 주주 결의사항은 주식을 소유하고 있는 사람들의 가치와 태도를 반영한다. 2006년, 월마트 투자자들은 사회적 책임에 관한

〈표 4-1〉 모니터해야 할 잠재적 위기 정보원

| 위기관리 정보원 | 전통적 | 뉴스 미디어: 신문, 텔레비전 뉴스, 시사 및 경제 잡지<br>업계지: 의학계 및 과학계 잡지<br>사보: 정부 간행물<br>여론조사: 여론 전문가<br>이해관계자 행동 | | |
|---|---|---|---|---|
| | 온라인 | 뉴스 및 비즈니스 와이어<br>온라인 신문, 온라인 잡지, 온라인 업계지<br>전문가 협회, 특별 이익집단, 정부 기관의 온라인 기록 보관소<br>소비자 생성 미디어: 웹사이트, 블로그, 토론 그룹 | | |
| 위기 평가 정보원 | | 종합 품질 관리<br>환경 위기 노출<br>법규 준수 감사<br>노동자 보상 노출<br>인터넷 사용 모니터링 | 법적 책임 노출<br>범죄 노출<br>재무 감사<br>안전, 사고 기록 | 자연재해 노출<br>제품 형질 변경 노출<br>윤리적 풍토 조사<br>행동 프로파일링 |
| 평판 정보원 | | 소비자 생성 미디어: 웹사이트, 블로그, 토론 그룹<br>조직에 전달된 이해관계자 의견 | | |

여섯 가지 주주 결의사항을 거부했는데, 아마 그 이유는 그러한 결의사항
이 그들의 우선사항을 반영하지 않았기 때문으로 보인다. 결의사항은 유엔
글로벌 콤팩트(UN Global Compact, 10개로 구성된 일단의 환경 및 사회적 원
칙)에 대한 지지와 같은 사회적 관심사를 반영하거나 인수 방어책으로서
'포이즌 필(poison pill)'[4]을 금지하는 결의사항과 같은 재정적 관심사를 반
영할 수 있다. 대부분의 결의사항은 사회적 관심사를 다루기 위한 것이다.
주주 결의사항은 이해관계자들이 중요한 이슈나 조직 자체에 대해 어떻게
생각하는지에 대한 통찰력을 제공한다. 이해관계자들의 불만과 문의는 고
객들 사이의 불만을 탐지하고 소문을 찾아내는 데 도움이 된다. 불만을 조

---

4　매수 대상이 되어 있는 회사의 경영자 측이 취하는 대항책의 하나로, 문제 제기자가 목
　표로 하는 회사를 매수하면 나중에 지독한 일을 당한다고 생각하게 하는 수단, 매수자
　측에게 마시게 하는 독약이라는 의미(역자 주).

기에 파악하는 것은 조직이 문제를 해결하고 고객을 행복하게 함으로써 고객과 긍정적인 관계를 유지할 수 있음을 의미한다(Dozier, 1992). 2장의 팸퍼스 사례가 잘 보여주었듯이, 소셜 미디어는 평판과 관련된 이해관계자들의 기대를 알아내서 다루는 데 이상적이다.

영리 조직은 고객 없이는 생존할 수 없는데, 이로 인해 고객은 조직의 평판 징후를 살피는 데 매우 중요한 원천이 된다. 조직은 그들의 행동이 고객을 위험에 처하게 하는 때와 고객이 조직 운영이나 정책에 대해 불만스러워하는 때를 반드시 확인해야 한다. 1996년 10월, 오드왈라(Odwalla) 주스와 관련된 대장균 감염증 발생으로 16개월 된 애나 기미스태드(Anna Gimmestad)가 죽고 70명이 넘는 사람이 병이 났다. 오드왈라 주스는 당시에 저온살균 처리를 하지 않았다. 저온살균 처리로 박테리아를 죽일 수 있지만, 천연 주스 제조사들은 저온살균이 그들의 제품에 해롭다고 생각했다. 오드왈라는 그 사건 이후 순간 저온살균 처리를 시작했다. 오드왈라는 신속한 리콜을 실시했고 병이 난 사람의 의료비를 지불했다. 그 밖에도 오드왈라는 위기관리의 일부로 인터넷을 사용한 첫 번째 회사 가운데 하나였다. 오드왈라는 빠르고도 배려심 있는 대응으로 찬사를 받았다(Baker, n.d.).

그러나 위기 신호 탐지 관점에서 보면, 오드왈라의 대응은 형편없는 실패였다. 1996년 10월의 비극적인 대장균 사건 이전에도 여러 차례 위기 신호가 있었다. 오드왈라 품질 보증 책임자인 데이브 스티븐슨(Dave Stevenson)은 살균 정도를 높이기 위해 염소 소독을 사용할 것을 권고했었다. 고위 임원들은 그러한 권고를 거부했고 훨씬 덜 효과적인 산세척(acid-wash) 방법을 고수했다. 심지어 산세척 업체도 산세척은 대장균 살균 효과가 8%밖에 되지 않는다고 오드왈라 측에 말했다. 이 사건으로 인한 소송에서 오드왈라는 1996년 사건 이전에 300건이 넘는 식중독 보고가 있었음을 시인했다. 더욱이 미국 육군은 오드왈라의 군매점 납품을 거부했다. 이 사건이 있기 4개월 전, 육군 조사관들은 오드왈라 샘플에서 허용치 이상의 박테리아를 발견하고 군매점에서 판매하기에는 너무 위험하다고 판단했다(Entine, 1998, 1999). 오드왈라가 그러한 위기 신호를 진지하게 받아들였더라면, 1996년 사건은 아마 발생하지 않았을 것이다.

한 가지 중요한 우려의 근원은 조직에 대한 공중의 비판이다. 히쓰(R. L. Heath)는 "공중의 비판이 있을 때 기업 지도자와 운영 관리자들은 그들의 비판이 사실인지 그리고 주요 공중이 그러한 주장을 믿고 있는지 여부를 판단하기 위한 조사를 실시할 것"을 권고한다(1988: 105). 불평은 조직에 대한 고객의 문의나 행동주의자들의 항의에서 찾아볼 수 있다. 사람들이 그들이 들은 정보를 확인해주기를 요구할 때, 문의는 실제 문제나 소문을 드러내 보여줄 수도 있다. 네슬레(Nestlé)가 열대우림을 염려하는 그린피스 및 다른 사람들과 온라인에서 대립을 보인 사례를 살펴보자.

2010년 봄, 그린피스는 야자유를 추출하기 위한 노력의 일환으로 불법적으로 열대우림을 파괴하는 시나 마스(Sinar Mas)와 다른 업체로부터 네슬레가 야자유를 공급받는 것을 중단하도록 하기 위한 캠페인을 시작했다. 열대우림 파괴는 오랑우탄의 생존을 위협하기 때문에 이 캠페인에는 오랑우탄이 특별히 등장했다. 유럽에서는 사람들이 오랑우탄 옷을 입고 항의를 했지만, 공중의 불만이 매우 활발하게 제기되었던 곳은 온라인이다. 그린피스는 네슬레의 킷 캣(Kit Kat) 캔디 바(candy bar) 광고에 사용된 징글(jingle)[5]을 흉내 낸 '열대우림을 그냥 내버려 두라고 네슬레에게 요구하자'라는 제목의 웹사이트를 운영했다. 그린피스는 그 웹사이트를 통해 정보와 함께 킷 캣 광고를 패러디해 캔디 바를 피 흘리는 오랑우탄의 손가락으로 바꾼 영상물도 제공했다(Greenpeace, 2010). 훨씬 더 인상적인 것은 네슬

---

5  음악이나 시, 광고에서 같은 음(유사음)을 반복하는 것(역자 주).

레의 페이스북 페이지 하이재킹(hijacking)이었다. 갑자기 거의 눈에 띄지 않던 네슬레의 페이스북 페이지가 네슬레의 야자유 정책과 오랑우탄을 죽음으로 내모는 것에 대한 비판으로 넘쳐났다(Leonard, 2010). 3월, 네슬레는 2015년부터는 공인된 지속가능한 야자유만을 사용할 것이라고 발표했다. 그러나 공중의 비판은 계속되었고 네슬레의 조치는 너무 약한 것 같았다(Leonard, 2010). 2010년 5월 17일, 네슬레는 비판에 대한 반응의 강도를 높여 야자유에 대한 책임 있는 수급 지침을 개발하고 열대우림 파괴에 맞서 싸우는 데 도움을 주기 위해 포리스트 트러스트(Forest Trust)와 제휴한다고 발표했다(Nestlé, 2013). 소셜 네트워킹에 의해 증폭된 공중의 압력은 위기를 야기했고 네슬레로 하여금 그들의 야자유 정책을 바꾸게 했다.

여기 또 하나의 예가 있다. 페브리즈(Febreze)는 P&G가 제조하는 섬유 탈취제다. 그들의 주요 판매 강조점 중 하나는 애완동물 냄새를 제거할 수 있다는 것이다. 그래서 페브리즈가 애완동물을 죽인다는 소문이 인터넷에 회자되기 시작했을 때, 거기에는 우려할 만한 이유가 있었다. 다음은 샘플 메시지다.

탈취제/공기청정제인 페브리즈에 노출된 후 죽거나 중병에 걸린 개나 새에 대한 사례가 다수 있다. 페브리즈에는 염화아연이 포함되어 있는데, 염화아연은 동물에게 매우 위험하다. 애완동물이 가까이 있는 곳에서는 페브리즈를 사용하지 마라! 만약 애완동물이 가까이 있는 곳이나 애완동물 잠자리에서 페브리즈를 사용했다면, 페브리즈를 제거하기 위해 잠자리를 철저하게 청소하고 동물을 잠자리에서 옮겨라. 더 많은 동물이 아프거나 죽지 않도록 이 정보를 애완동물을 키우거나 돌보는 다른 사람들에게도 알리고, 냄새를 제거할 더 안전한 방법을 찾아라(About.com, 2002: paras. 1~3).

P&G는 곧 페브리즈를 애완동물 주위에서 사용해도 안전한지를 묻는 전화와 이메일을 받기 시작했다. P&G의 반응은 "괜찮습니다!"였다. 페브리즈를 시험 검사해본 결과 개와 고양이 주변에서 사용해도 안전한 것으로 입증되었다. P&G는 그러한 근거 없는 이야기가 틀렸음을 밝히기 위해 페브리즈 웹사이트에 특별 섹션을 만들었다. 사람들은 페브리즈가 안전하다는 이야기를 들었고, 국립동물독극물통제센터(National Animal Poison Control Center)와 미국 동물학대예방협회(American Society for the Prevention of Cruelty to Animals)의 증언으로 연결되었다(*Hanging in the Febreze*, 2011). P&G는 소문에 맞서 싸우고 페브리즈 판매를 보호하기 위해 소비자의 우려를 활용했다.


## 2. 정보를 수집하라

일단 잠재적인 환경 정보원이 파악되면, 위기관리자는 정보를 수집해야 하는 문제에 직면한다. 내용 분석, 인터뷰, 설문조사, 초점집단(focus group), 비공식적 접촉은 가장 자주 사용되는 정보 수집 도구에 속한다. 이러한 도구에 익숙한 것은 중요한 위기관리 자산이다.

인쇄, 온라인, 혹은 방송 도구를 활용할 때 내용 분석이 유용할 수 있다. 내용 분석에는, 그것이 뉴스 기사든 다른 출판물의 글이든 혹은 초점집단 인터뷰나 인터뷰의 사본이든, 글로 된 자료에 대한 체계적인 코딩과 분류가 포함된다. 효과적인 내용 분석은 코딩 범주 개발과 그러한 범주 사용의 전문성을 필요로 한다. 코딩 범주는 별개의 범주로 구분될 수 있는 정보가 들어 있는 상자라 할 수 있다. 각 범주는 어떤 것이 그 범주에 적합한지를 보여주는 글로 작성된 빈틈없는 정의를 필요로 하며, 이러한 범주들은 상호 배타적(mutually exclusive)이어서 어떤 메시지도 하나 이상의 범주에 들어가는 일이 없어야 한다(Stacks, 2002; Stewart, 2002). 그러한 범주를 사용하는 사람들, 즉 코더들(coders)은 반드시 범주 사용법 훈련을 받아야 한다. 코더들은 비슷한 메시지는 동일한 범주로 분류할 수 있어야 한다. 이러한 코더들 간의 일관성을 일컬어 '코더 간 신뢰도(intercoder reliability)'라 한다. 신뢰도가 높다는 것은 서로 다른 코더들이 일관되게 메시지를 코딩했음을 의미한다. 그와 같은 일관성으로 인해 코딩된 데이터의 비교가 가능하다. 내용 분석은 문서로 된 정보를 계량화할 수 있는 데이터로 전환함으로써, 단어가 통계를 사용해 분석될 수 있는 숫자가 된다. 몇몇 사례는 우리가 내용 분석 과정을 분명히 이해하도록 도움을 준다.

대부분의 조직은 사고와 안전규칙 위반 사례들을 범주별로 분류해놓고 있다. 사람들은 사고와 안전규칙 사례들을 정확하게 기록하기 위해 이러한 사례들 간의 차이를 잘 구분할 수 있도록 훈련을 받는다. 어떤 조직은 특정 사건이나 안전규칙 위반 사례가 시간이 흐르면서 증가하는지 혹은 감소하는지 알기 위해 그러한 데이터를 검토할 수 있다. 예를 들어, 어떤 조직은 조직의 특정 영역에서 발생한 추락사고 건수에 관심이 있을 수도 있을 것이다. 사고를 체계적으로 코딩함으로써 추락사고 데이터를 정확하게 분석할 수 있을 것이다. 마찬가지로 조직은 고객 불만을 코딩하기 위한 범주도 개발해야 한다. 이 경우, 접수된 불만 건수를 아는 것만으로는 충분하지 않다. 조직은 다양한 불만의 유형과 빈도를 알아야 한다. 고객 불만을 범주화했을 때 드러나는 불만 증가 영역이 있다면 그 영역이 문제가 있는 영역임을 식별할 수 있다. 만약 어떤 항공사에 항공편 취소 처리 방식에 대한 불만 접수 건이 늘어난다면, 그 항공사는 항공편 취소와 관련된 고객 서비스를 개선할 필요가 있다. 체계적 코딩은 작성된 정보를 계량화하지 않았더라면 불가능할 수도 있는 비교를 가능하게 해준다. 자료의 기록과 계량화

**HP**

이해관계자 참여는 세계 시민정신(global citizenship)에 필수적이며, HP는 우리의 다양한 이해관계자들과 강하고 호혜적인 생산적 관계를 수립하기 위해 노력한다. 이해관계자들은 다음과 같다 (Stakeholder Map, 2010).

- 지역사회
- 고객
- 직원
- 투자자
- 입법자와 규제자
- 산업 분석가와 미디어
- NGO
- 공급업체
- 대학

**테스코**

우리의 이해관계자들은 다음과 같다(Canadian Imperial Bank of Commerce, n.d.).

- 고객
- 직원
- 투자자
- 지역사회
- 공급업체
- 정부 및 규제자
- NGO

---

로 인해 내용 분석이 정보 수집의 한 형태가 될 수 있는 것이다.

이해관계자들에게 정보를 요청하는 첫 번째 단계는 위기팀이 있을 수 있는 모든 이해관계자를 나열한 이해관계자 지도(stakeholder map)를 작성하는 것이다(Grunig & Repper, 1992). 〈박스 4-1〉은 HP와 테스코(Tesco)가 그들의 이해관계자 참여(stakeholder engagement) 노력의 길잡이 역할을 하는 이해관계자 지도 샘플을 보여주고 있다. 그런 다음, 위기팀은 가장 높은 순위의 위기와 관련되어 있는 이해관계자를 확인할 것이다. 면접조사, 설문조사, 초점집단, 혹은 주요 연락처(key contact)를 사용해 이해관계자로부터 정보를 수집할 수 있다. 면접조사자는 사람들에게 조직화된 방식으로 특정 주제에 대한 질문을 던진다. 면접조사자는 면접 일정을 짜고 그 일정을 따른다. 준비는 필수적이다. 정보를 수집하는 사람은 유용한 정보를 수집하기 위해 면접에 조직화된 방식으로 접근해야 한다(Stewart & Cash, 1977).

설문조사는 사람들의 지각, 태도, 의견에 대한 정보를 수집한다. 설문조사는 사람들로 하여금 설문지를 작성하게 하거나 조사자가 이해관계자들에게 질문을 함으로써 이루어질 수 있다. 초점집단이란 함께 모여 질문을 듣고 질문에 답하게 하기 위해 구성해놓은 특정 이해관계자 집단을 말한다. 상호작용을 장려하고 사람들의 신념의 속성을 조사하기 위해 개방식(open-ended) 질문을 사용한다. 주요 연락처는 어떤 주제에 대한 전문성을 가지고 있기 때문에 선택된 지역사회, 업계, 혹은 조직의 지도자를 말한다. 여론조사 전문가나 이슈 전문가를 사용하는 것은 주요 연락처의 한 형태다(Baskin & Aronoff, 1988).


## 3. 정보를 분석하라

이슈, 위험, 이해관계자 관계에 대한 정보를 수집하는 것은 그런 정보에 위기 위험이 포함되어 있는지 여부를 파악하기 위해 그런 정보를 분석하지 않는 한 아무런 가치가 없다. 정보 분석은 지식을 만들어낸다(Geraghty & Desouza, 2005). 위기관리자는 그런 정보가 실제로 있을 수 있는 위기를 시사하는지 여부를 파악한다. 경고신호를 조기에 찾아내는 것에 깔려 있는 기본 전제는 조직에 심각한 영향을 미칠 수 있는 신호의 위치를 정확히 찾아내서 그것을 관리하기 위한 조치를 취하는 것이다(Dutton & Duncan, 1987; Gonzalez-Herrero & Pratt, 1996; Heath & Nelson, 1986). 분석은 경고신호가 조직에 영향을 미칠지 여부와 미친다면 어떻게 미칠지를 이해하는 과정이다(Heath & Nelson, 1986). 위기관리자는 이슈, 위험, 평판 위협을 평가하는 기준을 필요로 한다.

우리는 가능성과 영향이라는 두 요인을 둘러싼 위협 평가 분석을 해볼 수 있다. 가능성(likelihood)은 어떤 위협이 위기가 될 개연성을 말한다. 영향(impact)은 위기가 이해관계자와 조직에 미칠 수 있는 효과를 말한다. 통상 우리는 각각의 위협에 1에서 10 사이의 가능성 점수를 부여하는데, 1은 낮은 가능성을, 10은 높은 가능성을 의미한다. 위기관리자들이 가능성과 영향의 측면에서 이슈, 위험, 평판 위협을 분석할 때, 그들은 각각의 위협이 추가적인 주목 및/혹은 조치를 필요로 하는지 여부를 파악할 수 있다. 가능성과 영향은 이슈, 위험, 평판 각각에 대해 다소 다른 의미를 지니고 있다.

이슈의 경우, 가능성은 어떤 이슈가 탄력(momentum)을 받을 가능성을 말한다. 탄력이 붙은 이슈는 발전하여 조직에 영향을 미칠 가능성이 더 높다. 탄력 가능성을 보여주는 몇 가지 지표로는 정교한 이슈 촉진(promotion), 대대적인 매스 미디어 보도, 인터넷상에서의 강한 존재감, 이슈와 이해관계자 간의 강한 자기 이익 연관성이 있다. 1989년의 에일라(Alar)[6] 반대 캠페인은 탄력이 붙은 이슈를 보여주는 적절한 사례다. 에일라는 사과의 생장을 조절하는 데 사용되는 화학제품이다. 자연자원보호협의회(NRDC: Natural Resources Defense Council)가 이끈 반-에일라 연대는 이 캠페인이 시작된 지 1년 이내에 에일라를 더 이상 사용할 수 없게 만들었다. 에일라 이슈는 전문가들로 하여금 홍보 노력에 공을 들이지 않을 수 없게 만들었다(정교한 이슈 촉진). 메릴 스트립(Meryl Streep)을 포함한 유명인사의 등장이 대대적인 홍보 효과를 거두는 데 도움을 주었다(대대적인 매스 미디어 보도). 그리고 에일라는 순진무구한 어린이들을 위협하는 것으로 여겨졌다(에일라와 소비자 간의 강한 자기 이익 연관성)(Center & jackson, 1995).

영향은 이슈가 이익, 평판, 혹은 운영에 얼마나 큰 영향을 미칠 수 있는

---

6  식물의 생장을 조절하는 화학제의 상품명(역자 주).

지를 일컫는다. 영향을 평가하기 위해 예측을 사용하기도 하는데, 예측(fore-casting)이란 어떤 이슈가 조직에 미칠 잠재적인 영향을 추정해보는 것이다. 업계에서 사용되는 예측기법은 최소한 150개는 될 것이다. 예측기법에 대한 자세한 논의는 이 책이 다루고자 하는 범위를 넘어선다. 예측기법에 대해 더 상세한 내용은 코츠, 코츠, 재럿 및 하인츠(J. F. Coates, V. T. Coates, J. Jarrat, & L. Heinz, 1986), 유잉(R. P. Ewing, 1979), 히쓰(1997)를 참조하기 바란다. 조직은 그들이 아주 잘 아는 예측기법을 사용해야 한다. 위기는 조직 운영에 틀림없이 지장을 주기 때문에 큰 영향을 미칠 수 있는 이슈만이 고려될 것이다.

위험의 경우, 가능성은 위험이 사건이 될 수 있거나 될 확률, 즉 위험이 어떤 일을 일으킬 확률을 말한다. 이것은 위험이 활용(exploit)[7]되거나 사건으로 발전할 가능성을 추정한다. 영향은 마찬가지로 사건이 조직과 이해관계자들에게 얼마나 큰 영향을 미칠 것인가 하는 것이다. 여기에는 조직의 일과(routine)에 혼란을 초래하는 것과 사람, 시설, 과정, 혹은 평판에 미치는 잠재적인 피해가 포함된다(Levitt, 1997).

평판의 경우, 가능성 및 영향 평가방법은 분명하게 개발되어 있지 않으며 다소 더 복잡하다. 가능성과 영향을 평가하기에 앞서, 위기관리자는 기대 차이(expectation gap)가 존재하는지를 반드시 밝혀야 한다. 앞에서 언급한 것처럼, 평판은 이해관계자들의 기대를 기반으로 만들어진다. 다른 이해관계자 집단은 조직의 행동에 대해 다른 기대를 가질 것이다. 예를 들면, 투자자는 조직이 돈을 벌기를 원하고, 고용인은 적절한 임금과 의료 혜택을 원하며, 지역사회 단체는 조직이 지역사회의 삶에 관여해주기를 원한

---

7 위험은 부정적인 사건만을 뜻하지는 않는다. 긍정적인 위험(positive risk), 즉 기회(opportunity)도 위험관리 대상에 포함되는데, 활용이란 긍정적인 사건을 최대한 활용하는 전략을 말한다(역자 주).

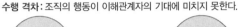

〈그림 4-1〉 **기대 차이**

**수행 격차**: 조직의 행동이 이해관계자의 기대에 미치지 못한다.

조직의
행동

이해관계자의
기대

**지각 차이**: 조직의 행동이 이해관계자의 기대에 부합하지만,
이해관계자는 부합한다는 사실을 지각하지 못한다.

조직의
행동

이해관계자의
기대

다. 위기관리자는 주요 이해관계자 집단 각각이 가지고 있는 기대를 반드시 파악해야 한다는 것이 요지다. 위기관리자는 조사를 통해 이해관계자들의 기대를 구분할 수 있다.

일단 이해관계자들의 기대가 파악되면, 위기관리자는 조직이 그러한 기대를 충족시키고 있는 것으로 이해관계자들이 지각하고 있는지를 반드시 파악함으로써 기대 차이를 찾아내야 한다. 〈그림 4-1〉은 두 가지 유형의 기대 차이를 보여주고 있다. 첫 번째 것은 수행(performance)을 토대로 하고 있는데, 이 경우 이해관계자들은 조직이 그들의 기대를 충족하기 위해 해야 할 일을 하지 못하고 있다고 생각할 수 있다. 두 번째 것은 이해관계자들이 조직이 기대를 충족시키고 있다는 것을 지각하지 못할 때 발생한다. 이 경우는 지각이 핵심이다. 비록 조직이 오염을 줄이기 위해 상당한 노력을 기울였음에도, 만약 이해관계자들이 그것에 대해 알지 못한다면 기

대 차이는 존재하게 된다.

만약 이해관계자들이 기대 차이에 따른 우려를 가지고 있다면, 그들은 조직을 상대로 조치를 취하고 부정적인 홍보(publicity) 효과를 유발시킴으로써 평판에 위협요소가 될 수 있다. 그러한 위협은 여러 인터넷 커뮤니케이션 채널에 의해 강화된다(Conway, Ward, Lewis, & Bernhardt, 2007). 모든 기대 차이가 위기로 이어지는 것은 아니다. 더욱이 어떤 조직도 모든 기대 차이를 다룰 만큼의 시간이나 돈 혹은 인적 자원을 가지고 있지 않다. 그러면 조직은 무엇을 해야 하는가? 이 물음에 대한 답은 이해관계자들의 우선순위를 매긴 다음, 위기를 불러일으킬 가능성이 가장 높은 이해관계자에게 당신의 자원을 집중하라는 것이다. 문제는 기대 차이의 가능성과 영향을 어떻게 파악하느냐 하는 것이다. 한 가지 옵션은 기대 차이에 관련된 이해관계자의 현저성을 조사하는 것이다. 그런 다음, 이해관계자 현저성(stakeholder salience), 즉 조직에 대한 이해관계자의 중요성을 가능성 점수와 영향 점수로 바꿀 수 있다. 이해관계자 현저성은 권한, 정당성, 자발성의 함수다.

권한(power)은 만약 그렇지 않으면 하지 않을 무언가를 조직이 하게 하는 이해관계자의 능력을 말한다. 권한은 조직의 운영에 지장을 줄 수 있는 이해관계자의 능력과 관련 있다. 필수 자원을 통제하거나 연대를 결정할 수 있는 이해관계자는 강력한 권한을 가진다. 필수 자원을 통제하는 이해관계자는 조직의 과정에 지장을 줄 수 있다. 예를 들면, 고용인은 제조 과정이나 재화 및 용역의 배송을 중단시킬 수 있다. 앞에서 언급한 것처럼, 1997년 UPS 기사들은 그 회사의 주된 서비스를 불가능하게 만든 파업을 단행했다.

연대 형성은 세(勢)를 통한 권한을 제공한다. 이해관계자들이 서로 힘을 합침에 따라 그들의 권한은 증가한다(Mitchell, Agle, & Wood, 1997; Rowley, 1997). 조직 변화를 위해 압력을 가하려는 그들의 노력에 이해관계자와 고객이 동참하도록 설득하는 행동주의자 단체가 그러한 일례일 것이다. 행동주의자, 고객, 주주는 레비 스트라우스(Levi Strauss)가 미얀마에 있는 그들의 생산시설을 폐쇄하도록 하는 데 주된 역할을 했다. 행동주의자들은 미얀마의 생산시설이 그곳에서의 인권침해의 원인이라는 점을 고객과 주주들에게 설득했다. 그러자 고객과 주주들은 그곳에서의 레비 스트라우스의 운영에 문제를 제기했다. 레비 스트라우스는 인권을 침해하는 회사라는 오명을 뒤집어썼기 때문에 미얀마에서 철수할 수밖에 없다고 생각했다(Cooper, 1997). 킬러 코크(Killer Coke) 캠페인 역시 유사한 전략을 펼쳤다. 행동주의자들만으로는 충격을 거의 주지 못했지만, 주주 및 고객들과 힘을 합친 결과 그들은 엄청난 권한을 행사할 수 있다.

조직을 상대로 조치를 취할 수 있는 능력이 있을 때 이해관계자의 권한은 더 커진다. 이해관계자들이 조직에 압력을 가하려 할 경우 커뮤니케이션 채널을 사용하는 데 따르는 자원(예, 돈)과 기술이 필요하다(Ryan, 1991). 에일라를 금지하려 했던 NRDC의 노력의 예로 다시 돌아가 보자. NRDC는 에일라의 위험을 널리 알릴 주요 홍보 캠페인을 개발하기 위한 전문 커뮤니케이터를 고용할 자금이 있었다. 그 캠페인은 채 한 달도 되지 않은 기간에 에일라의 위험성에 대한 인지율을 0%에서 95%로 끌어올렸다(Center & Jackson, 1995). NRDC는 돈과 홍보 기술을 이용해 에일라가 어린이들에게 암을 유발할 수 있는 위협요소임을 지각하게 하는 데 성공했다.

정당성(legitimacy)은 어떤 시스템에 견주어볼 때 바람직하거나 적절하거나 적합한 것으로 간주되는 행동을 말한다. 어떤 이해관계자의 우려가 다른 이해관계자들에 의해 정당한 것으로 여겨질 때 그것은 더 심각한 우려가 된다. 만약 다른 이해관계자들이 어떤 우려를 정당한 것으로 본다면, 그들은 조치를 취할 필요성을 지지할 가능성이 있다. 정당하지 않은 이슈는 적합하지 않거나 중요하지 않은 것으로 간주되기 때문에 다른 이해관계자들이 무시하기 쉽다. 조직이 정당한 우려를 무시할 경우 그 조직은 다른 이해관계자들에게 냉담한 것으로 비친다. 그들은 "그 조직은 왜 이런 합당한 우려를 다루지 않지?"라고 묻는다. 다른 이해관계자들을 화나게 하는 것은 그러한 위협이 추가적인 조직과 이해관계자 간 관계로 퍼져나갈 위험성을 증가시킨다. 위기관리자는 다른 이해관계자들이 그러한 우려를 정당한 것으로 볼 것인지를 파악해야 한다. 그렇게 하기 위해서는 여러 이해관계자 집단의 가치와 사회적 책임 기대를 알아야 한다(Mitchell, Agle, & Wood, 1997).

자발성(willingness)이란 문제에 대해 조직과 맞서고자 하는 이해관계자의 욕구를 말한다. 문제는 반드시 그들에게 중요해야 하며 그들과 조직과의 관계는 반드시 비교적 약해야 한다. 문제의 중요성은 이해관계자들의 조치를 촉발한다. 문제가 중요하지 않다면 왜 그 문제를 밀어붙이겠는가? 그리고 이해관계자들이 조직과 우호적인 관계를 유지하고 있을 때 그들이 문제를 밀고 나갈 가능성은 낮다. 다시 한 번 에일라 사례를 들어보면, 이 사례는 그 점을 잘 보여준다. NRDC는 에일라 문제가 중요하다고 생각했고, 그래서 에일라 문제는 당시 NRDC의 주요 관심사였다. NRDC는 에일라 반대 캠페인에 가장 영향을 많이 받은 집단인 사과 농가들과 실질적인 관계가 없는 것처럼 보였다. 기록에는 NRDC의 에일라 반대 홍보 캠페인이 시작되기 전에 그 문제에 대해 논의하기 위해 양측이 만난 적이 있는지에 대해서는 어떤 언급도 없다(Center & Jackson, 1995). 양측의 관계가 우호적일 경우, 대립하지 않고 문제를 해결하려 할 가능성이 있다(Grunig & Repper, 1992).

권한, 정당성, 자발성이 어떻게 작용하는지 잘 살펴보기 위해 그린피스-네슬레 야자유 사례로 다시 돌아가 보자. 그린피스는 네슬레의 페이스북 페이지를 장악하고 전통적인 미디어의 부정적인 보도 및 소셜 미디어 논평을 이끌어냄으로써 권한을 만들어낸 행동주의자 조직이다. 네슬레는 공중 관계 압력을 무시할 수 없었다. 그린피스의 그러한 우려가 정당했기 때문에 다른 이해관계자들은 그린피스를 지지했다. 대부분의 사람들은 우리가 열대우림을 보호해야 한다고 생각한다. 그린피스의 커뮤니케이션 노력은 그들이 그 이슈에 대해 압력을 행사할 자발성이 있음을 보여주었다. 네슬레가 처음에 그 문제를 해결하기 위한 최소한의 노력을 보여준 뒤에도 그린피스는 삼림 파괴 우려에 대해 상당한 진전이 이루어질 때까지 2개월 이상 계속해서 압력을 가했다.

권한, 정당성, 자발성은 영향과 가능성으로 바꾸어 표현될 수 있다. 상당한 권한과 정당성은 강한 영향을 나타낸다. 이해관계자들은 조직을 방해할 수 있으며 다른 사람들은 그들이 그렇게 하는 것에 대해 타당한(정당한) 이유가 있다고 지각할 가능성이 있다. 따라서 권한과 정당성은 영향 점수(impact score)를 만드는 데 사용될 수 있다. 정당성과 자발성은 높은 발생 가능성을 시사한다. 자발성은 이해관계자가 조치를 취할 가능성을 높이는 반면, 정당성은 다른 이해관계자들이 그러한 조치를 지지할 가능성을 높인다. 따라서 정당성과 자발성은 가능성 점수(likelihood score)를 만드는 데 사용될 수 있다.

감성 분석(sentiment analysis)은 텍스트에 계량적인 긍정적/부정적 분위기 점수(mood score)를 부여한다. 분석 과정은 텍스트에 나타나 있는 감성을 탐지하고 추출해서 분류하는 것으로 이루어진다. 감성 분석은 주관성 분석에 사용되는 한 방법이다. 주관성 분석(subjectivity analysis)은 정서(emotion)와 감성 같은 '개인의 상태(private state)'를 탐지하고자 하는 분석이다. 감성 분석은 텍스트로부터 개인의 상태를 찾아내는 수단이다(Montoyo, Martinez-Barco, & Balahur, 2012). 소셜 미디어 모니터링 회사가 제공하는 대시보드에서 결정적인 정보를 찾아내는 것이 감성 분석의 한 예다. 감성 분석은 대부분 소셜 미디어 메시지를 컴퓨터로 분석함으로써 이루어진다. 이러한 자동화된 내용 분석의 정확성에 문제가 있다는 데 주목할 필요가 있다. 자동화된 코딩은 사람에 의한 코딩에 비해 정확성이 20~40% 정도 떨어지는 것으로 알려져 있다(Mullich, 2012). 그러나 그러한 분석도 위기관리자에게 충분히 가치가 있을 만큼의 정확성은 가지고 있으며, 컴퓨터 분석의 정확성을 향상하기 위한 노력도 계속해서 이루어지고 있다(Sterne, 2010).

## 4. 요약

위기관리자는 위협 정보를 평가함으로써 지식을 만들어낸다. 그러한 지식은 각각의 위협이 조직에 얼마나 중요한지를 이해하는 것이다. 우리는 다음과 같이 위기 위협가(crisis threat value)를 계산하는 공식을 만들어냄으로써 위기 위협 평가를 정교화할 수 있다.

위기 위협 = 가능성 × 조직에 미치는 영향 × 이해관계자에 미치는 영향

약어를 좋아하는 사람들을 위해 우리는 이상의 공식을 다음과 같이 쓸 수 있다.

$$CT = L \times OI \times SI$$

이 장의 앞부분에서 이슈와 위험 영향은 이해관계자와 조직 모두를 포함한다고 언급했다. 위기관리자는 위기 위협을 평가할 때 두 종류의 영향

모두에 대해 생각해야 한다. 이 책에서 계속해서 다루어지는 주제는 위기 동안 이해관계자의 안전에 대한 1차적인 중요성이다. 이해관계자에게 미치는 영향을 위기 위협 평가에 포함함으로써 우리는 이해관계자의 안전에 대한 약속을 한층 더 잘 지킬 수 있다.

종합하면 위기 예방의 첫 세 단계는 위기 감지 기제를 형성하는데, 이 기제는 ① 위기 위험 정보원을 찾아내는 것, ② 그러한 정보를 중앙 본부로 보내는 것, ③ 정보가 분석되어 지식으로 전환되는 것을 확인하는 것과 같은 세 가지 포인트를 토대로 하고 있는 위기 위험 정보를 수집하는 수단이다. 정보원, 수집 도구, 평가 기준은 위기 감지 기제, 즉 위기 레이더 및 추적 시스템을 구축하는 데 사용되는 원재료다. 모든 조직에 알맞은 어떤 하나의 위기 감지 기제는 존재하지 않는다. 각 조직마다 반드시 고려되어야할 별난 점들을 가지고 있긴 하지만, 우리는 조직들에게 몇몇 기본적인 아이디어는 제공할 수 있다.

위기 감지 기제는 지식 관리(KM: knowledge management)로 볼 수 있다. 위기 감지 기제는 조직이나 외부의 이해관계자들이 알고 있는 것을 찾아내고 공유한다. KM은 '정보'와 '지식'을 구별한다. 정보는 단순히 정황 속에 놓여 있는 사실을 찾아내는 것인 반면, 지식은 조직에 있는 사람들이 이용할 수 있게 정보를 분석한다(McKeen, Zack, & Singh, 2006; Rollins & Halinen, 2005). KM과 위기관리의 몇몇 측면 간에는 긴밀한 연관성이 존재하는데, 그것은 위기관리의 모든 측면에 지식이 필수적이라는 점이다. 실제로 "지식을 잘 관리하는 것은 사업 위기를 처리하는 조직의 능력을 향상하는 데 핵심이다"(Wang & Belardo, 2005: 7).

위기 감지 기제, 즉 KM 전략은 조직이 필요로 하는 지식을 찾는 수단이다(Wang & Belardo, 2005). KM 전략은 위기 위험 신호나 기존의 위기 지식을 찾아내고 맞추어보고 분석함으로써 경고신호 지식의 저장소를 만들어내고자 한다.

위기 감지는 어떤 정보 감지 기제가 당신의 조직 내에 이미 존재하는지를 밝힘으로써 시작된다. 이미 존재하는 것을 다시 만들지 마라. 이슈 관리 정보원, 위험 정보원, 평판 정보원이 포괄적인지 여부를 확인하기 위해 그것들을 재검토하라. 당신의 조직 어느 곳에서 현재 경고신호 관련 정보를 수집하고 있거나 이미 그것을 지식으로 처리하고 있는지를 찾아내라. 핵심 정보원이 간과되고 있을 경우에만 새로운 절차가 개발되어야 한다. 예를 들어, 관련 있는 행동주의자 집단을 자세히 조사하고자 하는 노력이 이루어지지 않고 있다면, 그것을 하나의 정보원으로 추가하라. 정보 수집 기술에 대해서도 유사한 재검토가 이루어져야 한다. 만약 당신이 재원(財源)을 가지고 있다면 당신이 조사하는 것을 도울 조사원을 고용할 수 있음을 명심하라. 홍보와 같은 정보와 지식이 어떻게 코딩되는지 특별히 주의를 기울여라. 정보 수집에서 흔히 볼 수 있는 약점은 지나치게 일반적이어서 정보 속에 담겨 있는 중요한 세부사항을 놓치는 코딩 체계다(Denbow & Culbertson, 1985).

세부사항의 중요성을 잘 보여주고 있는 다음 예를 살펴보라. 한 소매업체가 자신의 업체에 대한 뉴스 기사를 수집하고 분석함으로써 그들에 대한 미디어 보도를 추적하고 있다고 해보자. 일반적인 코딩 체계는 호의적인가 아니면 호의적이지 않은가와 같이 그 업체에 대한 긍정적이거나 부정적인 언급의 총수를 계산한다. 이 경우, 미디어 이미지가 왜 호의적인지 혹은 호의적이지 않은지에 대한 통찰력은 제공되지 않는다. 판매직원, 고객 서비스, 구색, 상품의 질, 가치 및 가격, 매장 외형, 주차와 같은 항목을 포함하는 더 구체적인 코딩 체계가 개발될 수도 있을 것이다. 이렇게 함으로써 그 소매업체는 7개의 항목에 대한 별도의 평가를 할 수 있을 것이다. 업체 운영자는 업체의 어떤 영역의 이미지가 좋은지 그리고 어떤 영역에 개선이 필요한지에 대해 정확히 알게 될 것이다.

둘째, 조직은 반드시 관련 정보와 지식을 위기관리자나 위기 담당 부서에 보내기 위한 기제와 절차를 구축해야 한다. 조직은 전 근무시간 동안 위기관리를 전담하는 사람을 최소 1명은 두고 있어야 한다(Coombs, 2006a). 한 부서 전체가 위기 감지를 전담한다면 위기 감지가 더 쉬워지긴 하지만, 많은 조직이 그나마 다행히도 위기관리자를 한 사람은 두고 있다. 위기관리자들은 그들이 수신하지 않은 정보를 처리할 수 없을 뿐만 아니라 결코 맞닥뜨린 적이 없는 경고신호(지식)에 주의를 기울일 수도 없다. 위기관리자는 반드시 탐색 정보와 지식을 시의적절하게 수신해야 할 뿐 아니라 경고신호용 정보를 주의 깊게 분석해야 한다. 조직의 여러 영역과 어쩌면 일부 고용된 조사원들은 각기 다른 내부 정보와 지식에 대해 책임을 져야 할 가능성이 있다. 정보 탐색에 관여하는 조직 내 일부 부서로는 운영 및 제조, 마케팅 및 판매, 재무, 인사, 법무, 고객 커뮤니케이션 및 만족, 환경 및 안전 공학, PR 및 공무, 엔지니어링, 배송 및 유통, 안전, 품질 보증이 있다.

조직 내 많은 부서와 고용된 조사원들은 반드시 이러한 정보를 먼저 수신하고 평가한 후 가급적 빨리 그러한 정보와 지식을 위기팀에 보내야 한다. 위기관리자는 더 큰 위기 감지 기제의 중심이 된다. 위기관리자는 반드시 조직의 활동, 정보, 지식 교환의 흐름 내에서 통합된 하나의 기능 단위로서 행동해야 한다. 정보와 지식을 전달하는 것은 실제보다 더 쉽게 들린다. 대부분의 조직이 고객으로부터 정보를 수집하고 분석하는 데 어려움을 겪고 있다는 점을 생각해보라(Rollins & Halinen, 2005). 이제 많은 추가적인 이해관계자들로부터의 정보를 추가하라. 그러면 당신의 위기 감지 기제는 정말 힘들어진다.

셋째, 경고신호 관련 정보에 대한 위기관리자의 평가 기준은 반드시 신중하게 개발되어야 한다. 이 논의는 이슈, 위험, 평판 위협 평가에 대한 일반적인 기준을 제공한다. 위기관리자는 그들 조직 특유의 평가 기준을 추가하고 싶을 수도 있다. 위기팀은 그들이 어떤 기준을 사용하고 싶은지 반드시 파악하고, 필요할 경우 추가적인 기준을 개발하며, 평가 기준에 대한 정확한 정의를 밝혀야 한다. 정확한 정의가 없다면 위기관리자는 평가 기준을 일관되게 적용할 수 없다. 마지막으로 위기 감지 기제는 여러 부분이 효과적으로 통합되어 있는지를 파악하기 위해 반드시 테스트되어야 한다. 신중하게 선택되고 통제된 정보가 시스템을 통해 작동되게 하는 것은 그러한 통합의 효과성을 평가하는 한 가지 방법이다.

예를 들면, 월마트는 위기에 앞서 나가기 위한 위기 감지 기제를 가지고 있다. 비상관리 담당이사인 제이슨 잭슨(Jason Jackson)은 그가 '감시인 포지션(watchdog positions)'이라고 부르는 것을 사용한다. 감시인은 사업을 방해할 수 있는 요소를 확인하기 위해 인터넷, 뉴스 보도, 지역 매장으로부터의 정보를 포함한 다양한 정보원을 모니터한다. 그들이 모니터하는 한 가지 정보원은 날씨인데, 허리케인 카트리나(katrina)는 날씨 탐색의 가치를 증언해준다. 카트리나가 상륙하기 전, 월마트의 트럭 45대에는 배송 준비가 완료된 필수 물품들이 실려 있었다. 바바로와 길리스(M. Barbaro & J. Gillis)는 "월마트는 물류 효율성과 민첩한 재난 계획 수립의 모델이 되고 있는데, 이로 인해 월마트는 물, 연료, 화장실 휴지와 같은 주요 물품을 수천 명의 피난민에게 재빨리 보낼 수 있었다"(2005: para. 4)고 논평했다. 감시인들은 위험을 발견하면 그러한 정보를 비상관리팀에게 전달한다. 비상관리팀은 그러한 정보를 평가한 후 필요할 경우 어떤 조치를 취해야 할지 결정한다. 잭슨은 정기적인 훈련과 월마트 시스템 점검을 수행한다(Rojas, 2006). 월마트의 감시인들은 날씨와 보안 같은 위험 관리 및 운영상의 우려 사항(operational concern)에 집중한다.

그러나 월마트의 위기 감지 기제는 이슈 관리와 평판 관리에는 주목하지 않았었다. 2005년과 2006년, 월마트는 외부 기관과 내부 직원 채용을 통해 이 두 측면 모두를 향상시켰다. 또한 월마트는 이 기간쯤 사상 처음으로 평판 광고 캠페인을 시작했다. 이러한 노력은 고객 및 직원에 대한 월마트의 평판을 강화하기 위한 것이었다(Hays, 2003). 그러나 이런 이슈 관리와 평판 관리 노력은 위기관리 노력과 연계되지 않아 종합적인 위기 감지기제가 구축되지 않았다. 월마트는 여전히 그들의 위기 감지 기제를 확장하고 향상할 여지가 있다.

특히 매우 많은 정보원을 탐색해야 할 필요를 감안할 때, 위기 감지는 벅찬 것처럼 보일 수 있다. 그것을 할 여력이 있는 조직은 모니터링 서비스의 도움을 받을 수 있는데, 이 서비스는 현재 전통적인 미디어와 소셜 미디어를 포함한 인터넷을 커버한다. 유명한 모니터링 서비스 회사로는 버렐스루스(BurrellesLuce), 사이버얼러트(CyberAlert), 디엔에이13(dna13)이 있다. 이 회사들은 외부 위협 근원들 가운데 큰 부분을 차지하고 있는 미디어를 찾아내서 검색하고, 심지어 분석하는 일까지 도와준다.


## 5. 예방적 조치 취하기

일단 위협이 평가되었으면, 위기관리자는 조치를 취할지 여부를 결정한다. 너무 사소해서 무시할 수 있는 수준의 위협들이 많다. 위기관리자는 반드시 심각한 위협에 대해 어떤 조치를 취할지 결정해야 한다. 한 가지 옵션은 어떤 위협이 즉각적인 위험을 야기하지 않는지를 모니터하는 것이다. 위기팀은 그러한 위험이 어느 정도 위기로 발전할 가능성이 있음을 보여주는 변화를 찾으면서 계속해서 경고신호에 대한 정보를 수집하고 분석한다. 모니터링에는 정보원(情報源), 수집 도구, 탐색에 사용되는 분석 기준이 사용된다. 주요한 차이는 더 자세한 정보를 검색한다는 것과 그러한 검색 과정이 모니터링에 계속해서 적용된다는 것이다.

만약 어떤 위협이 충분히 심각하다면, 그러한 위협을 해소하기 위한 조치가 취해진다. 조치는 경고신호가 위기로 발전할 가능성을 제거하거나 줄이는 변화를 불러일으킨다. 조치는 이슈를 관리하고, 위험을 줄이며, 평판을 쌓거나 유지하기 위해 취해진다. 몇 가지 사례는 이러한 점을 잘 보여줄 것이다. 어떤 회사의 이슈 관리 부서가 대기질 기준을 엄격하게 하자는 제안이 있다는 것을 알게 되었다고 해보자. 새로운 규정을 막거나 연기시킴으로써 있을 수 있는 공장 폐쇄를 모면할 수 있는 조치를 취하는 한편, 공장은 배기가스를 줄일 수 있는 방법을 도입하여 시행한다. 혹은 안전성 검토 결과, 노동자들이 유해 화학물질의 하역 지침을 따르지 않는다는 것을 알게 되었다고 해보자. 유해 화학물질의 하역을 규제하는 새롭고 더 엄격한 안전 절차 수립과 함께 재교육 과정을 노동자들에게 제공함으로써 유해 물질 사고 위험을 줄일 수 있다. 다음으로 체인 가드(chain guard)가 전기톱에서 떨어진다는 불만이 온라인상에서 많이 제기되고 있다고 해보자. 고객이 구매한 전기톱을 교체해주고 체인 가드가 떨어지는 것을 방지할 수 있는 설계 변경이 이루어질 수 있다. 그렇게 하면 사고는 물론 고객들과의 심각한 갈등을 피할 수 있다.

마지막 사례는 트위터가 취했던 조치다. 2013년, 트위터의 버거킹 계정과 지프(Jeep) 계정이 해킹되어 세간의 이목을 끈 일이 발생했다. 그 상황은 버거킹과 지프에는 소셜 미디어 위기였지만, 트위터에게는 전통적인 위기에 더 가까웠다. 트위터를 사용하는 조직은 그들 계정도 다음에 해킹될 수 있다고 우려했는데, 다시 말해 운영상의 우려가 제기된 것이다. 2013년 5월, 트위터는 일종의 2단계 승인을 통해 로그인 검증을 강화함으로써 해킹 가능성을 줄이기 위한 조치를 취했다. 어떤 시스템도 완벽하지 않다는 것을 아는 트위터는 다음과 같이 경고했다. "물론 이러한 새로운 안전 옵션이 작동된다 하더라도 당신이 강력한 비밀번호를 사용하고 당신의 계정을 안전하게 지키기 위한 우리의 나머지 조언을 따르는 것은 여전히 중요하다"(O'Leary, 2013: para. 4). 조치의 정확한 본질은 위협의 속성과 그러한 위협을 줄이거나 제거하기 위한 최상의 옵션에 좌우될 것이다. 이슈 관리, 위험 관리, 평판 관리에서 취할 수 있는 조치의 길잡이 역할을 하는 원칙을 재검토하려면 다시 3장을 참조하라.


## 6. 위협 감소의 효과성 평가하기

평가는 위협을 다루기 위해 취한 조치가 어떤 효과를 발휘했는지를 파악하기 위해 위협을 모니터하는 것이다. 모니터를 하지 않는다면 조직은 그러한 변화가 효과적이었는지를, 즉 그러한 변화가 위기의 가능성을 줄이거나 없애주었는지를 알지 못한다. 예를 들면, 어떤 조직은 새로운 안전 절차 및 정책의 도입으로 업무 현장이 덜 위험해졌는지 알고 싶어 할 수 있을 것이다. 안전이 향상되었는지를 알 수 있는 유일한 방법은 업무 현장의 행동을 모니터하는 것이다. 만약 노동자들이 이제 더 안전한 행동을 하고 있다면, 다시 말해 안전 절차를 덜 위반한다면, 안전에 변화가 일어나고 있는 것이다. 모든 변화가 더 좋은 쪽으로 이루어진다고 가정하지 마라. 어떤 변화는 아무런 결과도 낳지 않는 반면, 어떤 변화는 경고신호나 위험을 증대시켜 조직을 위기에 더 가까이 다가서게 만들 수도 있다. 모니터링에는 경고신호를 줄이기 위한 어떤 변화에 대한 정기적인 검토가 포함된다. 그러한 검토를 통해 변화의 효과성과 어떤 추가적인 수정의 필요성을 판단한다 (Pauchant & Mitroff, 1992).

이슈 관리의 결과를 평가하기 위해 이슈의 최종 해결이 검토된다. 평가는 이슈의 실제 해결과 의도했거나 희망했던 해결을 비교하는 것으로 구성된다. 실제 해결이 희망했던 해결과 얼마나 가까운지로 성공 여부가 평가된다(Jones & Chase, 1979). 앞의 사례들에서 철도 이슈 관리자와 제약 이슈 관리자는 성공적이었다. 트럭 운송 법안은 무산되었고 정부는 소비자 직접 판매 규정에 대한 압박을 중단함으로써, 실제 해결과 의도했던 해결이 일치했다. 평가는 이슈 해결로 끝나지 않는다. 이슈는 순환하기 때문에 다시 등장할 가능성이 있다. 예를 들면, 1990년대의 보건 의료 논쟁은 1940년대와 1950년대에 있었던 논쟁과 매우 흡사했다. 빌 클린턴(Bill Clinton) 대통령은 그의 첫 번째 임기 동안 모든 미국인을 위한 의료보험이라는 아이디어를 도입했다. 미국 정부는 여러 가지 이유에서 현재 보험에 가입하지 않은 미국인들이 가입할 수 있도록 도와주겠다는 것이었다. 1940년대와 1950년대에 해리 트루먼(Harry Truman) 대통령은 국가 의료보험을 주장했다. 그의 생각은 국가 지원을 통해 의료보험을 모든 미국인의 현실로 만들겠다는 것이었다. 국가 의료보험 이슈는 한동안 사라질 수는 있지만 결코 소멸하지 않는다. 2009년, 버락 오바마(Barack Obama) 대통령은 보건 의료 개혁을 강하게 밀어붙이기 시작했다. 2010년 3월, 의회는 보건 의료 개혁안을 통과시켰다. 그러나 반대론자들은 앞으로의 선거에서 그것을 이슈화함으로써(Dunham, 2010) 그 법에 계속해서 이의를 제기하겠다고 천명했다.

이슈의 순환적 속성은 어떤 이슈가 새로운 동력을 얻고 있는지 그리고 그것이 또다시 조직을 위협하지는 않는지 살펴보기 위해 그러한 이슈를 적어도 매년 재검토해야 함을 의미한다(Crable & Vibbert, 1985). 이슈들이 언제나 그들의 완전한 생애주기를 다 거쳐서 휴면기에 들어가는 것은 아니라는 점을 우리는 반드시 기억해야 한다. 우리는 통상 어떤 이슈에 대해 어떠

한 결정이 내려졌을 때 그 이슈가 활동을 중단했다고(해결되었다고) 간주한
다. 그러나 사람들은 이슈의 생애주기의 어떤 지점에서도 그 이슈에 대해
흥미를 잃을 수 있다. 사람들이 어떤 이슈를 무시하기로 선택할 때, 그 이
슈는 휴면기에 들어간다(해결된다). 어떤 정책 결정이 내려지기 전에 어떤
이슈가 휴면기에 들어가는 것은 그 이슈에 대한 조치를 막고자 하는 측의
승리다.

위험 관리(더 구체적으로 말하면, 위험 회피) 평가는 계속 진행되는 관심사
다. 위험 회피 프로그램의 효과성을 판단하기 위해 위험에 대한 주기적인
검토가 이루어진다(Pauchant & Mitroff, 1992). 위험 회피 프로그램이 시행
되기 이전의 위험 수준과 이후의 위험 수준을 비교함으로써 평가가 이루어
진다. 그 프로그램이 오랜 시간에 걸쳐 효과를 발휘하는지를 판단하기 위
해 계속해서 검토가 이루어진다. 위험 감소가 통계적 결함인가 아니면 그
프로그램이 시행되는 동안 좀 더 낮은 수준의 위험이 유지되었는가? 확실
하게 위협이 다시 나타나지 않도록 하기 위해서는 위험이 반드시 지속적으
로 모니터되어야 한다.

특정한 문제에 대해 이해관계자들은 그들이 우려하는 바가 무엇인지 말
해왔고 그리고 아마도 그러한 문제를 해결할 수 있는 방법에 대한 조건을
제공했을 것이다. 만약 조직이 조치를 취하기로 결정한다면, 경영진은 불
만에 찬 이해관계자들에게 그러한 해결책이 만족스러운지 물어봐야 한다.
이해관계자들의 피드백은 성공의 척도 역할을 할 것이다.

기대 차이를 좁히는 데 성공하는 것은 이해관계자들이 조직이 그들의 기
대를 충족시킨다고 지각하는지 여부에 의해 결정된다. 기대 차이를 좁히기
위해서는 조직과 이해관계자가 반드시 의미를 공동으로 만들어내야 한다.
즉, 그들이 기대했던 바에 대한 조직의 수행을 서로 비슷하게 해석해야 한
다(Botan & Taylor, 2004). 기대 차이가 좁혀졌는지를 알아보는 가장 효과

적인 방법은 그러한 차이를 좁히기 위한 노력이 시작되기 전과 후의 기대 성과에 대한 이해관계자의 지각을 평가하기 위해 설문조사를 하는 것이다. 설문조사는 이해관계자의 지각이 바뀌었는지를 알아보는 데 필요한 평가 데이터를 제공한다. 예를 들면, 설문조사에서 이해관계자들에게 "조직은 환경에 대한 당신의 관심사를 반영하고 있습니까?"와 같은 항목에 대해 1점에서 7점 척도(7점이 가장 높은 점수)로 평가해줄 것을 요청할 수 있다. 만약 처음의 평가점수는 2.5였는데 커뮤니케이션 노력을 기울인 후의 평가점수가 4점이라면, 그러한 노력은 성공적이라고 볼 수 있을 것이며, 이는 이해관계자들이 그들의 관심사와 조직의 행동 간에 유사성이 높은 것으로 보고 있음을 나타내준다. 기대 차이를 정확하게 확인하는 것은 조직의 이슈 관리의 핵심이어서, 동일한 평가방법이 그것에도 마찬가지로 적용될 것이다.

## 7. 유사 위기

2장에서 언급했듯이, 위기 예방은 유사 위기라는 개념을 제기하는데, 유사 위기(paracrisis)는 위기관리자가 반드시 공개적으로 위기 위협을 관리해야 할 때 발생한다. 위기 위협을 관리하기 위한 노력은 흔히 위기 대응과 비슷하다. 유사 위기는 소문, 문제 제기, 제품 피해[8]로 인해 발생할 가능성이 있다. 이 세 가지는 이해관계자들로 하여금 조직의 능력에 대해 문제를 제기하고 그러한 위기 위협에 대한 공중의 반응을 정당화해줄 가능성이 매우 높다. 2장에서 보았듯이, 소문과 문제 제기의 경우에는 공중의 연관성

---

8   2장 각주 6 참조(역자 주).
9   마취제의 일종(역자 주).

### 이고스 모바일 폰 광고

당신은 한때는 독립적인 회사였지만 지금은 스프린트(Sprint)가 소유하고 있는 회사인 이고스 모바일 폰(Egos Mobile Phones)에서 일하고 있다. 사람들이 '이고스'라는 브랜드를 매우 잘 알고 있기 때문에 이 회사는 그 이름을 유지하고 있다. 이고스 모바일은 한때 유명인사 CEO인 제임스 이고스(James Egos)의 거대 기업체에 속해 있었다. 그는 2년 전 이 회사를 스프린트에 팔았다. 그날이 12월 10일이었고 이고스는 여러 온라인 광고를 시작했다. 이 광고 캠페인은 일부 짧은 광고가 입소문을 탈 거라는 희망을 가지고 있다는 점에서 실험적이다. 한 광고는 온라인에서 화제를 일으키지만 좋은 의미에서의 화제는 아니다. 그 광고의 영상은 "깜짝 크리스마스 선물. 목거리? 아니면 클로로폼(chloroform)[9]?"이라는 자막과 함께 한 여성의 눈을 가리고 있는 남자를 보여준다. 많은 사람들은 이 광고를 천박하고 겉으로 보기에 간접적으로 강간을 지지하고 있는 것으로 생각했다. 사람들은 그들의 불쾌감을 온라인상에 나타낸다. 심지어 부정적인 의견의 글이 이고스의 블로그에 올려지기도 한다. 이고스는 자신의 블로그에서 그 광고를 비난한다.

• 당신은 이 상황에 대응하는 방법에 대해 이고스의 경영진에게 어떤 조언을 할 것인가?
• 당신은 이 상황을 유사 위기나 위기로 간주하는가? 당신이 그런 선택을 내린 근거는 무엇인가?

---

이 분명히 드러난다. 이 시점에서 다음의 제품 피해 사례는 매우 유익하다. 매클라렌(Maclaren)은 유아용 유모차를 만드는 회사다. 부모는 그들의 아기를 사랑하기 때문에 아이를 위험으로부터 지키고자 한다. 따라서 미국에서 부모들이 매클라렌 유모차를 접는 과정에서 일부 아기들의 손가락이 끼거나, 베이거나 심지어 잘렸다는 제보가 온라인에 등장했을 때 매클라렌은 수선 도구를 보냄으로써 리콜 조치를 취했다. 수선 도구에는 경첩 위에 덮어씌울 안전 덮개가 포함되어 있었다. 온라인상의 우려는 제품 피해에 대한 관심을 고조시켰다. 실제로 제품 피해가 위협일 때, 유사 위기와 위기는 하나로 합쳐지며 또한 유사 위기가 위기 전 커뮤니케이션과 위기 커뮤니케이션 간의 경계를 어떻게 허무는지 잘 보여준다. 소수의 부상 제보는 위기 위협이며, 위기관리자는 그러한 위협이 언제 실제로 위기가 될지 그리고 시정 조치(corrective action)를 정당화할지 반드시 결정해야 한다. 그러한

부상은 부모가 유모차를 부적절하게 사용했기 때문이라고, 즉 부모가 유모차를 접을 때 아이들이 가까이 있어서는 안 된다는 점을 지키지 않았기 때문이라고 매클라렌이 말했다는 점에 주목할 필요가 있다. 더욱이 그러한 리콜 조치는 미국에 국한되었다. 동일한 제품이 유럽에서도 판매되어 사용되고 있었지만, 유럽에서는 그런 유모차 위협이 위기 수준으로 여겨지지 않았다.

## 8. 결론

위기 예방 프로그램은 위기관리 과정의 중요한 부분이다. 위기팀은 위기가 될 수 있는 상황을 겨냥하기 위해 신호 탐지를 통해 찾아낸 경고신호를 사용한다. 그런 다음, 위기팀은 경고신호가 위기로 발전할 가능성을 제거하거나 줄이기 위한 조치를 취한다. 페인이 아주 설득력 있게 말했듯이, "위기를 피하는 단 하나의 가장 좋은 방법은 청중의 말에 신중하게 귀 기울이고 위협이 감당할 수 없게 되기 '전'에 위협에 대응하는 것이다"(Paine, 2011: 165).

그러나 예방은 생각하는 것처럼 그리 쉽지 않다. 잠재적 위기를 찾아내는 것은 일종의 경고 환경(warning environment)이며, 경고 환경은 모호한 정보는 물론 부정확한 조치에 대한 처벌을 수반한다. 발생 가능한 위기는 탐지하기가 어려우며, 탐지 실패는 위기로 이어진다. 불행하게도 조직의 정치(organizational politics)는 위험을 줄이기 위한 노력을 복잡하게 만들거나 심지어 방해할 수 있다(7장은 예방적 조치에 대한 저항에 맞서 싸우는 데 필요한 제안을 제공한다).

이상적으로 말하자면, 위기팀은 예방 조치가 희망했던 효과를 발휘했는지 알아보기 위해 그들의 시정 조치를 정기적으로 모니터해야 한다는 것을 반드시 기억할 필요가 있다. 그러나 조직은 모든 위기를 피하는 것에 의지할 수는 없다. 그러므로 위기 대비의 필요성이 여전히 존재하며, 이것이 5장과 6장의 주제다.

## 토론문제

1. 공정무역(fair-trade) 커피에 대한 정보를 찾아 읽어보라. 당신은 그것이 커피 재배 농가들의 추가적인 지지를 얻을 아이디어라고 생각하는가? 스타벅스가 공정무역 커피를 지원하는 것이 현명한가?
2. 조직이 예방 조치를 취하는 데 따르는 장벽으로는 어떤 것이 있다고 생각하는가? 그러한 장벽은 어떻게 극복할 수 있는가?
3. 위험 감지 기제를 만드는 데 따르는 조직의 장벽으로는 어떤 것이 있는가? 그러한 장벽은 어떻게 극복할 수 있는가?
4. 소셜 미디어는 위기 예방 노력을 어떻게 변화시키고 있는가?

5. 당신은 소규모 조직에게 온라인 환경을 모니터하는 최상의 방식에 대해 어떤 권고를 할 것인가?

6. 전통적인 웹사이트와 소셜 미디어를 구분하는 것이 의미가 있는가? 아니면 모든 온라인 커뮤니케이션 채널을 동일하게 취급해야 하는가?

7. 이해관계자와 조직 모두를 위해 영향 평가를 포함하는 것이 왜 유용한가?

8. 당신은 유럽에서 유모차 리콜 조치를 하지 않기로 한 매클라렌의 선택에 동의하는가 아니면 동의하지 않는가?

9. 관리자들은 적기(赤旗)를 확인하는 것에 왜 애를 써야 하는가?

## 05

위기 대비 기간에 조직은 그들 앞에 닥칠 불가피한 위기에 대비한다. 조직은 오만의 희생자가 되어서는 안 되며 또한 그들의 예방 조치들이 피해를 막아줄 거라고 가정해서도 안 된다. 모든 조직은 ① 취약성 진단, ② 위기 유형 평가, ③ 위기관리팀 선발과 훈련, ④ 대변인 선택과 훈련, ⑤ 위기관리 계획(CMP) 개발, ⑥ 위기 커뮤니케이션 체계 검토라는 여섯 가지 조치를 취함으로써 위기를 다룰 대비를 해야 한다. 이 장에서는 앞의 네 가지 조치에 대해 살펴보고, CMP와 커뮤니케이션 체계에 대해서는 6장에서 다루기로 한다.

## 1. 취약성 진단

이 책의 시작 부분에서 언급했듯이, 조직은 다수의 잠재적 위기에 직면할 수 있다. 그러나 모든 조직은 특정한 위기 취약성을 가지고 있는데(Fink, 1986), 위기 취약성(crisis vulnerability)은 조직이 속해 있는 산업, 조직의 규모, 입지, 직원, 위험 요인들의 함수다. 예를 들면, 호텔은 건물에 익숙하지 않은 수백 명의 사람들의 안전을 보장해야 하며, 식품 제조업자는 고객들을 해친 수 있는 오염의 위험을 감수해야 한다. 조직이 다르면 취약한 위험의 유형도 다르다. 입지 역시 간과되어서는 안 된다. 입지는 어떤 자연재해가 닥칠 가능성이 있는지에 영향을 미친다. 게다가 만약 당신의 조직이 화학물질 누출과 같은 심각한 위기가 발생하거나 테러리스트의 전략적 표적이 될 수 있는 시설 가까이에 있다면, 그러한 시설물의 위기는 당신 조직의 위기가 될 수 있다. 위기관리자들은 그들의 조직과 일부 이웃들이 가장 취약한 위기를 반드시 확인해야 한다. 취약성은 CMP 개발에 영향을 미친다(Pauchant & Mitroff, 1992).

취약성은 통상 피해 발생 가능성과 피해의 강도를 통해 평가된다. 위기관리자들은 그들의 조직에 영향을 미칠 수 있는 모든 위기의 목록을 만드는 것으로 시작한다. 잠재 위기의 목록은 위기관리팀의 브레인스토밍(brainstorming)이나 자문가의 평가를 통해 만들 수 있다(Barton, 2001). 일단 잠재 위기의 최종 목록이 만들어지면, 각각의 위기를 평가해야 한다. 일반적인 접근방법은 각각의 위기를 발생 가능성과 영향의 측면에서 1부터 10(가장 높은 점수)까지로 평가하는 것이다(Fink, 1986). 여기서 우리가 4장에서 위기 위험을 평가할 때 개발한 기준을 신속하게 재검토해보자. '가능성'은 위기가 발생할 수 있는 확률을 나타낸다. '영향'은 어떤 위기가 조직과 조직의 이해관계자에게 미칠 수 있는 피해의 정도다. 그런 다음, 위기관리자는 가능성과 두 영향 평가를 곱해서 최종 위기 취약성 점수를 산출한다. 점수가 높으면 높을수록, 잠재적 피해는 더 크다(Barton, 2001; Fink, 1986). 위기관리자는 취약성 점수가 가장 높은 위기에 주목해야 한다. 위기 평가에 대한 요약은 흔히 CMP에 포함된다.

## 2. 위기 유형 평가

조직에 발생할 수 있는 잠재 위기의 목록은 매우 길다. 몇 가지 예를 들면, 사고, 행동주의자들의 활동, 보이콧(boycott), 지진, 폭발, 화학물질 누출, 소문, 사망, 화재, 소송, 성희롱, 제품 피해, 파업, 테러, 내부 고발 등이 그러한 목록에 포함된다. 위기 목록이 긴 데에는 어떤 의미가 있다. 즉, 하나의 조직은 단지 한 가지가 아닌 서로 다른 위협에 직면한다는 것이다. 서로 다른 위기는 서로 다른 위기팀원을 사용할 필요가 있게 만들고, 서로 다른 이해관계자를 강조하며, 서로 다른 위기 대응 전략을 정당화한다. 예를 들면, 제품 피해 위기는 소문과 동일하지 않다. 제품 피해를 수반하는 위기를 맞은 조직은 피해를 입은 사람들에게 대응하고, 소비자들에게 해당 제품을 돌려보내는 방법을 말해주며, 이해관계자들에게 리콜 조치가 미칠 재정적 영향에 대해 알려주어야 한다. 소문은 소비자들에게 진실을 제시하고 소문의 근원을 차단할 수 있는 대응을 요구한다.

위기는 서로 다른 특징을 가지고 있기는 하지만 식별 가능한 유형으로 집약되는 경향이 있다(Coombs & Holladay, 2001). 위기에 관한 글들에서 다양한 위기 분류 체계를 찾아볼 수 있다(예, Egelhoff & Sen, 1992; Lerbinger, 1997; Marcus & Goodman, 1991; Pearson & Mitroff, 1993). 이런 분류 체계들은 다음과 같은 하나의 종합 목록으로 정리할 수 있다.

- 재난으로 인한 운영 중단: 재난에 의해 조직의 일과가 중단될 때. 이 경우, 토네이도, 허리케인, 화산재, 홍수, 혹은 보건 비상사태와 같은 재난으로 인해 조직을 폐쇄하거나 감소된 용량으로 운영해야 한다.
- 직장 폭력: 직원이나 전 직원이 조직의 구내에서 다른 직원에게 폭력을 저지를 때.

- 소문: 어떤 조직에 해를 끼치기 위해 그 조직이나 제품에 대한 틀리거나 오해를 낳을 소지가 있는 정보를 의도적으로 퍼뜨릴 때.
- 예기치 않은 핵심 리더십의 상실: 어떤 조직이 병이나 사망으로 갑자기 CEO와 같은 핵심 지도자를 잃을 때.
- 악의: 어떤 외부 행위자나 반대자가 제품 형질 변경(product tampering), 납치, 테러, 혹은 컴퓨터 해킹과 같은 조직을 공격하기 위한 극단적인 전술을 사용할 때.
- 문제 제기: 불만이 있는 이해관계자들이 제기하는, 조직이 부적절하게 운영되고 있다는 주장에 직면할 때.
- 기술적 오류로 인한 사고: 조직이 사용하거나 공급하는 기술에 오류가 발생해 산업 재해의 원인이 될 때.
- 기술적 오류로 인한 제품 피해: 조직이 사용하거나 공급하는 기술에 오류가 발생해 결함 있는 제품이나 잠재적으로 피해를 줄 수 있는 제품의 생산으로 이어질 때.
- 인적 오류로 인한 사고: 사람의 실수가 사고의 원인이 될 때.
- 인적 오류로 인한 제품 피해: 사람의 실수가 결함 있는 제품이나 잠재적으로 피해를 줄 수 있는 제품의 생산으로 이어질 때.
- 조직의 비행: 경영진이 알면서도 이해관계자를 위험에 빠지게 하는 조치를 취하거나 법을 위반할 때.

조직이 모든 개별 위기에 맞는 CMP를 준비하는 것은 불가능하겠지만, 조직은 그들이 직면할 수도 있는 주요 위기 유형에 맞는 CMP를 준비할 수는 있다. 조직은 그들이 직면할 수도 있는 주요 위기 유형별 CMP로 구성되어 있는 위기 포트폴리오를 가지고 있어야 한다. 각 유형 내에 있는 위기들 간에는 유사성이 있기 때문에, 어떤 특정한 위기 유형에 속해 있는 위기들에 대해서는 하나의 CMP로 대처할 수 있다(Pauchant & Mitroff, 1992). 위기 포트폴리오는 조직이 다양한 위기에 대처할 수 있게 해준다.

조직 취약성과 위기 유형은 위기관리자들이 그들의 위기 포트폴리오를 수립할 수 있게 도와주며, 그로 인해 위기관리자는 조직에 영향을 미칠 수 있는 특정한 위기를 처리할 수 있다. 첫째, 유형별 잠재 위기 목록을 작성하라. 둘째, 각 유형별로 적어도 하나의 위기를 선택하라. 취약성이 가장 높은 위기를 선택하라. 각 위기 유형별로 취약성이 가장 높은 위기가 위기 포트폴리오의 일부가 된다. 셋째, 포트폴리오 내의 각 위기별 CMP의 차이를 밝혀라.


## 3. 위기관리팀 선발과 훈련

위기관리팀(CMT: crisis management team)은 조직 내에서 어떤 위기를 처리하라고 임명된 복합적인 기능을 하는 사람들의 집단이며 위기 대비의 핵심 요소다. 이상하게도 미국 경영협회(AMA: American Management Association, 2003)에 따르면, CMP를 가지고 있는 회사의 56%만이 전담 위기팀을 두고 있다고 한다. CMT는 통상 ① CMP를 수립하고, ② 그것을 실행하며, ③ CMP에 포함되어 있지 않은 어떤 문제를 처리하는 일을 책임진다. CMT는 조직의 취약성을 철저하게 조사한 후 CMP를 만든다. 방금 논의한 것처럼, CMP 수립에는 조직에 발생할 가능성이 가장 높은 위기 예측이 포함된다(Pauchant & Mitroff, 1992). 위기 계획을 수립하기 위해 CMT는 서로 다른 위기 유형에 대한 정보와 잠재 위기(탐색) 및 위기를 예방하기 위해 취해지는 조치(예방)에 대한 모든 정보가 필요하다. CMT가 CMP를 작성할 때는 위기와 관련된 어떠한 배경 정보도 도움이 된다.

CMT의 두 번째 책임은 가상의 위기나 실제 위기 동안 CMP를 실행하는 것이다. CMP는 전체 조직을 훈련과 시뮬레이션(simulation)에 참여시킴으로써 그것이 작동하는지, 특정 부서를 훈련과 시뮬레이션에 참여시킴으로써 작동하는지, 아니면 위기팀만을 훈련과 시뮬레이션에 참여시킴으로써 작동하는지 확인하기 위해 반드시 테스트를 받아야 한다. 시뮬레이션은 CMT가 CMP의 허점이나 팀의 약점을 발견하는 데 도움을 준다(Pauchant & Mitroff, 1992; Regester, 1989). CMT는 실제 위기 동안에도 CMP 실행을 책임진다. 우리는 CMP가 비상 계획이라는 점을 반드시 기억해야 한다. 이 것은 CMT가 분별없이 CMP를 따를 것이 아니라 반드시 상황적 경험에 적응할 수 있어야 함을 의미한다(Fink, 1986; Littlejohn, 1983).

이제 CMT의 세 번째 주요 책임인 CMP에 포함되어 있지 않은 요인 다루기에 대해서 살펴보자. CMP가 모든 위기의 모든 가능한 만일의 사태를 예상하는 것은 불가능하다. 실제 위기 동안, CMT는 반드시 CMP에 대한 조언을 제공하고 또한 CMP에서 다루지 않은 이슈를 해결할 수 있어야 한다(Barton, 2001; Regester, 1989). 어떤 위기가 예측되지 않은 문제를 일으킬 때 필요한 결정을 내리는 것은 CMT의 임무다. CMP는 위기를 어떻게 관리해야 하는지에 대한 개요이지 로드 맵(road map)이 아니다. CMT는 반드시 세부사항을 채워넣어야 한다.

효과적인 CMT 구성은 위기관리 과정에 필수적이다. CMT가 그들의 위기 임무를 수행할 수 없다면 최고의 CMP도 쓸모없다(Wilson & Patterson, 1987). 효과적인 CMT는 신중한 선발과 훈련을 통해 구성된다. 그러한 일에 가장 적합한 사람을 선발해야 하며, 훈련을 통해 그들의 기술을 향상하고 직무를 더 능숙하게 수행할 수 있게 해야 한다(Goldstein, 1993). 신중한 선발과 훈련을 통해 더 효과적인 위기관리 팀원이 탄생하는데, 이것이 바로 조직이 선발과 훈련 각각에 매년 수백 만 달러를 지출하는 이유다.

## 1) 직능 분야

CMT 선발은 위기관리팀에서 일할 최적임자를 찾는 것처럼 간단하지 않다. 조직 내의 특정 직능 분야를 대표하는 사람들로 CMT를 구성해야 하기 때문에 선발은 간단치 않다. 위기관리에 관한 저술에 나타나 있는 중요한 선발 기준은 기능적 접근이다. 기능적 접근(functional approach)은 팀원들이 법무, 보안, 공중 관계 혹은 커뮤니케이션, 생산 혹은 기술, 안전, 품질 보증, 소셜 미디어 관리, 인사, 정보 기술, 재무, 정부 관계, 마케팅 담당, 그리고 CEO 혹은 대표를 포함해 조직 내의 특정한 직능 부서나 직위를 반드시 대표해야 한다고 가정한다(Barton, 2002; "Creating the Best Crisis Communications Teams," 2003). 기능적 접근의 논리는 CMT에는 특정한 지식 기반(예, 생산, 법무), 기술(예, 미디어 관계, PR, 소셜 미디어), 조직의 권력원(예, CEO)이 필요하다는 것이다. 예를 들면, 위기 계획을 실행할 때, 위기팀은 흔히 조직의 생산에 대한 기술적 정보, 법적 관심사에 대한 평가, 보안 부서에서 수집한 정보를 통합할 필요가 있다. 더욱이 언론을 다룰 때는 미

---

**소셜 미디어 관리자 박스**

현재 많은 조직이 '소셜 미디어 관리자(social media manager)'라는 직책을 두고 있다. 소셜 미디어 관리자는 조직의 소셜 미디어 전략을 감독할 책임을 진다. 소셜 미디어 관리자는 "우리는 왜 소셜 미디어를 사용하고 있는가?"라는 질문에 대답할 수 있어야 한다. 그들의 직무는 소셜 미디어가 더 큰 조직의 전략을 지원하는 데 도움이 된다는 점을 보장하는 것이다. 소셜 미디어 관리자는 소셜 미디어상에서의 조직의 존재를 모니터하고, 평가하며, 지도한다(Rouse, 2010). 소셜 미디어 관리자는 이해관계자들의 말에 귀 기울이며 여러 소셜 미디어에 등장하게 될 조직의 메시지를 만든다. 소셜 미디어 관리자는 경청하는 과정에서 소셜 미디어에 등장하는 위협과 기회를 식별해낸다(Kruse, 2013). 소셜 미디어 관리자는 소셜 미디어 기반 위협에 대한 초기 경고를 제공하는 소셜 미디어 감시자다. 소셜 미디어 위기 커뮤니케이션 전문가인 애그니스(M. Agnes)는 "조기 탐지는 신속한 해결의 핵심이다"(2012: 6)라고 말한다.

---

디어 관계 기술이 필요하고, 소셜 미디어는 위기 모니터링과 대응에 매우 중요하며, CEO나 대표는 조직 내 위기팀을 정당화하고 위기팀에 조치를 취할 권한을 부여한다. 인사 담당자는 위기 동안 고용인 보상 문제를 다룰 수 있으며, 재무 담당자는 위기의 비용을 추정할 수 있다.

CMT 구성은 위기의 속성을 반영해야 한다(Weddle, 2001). 제품 피해 위기는 정보 기술을 포함하지 않을 가능성이 있지만, 컴퓨터 해킹 위기는 정보 기술을 포함할 것이라는 것이 한 가지 예가 될 것이다. 위기팀의 핵심 구성원은 통상 생산 혹은 제조, 법무, PR 혹은 커뮤니케이션, 소셜 미디어, 보안 담당, 그리고 CEO 혹은 대표다. 위기 동안 CEO에게는 CMT가 최고의 장소가 아닐 수도 있다는 점을 명심하라. 바로 그런 이유에서 권한을 가진 대리인이 권장된다. 어떤 경우, 정규직의 전담 위기관리자가 경영진 수준의 의사 결정권을 가질 수도 있을 것이다. 어떤 조직은 위기팀의 출발점으로 커뮤니케이션 핵심집단(communication core)을 만들기를 원한다. 커뮤니케이션은 항상 필요하기 때문에 어떠한 위기에도 커뮤니케이션 코어는 포함될 것이다. 커뮤니케이션 핵심집단에는 PR/기업 커뮤니케이션, 소셜 미디어, 법무 담당자가 포함될 것이다. 법무 담당자는 분명 전형적인 커뮤니케이션 전문가는 아니지만 위기 동안에는 종종 위기팀의 메시지와 조치를 승인해야 한다.

## 2) 직무 분석

위기팀 선발과 훈련의 핵심은 사람들이 그들의 직무를 수행하는 데 필요한 특성(지식, 기술, 성격적 특성)을 파악하는 것이다(Goldstein, 1993). '직무 분석(task analysis)'은 직무 수행에 필요한 핵심 특성을 파악하는 것을 나타내는 기술적 용어다. 위기관리 직무를 분석하기 위해서는 위기팀원에

| 직무 내역 | 지식 | 기술 | 성격적 특성 |
|---|---|---|---|
| 위기팀의 목표 달성을 촉진하기 위해 하나의 팀으로 일하기 | 1. 여러 유형의 갈등 해결책을 이해하라. 2. 윤리적 갈등 해결책의 구성요소를 이해하라. | 1. 협력 기반 갈등 관리 유형을 사용할 수 있는 능력 2. 윤리적 갈등 해결책의 구성요소를 적용할 수 있는 능력 | 1. 협력적 성향 |
| 조직의 효과적인 대응을 촉진하기 위해 위기관리 계획을 위기에 적용하기 | 1. CMP 사용법을 이해하라. 2. 자신의 직무 영역의 전문화된 정보를 이해하라. 3. 스트레스에 대처하기 위한 기제를 이해하라. 4. 모호성에 대처하기 위한 기제를 이해하라. | 1. CMP에 주어진 지침을 따를 수 있는 능력 2. 직무 영역 관련 정보를 제공할 수 있는 능력 3. 스트레스에 대처하기 위한 기제를 사용할 수 있는 능력 4. 모호성에 대처하기 위한 기제를 사용할 수 있는 능력 | 1. 스트레스 내성 2. 모호성 내성 |
| 위기팀이 맞닥뜨린 문제를 효과적으로 해결하기 위해 필요한 집단 결정 내리기 | 1. 대단히 중요한 방심하지 않는 의사 결정 기능을 이해하라. 2. 논쟁의 가치를 이해하라. 3. 주장을 체계화하는 법을 이해하라. 4. 집단 참여의 가치를 이해하라. | 1. 대단히 중요한 방심하지 않는 의사 결정의 요소를 적용할 수 있는 능력 2. 주장을 펼 수 있는 능력 3. 집단 속에서 이야기할 수 있는 능력 | 1. 논쟁성 2. 집단 속에서 이야기하려 하는 자발성 |
| 정보 수집을 위한 수단으로 타인의 말 경청하기 | 1. 효과적인 경청에 이르는 단계를 이해하라. | 1. 효과적인 경청에 이르는 단계를 사용할 수 있는 능력 | |

게 요구되는 특성을 구분해야 한다. 일단 직무가 확인되면, 각 직무 수행에 필요한 지식, 기술(skill), 성격적 특성을 결정해야 한다. 위기관리자들과의 면접과 위기관리 관련 글 분석을 통해 ① 집단 의사 결정 내리기, ② 한 팀으로 일하기, ③ CMP 실행하기, ④ 경청하기(Coombs & Chandler, 1996)라는 네 가지 구체적인 직무가 추출되었다. 〈표 5-1〉은 그러한 직무 분석을

요약하고 있다.

위기팀원의 특성에 대한 정보는 거의 존재하지 않는다. 그러한 논의는 모호하거나 제한적인 경향이 있다. 문헌에 언급된 개인적 특성으로는 팀 플레이어 되기. 의사 결정 능력 및 경청 기술 갖기, 스트레스 관리할 수 있기가 있다(Barton, 2001; Dilenschneider & Hyde, 1985; Littlejohn, 1983; Mitchell, 1986; Regester, 1989; Walsh, 1995). 불행하게도 이런 특성을 실제로 구성하는 것(그러한 특성을 충족하는 데 필요한 지식과 기술)이 무엇인지에 대한 세부적인 내용은 거의 알려져 있지 않다. 이어지는 부분에서는 효과적인 위기팀원이 되는 데 도움이 될 직무, 지식, 기술, 성격적 특성에 대한 구체적인 정보에 대해서 알아본다. 직무는 그러한 설명을 조직화하는 포인트 역할을 한다.

### 3) 집단 의사 결정

위기관리는 집단 의사 결정 과정이다(Fink, 1986; O'Connor, 1985; Olaniran & Williams, 2001; Williams & Olaniran, 1994). 의사 결정에는 상황의 필요성을 충족시키는 옵션을 선택하거나 판단을 내리는 것이 포함된다. CMT의 세 가지 중요한 책임은 모두 의사 결정을 포함하고 있다. 앞서 언급했듯이, CMT는 CMP에 무엇이 들어갈지(Pauchant & Mitroff, 1992; Wilson & Patterson, 1987), 언제 어떻게 CMP를 실행할지(Mitroff, Harrington, & Gai, 1996; Walsh, 1995), CMP에 포함되어 있지 않은 요인을 어떻게 임시 변통으로 다룰지를 결정한다. 만약 위기관리가 의사 결정이라면, 집단 의사 결정과 연관된 지식, 기술, 성격적 특성은 위기팀의 효과적인 직무 수행에 필수적일 것이다.

위기를 다루는 방법을 결정하는 것은 역동적인 의사 결정의 한 예며, 시간 압박, 위험, 변화하는 상황으로 특정지어진다. 연구자들은 위기 시 내리는 의사 결정은 직관적 의사 결정, 규칙 기반 의사 결정, 혹은 분석적 의사 결정이라는 세 가지 유형 중 하나를 따른다는 사실을 알아냈다.

직관적 방법은 자연적인 의사 결정, 즉 사람들이 현실 세계의 결정을 내리기 위해 어떻게 경험을 사용하는가 하는 것에서 비롯되었다. 인식-점화 결정(recognition-primed decision)[1]은 위기관리에 적용되어온 일종의 직관적 의사 결정이다. 의사 결정자는 경험을 사용하여 위기 상황의 단서를 인식하고 반응한다. 이것은 소위 직감 이상이다. 의사 결정자들은 그들의 경험을 사용하여 상황을 가늠하고 그들의 과거 경험이 적절한지 평가한다. 직관적 의사 결정의 장점은 그것의 속도와 스트레스의 부정적 효과가 제한적이라는 것이다(Flin, 2006). 직관적 의사 결정은 최적의 해결책보다는 실행 가능한 해결책을 추구한다고 말해도 좋다.

규칙 기반 의사 결정은 위기 속 사건에 적용될 수 있는 규칙을 찾는 것을 수반한다. 이러한 의사 결정은 일단의 규칙이 존재한다는 가정을 토대로 한다. 정부의 보고 요건 및 조치는 위기관리자가 사용할 수 있는 기존 규칙의 예다. 예를 들면, 정부는 제품 리콜을 시행하기 위한 점검 목록을 가지고 있다. 그러나 대부분의 위기 상황은 규칙 목록으로 관리될 수 없다. 규칙 목록은 위기팀이 직면할 수도 있는 모든 가능한 요인을 다루기 때문에 결코 충분하지 않다. 규칙은 초심자에게는 유용하지만, 잘못된 규칙을 적용할 위험이 항상 존재한다. 그러나 규칙 기반 접근방법은 CMP를 실행해야 할 때를 결정하는 데는 효과가 있을 것이다.

분석적 의사 결정은 훈련 시 가장 흔히 사용되는 유형이다. 의사 결정자는 결정을 내리는 과정에 대해 배운다. 분석적 의사 결정은 옵션을 확인하

---

1 상황을 인식하자마자 곧바로 내리는 결정(역자 주).

고 평가하는 데 초점을 맞춘다. 분석적 의사 결정은 충분한 생각과 시간을 요하기 때문에 위기 결정에 맞지 않다고 생각하는 사람도 있다(Flin, 2006). 그러나 분석적 접근방법은 CMP를 수립하는 데 매우 적합하며 위기 결정에, 특히 CMP를 실행할지 여부와 언제 실행할지를 결정하는 데 제격이다. 잘 훈련된 위기팀은 단기간의 경계(vigilance)[2]와 같은 과정을 사용할 수 있다. 경계에 대한 다음의 논의는 의사 결정에 대한 분석적 접근방법이다. 경계는 위기팀의 귀중한 수단이기 때문에 경계에 대해 자세하게 논의하기로 한다.

집단 의사 결정에 관한 연구들은 일관되게 경계가 효과적인 결정을 내리고 효과적이지 않은 결정을 피하는 데 매우 중요하다고 보고해왔다(Hirokawa, 1985, 1988; Hirokawa & Rost, 1992). 경계는 일종의 비판적 사고다. 비판적 사고(critical thinking)는 "신념과 행동의 지침으로서, 관찰, 경험, 성찰, 추론, 혹은 커뮤니케이션을 통해 수집되거나 그런 것에 의해 생성된 정보를 적극적이고 능숙하게 개념화하거나, 적용하거나, 분석하거나, 혹은 평가하는 훈련된 과정"으로 정의될 수 있다(Paul & Nosich, n.d.: para. 5). 비판적 사고는 정보를 평가하는 데 사용되는 기술을 배우고 적용하는 것을 포함한다. 경계는 결정과 관련된 모든 정보를 신중하고 철저하게 분석할 필요성을 강조함으로써 비판적 사고를 집단 의사 결정에 적용한다(Hirokawa & Rost, 1992; Olaniran & Williams, 2001; Williams & Olaniran, 1994). 분석은 무언가를 더 자세하게 살펴보기 위해 전체를 부분으로 분해하는 과정이다.

히로카와와 로스트(R. Y. Hirokawa & K. Rost, 1992)는 의사 결정 과정을 돕는 경계의 네 가지 매우 중요한 기능인 ① 문제 분석 수행, ② 대안적 선

---

2 주의 깊게 평가된 관련 정보를 탐색하는 것을 말한다(역자 주).

택 평가, ③ 대안적 선택의 중요한 긍정적 측면 이해, ④ 대안적 선택의 중요한 부정적 측면 이해를 확인했다. 이러한 각각의 기술은 잘못된 의사 결정의 원인이 될 수 있는 요인을 바로잡아 준다. 어떤 집단이 문제가 있는 상황을 보지 못하거나 그것의 정확한 원인을 파악하지 못할 때 결정은 위협을 받는다. 집단 의사 결정을 내릴 때 집단은 반드시 문제를 철저하게 그리고 체계적으로 분석하고 평가해야 하며 또한 달성하고자 하는 바를 반드시 이해해야 한다.

집단이 문제 해결을 위한 대안적 선택을 부적절하게 평가할 때도 결정은 위협을 받는다. 세 가지 매우 중요한 경계 의사 결정의 기능은 대안적 선택 평가를 다룬다. 먼저 집단은 대안적 선택을 평가하는 적절한 기준을 찾아내고, 그러한 대안적 선택을 평가하기 위한 기준에 대해 논의하고 그 기준을 구체화한다. 그다음, 집단은 그와 같은 기준을 적용하여 각 대안적 선택의 중요한 긍정적 측면을 찾아내고 구체화하면서 이러한 긍정적인 측면을 살펴본다. 마지막으로 집단은 그러한 기준을 적용하여 각 대안적 선택의 중요한 부정적 측면을 찾아내고 구체화하면서 이러한 부정적인 측면을 이해한다. 실험실 연구와 현장 연구는 이 세 가지 중요한 경계 의사 결정 기능이 집단 내의 더 수준 높은 의사 결정과 관련이 있음을 밝혀냈다(Hiro-kawa & Rost, 1992).

경계는 다양한 지식(K: knowledge), 기술(S: skill), 성격적 특성(T: trait)의 합성물이다. 첫째, 집단 구성원은 상황을 평가하는 일부 과정들을 반드시 알고 있어야 하며(K) 이러한 과정들을 그들의 상황에 적용할 수 있어야 한다(S). 둘째, 집단 구성원은 결정 대안을 평가하는 기준을 개발하는 방법을 반드시 알고 있어야 하며(K) 이러한 기준을 그들의 상황에 적용할 수 있어야 한다(S). 셋째, 집단 구성원은 분석의 철저함을 위해 논쟁할 수 있어야 하며 논의되고 있는 문제에 대한 그들의 견해를 제시할 수 있어야 한다

(S). 여기서 논쟁이라 함은 싸움이나 정서적 불화가 아니라 어떤 제안에 찬성하거나 반대하는 이유를 제시하는 것을 말한다(Foundation for Critical Thinking, 2009). 분석이 철저하게 이루어지게 하려면 집단 구성원은 반드시 그들의 기술을 사용하고자 하는 의욕에 가득 차 있어야 한다(Hirokawa & Rost, 1992). 이를 위해 집단은 계속해서 분석의 철저함을 위해 논쟁을 벌어야 한다. 집단 구성원이 우려를 표명하지 않고 하나의 관점이 집단의 논의를 지배하도록 허락할 때 집단 의사 결정은 덜 효과적이 되기 때문에 집단 구성원은 반드시 그들의 입장을 기꺼이 내세워야 한다(T)(Hirokawa, 1985, 1988; Rancer, Baukus, & Infante, 1985). 집단 구성원은 논쟁 기술과 논쟁성(논쟁적 특성)을 가지고 있어야 한다.

'커뮤니케이션 불안(communication apprehension)'이란 커뮤니케이션 상황에서 일부 사람들이 느끼는 두려움이나 걱정을 말한다. 집단 상황에서 커뮤니케이션 불안 정도가 높은 팀원은 충분히 기여할 가능성이 낮으며(Richmond & McCroskey, 1997), 침묵하면서 다른 사람이 말하도록 내버려둘 가능성이 높다. 그 결과, 커뮤니케이션 불안은 팀원이 팀에 가져다줄 수 있었던 소중한 지식을 팀으로 하여금 잃게 만들 수 있다.

## 4) 한 팀으로 일하기

위기팀원은 반드시 하나의 집단으로 함께 일할 수 있어야 한다. 팀원은 자신과 다른 사람을 위한 이득을 최대화하기 위해 반드시 협력적으로 자신의 역할을 수행할 수 있어야 한다(Daniels, Spiker, & Papa, 1997; Paton & Flin, 1999). 어떤 사람은 선천적으로 협력적인 반면, 또 어떤 사람은 경쟁적이다(Baron, 1983). 함께 일하는 것에는 집단 내에서 불가피하게 발생하는 갈등을 해결하는 것도 포함된다(Kreps, 1990; O'Connor, 1985). 사람들이 상호 의존하고 있지만 목표가 서로 다를 때 갈등이 발생하는데, 이는 팀원들이 그들의 목표에 도달하는 것을 방해할 수도 있다(Putnam & Poole, 1987). 집단 내 사람들은 종종 의견에 차이를 보이며 의견이 서로 다른 것에 대해 다른 사람을 비난할 수 있지만, 갈등은 집단에 유익할 수 있다. 경계는 서로 다른 관점을 주장하는 것을 포함해 갈등을 통해 촉진된다. 그러나 갈등이 파괴적이 아니라 생산적이 되도록 하는 것의 핵심은 협력이라는 점을 기억하는 것이 중요하다(Kreps, 1990).

사람들은 선호하는 갈등 유형, 즉 갈등을 처리하기 위해 그들이 사용하는 전형적인 양식을 가지고 있는 듯하다(Putnam & Poole, 1987). 갈등 유형을 확인하는 체계가 있는데(Daniels, Spiker, & Papa, 1997; Kilmann & Thomas, 1975), 핵심은 위기팀 토의에서 협력에 기반을 둔 갈등 유형의 사용을 강조하는 것이다.

### 5) 위기관리 계획 실행

위기팀은 CMP를 반드시 실행할 수 있어야 한다. 이런 이유에서 집단은 CMP 재검토와 연습을 통해 훈련을 한다. CMP는 팀원들이 그 계획을 더 잘 이해할 수 있게끔 수립되어야 한다(Barton, 2001; Wilson & Patterson, 1987). 바로 이와 같은 점에서 각 팀원의 조직 직무 영역이 중요해진다. 팀원으로 임명하는 한 가지 이유는 그 구성원이 위기 동안 중요한 직무 영역(예, 법무, 미디어 관계, 투자자 관계)에 대한 특정한 지식을 가지고 있기 때문이다. 이러한 직무 영역의 지식과 기술은 위기 계획을 효과적으로 실행하는 데 중요하다. 위기 계획을 실행하는 동안 스트레스가 위기관리에 매우 큰 영향을 미치게 된다(Dilenschneider & Hyde, 1985; Shrivastava & Mitroff, 1987). 위기팀이 마감시간 압박에 직면해서 모호한 정보를 다루어야 할 때, 위기팀이 경험하는 스트레스는 증가한다(O'Connor, 1985). CMP 실행에는 거기에 수반되는 스트레스와 모호한 정보를 관리하는 것도 포함된다. 스트레스는 직무 수행을 방해할 수 있으며(Baron, 1983), 모호성은 스트레스를 야기할 수 있다(Tsui, 1993).

### 6) 경청하기

위기팀원은 경청 기술을 자주 사용한다. CMP를 수립하거나 실행할 때 정보를 수집하는 것은 팀원이 다른 사람의 말을 경청해야 함을 의미한다. 집단이 함께 결정을 내리기 위해서는 집단 내 다른 사람의 말을 경청해야 한다. 분명 경청은 많은 직무의 중요한 부분이다. 그러나 많은 위기관리자들은 경청이 별개의 독특한 직무로 간주될 만큼 충분히 중요한 일이라고 생각한다.

### 7) 위기팀 선발의 함의

위기 전문가 포돌락(A. Podolak)이 말했듯이, "모든 위기관리 프로그램은 유능한 위기관리팀으로 시작한다"(n.d.: para. 1). 앞에서 언급한 것처럼, 팀원은 반드시 특정 영역 고유의 지식과 기술을 위기팀에 제공해야 하는데, 이는 위기 계획 실행을 촉진할 것이다(팀원 선발에 대한 기능적 접근). 그러나 슈라이바스타바와 미트로프(P. Shrivastava & I. I. Mitroff, 1987)가 언급했듯이, 위기팀원은 또한 일단의 전반적인 위기관리 기술도 지니고 있어야 한다. 〈표 5-1〉에 정리되어 있는 지식, 기술, 성격적 특성은 위기팀의 효과적인 운영에 매우 중요한 그와 같은 일단의 전반적인 기술이다. 위기팀에 긍정적으로 기여할 가능성이 매우 높은 사람을 찾을 때, 지식, 기술, 성격적 특성이 폭넓게 고려되어야 한다. 위기팀 후보자를 심사할 때 평가는 매우 중요하다. 어떤 조직은 어떤 직능 분야를 대표하는 많은 사람 중에서 선택하고자 하는 입장을 취할 수도 있다. 예를 들면, 생산 분야에 필요한 기술과 지식을 가지고 있는 사람이 생산 부서에 모두 5명이 있을 수도 있을 것이다. 생산 부서에서는 단지 1명만을 뽑고자 하며, 그 조직은 위기팀에서 일하는 데 가장 적합한 사람을 원한다. 사람들은 그들의 성격적 특성의 한계를 극복하는 법을 배울 수는 있지만 전혀 새로운 특성은 개발할 수 없기 때문에, 성격적 특성의 측면에서 어떤 잠재적 후보가 위기팀원 요구 조건에 가장 근접해 있는지를 평가 도구를 통해 알아볼 수 있을 것이다.

〈표 5-1〉의 성격적 특성을 토대로 바람직한 위기팀원과 바람직하지 않은 위기팀원의 프로파일을 개발할 수도 있다. 바람직한 구성원은 집단 내에서의 커뮤니케이션 불안 정도가 낮고, 협력 정도와 모호성 관용도(ambiguity tolerance)는 높고, 논쟁성(argumentativeness)은 적정하며, 스트레스를 처리하는 소양을 잘 갖추고 있어야 할 것이다. 바람직한 프로파일을 가지고 있는 구성원은 위기팀원이 스트레스를 받고 있는 와중에서 일할 수 있고, 위기의 모호성에 방해받지 않고, 최상의 해결책을 찾아내기 위해 팀과 함께 일하고, 의견과 생각을 기꺼이 표현하며, 여러 해결책의 장단점을 기꺼이 주장할 것이다. 바람직하지 않은 프로파일을 가지고 있는 구성원은 집단 내에서의 커뮤니케이션 불안 정도가 높고, 경쟁심이 강하고, 모호성 관용도는 낮고, 언어적 공격성은 높으며, 스트레스를 처리하는 소양을 제대로 갖추고 있지 않다. 바람직하지 않은 팀원은 스트레스를 받으면 제구실을 하지 못하고, 모호한 상황에서는 스트레스 정도가 높아지고, 싸우려는 성향 때문에 문제 해결을 제대로 해내지 못하며, 생각과 의견을 기꺼이 개진하려 하지 않을 수도 있다. 기능적 접근과 직무 기반 접근을 결합하는 것이 가장 유능한 위기관리팀을 선발하는 지름길이다.

## 8) 훈련용 응용 프로그램

위기 전문가들은 위기팀의 훈련 필요성을 자주 언급한다(예, Augustine, 1995; Mitroff, Harrington, & Gai, 1996; Pauchant & Mitroff, 1992; Walsh, 1995; Williams & Olaniran, 1994). 어떤 일을 하건, 사람은 그 일을 효과적으로 수행하는 데 필요한 지식과 기술을 반드시 가지고 있어야 한다. 훈련 과정에는 CMP 집단 검토(group review)와 위기 훈련이 포함된다(Wilsenbilt, 1989). 미국 연방재난관리청(FEMA: Federal Emergency Management Agency)의 훈련 권고사항에서 가져온 〈박스 5-1〉은 기본적인 위기 훈련 유형을 기술하고 있다. 훈련 유형은 가장 단순한 것에서부터 가장 복잡한 것에 이르기까지 단계별로 제시되어 있다. 각각의 훈련은 추가적인 준비를 필요로 하며 위기팀에 더 많은 요구를 한다. 자연재해, 직장 폭력, 사고는 전면적인 훈련을 필요로 하는 발생 가능성이 가장 높은 위기다. 다른 위기들은 통상 현장으로 나가 장비를 사용할 것을 요구하지 않는다는 점에서 기능적 훈련

---

**〈박스 5-1〉 위기관리 훈련 옵션**

- 오리엔테이션 세미나: 위기관리 과정에 대한 개관. 위기팀은 역할, 절차, 정책, 장비를 검토한다.
- 훈련(drill): 직원 통지나 대피와 같은 한 가지 위기관리 기능을 테스트하는 훈련으로 감독하에 이루어진다.
- 도상 훈련(tabletop): 어떤 위기 상황에 대한 유도된 분석. 조력자가 어떤 특정한 위기 상황에서 그들이 무엇을 할 것인가에 대한 논의를 통해 팀을 이끌어간다. 이 훈련에서는 실제 위기에서 겪는 시간 압박이 없다.
- 기능적 훈련: 상호작용적 모의 훈련. 이 훈련은 큰 회의실에서 이루어질 수 있다. 이 훈련은 전체 위기관리 체계를 테스트하며 위기 압박(crisis pressure)을 가하기 위해 실시간으로 펼쳐진다. 위기팀은 응급 처치 요원과 같은 위기 시 그들이 만나게 될 집단과 상호작용하고 집단과 조화를 이룰 필요가 있을 것이다. 위기팀은 1년에 한 차례의 기능적 훈련을 실시해야 한다.
- 전면적 훈련: 가능한 한 실제 위기에 가까운 위기 시뮬레이션. 이 훈련은 현장에서 이루어진다. 어떤 상황에서 사용될 실제 장비와 사람들이 배치된다. 가상의 부상자도 발생할 것이다. 전면적 훈련은 많은 시간과 비용이 필요하기 때문에 몇 년에 한 번씩 실시되어야 한다.

은 가장 복잡한 훈련이라 할 수 있다. 위기팀은 오리엔테이션 세미나, 훈련, 도상 훈련을 거쳐 기능적이고도 전면적 훈련에까지 이를 필요가 있다.

위기팀 훈련에 대한 논의는 위기 시뮬레이션 실행을 토대로 한 연습을 지지하는 사람들에 의해 이루어지고 있다(Augustine, 1995; Birch, 1994; Mitchell, 1986; Pauchant & Mitroff, 1992; Regester, 1989; Walsh, 1995). 이 훈련 옵션은 탄탄한 논리를 바탕으로 하고 있는데, CMT가 시뮬레이션을 통해 그들이 CMP를 얼마나 잘 실행할 수 있을지 그리고 그러한 계획이 향상될 수 있을지를 알아볼 수 있다는 것이다. 집단 훈련에는 위기팀이 집단의 직무를 성공적으로 수행할 수 있는지를 알아보는 것도 포함된다(Goldstein, 1993). 위기 시뮬레이션은 CMP 실행에 초점을 맞추면서 집단 직무를 강조한다. 의사 결정은 훈련에 대한 주목을 요하는 매우 중요한 집단 수준의 직무다. 관리자들은 결정을 내리는 방법을 알고 있지만, 의사 결정의 역학은 팀, 특히 제한된 정보를 토대로 시간 압박을 받는 결정을 내려야만 하는 팀 내에서 변한다. 훈련은 팀과 위기팀의 의사 결정을 향상할 수 있다.

씽크렛(thinkLet)은 유망한 훈련 도구 가운데 하나다. 이것은 위기 동안 의사 결정을 도와줄 수 있는 일단의 촉진 기법이다. 일부 기법은 옵션들을 브레인스토밍 하는 것과 집단 구성원들이 옵션들을 어떤 단일 기준에 견주어 평가하도록 하기 위해 비공식 여론조사를 사용하는 것처럼 기본적이다. 씽크렛 아이디어는 정보 과학(information science)의 집단 지원 시스템(GSS: group support system)에서 왔다. GSS는 팀을 더 효과적으로 만들기 위해 고안된 소프트웨어를 사용하는 것이다. GSS는 정보를 이용하는 데 드는 인지 비용(cognitive cost)[3]은 줄이고 주의력 분산은 최소화하면서 팀 토의에 초점을 맞추고 팀 토의를 체계화하는 데 사용될 수 있다. 씽크렛은 팀원

---

3  인지적 노력(역자 주).

간 협력을 도와준다. 각각의 씽크렛은 집단 결정을 촉진하는 것으로 알려진 발산(diverge), 수렴(converge), 조직화(organize), 합의점 구축(build consensus), 평가(evaluate)의 다섯 가지 협력 패턴 가운데 하나를 촉진하는 데도움을 준다. 예를 들면, 발산은 팀이 소수의 개념을 가지는 것으로부터 더 많은 개념을 가지는 것으로 이동하도록 도움을 준다. 브레인스토밍은 발산 씽크렛 중 하나다(Briggs, de Vreede, & Nunamaler, 2003). 협력적인 팀과 위기팀에 관한 연구에 따르면, 씽크렛은 팀 결정을 촉진하고 향상할 수 있다고 한다(Kolfschoten & Appelman, 2006; Kolfschten, Briggs, de Vreede, Jacobs, & Appelman, 2006).

훈련에 대한 집단 수준의 접근방법은 유용하긴 하지만 CMT 직무를 성공적으로 마무리하는 데 필요한 기술을 개인들에게 훈련할 필요성을 간과한다. 구성원들은 효과적인 팀원으로서 역할을 수행하기 위해 개인 수준의 지식과 기술을 필요로 한다(Paton & Flin, 1999; Stohl & Coombs, 1988). 윌리엄스와 올라니란(D. E. Williams & B. A. Olaniran, 1994)은 위기팀원은 반드시 특정한 위기 임무에 대한 훈련을 받아야 하는데, 위기 임무 가운데는 효과적인 팀원이 되는 데 필요한 개인 수준의 지식과 기술이 포함되어 있다고 지적한다.

개인 수준의 평가는 〈표 5-1〉에 나열되어 있는 지식, 기술, 성격적 특성으로 구성될 것이다. 각 팀원에 대한 평가는 그 사람이 강하거나 약한 특정 분야를 보여줄 것이며 어떤 사람에게 어떤 특정한 훈련이 필요한지 확인해준다. 훈련은 구체적이어야 하며 사람들은 그들이 부족한 분야에 대한 훈련만 받으면 된다. 위기팀 평가 체계는 어떤 사람의 강점과 약점을 밝혀줄 뿐만 아니라 어떤 사람이 지식과 기술을 습득하는 데 진전이 있는지도 평가한다(Goldstein, 1993). 최초의 평가가 이후에 이루어지는 평가와의 비교 기준이 된다. 위기팀에 중요한 주요 지식 및 기술 각각에 대한 특정한 훈련

교과목 단위가 개발되어야 한다. 필요할 경우, 경청 기술을 개발하기 위한 교과목처럼 사람들이 특정한 성격적 특성의 한계에 대처하는 데 도움을 주기 위한 훈련 교과목도 추가될 수 있을 것이다.

2006년에 발표된 한 연구에 따르면, 위기관리자의 80%가 근무 중에 이러한 역할 수행법을 배운다고 한다. 이것은 단지 20%만이 어떤 형태의 위기관리 훈련을 받았다는 의미다("New Survey Finds Crisis Training," 2006). 포춘(Fortune) 1000의 한 연구는 CMP를 가지고 있는 조직의 3분의 1 미만이 CMP를 테스트한 적이 있다는 사실을 확인했다(Levick, 2005). AMA (2003)의 한 연구는 CMP를 가지고 있는 미국 회사의 50%만이 과거에 어떤 유형의 위기 훈련에 참여한 적이 있다고 밝혔다. 더 최근에 이루어진 IR 인사이트(IR Insight, 2012)와 키헤이븐(Keyhaven)의 연구에 따르면, 전 세계적으로 단지 40%의 조직만이 위기 훈련을 사용했다고 한다. 아시아에서는 그 비율이 더 높았고(50%) 북미에서는 그 비율이 더 낮았다(35%). 또한 거대 자본 조직(기업 가치 2500억 달러 이상)과 소자본 조직(2500억~10억 달러) 간에도 훈련에서 큰 차이가 있었다. 거대 자본 조직의 61%가 위기 훈련을 사용한 반면, 소자본 조직은 30%만이 위기 훈련을 사용했다(IR Insight, 2012).

이것은 CMP와 CMT를 갖추고 있는 많은 조직이 위기에 대비할 준비가 진정으로 되어 있지 않다는 것을 보여준다. 만약 위기팀이 어떤 유형의 위기 연습을 사용하여 훈련을 하지 않았다면, 조직은 그들의 위기팀원이 CMP를 실행할 수 있는지 혹은 CMP가 작동할 것인지 여부를 어떻게 알 수 있는가? 위기 연습은 교육적 목적에서 어떤 위기를 시뮬레이션한다. 팀원은 연습에 참여할 때 연습의 목적이 평가를 받는 것이 아니라 학습이라는 것을 알아야 한다. 위기 연습의 교육적 이득을 극대화하기 위해서는 징벌적이기보다 지지적인 환경을 만들어내는 것이 중요하다.

CMT가 훈련을 필요로 한다는 것은 반복해서 말할 가치가 있다. 효과적인 훈련은 개인 수준의 지식과 기술은 물론 집단 수준의 지식과 기술도 포함해야 한다. 위기 연습은 집단 수준의 지식과 기술을 테스트하는 아주 좋은 방법이다. 그러나 위기 연습 평가에는 개인 수준의 기술에 대한 평가도 포함되어야 하는데, 위기팀 훈련에 관한 현재의 논의들은 대부분 이 점을 간과하고 있다. 만약 어떤 조직의 위기팀이 훈련을 하지 않는다면, 그 조직은 믿을 수 있는 CMT나 CMP를 진정으로 가지고 있지 않다는 것을 기억하라. 소셜 미디어 컨설팅 회사인 알티미터(Altimeter)의 오양(J. Owyang)이 말했듯이, "위기 계획을 수립하는 것은 적절한 훈련 없이는 충분하지 않다. 회사는 반드시 훈련을 해야 한다"(2011: 22).

기술(技術)은 위기팀이 정기적으로 훈련을 해야 할 또 하나의 이유다. 끊임없이 새로운 기술이 위기관리에 통합되고 있다. 여기에는 위기관리에 도움을 주는 소프트웨어와 위기를 모니터하고 위기에 대응할 때 소셜 미디어를 활용하는 것이 포함된다. 만약 사람들이 기술에 익숙하지 않다면, 그들은 스트레스를 받는 상황에서 그러한 기술을 사용하지 않을 것이다. 위기는 스트레스를 야기하고, 그래서 위기팀이 위기에 대응하는 데 도움을 주기 위해 개발된 새로운 기술에 익숙하지 않은 위기팀은 위기 동안 그러한 기술을 무시할 것이다. 오양이 말했듯이, "기술 지형이 빠른 속도로 변하고 있기 때문에, 소셜 미디어 프로그램을 관리하거나 사용하는 사람들은 그들의 기술을 지속적으로 재충전해야 한다"(Owyang, 2011: 10). 이 책 전체에서 언급하고 있듯이, 소셜 미디어는 점차 위기관리와 위기 커뮤니케이션에 통합되고 있다.

## 9) 즉흥적 조치와 위기팀 훈련과의 관계

위기팀이 즉흥적 조치(improvisation)의 가치를 인식해야 한다는 요구는
점점 더 높아지고 있는 데 반해, 계획에 따른 행동은 점차 덜 강조되고 있
다. 6장에서 살펴보겠지만, 일부 비평가들(예, Gilpin & Murphy, 2008)이
주장하듯이 위기관리는 어떤 계획의 특정 단계를 따르는 것이 아니다. 위
기관리 계획은 위기팀이 결정을 내릴 때 참고하는 대강의 지침이다. 위기
팀이 직면하는 것의 대부분은 위기관리 계획에 포함되어 있지 않은데, 바
로 이런 이유에서 이 장은 의사 결정의 중요성을 강조한다. 즉흥적 조치는
위기팀원에게 소중하며 위기팀원들 사이에서 개발되어야 할 또 하나의 기
술이다. 조직에서 즉흥적 조치란 조직이 어떤 기회나 위협에 대응하는 것
을 돕기 위해 의도적이지만 계획되어 있지 않은 행동이 이루어지는 것을
말한다(Mendonca, Pina e Cunha, Kaivo-oja, & Ruff, 2004).

연구자들은 위기팀이 극단과 재즈 연주자들처럼 즉흥적 조치를 취하는
것을 목격했다. 각각의 위기는 독특한 환경을 만들며 위기 계획은 행동 지
침을 상세하게 제시하지 않음으로써 이러한 사실을 인정한다. 위기팀원이
필요로 하는 것은 위기관리에 대한 일반적인 접근, 즉 어떠한 위기에서도
사용할 수 있는 기술을 강조하는 훈련이다. 이 책이 위기팀이 필요로 하는
일반적인 기술을 강조하는 것은 바로 이런 이유에서다. 그러나 즉흥적 조
치를 사용하는 것이 길잡이가 되는 전략이 없다거나(Mendonca, Pina e Cun-
ha, Kaivo-oja, & Ruff, 2004) 훈련이 필요 없음을(예, Vera & Crossan, 2005)
의미하는 것은 아니다. 재즈 연주자가 즉흥 연주를 하기 위해서는 어떤 음
악적 기술을 반드시 가지고 있어야 하는 것과 마찬가지로 위기팀이 즉흥적
조치를 취할 수 있기 위해서는 반드시 일반적인 기술을 배워야 한다. 크로
싼(M. M. Crossan, 1998)은 이 장의 앞부분에서 다루었던 팀워크 조성과 개

인 수준의 기술 개발을 통해서 위기팀의 즉흥적 조치를 향상할 것을 권고했다. 위기팀의 즉흥적 조치에는 어떤 전략을 개발하고 따르는 것이 포함되는데, 바로 이러한 이유 때문에 이 책은 곳곳에서 전략적이 되는 것에 대해 언급하고 있다. 전략을 갖는 것은 합당한 즉흥적 조치를 촉진하는데, 그것은 조직이 그들의 목표에 도달하는 것을 돕는다(Bigley & Roberts, 2001).

윅(K. Weick)은 위기관리에 관한 몇몇 영향력 있는 저서를 펴낸 바 있다. 그는 즉흥적 조치를 "적시 전략(just-in-time strategy)"이라 부른다.

> 적시(適時) 전략은 선취 수수료(앞으로 일어나거나 당신이 필요로 할 모든 것을 예측하기 위한 시도)에는 더 적게 투자하고 일반적인 지식, 다양한 기술 레퍼토리, 빨리 배울 수 있는 능력, 직관에 대한 신뢰, 손실을 줄이는 데 필요한 지적 소양에는 더 많이 투자하는 것으로 구별된다(2001: 352).

앞에서 인용한 윅의 글은 훈련, 위기관리 계획, 즉흥적 조치 간의 관계를 정확히 포착하고 있다. 6장에서 설명하겠지만, 위기관리 계획은 모호하고 어떤 위기에서 나타날 수 있는 모든 사건을 예측하려 하지 않는다. 그와 같은 위기 계획을 만드는 것은 불가능하며 그와 같은 위기 계획을 사용하는 것 역시 거의 불가능할 것이다. 훈련은 위기팀원이 빨리 생각하여 그들이 그러한 즉흥적 조치를 취하게 만드는 이유를 제공할 수 있도록 도와준다. 빠른 대응은 실제로 본능이나 직감이 아니라 경험과 지식을 토대로 내려지는 신속한 결정이다. 크로싼(1998)의 주장에 따르면, 사람들은 즉흥적 조치의 즉흥적인 속성을 과대평가하는 나머지 효과적인 즉흥적 조치가 나오는 배경이 되는 훈련을 간과한다. 훈련은 위기팀의 즉흥적 조치 능력을 만들어내는 데 매우 중요하다.

## 10) 특별 고려사항

CMT는 외부 기관과의 협력과 가상팀(virtual team)의 필요성이라는 두 가지 특별 고려사항을 다루어야 할 수도 있다. 조직의 위기는 더 큰 재난, 즉 정부의 개입이 필요하고 다수의 기관과 조직이 연루되는 대규모 사건의 일부일 수도 있다. 물론 범위가 더 작고 단 하나의 조직만이 연루되는 위기도 있을 수 있다. 재난은 천재(天災)와 테러 및 중대한 위험물질 누출 같은 인재(人災) 모두를 포함한다. 허리케인 카트리나는 조직들에게 정부 기관이 그들에게 도움을 주러 올 것이라고 기대하지 말라는 교훈을 주었다. 그러나 CMT는 소방관, 경찰, 응급 의료팀, 혹은 적십자와 협력해야 할 수도 있다. 재난 시 기관들은 사고 지휘 체계, 더 구체적으로 말하면 국가 사고 관리 체계(NIMS: national incident command system, 〈박스 5-2〉 참조)를 따르기로 되어 있다. CMT는 FEMA 웹사이트를 참고해야 하는데, 이 사이트에는 완전한 NIMS 훈련 모듈이 포함되어 있다. 어떤 재난에 대해서는 FEMA의 신뢰도가 떨어지기는 하지만, FEMA는 매우 훌륭한 온라인 훈련을 제공한다. CMT 구성원은 NIMS에 익숙해짐으로써 NIMS 환경 내에서 역할을 수행하는 데 필요한 기본 언어와 지휘 계통을 이해할 수 있을 것이다.

두 번째 특별 고려사항은 가상팀의 가능성이다. 가상팀원은 지정된 위기 통제 센터에서 만나지 않는다. 그 대신에 가상팀원은 대면 커뮤니케이션 없이 인터넷과 전화를 통해 직무를 부여받고, 정보를 공유하며, 결정을 내린다. 가상팀은 대신 매개 커뮤니케이션(mediated communication)을 사용한다. 대부분의 가상팀은 실제로 부분적으로 분산된 팀(PDT: partially distributed team)으로, 여기에는 같은 장소에 있는 사람과 멀리 떨어진 장

---

4   2010년 7월 21일, 미국 하원에서 통과된 부족 법·질서 법(Tribal Law and Order Act)

NIMS는 미국 국토안보부(Department of Homeland Security)가 재난에 대응하는 (공적 및 사적) 기관들을 더 쉽게 통합하기 위해 만들어졌다. NIMS는 공통적인 일단의 사고 지휘 절차, 여러 기관 간 협력, 표준화된 지휘 및 관리 구조, 상호 지원, 공적 정보 절차를 제공한다. NIMS는 서로 다른 관할 구역과 분야의 대응팀이 협력함으로써 자연재해는 물론 테러리스트에 의한 재난에 더 효과적으로 대응할 수 있다는 생각에서 만들어졌다. NIMS 훈련을 받기 위해서는 연방 정부, 주 정부, 지방 정부 대응팀과 부족 관할권[4]이 필요한데, NIMS 훈련 역시 표준화되어 있다. 회사와 같은 비정부 대응팀은 NIMS를 이해하고 있도록 권장된다. 이것은 위기 동안 민간 자원 이용을 극대화하기 위한 더 큰 노력의 일부다. 허리케인 카트리나가 덮쳤을 때는 NIMS가 잘 작동하지 않은 것처럼 보였지만, 그것은 매우 오랫동안 가동할 준비가 되어 있지 않았다. 재난이 발생할 때 위기팀은 NIMS의 권한 아래 놓일 것이기 때문에 NIMS의 구조와 용어에 대해 알고 있는 것은 재난이 발생할 때 위기팀에 도움이 될 것이다.

소에 있는 사람이 뒤섞여 있다. 어떤 팀원은 같은 방이나 같은 현장에 있어서 대면 상호작용을 할 수 있는 반면, 어떤 팀원은 하나 혹은 그 이상의 서로 다른 지역에 있어서 매개 커뮤니케이션을 통해 연락을 취할 것이다 (Hiltz, 2006). 위기 발생 현장에 있는 팀원은 여러 지역에 있는 팀원과 상호작용할 수 있다. 조직이 모든 가능한 위기 통제 센터를 잃어버렸거나 여러 지역에 흩어져 있는 팀을 구성할 필요가 있는데 여행 시간으로 인해 위기관리를 할 수 없다면, PDT가 필요할 수도 있다. 또한 PDT 구성원은 접촉하자마자 위기관리를 시작할 수 있다. 어떤 팀원이라도 개별 직무를 통보받자마자 직무 수행을 시작할 수 있다. 만약 어떤 팀이 논의를 시작하기 위해 구성원들이 위기 지휘 센터에 도착할 때까지 기다려야 한다면, 그 팀은 시간을 잃고 있는 셈이다. 이에 반해, PDT는 구성원들이 각자의 장소로 여행을 하는 동안 팀 논의를 할 수 있다. 그러나 어떠한 커뮤니케이션 기술 장애가 그 팀의 운명을 불행하게 만들 수 있기 때문에, PDT는 팀에 문제의

---

은 인디언 영토 내 공공안전 관련 문제를 다루고 있다(역자 주).

위험을 증가시킨다. 그럼에도 가상팀이나 PDT에 대비한 훈련 옵션은 고려할 만한 가치가 있다("The Well-provisioned War Room," 2005).


## 4. 대변인 선택과 훈련

대변인은 위기 동안 조직을 대변한다. 따라서 대변인은 위기관리팀에서 매우 중요하고도 전문화된 기능을 수행한다. 훈련을 제대로 받지 않았거나 기술이 부족한 대변인은 위기 상황을 악화시킬 뿐이다(Donath, 1984; Mitchell, 1986). 선택과 훈련은 마찬가지로 직무 식별 그리고 그러한 직무와 연관된 지식, 기술 및 성격적 특성을 필요로 한다. 대변인에 대한 논의는 위기 동안 대변인의 역할과 책임에 대한 분석으로 시작하는데, 이는 필수적인 지식, 기술, 성격적 특성을 파악하는 기초를 제공한다.


### 1) 대변인의 역할

대변인의 1차적인 책임은 조직이 내보내는 메시지의 정확성과 일관성을 관리하는 것이다(Carney & Jorden, 1993; Seitel, 1983). 메시지 관리는 쉬운 직무가 아니며 보통 한 사람 이상이 그것에 관여한다. 모든 조직은 복수의 대변인을 두어야 한다. 이것은 조직은 한목소리로 말한다는 견해와 상충되는 듯 보일 수도 있지만, 실제로는 그렇지 않다. 첫째, 한 사람이 언제나 직무 수행이 가능할 것이라고 믿을 수는 없다. 하나뿐인 대변인이 위기 동안 수천 킬로미터 떨어진 곳에서 휴가 중이어서 적시에 위기 통제 센터에 도착하지 못할 수도 있을 것이다. 위기가 수일 동안 계속되어 CMT가 24시간 가동되어야 한다면 어떻게 할 것인가? 한 사람이 24시간에서 48시간 계속해서 효과적으로 직무를 수행할 수는 없다. 결국에는 수면 부족으로 직무 수행에 문제가 발생할 것이다. 따라서 각 조직은 위기가 발생하기 전에 선발되어 훈련까지 마친 복수의 대변인 가용 인력을 확보하고 있어야 한다.

둘째, 하나의 목소리를 한 사람과 동일시하는 것은 과장된 것이다. 조직이 한목소리로 말해야 한다는 것은 조직이 일관된 메시지를 제시해야 함을 의미할 뿐이다. 복수의 대변인은 함께 일하면서 하나의 목소리를 공유할 수 있다. 그러나 CMT에 매우 중요한 팀워크는 여기서 특별한 가치를 발휘한다. 언론은 위기 동안 권위 있는 정보원에게 질문을 하고 싶어 한다. 조직 내에 있는 한 사람이 모든 주제에 대한 권위자가 될 수는 없다. 따라서 조직은 기자회견 동안 이용 가능한 다수의 사람을 둘 수도 있다. 그럴 경우, 각 질문의 내용을 다룰 수 있는 최적임자가 해당 질문에 대해 답변을 하면 된다(Lerbinger, 1997). 핵심은 모든 관련된 정보의 공유는 물론 질문과 대변인을 조정하는 것을 포함한 모든 대변인의 준비 상태다.

분명 대변인은 질문을 경청하고 질문에 대답함으로써 언론을 상대할 수 있어야 한다. 대변인이 질문을 정확하게 듣지 않을 경우 적절한 답변을 할 수 없기 때문에 경청은 필수적이다(Stewart & Cash, 1997). 질문에 답변하기 위해서는 빨리 생각해낼 수 있는 능력이 필요하다. 기자회견은 느리게 진행되는 사건이 아니다. 대변인은 질문에 재빨리 대답할 수 있어야 한다. 이 모든 것을 더 복잡하게 만드는 것은 대변인은 스트레스 정도가 매우 높은 시기에, 즉 조직이 위기에 처해 있고 언론은 즉답을 요구하는 시기에 직무를 수행하고 있다는 사실이다. 대변인은 반드시 스트레스를 잘 다스릴 수 있어야 하며 스트레스가 언론의 질문을 다루는 데 끼어들게 내버려 두어서는 안 된다. 대변인은 위기팀원이기 때문에 〈표 5-1〉의 지식, 기술, 성격적 특성이 여전히 적용된다. 그러나 대변인과 다른 위기팀원 간의 큰 차이는 언론을 상대로 일을 해야 한다는 것이다.

위기 전문가들은 대변인이 미디어 훈련을 받아야 한다고 지속적으로 권고하는데, 미디어 훈련이란 대개 언론의 질문에 대응하는 연습, 즉 대변인의 예행연습을 의미한다(Nicholas, 1995; Sonnenfeld, 1994). 더욱이 대변인이 해야 할 것과 해서는 안 될 것들이 많이 있다(예, Katz, 1987; Lukaszewski, 1987; Pines, 1985). 대변인이 해야 할 것과 해서는 안 될 것들 가운데는 진실될 것, "노 코멘트(no comment)"라고 말하지 말 것, 간결하고 명확할 것, 화를 내거나 저널리스트와 다투지 말 것, 주어지는 질문 속의 오류와 잘못된 정보를 바로잡을 것, 카메라에 호감 있게 비칠 것, 상황을 통제하고 있고 우려하는 것처럼 보이기 등이 있다. 그와 같은 목록이 도움이 되지만, 대변인을 선택하거나 훈련하는 체계적인 수단을 제공하지는 못한다.

이 책의 저자는 조직이 대변인을 훈련하고 누가 미디어를 상대로 말을 해야 하고 누가 말을 해서는 안 되는지를 정하는 것을 도와준 경험이 있다. 모든 사람이 효과적인 대변인이 될 수는 없다는 저자의 말을 믿어라.

### 2) 대변인의 미디어 특유의 직무

텔레비전 시청을 통해 우리 모두는 어떤 사람의 외모는 미디어와 잘 어울리는 데 반해 어떤 사람의 외모는 그렇지 않다는 것을 알고 있다. 어떤 사람은 텔레비전에 비치는 모습이 좋아 보이는 데 반해 어떤 사람은 범죄자처럼 보인다(Nicholas, 1995). 대변인의 직무 가운데 하나는 시청자에게 어필하는 것이지만, 이것은 대변인이 신체적으로 매력적이어야 함을 의미하는 것은 아니다. 오히려 대변인은 자료를 매력적인 방식으로 제시해야 한다. 미디어 훈련은 종종 자료를 매력적으로 제시하는 방법을 모호하게 설명하곤 한다. CMT에 관한 부분과 비슷하게, 〈표 5-2〉는 대변인이 관련 직무를 수행하는 데 필요한 핵심적인 지식, 기술, 성격적 특성과 더불어 대

〈표 5-2〉 대변인 미디어 직무 분석

| 직무 내역 | 지식 | 기술 | 성격적 특성 |
|---|---|---|---|
| 카메라에 호감 있게 비치기 | 1. 적절한 전달의 가치를 이해하라. | 1. 설득력 있는 전달 | 1. 낮은 커뮤니케이션 불안 정도 |
| 질문에 효과적으로 답변하기 | 1. 오랜 말 멈춤의 위험을 이해하라.<br>2. 효과적인 경청에 이르는 단계를 이해하라.<br>3. "노 코멘트"라고 말하는 것의 위험을 인식하라.<br>4. 기자와 다투는 것의 위험을 이해하라. | 1. 빨리 생각해내는 능력<br>2. 효과적인 경청에 이르는 단계를 사용할 수 있는 능력<br>3. 당장 답변이 떠오르지 않을 때 "노 코멘트"라는 문구 이외의 문구를 사용할 수 있는 능력<br>4. 압박하에서도 평정심을 유지할 수 있는 능력 | 1. 높은 스트레스 내성<br>2. 낮은 언어적 공격성 |
| 위기 정보를 명확하게 제시하기 | 1. 전문용어가 가지고 있는 문제점을 인식하라.<br>2. 답변을 체계화할 필요성을 이해하라. | 1. 전문용어를 사용하지 않을 수 있는 능력<br>2. 답변을 체계화할 수 있는 능력 | |
| 어려운 질문 다루기 | 1. 어려운 질문의 특성을 이해하라. | 1. 어려운 질문을 식별할 수 있는 능력<br>2. 질문을 다른 말로 바꾸어 해달라고 요청할 수 있는 능력<br>3. 어려운 질문에 대해 재치 있게 말문을 열 수 있는 능력<br>4. 질문 속의 부정확한 정보에 대해 문제를 제기할 수 있는 능력<br>5. 질문에 답할 수 없는 이유를 설명할 수 있는 능력<br>6. 질문 속의 선다형 답변의 적절성을 평가할 수 있는 능력<br>7. 여러 부분으로 된 질문에 답변할 수 있는 능력 | 1. 낮은 논쟁성 |

변인의 1차적인 직무를 요약하고 있다.

공개 프레젠테이션을 하는 대변인이라면 누구나 내용과 전달에 대한 걱정이 뒤섞인 우려에 직면하게 된다. 내용 우려는 제시되는 정보를 강조한다. 대변인은 반드시 위기 상황에 대한 정확한 정보를 전달해야 한다(Mit-chell, 1986; Trahan, 1993). 또한 대변인이 위기 관련 정보를 언론과 다른 이해관계자들에게 전달하고자 한다면 반드시 그러한 정보에 대한 지휘권을 가져야 한다. 그러나 형편없는 전달 기술로 인해 메시지가 정확하게 수신되지 않을 수 있다(Holladay & Coombs, 1994; McCroskey, 1997). 대변인은 반드시 메시지를 표적 이해관계자(이 경우, 언론)에게 능숙하게 제시할 수 있어야 한다. 다음 부분에서는 대변인의 직무와 내용 및 전달과의 연관성에 대한 분석과 함께 대변인의 네 가지 직무 각각에 대해 설명할 것이다.

### 3) 카메라에 호감 있게 비치기

카메라에 호감 있게 비치는 것의 중요성은 대변인이 멋져 보여야 한다는 피상적인 관찰에서 비롯된 것이 아니다. 그 대신 카메라에 호감 있게 비치는 것은 대변인이 여러 중요한 위기 목표를 달성하는 것을 도와주는 일단의 전달 기술을 반영한다. 앞에서 위기관리팀은 위기 동안 반드시 우려와 통제력을 보여야 한다고 언급한 바 있다. 우려와 통제력에 대한 인식은 부분적으로 대변인이 위기 관련 정보를 제시하는 방식을 통해 생겨나게 된다. 전달을 더 잘 이해하는 한 가지 방법은 그것을 커뮤니케이터 스타일, 즉 어떤 사람이 커뮤니케이션 하는 방식의 일부로 간주하는 것이며, 그것은 무언가가 전달되는 방식을 반영한다(Norton, 1983). 또한 커뮤니케이터 스타일은 사람들이 메시지 내용을 어떤 시각에서 바라보아야 할지를 정해주는 틀(frame)을 제공함으로써 메시지 내용이 해석되는 방식에 영향을 미친다(Holladay & Coombs, 1994).

대변인은 통제와 연민에 대한 인식을 심어주는 스타일 요소를 극대화해야 한다. 연민(compassion)은 세심하고 친화적인 스타일 요소를 통해 생겨나게 된다. 세심한 스타일은 감정이입(empathy)과 경청을 반영한다. 친화적인 것은 어떤 사람이 다른 사람을 확증하고 긍정적으로 인식하고 있다는 것을 보여준다(Norton, 1983). 동정심이 많은 사람은 감정이입적이고 확증적이기 때문에, 세심하고 친화적인 스타일 요소는 대변인이 인정 많은 사람이라는 인식을 심어주는 데 도움이 된다. 지배적인 스타일 요소는 어떤 사람이 자신감 있고 사무적인 태도로 행동하고 있다는 것을 의미한다(Norton, 1983). 지배적인 스타일은 대변인이 상황을 통제하고 있다는 인식을 촉진한다.

이러한 세 가지 스타일 요소를 극대화하기 위해서는 특정한 전달 요인에 대한 주목이 필요하다. 대변인은 (적어도 전체 시간의 60%를 청중이나 카메라를 바라보면서) 청중과 지속적인 시선 마주침을 유지하고, 중요한 점을 강조하기 위해 손동작을 사용하고, 단조로운 전달을 피하기 위해 목소리를 달리하고, 무표정함을 피하기 위해 얼굴 표정을 확실히 바꾸며, '어', '에', 혹은 '음'과 같이 말을 더듬을 때 내는 소리를 지나치게 많이 내지 않는 법을 반드시 배워야 한다. 대변인은 미디어와 다른 이해관계자들에게 자료를 발표할 때 이러한 다섯 가지 전달 요인을 극대화할 수 있도록 훈련되어 있어야 한다. 연구에 따르면, 이러한 요인들은 지배, 세심함, 친화성에 대한 인식을 촉진할 뿐만 아니라 공신력을 증가시킨다고 한다(Burgoon, Birk, & Pfau, 1990; Holladay & Coombs, 1994). 이러한 다섯 가지 전달 요인을 극대화할 때 이해관계자들이 대변인을 더 긍정적으로 인식할 거라고 결론 내리는 것은 논리적이다.

전달에는 다른 면도 있다. 형편없는 전달은 대변인에 대한 부정적인 인식을 초래한다. 형편없는 전달 기술은 종종 기만의 징후로 해석된다(de Turck & Miller, 1985; Feeley & de Turck, 1995). ① 어쩌다 사람들을 쳐다보는 약한 시선 마주침, ② 잦은 말더듬, ③ 침착하지 못함과 관련된 비정상적인 손 혹은 팔 동작, ④ 지나친 손동작 사용과 같은 전달 요인이 보일 때 사람들은 메시지의 공신력을 의심한다(de Turck & Miller, 1985; Feeley & de Turck, 1995). 이러한 것들은 사람들이 속임수를 탐지해내고자 할 때 찾는 단서다.

전달은 항상 공개적인 메시지 제시의 중요한 부분이긴 하지만(Heinberg, 1963; McCroskey, 1997), 훌륭한 전달이 부족한 내용을 보충해주지는 않기 때문에 내용을 결코 잊어서는 안 된다. 훌륭한 전달은 메시지 수신을 향상하는 반면, 형편없는 전달은 메시지 수신을 방해한다. 대변인은 기만한다는 인식에 기여하는 전달 요인은 최소화하면서 통제와 연민을 촉진하는 전달 요인을 최대화할 수 있도록 훈련되어 있어야 한다. 따라서 지금까지 언급한 모든 전달 요인은 배울 수 있다. 그러나 만약 사람들이 공개 석상에서 말할 때 커뮤니케이션 불안 특성을 보여주지 않는다면 그것은 도움이 된다. 커뮤니케이션 불안은 극복될 수 있는 한편, 커뮤니케이션 불안이 없는 대변인은 더 높은 전달 능숙도 수준에서 훈련을 시작할 수 있다. 대변인을 위한 미디어 훈련에는 대변인이 자신의 전달 습관을 자각하게 하고 자신의 전달 기술을 다듬는 노력이 포함되어 있어야 한다. 훈련을 받는 사람이 자신의 기자회견 영상을 보는 것은 전달 기술을 향상하는 데 아주 좋은 방법이다.

### 4) 질문에 효과적으로 답변하기

질문에 효과적으로 답변한다는 것은 주어진 질문에 대한 대답을 제공한다는 의미다. 효과적인 답변에는 준비가 필수적이다. 대변인은 그때까지 수집된 위기 정보를 알고 있거나 재빨리 찾아낼 수 있어야 한다. 또 다른 부분은 질문을 경청하는 것이다. 대변인은 자신이 질문받기를 원했던 질문에 대답하는 것이 아니라, 잘 경청하고 있다가 기자가 제기한 바로 그 질문에 답변해야 한다. 대변인은 질문을 재치 있게 받아넘기기 전에 머리말이나 짧막한 브리핑을 할 수 있다는 것을 기억하라. 대변인은 그러한 시간을 사용해 조직의 핵심 위기 메시지를 전달할 수 있다.

대변인이 질문에 대한 답변을 알지 못하는 경우도 때로 있다. 그러한 경우 정확한 대응법은 당신이 모른다는 것을 인정하되 그것을 알게 되면 즉시 그 정보를 전달하겠다고 약속하는 것이다(Stewart & Cash, 1997). "노 코멘트"라고 말하지 말라는 규칙을 기억하라. 그러한 문구는 두 가지 부정적인 사건을 촉발한다. 첫째, "노 코멘트"라는 말을 듣거나 보는 이해관계자의 65%가 그 말을 잘못된 일에 대한 책임을 인정하는 것과 동일시한다고 한다("In a Crisis," 1993). 퀴즈노스(Quiznos)의 PR 담당 선임 매니저인 데이비드 펜더리(David Pendery)는 "알려진 위기에 대한 코멘트를 거부할 때면 언제나 당신은 기껏해야 고지식하게 보일 것이다"라고 말한다(Hall, 2006: para. 3에서 재인용). 둘째, "노 코멘트"는 일종의 침묵인데, 이것은 매우 수동적인 대응이다. 레빅 스트러티직 커뮤니케이션스(Levick Strategic Communications)의 레빅(R. Levick)이 말했듯이, "모든 이야기에는 양쪽 입장이 있는데, 당신이 '노 코멘트'라고 말할 때 언론은 양쪽 입장 모두의 이야기를 듣게 되는 데 반해 당신은 당신 입장의 이야기를 하지 못하는 셈이 된다"(2005: para. 14). 위기 발생 시 수동적이 되는 것은 위기 사건의 다른 행위자가 당신의 이해관계자들을 대신해 그 위기에 대해 말하고 그 위기를 해석하기 시작함을 의미한다(Hearit, 1994). 조직은 잘 모르거나 잘못 알고 있거나 조직에 악의를 품고 있을 수도 있는 다른 사람이 이해관계자들을 대신해 그 위기를 규정하도록 허용하는 셈이다. 잘못된 정보나 적대자들이 제공하는 정보를 토대로 한 해석은 조직의 명성을 해칠 뿐이다.

대변인은 또한 우호적이어야 하며 기자와 다퉈서는 안 된다(Mackinnon,

1996; Nicholas, 1995). 우호적인 것은 좋은 위기팀원이 될 수 있는 인성 특성을 갖추는 것이다. 대변인은 언어적 공격성이나 논쟁성이 높아서는 안 된다. 두 가지 성격적 특성은 모두 기자와의 불화를 초래할 수 있다. 이것은 대변인이 부정확한 발언을 참으라는 의미가 아니다. 그 대신, 대변인은 질문에 답변하기 전에 어떤 실수나 잘못된 정보를 바로잡되 그러한 실수나 잘못된 정보로 논쟁을 벌여서는 안 된다(Mackinnon, 1996). 스트레스를 다스리는 것 역시 질문에 대한 답변의 일부다. 너무 심한 스트레스는 일반적으로 직무 수행을 약화하기 때문에 스트레스를 다스리지 못하는 것은 질문에 효과적으로 답변할 수 있는 대변인의 능력을 저하시킨다. 시간 압박, 여러 기자의 많은 질문에 답해야 할 필요성(Balik, 1995), 엄청나게 많은 사람이 자신의 말을 듣거나 읽을 수 있다는 생각 때문에 언론을 대할 때는 스트레스가 높아진다. 모의 기자회견을 가져보는 것은 대변인이 직면하는 도전을 느낄 수 있는 가장 좋은 방법이다.

### 5) 위기 정보를 명확하게 제시하기

정보를 명확하게 제시하는 것은 답변의 내용에 초점을 맞춘다. 따라서 그것은 질문에 효과적으로 답변하는 것과 관련이 있지만 대변인이 말하는 것을 이해관계자들이 이해할 수 있도록 한다는 점에서 그보다는 더 초점이 좁다. 대변인의 답변은 명확하고 간결해야 한다. '명확함'은 조직의 전문용어와 전반적으로 기술적인 용어와 세세한 내용들이 답변에 포함되어 있지 않음을 의미한다(Mackinnon, 1996). 전문용어는 그것을 사용하는 영역 밖에 있는 사람들에게는 의미가 없기 때문에(Nicholas, 1995) 답변의 내용을 혼란스럽게 할 뿐이다. 지나치게 기술적인 정보 역시 모호한 메시지 수신을 초래한다. 게다가 '테크노버블(technobabble)', 즉 보통 사람이 이해

VIOXX는 관절염과 극심한 통증을 치료하는 데 사용되는 소염제다. 2004년 9월 30일, VIOXX의 제조사인 머크(Merck)는 이 제품을 시장에서 리콜했다. 머크는 VIOXX가 심장마비 및 뇌졸중과 같은 심혈관계 사고[5]와 연관성이 있다는 그들의 임상 연구 결과에 따라 자발적인 리콜 조치를 취했다. 그들의 임상 연구는 둘 간의 인과관계를 증명하기 위해 세심하게 설계된 통제 및 실험 조건하에서 이루어졌다. 이러한 특별한 임상 연구는 VIOXX가 결장 선종을 치료하는 데 효과가 있는지 테스트하기 위해 설계되었다. 이 실험에서 VIOXX가 심혈관계 사고를 유발하는 것 같다는 결과가 나온 것이다.

리콜 직후, 의료 분야에 종사하는 많은 사람이 머크가 VIOXX와 심혈관계 사고 간의 연관성을 수년 동안 알고 있었다고 주장했다. ≪저널 오브 아메리칸 메디컬 어소시에이션(*Journal of American Medical Association*)≫에 발표된 한 연구(Mukherjee, Nissen, & Topol, 2001)는 둘 간에 연관성이 있음을 보여주었다. 그러자 소비자들은 "머크가 더 빨리 VIOXX에 대한 리콜 조치를 취했어야 하지 않았나?"라고 의아해 하지 않을 수 없었다. 머크의 답변은 "아니요"였다. 발표된 그 연구는 여러 연구의 트렌드를 살펴보는 메타 분석(meta-analysis)을 토대로 하고 있다고 머크는 설명했다. 메타 분석은 그들의 임상 연구에서 볼 수 있는 엄격한 통제 및 실험 조건하에서 이루어지는 것이 아니다. 조사방법론의 관점에서, 다른 요인이 그 메타 분석에서 나타난 VIOXX와 심혈관계 사고 간 연관성의 원인이 될 수도 있다. 머크는 그들의 임상 연구를 통해 둘 사이의 분명한 인과관계가 밝혀진 후에 조치를 취했다고 말했다. 그들의 설명에는 많은 조사방법론 전문용어와 세부사항들이 다듬어져 있긴 하지만, 심지어 이 축소된 설명에도 매우 기술적인 용어가 포함되어 있었다. 그들의 주장을 이해하는 데 필요한 지식의 깊이를 가지고 있는 머크의 소비자들은 아마 거의 없었을 것이다.

하기 힘든 최근 과학기술 용어를 사용할 경우 사람들은 조직이 진실을 말하는 것을 피하기 위해 전문용어를 사용하고 있다고 생각한다. 반드시 필요한 기술 정보만을 사용하고 비전문가가 이해할 수 있도록 그것을 설명해 주는 것이 가장 좋다. 1993년, 펩시콜라(PepsiCo)가 주사기 소동을 처리한 것은 기술 정보를 어떻게 해석해야 하는지를 잘 보여주는 사례다. 1993년 6월, 다이어트 펩시 캔 속에서 주사기가 발견되고 있다는 기사가 등장하기

---

5   주요 심혈관계 사고로는 심혈관 사망, 심근경색 또는 중대한 재발성 허혈의 합성 등이 있다(역자 주).

시작했다. 펩시콜라는 보틀링(bottling), 즉 액체를 병이나 캔에 채우는 과정에서 주사기가 캔 속에 들어가는 것이 어떻게 사실상 불가능한지를 설명하는 데 초점을 맞추기로 했다. 펩시콜라는 보틀링 과정을 뉴스 매체와 그들의 고객이 쉽게 이해할 수 있는 용어로 바꾸었다. 펩시콜라는 주사기 소동이 거짓 장난일 거라고 믿었고, 나중에 그것이 거짓 장난에 의한 것임이 증명되었다(Magiera, 1993; Mohr, 1994; Weinstein, 1993; Zinn & Regan, 1993). 세심한 답변 구성이 명확함에 도움을 줄 수 있다(Stewart & Cash, 1997). 잘 정리된 답변은 두서없는 답변보다 이해하기가 더 쉽다. 〈박스 5-3〉은 정보를 명확하게 제시하는 데 어려움을 겪은 한 조직에 대한 짤막한 사례를 보여 주고 있다.

### 6) 어려운 질문 다루기

기자회견 중에 제기되는 모든 질문이 다 똑같이 가치 있는 것은 아니다. 텔레비전으로 방송되는 기자회견을 보면 그것이 어떤 기자회견이건 지나치게 길고 복잡한 질문, (몇 가지 정보를 요구하는) 복수의 질문이 담긴 질문, 까다롭거나 어려운 질문, 잘못된 정보를 토대로 한 질문, 받아들일 수 없는 선택 항목으로 구성된 선다형 질문이 등장한다. 각각 식별 가능한 특성을 가지고 있는 이러한 다섯 가지 질문의 예들은 대변인이 직면하는 어려운 질문에 해당한다. 대변인은 어려운 질문을 분간해내서 그것에 적절하게 답변하는 법을 반드시 배워야 한다. 어려운 질문을 식별해내기 위해서는 기자회견 형태의 상황에서 제기되는 질문을 경청하는 연습이 필요하다.

어려운 질문을 식별하는 것은 그러한 질문에 답변하는 것보다 쉽다. 그럼에도 다섯 가지 어려운 질문 각각에 대한 답변 전략이 있다. 길고 복잡한 질문에 대해서는 그 질문을 다시 말하거나 다른 말로 바꾸어 표현하거나 이 책에 소개된 많은 개념을 적용해보는 한 가지 방법은 그러한 개념을 사용해 서로 다른 두 유형의 조직이 위기에 어떻게 대비하는지를 살펴보는 것이다. 그룹으로 하든 개별적으로 하든, 만약 당신이 대규모 리조트에서 일을 한다면 당신의 조직에 닥칠 수 있는 가능한 위기들의 목록을 만들어라. 만약 당신이 제약회사에서 일을 한다면 당신의 회사에 적용할 수 있는 가능한 위기를 생각해보라. 다양한 인적 위험, 지리적 위험, 운영 위험에 대해 자세히 살펴보라. 당신의 목록은 아마 당신이 처음에 생각했던 것보다 더 길 것이다.

설명해달라고 요청하라. 이 같은 전략은 더 나은 단어를 선택해서 질문을 명확히 할 수 있는 기회를 기자들에게 제공하는 한편, 대변인에게는 답변을 구성할 수 있는 시간을 더 많이 제공한다. 한 질문 속에 여러 개의 질문이 포함되어 있는 경우는 다음 두 가지 방식 가운데 하나로 대처할 수 있다. 첫째, 대변인은 여러 질문 가운데 조직이 전하고자 하는 메시지와 가장 잘 맞는 질문을 선택함으로써 자신이 답변할 질문을 선택할 수 있다. 둘째, 대변인은 질문의 모든 부분에 답변할 수 있다. 한 질문의 모든 부분 혹은 다수의 부분에 답변할 때, 대변인은 각 부분에 번호를 매기고 각 부분과 각 부분에 대한 답변에 번호를 매겨야 한다. 번호를 매겨 추가적으로 질문을 체계화하는 것은 다른 청중들을 위해 답변을 명확히 하는 데 도움을 준다.

교묘하거나 어려운 질문에는 답변에 앞서 재치 있게 말문을 열 필요가 있다. 대변인은 질문이 어렵거나 까다롭다는 점과 그러한 질문을 다루기 위해서는 평소보다 더 긴 답변이 필요하다는 점을 반드시 청중에게 전달해야 한다. 또한 그러한 질문에 대해서는 답을 할 수 없을 수도 있으며, 대변인은 반드시 그 이유를 설명해야 한다(Stewart & Cash, 1997). 잘못된 정보를 토대로 한 질문에 대해서는 반드시 문제를 제기하고 잘못된 정보를 바로잡아야 한다(Nicholas, 1995). 대변인은 기자회견에서 제시되고 있는 위기 정보에서 잘못된 정보가 반드시 제거되도록 해야 한다. 선다형 질문의 경우, 대변인은 답변 항목들이 타당한지를 반드시 판단해야 한다(Stewart & Cash, 1997). 2개의 답변 항목 모두가 대변인이 속해 있는 조직을 비정하거나 어리석다고 분류하고 있을 때 왜 대변인은 하나의 답변을 선택해야 하는가? 대변인은 그 답변 항목들이 부당하거나 부적절하다는 점을 설명하고 그 질문에 대해 적절한 답변이 될 수 있는 항목을 만들어야 한다. 훈련은 대변인이 어려운 질문에 대한 효과적인 답변을 찾아내고 개발하는 데 도움을 준다.

## 7) 디지털 시대의 대변인

소셜 미디어는 대변인의 이마에 새로운 주름이 생기게 했는데, 그것은 바로 자신의 영상물에 주연으로 출연하는 것이다. 많은 기업 지도자가 이해관계자들에게 사과하기 위해 유튜브 동영상에 등장하는 것 같다. 여기 여섯 가지 사례가 있다. ① 제품 형질 변경(product tampering) 때문에 등장한 도미노(Domino) CEO 패트릭 도일(Patrick Doyle), ② 최대 14시간 동안 승객을 기내에 갇혀 있게 한 것 때문에 등장한 제트블루(JetBule) CEO 데이비드 닐먼(David Neeleman), ③ 오프라 윈프리(Oprah Winfrey) 홈페이지를 방문한 사람들에게 숯불구이 통닭 쿠폰을 무료로 나눠준 행사가 실패하는 바람에 등장한 KFC 사장 로저 이튼(Roger Eaton), ④ 4주 만에 세 종류의 장난감 리콜 조치를 취한 마텔(Mattel) CEO 밥 에커트(Bob Eckert), ⑤ 리스테리아(Listeria) 발병 때문에 등장한 메이플 리프 푸드(Maple Leaf Foods) 사장/CEO 마이클 매케인(Michael McCain), ⑥ 발이 묶인 승객들 때문에 등장한 유나이티드 에어라인(United Airlines) CEO 짐 굿윈(Jim Goodwin). 카메라에 호감 있게 비칠 필요성은 소셜 미디어에서 더 커진다. 이해관계자들은 기업의 메시지를 다시 볼 수 있고 그들의 의견과 비평을 올릴 수 있다. 도일과 도미노는 그의 유튜브 사과로 칭찬을 받긴 했지만, 많은 유튜브 댓글이 호의적이지 않았다. 다음은 그러한 비판의 일부다.

- 그는 웃음을 터트릴 수도 있기 때문에 카메라를 바라보고 있지 않다. 나는 그가 그 자신의 말을 믿지 않는다고 확신한다. 지금 이 순간에도 우리는 얼마나 많은 다른 샌드위치가 엽기적인 방법으로 훼손되고 있는지 알 수 없다.
- 그 CEO가 최소한 해야 하는 것은 카메라를 똑바로 쳐다보고 옷매무새를 더 가다듬는 것이다(옷깃을 열어젖힌 셔츠라니?). PR 담당 부서는 어디에 있는가? 당신들은 할 일을 하지 않고 있다.
- 왜 텔레프롬프터(teleprompter)를 읽나? 가슴에서 우러나오는 것을 말하라!
- 성의 있는 절박함이 핵심인데, 텔레프롬프터를 읽고 나서는 서면 성명서를 발표함으로써 솔직하지 못한 위기 모드 … "우리는 그런 음식이 제공되었다는 어떤 증거도 가지고 있지 않다…."
- 카메라를 들여다보았어야 했는가 아니면 적당한 텔레프롬프터를 빌렸어야 했는가?

기업 비디오가 비록 통제된 미디어이긴 하지만, 대변인을 위한 전달 조언은 여전히 매우 중요하다. 기업의 답변용 비디오가 진실되고 성의 있는 것처럼 보이지 않는다면 그 어떤 비디오도 내보내서는 안 된다. 다시 한 번 말하지만, 시선 마주침과 기만이라고 인식되는 것을 막아주는 다른 전달 요인들은 매우 중요하다. 미디어 트레이너들이 말하듯이, 모든 매니저가 비디오에 등장해야 하는 것은 아니며 효과적인 비디오는 연습이 필요하다.

그리고 그것이 당신의 비디오일 때는 여러 차례의 연습이 필요하다.


## 5. 결론

위기관리의 대비 단계는 위기 발생을 예상하는 단계다. 조직은 발생할 수도 있는 위기를 관리하는 데 필요한 자원을 동원한다. 취약성을 진단하는 것은 잠재적인 조직 위기 가능성과 영향을 평가하는 것이며, 위기 유형은 유사한 위기들을 묶어놓은 것이다. 조직은 모든 위기에 대비할 수는 없지만 주요 위기 유형에는 대비할 수 있다. 취약성 진단과 위기 유형에 대한 정보는 위기 포트폴리오, 즉 주요 위기 유형 각각에 대한 개별적인 위기 계획을 구성하는 데 사용된다.

위기팀은 실제 위기관리를 책임진다. 따라서 위기팀원을 신중하게 선발하고 충분히 훈련하는 것이 필수적이다. 대변인은 위기관리 과정에서 전문화된 역할을 수행하며 이해관계자들과의 매우 중요한 연결 고리를 제공한다. 대변인 역시 신중하게 선택되고 철저하게 훈련되어야 한다. 위기팀원

---

**위기 리더십 역량: 복원력을 촉진하라**

위기 지도자는 복원 분위기를 조성할 필요가 있다. 조직이 조직을 파괴할 수 있는 심각한 위기에 직면할 때, 그 위기가 하향 나선형 곡선을 야기할 거라는 두려움이 존재한다. 위기 지도자는 조직이 복원될 거라는 점뿐만 아니라 다시 성장할 거라는 점도 강조해야 한다. 위기 동안 긍정적인 결과를 가져오기 위해 노력하는 것은 일종의 복원력(resilience)이다. 복원력의 중요한 구성요소로는 새로운 기술 배우기, 다양한 상황 다룰 수 있기, 역량 향상 등이 있다(James & Wooten, 2010). 위기팀 훈련에 대한 이 장의 논의는 복원력을 촉진할 필요성을 반영하고 있다. 위기팀 훈련은 복원력 훈련이다. 훈련을 통해 위기팀원은 새로운 기술을 배우고, 다양한 상황에 대비하며, 역량을 향상할 수 있다. 또한 팀은 새롭고 유용한 아이디어를 생각해내야 하는 도전에 직면하기 때문에 모의 훈련은 팀원의 창의성을 촉진하는 방향으로 이루어져야 한다.

---

과 대변인을 선발하고 훈련하지 못하면 처참한 위기관리를 면할 수 없다. 그뿐만 아니라 위기관리 계획이 없다면 위기팀은 아무것도 아니다. 6장에서 우리는 위기관리 계획과 위기 통제 센터에 초점을 맞춤으로써 위기 대비에 대한 우리의 논의를 결론짓는다.

## 토론문제

1. 당신은 이 장에 제시된 위기 유형 목록에 어떤 다른 위기 유형을 추가할 것인가?
2. 2005년 6월, 네 살 된 소년이 디즈니 월드(Disney World)에 있는 에프콧 센터(Epcot Center)에서 미션 스페이스(Mission Space)를 탄 후 사망했다. 뉴스 미디어는 디즈니에 있는 누가 기자회견에 나오길 원하겠는가? CEO를 내보는 것이 좋은 선택일까? 그렇다면 혹은 그렇지 않다면 이유는 무엇인가?
3. 조직의 취약성을 정확하게 진단하는 데 어떤 장애물이 존재하는가? 그러한 각각의 장애물을 극복하기 위해서는 어떻게 해야 하는가?
4. 그룹으로 어떤 특정한 회사를 선택해서 그 회사가 직면할 수도 있는 잠재적인 취약성 목록을 작성하라. 그런 다음, 그러한 각각의 위협에 가치를 부여해보라.
5. 이 장에 제시된 전달 요인들이 위기 동안 효과적인 온라인 비디오를 만드는 데 유용하다는 것에 동의하는가? 아니면 동의하지 않는가?
6. 위기팀원으로서 당신의 강점과 약점은 무엇인가?
7. 위기 대변인으로서 당신의 강점과 약점은 무엇인가?
8. 당신은 어떤 종류의 훈련이 위기팀에 가장 유용하다고 생각하는가? 그 이유는?
9. 즉흥적 조치와 훈련 간에는 어떤 관계가 있는가?

## 06

조직이 위기에 대비할 때 흔히 하는 것은 위기관리 계획(CMP)을 마련하는 것이다. CMP가 중요하긴 하지만 그것이 조직을 위기로부터 막아주는 마법의 보험증권은 아니다. 또한 CMP는 위기가 닥칠 때 해야 할 일에 대한 단계별 설명서도 아니다. CMP를 마법의 보험증권이라고 가정하거나 혹은 단계별 설명서라고 가정하고 일을 하게 되면 정작 위기가 닥칠 때 큰 코를 다치게 될 것이다. 테스트를 거치지 않은 CMP를 가지고 있는 조직은 CMP를 가지고 있지 않은 조직보다 더 나을 것도 없다. 두 조직은 모두 위기관리 시계가 움직이기 시작할 때 헛발질을 하면서 귀중한 시간을 허비하게 될 것이다. 이 장에서 우리는 기능적 CMP와 위기의 파도 위를 항해하는 데 반드시 필요한 관련 위기 커뮤니케이션 체계에 대해 살펴본다.

## 1. 위기관리 계획 수립하기

위기라는 종교에 귀의한 사람이 전하는 가장 중요한 설교 주제는 상세하고도 사용 가능한 CMP의 필요성이다. CMP는 위기를 관리하는 데 필요한 정보를 반드시 포함하고 있어야 하지만 지나치게 길고 복잡해서는 안 된다. 긴 CMP는 먼지가 쌓인 채 책꽂이에 꽂혀 있을 때는 멋있어 보이지만 위기가 닥칠 때는 실용적이지 않다(Barton, 2001; Coombs, 2006a).

## 1) 가치

CMP에 대한 논의는 하나의 근본적인 질문을 제기한다. 우리는 위기 계획을 수립해야 하는가? CMP를 수립하는 것은 위기에 앞서 계획을 수립하는 것이 가치가 있음을 전제로 한다. 계획 수립 이론(planning theory)에 따르면, 계획 수립은 조직이 환경에 적응하는 것을 돕고 바라던 결과에 도달할 수 있는 가능성을 높인다고 한다(Chwolka & Raith, 2012). 통상 관리자가 행동에 앞서 계획을 수립할 때 조직은 더 좋은 성과를 올린다. 그러나 계획에는 한계가 있다. 만약 계획이 융통성이 없어 관리자에게 미리 정해진 일련의 행동을 따르도록 강요한다면, 계획은 조직에 부정적일 수 있다(Mintzberg, 1996). 계획 수립은 전략적 사고를 촉진하고 적절한 사람들이 프로젝트에 참여하고 있음을 확실히 하는 과정으로 간주되어야 한다(Johnson, Scholes, & Whittington, 2008). 위기에 대해 복잡성 관점(complexity view)[1]을 가지고 있는 위기 전문가들은 CMP에 대해 비슷한 의구심을 가지고 있다. 논점은 지나치게 지시적인 CMP는 해롭지만 계획 수립은 위기팀의 위기 대비를 돕는 데 반드시 필요하다는 것이다(Gilpin & Murphy, 2008, 2010). 그래서 우리 질문에 대한 답변은 "그렇다"이며, 연구들도 위기에 대한 계획 수립의 가치를 확인했다. 그러나 우리는 CMP를 어떻게 구성하고

---

1 문화와 기술이 발전함에 따라 사회는 편리함을 요구하고 기업은 효율성을 추구하지만, 이것이 과도해질 경우 이를 제대로 운용하지 못하게 되는 상황에 빠지게 된다. 이를 복잡성이라고 하는데, 정렬이 제대로 되지 않아 얽히고설키는 현상을 일컫는다(역자 주).

사용할 것인지에 대해 신중할 필요가 있다.

똑똑한 위기관리자는 CMP가 위기에 대처하기 위해서 정확히 무엇을 해야 하는지를 그들에게 말해주지 않는다는 것을 알고 있다. 위기는 불확실성을 야기하며, 어떤 CMP도 위기에서 감지하기 힘든 모든 우여곡절을 예상할 수는 없다. CMP는 참조 도구로서의 가치를 지니고 있다. 위기관리는 창발적(emergent)[2] 전략 기술이다. 위기팀은 반드시 위기 사건에 대응해야 하며, 대응 전략은 위기 상황의 속성에 대한 이해로부터 나온다. CMP는 위기팀의 노력에 도움이 될 수 있는 조언과 리마인더(reminder)를 제공한다. CMP는 위기 계획 수립 과정을 글로 작성한 것이다. 위기팀은 계획(명사)을 가지는 것보다는 계획을 수립하는(동사) 것에 대해 생각하는 것이 가장 좋다. 나중에 논의하겠지만, 그냥 CMP를 가지고 있는 것은 조직에 골칫거리가 될 수 있다.

그러면 CMP가 지니고 있는 실용적 가치는 무엇인가? 앞에서 언급했듯이, 위기는 시간 압박을 받는 사건이어서 위기 동안 빠른 대응이 필수적이다. 위기 동안 필요한 배경 정보를 찾고 누가 무엇을 할 것인지를 정하며 사건의 순서를 알아보는 데 시간을 낭비해서는 안 된다(Barton, 2001). CMP는 이런 요소들을 사전에 모아놓음으로써 대응 시간을 줄이는 데 도움을 준다. CMP는 속도 외에도 조직화된 효율적인 대응을 하는 데 도움을 준다. 어떤 틀을 마련해 놓음으로써 위기를 둘러싸고 있는 혼돈이 줄어들며 사건으로 인한 스트레스도 줄어든다(Corporate Leadership Council, 2003). CMP는 생명을 구하고, 조직의 위험 노출을 줄이며, 당황하지 않거나 속속들이 조사해보지 않고서도 개선조치를 취할 수 있게 해준다(Barton, 1995).

---

2  '창발(創發)'이란 남이 모르거나 하지 아니한 것을 처음으로 또는 새롭게 밝혀내거나 이루는 일을 말한다(역자 주).

많은 대규모 조직은 CMP의 필요성을 인정해왔다(Barton, 2001; Lerbin-ger, 1997). 그럼에도 2005년 주요 회사들 가운데 60%만이 CMP를 가지고 있었는데, 이는 1984년의 53%보다 조금 높아진 수치다(American Management Association, 2003). 2012년에는 69%로 높아졌다(IR Insight, 2012). 이러한 수치는 여전히 모든 조직이 다 CMP가 필요하다는 메시지를 듣지 않고 있음을 보여준다. CMP의 필요성을 강조하기 위해서는 때로 위기가 필요하기도 하다. "하지 않는 것보다는 늦더라도 하는 것이 낫다"는 문구가 떠오른다. 실제로 정책과 운영에 아무리 신중을 기한다 하더라도 위기를 피할 수 있는 조직은 없기 때문에, 모든 조직은 CMP를 가지고 있어야 한다.

## 2) 구성요소

CMP의 경우, 더 긴 것이 항상 더 나은 것은 아니다. CMP는 큰 바인더를 채우고 있어서 사용하기 어려운 것이 아니라 반드시 관리 가능한 것이어야 한다. 가장 바람직한 CMP는 사용자 편의적인 짧은 문서다. CMP는 상단부가 바인딩되어 있고 식별하기 쉽도록 각 섹션에 다른 탭(tab)을 붙여 사용하기 쉬운 플립차트(flipchart) 형태로 보관하는 것이 좋다. 또 다른 옵션으로는 CMP를 CD, 플래시 드라이브, 혹은 안전한 인트라넷 사이트에 복사하여 보관하는 것이다. 형태야 어떻든, CMP는 융통성이 있고 이용 가능해야 한다(Coombs, 2006a).

CMP는 근본적으로 커뮤니케이션 문서이기에 누구와 어떻게 연락해야 하는지를 확인해준다. 연락 정보는 팀원과 팀원에게 도움이 될 수도 있어 추가된 전문가들에게 제공된다. 실제로 어떤 위기 전문가들은 CMP를 '위기 커뮤니케이션 계획'이라 부른다(예, Fearn-Banks, 2001). 위기 커뮤니케이션 계획은 더 큰 CMP의 주요 부분이며 다양한 이해관계자에게 도달하

〈표 6-1〉 **위기관리 계획의 공통된 구성요소**

| | |
|---|---|
| 1. 기밀 유지 확인서 | 2. 예행연습 일자 |
| 3. 도입 | 4. 확인 |
| 5. 위기관리팀 연락 목록 | 6. 사고 보고양식 |
| 7. CMT 커뮤니케이션 전략 워크시트 | 8. 이해관계자 연락 워크시트 |
| 9. 2차 연락 목록 | 10. 외부와의 커뮤니케이션 중앙 집중화하기 |
| 11. 재산권적 정보 | 12. 기술 전문용어 주의사항 |
| 13. 위기 통제 센터 지정 | |

는 법과 위기 전 메시지 만들기와 같은 정보를 포함한다. 또한 CMP는 위기 동안 나온 말과 취해진 조치를 기록하는 방법과 수단도 포함한다. CMP는 위기 동안 통상적으로 취해지는 핵심 조치에 대한 리마인더를 점검 목록의 형태로 포함할 수 있다. CMP에 대한 이러한 논의는 위기 커뮤니케이션 계획에서 별도로 다루어질 수도 있는 것을 포함하기도 한다. 그러나 반드시 취해져야 하는 융통성 없는 일련의 조치들을 위한 점검 목록에 의존하지 않는 것은 중요하다. 각각의 위기는 독특하며, CMP는 단계별 공식이 아니라 참조 도구일 뿐이다.

CMP는 ① 문서화, ② 연락 정보, ③ 리마인더와 같은 세 가지 기본적인 구성요소를 가지고 있다. 〈표 6-1〉은 CMP에서 공통적으로 볼 수 있는 구성요소들을 나열하고 있다. 구성요소들이 위기 대처를 위한 단계별 지시사항을 포함하고 있지 않다는 점에 주목하라. 문서화(documentation)는 대비와 위기 대응을 다룬다. 대비를 위한 문서화는 확인과 예행연습 일자를 포함한다. 확인(acknowledgement)은 직원들이 CMP를 읽었고 위기 동안 그들의 책임을 이해한다는 것을 보여주는 지표다. 출력물 형태로 된 CMP의 경우, 이 양식은 떼어낼 수 있게 되어 있어 직원들이 양식에 서명한 후 인사 파일이 비치되어 있는 인사부에 되돌려 보낼 수 있다. 그것은 각 직원이

CMP를 읽고 이해했음을 보여주는 서명된 진술서다. 전자 형태의 경우에는 디지털 형식의 CMP가 담겨 있는 이메일에 직원들이 문서를 열어봄으로써 위기 동안 그들의 책임을 이해하고 받아들임을 확인하는 진술서가 포함되어 있다. 이것은 직원들이 자신의 인사 파일에 서명된 양식을 첨부하거나 디지털 확인을 함으로써 CMP를 매우 진지하게 받아들이도록 장려하는 효과를 발휘한다.

위기 대응 문서화는 사고 보고양식, CMT 커뮤니케이션 전략 워크시트, 이해관계자 연락 워크시트를 포함한다. 위기팀은 반드시 위기 동안 행해진 것에 대한 정확한 기록을 유지해야 한다. 위기팀은 그들의 위기관리 노력을 평가할 때 이러한 정보가 필요하며, 조직은 위기에 의해 촉발된 법적 소송이나 정부 조사에 대처할 때 이러한 정보가 필요하다. 사고 보고양식은 사고를 언제 처음 분명히 알게 되었는지, 그러한 위기가 어디에서 발생했는지, 언제 그 위기에 대해 여러 사람과 조직에게 연락했는지, 그 위기에 대처하기 위해 누가 어떤 조치를 취했으며 그 결과는 어땠는지를 기록한다. CMT 커뮤니케이션 전략 워크시트는 위기 커뮤니케이션이 전략적임을, 즉 그것이 뚜렷한 목적에 도움이 된다는 점을 위기팀에게 상기시킨다. 이 워크시트는 전략적인 것과 위기 조치를 문서화하는 것이 무엇을 의미하는지를 CMT 구성원에게 상기시켜준다. 이 워크시트는 위기관리자가 누구에게 이야기를 할 것인지(정확한 이해관계자)에 대해 생각해보고, 특정 수용자를 기록하고, 특정한 목적을 기록하고, 이러한 커뮤니케이션 목적을 통해 그들이 얻고자 하는 것이 무엇인지에 대해 생각해보고, 사용하고자 하는 전술을 찾으며, 수용자들에게 보낸 실제 메시지의 복사본을 첨부하도록 상기시켜준다(Barton, 2001). 위기관리자는 성급하게 전술을 사용하기에 앞서 그들이 작성하는 메시지의 목적을 생각해야 한다. 위기 커뮤니케이션 대응은 전술이나 기술이 아닌 전략을 통해 이루어져야 한다.

이해관계자 연락 워크시트는 위기 동안 조직에 연락을 해오는 여러 이해관계자를 어떻게 다루어야 할지에 관한 것이다. 그러한 이해관계자들 가운데 가장 중요한 이해관계자는 보통 미디어지만, 위기 동안 다른 이해관계자도 정보를 요청하고 답변을 요구할 수도 있다. 이해관계자 연락 워크시트는 전화나 이메일을 받거나 혹은 소셜 미디어에 글이 게시될 때 따라야 할 구체적인 절차로 시작된다(Barton, 2001). 이러한 절차에는 모든 연락 시도가 이루어져야 할 곳과 그들에게 답변을 할 사람이 구체화되어 있어야 한다. 통상 미디어에 대응할 대변인을 찾는 것(5장의 주제)에 초점이 맞추어진다. 그러나 조직은 지역사회 지도자, 직원, 직원 가족, 투자자, 중요한 블로그와 같이 정보를 찾는 다른 이해관계자를 간과해서는 안 된다. 이러한 이해관계자들은 아마 소셜 미디어와 같은 디지털 채널을 사용할 것이다. 비록 위기 동안 미디어보다 우선순위가 떨어진다 하더라도, 이러한 이해관계자들의 정보 추구 욕구는 정당한 것이다. 이들을 무시하는 것은 조직과 이해관계자 간의 관계를 해친다. 조직은 미디어만을 위한 것이 아니라 조직에 연락을 취할 수도 있는 모든 이해관계자를 위한 절차도 반드시 개발해야 한다. 명확한 절차를 마련하는 것 외에도 세심한 문서화는 필수적이다. 이러한 정보를 기록하기 위해서는 여러 부의 이해관계자 접촉 워크시트가 CMP에 포함되어 있어야 한다. 이 워크시트에는 조직에 연락을 한 사람, 연락을 한 시점, 연락을 위해 사용한 매체, 구체적인 질문, 답변, 약속한 후속 조치, 후속 조치의 상세 내용이 포함되어야 한다(Barton, 2001).

연락 정보에는 위기 동안 위기팀이 정보를 수집하고 결정을 내리는 데 도움을 줄 수 있는 사람이 포함된다. 위기팀의 모든 구성원 이름과 연락 정보, 그들의 전문 영역, 필요할 수도 있는 외부 자문가, 보험이나 응급 의료 기관과 같이 연락을 취해야 할 수도 있는 외부 기관이 포함되어 있는 CMT 연락 목록이 출발점이다. CMT 연락 목록은 누구에게 연락을 할 것인지를 보여주고, 그들이 왜 위기와 관련이 있는지 말해주며, 각 사람에게 연락을 취하는 다양한 수단을 제공한다. 이 목록은 목록에 있는 사람이 조직에 어떻게 도움을 줄 수 있는지도 보여줘야 한다. 이 목록은 목록에 있는 사람들의 전문성을 적시해야 하며 사람들의 전문성이 어떤 유형의 위기에 가장 적합한지도 열거해야 한다. 이 문서는 때때로 위기 명부(crisis directory)라 불린다. 이 문서는 위기팀원을 확인하고 그들에게 연락을 취하고자 할 때 쉽게 사용할 수 있는 체계화된 목록을 제공한다.

위기팀은 위기 동안 발생하는 이례적인 상황에 대처할 준비가 되어 있어야 한다. CMT 연락 목록에는 위기에 대한 정보를 제공받아야 할 수도 있는 다양한 이해관계자들이 포함되어 있다. 2차 연락 목록은 연락을 취해야 할 이해관계자들과 조직 내에서 그들과의 커뮤니케이션을 책임지고 있는 사람을 보여준다. 이 워크시트에는 이해관계자 유형, 연락 시 사용하는 이름(들), 소속 조직(조직에 소속되어 있을 경우), 직함, 연락 정보, 문서화(언제 그리고 누가 연락을 했는지)가 포함되어 있어야 한다(Barton, 2001). 2차 연락 목록을 작성할 때는 소셜 미디어 담당 부장과 PR 담당 국장이 매우 유용할 것이다.

리마인더에는 CMP의 민감한 속성과 조직의 재산권적 정보(proprietary information)가 담겨 있다. CMP의 디지털 복사본을 공유하는 것은 정말 쉽지만, 대부분의 기업은 CMP를 기밀로 간주한다. 각각의 CMP에는 CMP가 기밀이기 때문에 다른 누구와도 공유되어서는 안 된다는 것을 위기팀원들에게 상기시켜주는 표지가 있다. 사적 정보 섹션은 위기 동안 CMP를 완전히 공개하는 것은 항상 분별 있는 행동이 아님을 일깨워준다. 위기관리자는 흔히 정보의 완전한 공개를 설교하지만, 조직이 공개해서는 안 되는 정책과 사실에 입각한 정보가 존재한다. 재산권적 정보 섹션은 어떤 정보는 기밀이어서 CEO의 승인이나 법무팀의 심사 없이는 이해관계자에게 공개

될 수 없다는 것을 위기팀에게 상기시켜준다(Tyler, 1997). 예를 들어, 조직은 매우 강력한 이유가 없이는 시장에서 경쟁 우위를 제공하는 영업 비밀을 결코 넘겨주어서는 안 된다(Barton, 2001). 이와 관련된 것으로, 조직은 피해자 가족에게 통보하기 전에는 피해자 이름을 결코 공개해서는 안 된다.

조직은 기술 전문용어 주의사항이라는 리마인더를 하나 더 추가할 수 있다. 5장에서 언급했듯이, 기술 전문용어는 위기 정보의 효과성을 감소시킬 수 있다. 각 산업과 조직은 그들 자신의 전문용어를 가지고 있다. 위기팀은 그들이 사용할 수도 있는 흔히 쓰이는 기술 전문용어와 그러한 용어를 업계나 조직 외부에 있는 사람에게 가장 잘 설명할 수 있는 방법을 적어놓은 목록을 만들어야 한다. 기술 용어 리마인더 섹션을 통해 '배출(venting)'과 '방출(releasing)'의 차이를 설명할 수도 있을 것이다. 각 조직은 그들 자신의 전문용어 설명집을 만들어야 한다.

CMP에 도입 페이지를 두는 것은 도움이 된다. 도입부는 CEO나 조직 내의 다른 인정된 지도자가 써야 한다. 도입부의 메시지는 위기관리의 중요성, CMP의 가치, 위기팀원이 되는 것의 진지함을 강조한다. 도입부는 위기관리의 진지함과 중요성을 직원들에게 상기시켜준다. 위기 통제 센터 지정은 주 통제 센터를 사용할 수 없을 경우 대안 통제 센터의 장소와 함께 CMP가 작동될 때 CMT 구성원이 가야 할 장소를 보여준다. 어떤 조직은 때로 '위기 지휘 센터'라고 불리는 특별한 위기 통제 센터를 마련했으며, 또 어떤 조직은 어셈블리 센터(assembly center)만을 지정했다. 팀원은 연락을 받고 지정된 장소로 바로 가야 한다는 것을 안다. 나중에 논의하겠지만, 모바일 기술 사용 증가는 위기 통제 센터의 속성을 바꾸고 있다.

마지막 리마인더는 위기 동안 외부와의 커뮤니케이션을 중앙 집중화해야 할 필요성에 관한 것이다. 이 부분은 공중 관계, 마케팅, 광고 메시지가 위기 노력과 일관성이 있어야 함을 상기시켜준다. CMP의 이 부분에는 소셜 미디어 노력을 포함해 조직이 사용할 중요한 모든 외부 커뮤니케이션 채널과 각 채널의 조직 내 책임자가 목록으로 정리되어 있다. 어떤 주요 위기 동안에는 조직이 위기팀으로부터의 메시지를 제외한 모든 외부 커뮤니케이션 메시지 수신을 중단할 수도 있다. 혹은 위기 동안 조직은 특정 메시지 수신을 중단할 수도 있을 것이다. 예를 들면, 카니발 크루즈 라인스는 카니발 트라이엄프 위기 동안 그들의 페이스북 페이지에서 특별한 제안을 한 것 때문에 비판을 받았다. 외부로 내보내는 메시지는 위기 노력을 지원해야 하며 위기 동안 부적절하게 보여서는 안 된다.

카니발 트라이엄프 사례가 보여주듯이, 소셜 미디어 채널은 위기 커뮤니케이션 노력과 통합되어야 한다. 위기팀에 소셜 미디어 관리자를 두는 것은 통합을 촉진하고 위기 동안 누가 소셜 미디어를 통제해야 하는가라는 문제를 피하는 데 도움이 된다(Chand, 2013). 컨설팅 회사인 케첨(Ketchum)의 스티븐 와딩턴(Stephen Waddington)은 다음과 같이 말하고 있다.

소셜 미디어는 위기와 분리되어 있는 것처럼 간주될 수 없으며 모든 형태의 미디어 간 통합된 대응이 요구된다. 블로그나 트위터 같은 소셜 미디어에서 갑자기 시작된 이슈는 더 전통적인 형태의 미디어에 의해 재빨리 옮겨짐으로써 증폭될 수 있다. 모든 미디어를 감독하는 것은 경청, 계획 수립, 대응에 매우 중요하다(Chand, 2013: para. 6에서 재인용).

소셜 미디어를 통합할 때, 우리는 4장에서 언급한 바 있는 '대시보드'라는 용어로 다시 돌아간다. 소셜 미디어를 모니터하는 것 외에도, 여러 소셜 미디어 채널을 관리하는 데 대시보드가 사용될 수 있다. 예를 들어, 4개 포털의 네 가지 다른 소셜 미디어 채널을 관리하는 대신, 당신은 한 장소, 즉 대시보드에서 4개 모두를 관리할 수 있다. 더욱이 사람들이 위기와 당신의

1. 도입: 위기관리 계획의 중요성에 대한 CEO의 발언. "이 계획을 이해하지 못하면 회사 전반에 치명적인 혼란이 초래될 것이다"(Gaines, 2010: 2).
2. 확인: 직원이 위기관리 계획을 읽고 계획에서 자신의 역할을 이해했음을 보여주는 부분.
3. 예행연습 일자: 위기관리 계획을 예행연습한 일자의 목록을 만들어라. 콘티넨털은 위기관리 계획을 1년에 두 번 연습할 것을 권고한다.
4. 목적과 목표
   · 목적: "피해를 최소화하고 위기에 재빨리 대응하기 위해"(Gaines, 2010: 5)와 같은 위기관리 계획의 목적을 검토한다.
   · 목표: "위기 동안 정확하고 효과적으로 커뮤니케이션하기 위해"(Gaines, 2010: 5)를 포함한 위기관리 계획의 목표 목록을 만든다.
5. 주요 공중: 위기 동안 콘티넨털이 확인한 주요 공중의 목록을 작성한다.
6. 공중에게 통지하기: 이 부분은 중요한 정보가 가능한 한 빨리 공중에게 전달되어야 한다는 점에 주목한다. 주요 공중은 내부 공중과 외부 공중으로 구분된다. 외부 공중보다 내부 공중에게 먼저 통지될 것이다. 또한 내부 공중에게는 이메일과 같은 더 직접적이고 사적인 채널이 권고되는 반면, 외부 공중에게는 뉴스 미디어와 같은 대중 매체를 통해 통지될 수 있다.
7. 위기 커뮤니케이션 팀: 위기팀원 명단과 그들의 연락 정보가 제공된다. 이 명단은 회사 간부, 이사회, PR 담당자로 구분되어 있다.
8. 미디어 대변인: CEO가 주 대변인이며 마케팅 및 PR 담당 수석 부사장과 운영 담당 수석 부사장이 CEO를 지원한다. 대변인들은 "간결한 언어, 예의 바른 품행 그리고 합리적이고, 염려하며, 감정이입적인 모습을 활용하는"(Gaines, 2010: 10) 것이 좋다.
9. 비상요원 및 정부 관리: 위기 동안 연락을 취해야 할 비상요원 목록을 제공한다. 여기에는 사고 발생 시 통보해야 할 연방 관리도 포함되어 있다.
10. 주요 미디어: 위기 동안 주요 미디어 연락처 목록을 제공한다.
11. 관련 조직의 대변인: 다른 항공사의 대변인 연락 정보와 이름이 적힌 목록을 제공한다.
12. 위기 커뮤니케이션 통제 센터: 위기 통제 센터는 휴스턴(Houston)에 있는 본사다. 대안 통제 센터의 위치도 밝힌다.
13. 장비 및 지급품: 위기팀이 가지고 있어야 할 물품 목록을 제공한다. 이 목록은 사전 수집된 물품과 위기팀이 구입한 물품으로 구분된다.
14. 사전 수집된 정보: 이것은 위기팀의 참고자료로 사전 수집되어 보관해둔 정보를 요약해놓은 것이다. 그와 같은 정보에는 최근 5년간 연방항공국(FAA: Federal Aviation Administration) 조사 소환장, 안전 절차, 사진을 포함한 과거 비행기 충돌 사고 사례연구, 비행기 제작 절차가 포함된다.
15. 웹페이지: 웹마스터에게 통보하여 회사 웹페이지가 신속히 업데이트될 수 있게 한다.
16. 웹사이트 및 관련 링크: FAA와 국가교통안전국(NTSB: National Transportation Safety Board)의 웹사이트를 포함해 위기팀에게 필요할 수도 있는 관련 웹사이트 목록을 작성한다.
17. 주요 메시지: 위기팀은 위기 동안 그들이 반드시 전달해야 할 주요 메시지가 있다는 것을 기억해야 한다. "주요 메시지는 반드시 짧고 간결하며 언론 브리핑과 질의응답 시간 내내 자주 반복되어야 한다"(Gaines, 2010: 17). 이 부분은 보강, 보상, 시정 조치, 변경과 관련된 메시지를

포함한 몇몇 주요 메시지 사례를 제공한다.

18. 교묘한 질문: 문제를 야기하고 주요 메시지에 대한 주의력을 분산시킬 수 있는 질문을 식별한다. "그래서 이윤이 당신 고객의 안전보다 당신에게 더 중요하지요?"(Gaines, 2010: 18)가 그러한 질문의 한 예다.
19. 견본 언론 브리핑: 언론 브리핑용 견본 텍스트를 제공한다.
20. 전구증상(prodrome): 있을 수 있는 위기에 대비한 예방 조치 목록을 제공한다. 이것은 위기를 예방하기 위해 정기적으로 취해지는 조치다.
21. 평가 양식: 이것은 위기 커뮤니케이션 훈련 지침에 대한 피드백을 모으기 위해 만들어진 것이다. 이 양식은 리커트(Likert) 척도를 사용한 9개의 문항과 의견을 직접 적을 수 있는 빈칸으로 이루어져 있다. 9개 문항 가운데 하나는 다음과 같다. "나는 주요 메시지를 이해하며 필요할 경우 그러한 메시지를 전달할 수 있다"(Gaines, 2010: 21).

---

위기관리 노력에 어떻게 반응하는지를 알기 위해 소셜 미디어를 모니터하는 것은 매우 중요하다. 소셜 미디어 대시보드는 위기 동안 매우 중요한 두 가지 기능인 위기 모니터링과 위기 대응을 위기팀이 하는 것을 돕는다.

이러한 13개의 CMP 구성요소에 마술 같은 것은 없다. 어떤 효과적인 CMP는 그들 모두를 사용하지 않을 수도 있고 또 어떤 효과적인 CMP는 몇 가지를 더 추가할 수도 있다. 13개의 구성요소는 CMP에서 가장 흔히 볼 수 있는 구성요소에 불과하다. 조직은 직원들이 호주머니 속에 넣어 다니거나 위기팀원이 늘 지갑 속에 넣어 다닐 수 있도록 카드 형태의 CMP 축소판을 만들 수도 있을 것이다. 또 한 가지 옵션은 팀원의 스마트폰에 디지털 복사본을 저장하도록 하는 것이다. 또 팀원들은 CMP의 디지털 복사본과 출력된 복사본 모두를 소지하도록 요구받을 수도 있을 것이다. 어떤 옵션을 사용하든, CMP를 간결하고 참조하기 쉽게 유지하는 것은 매우 중요하다. 분명 위기팀은 CMP에 들어 있는 것보다 더 많은 정보를 가짐으로써 이득을 볼 것이다. 〈박스 6-1〉은 콘티넨털 에어라인(Continental Airlines)이 만든 위기관리 계획의 개요를 정리한 것이다. 위기팀이 필요로 할 수도 있는 더 상세한 정보는 위기 부록(Crisis Appendix)에 정리되어 있다.

### 3) 위기 부록

앞서 논의한 13개 구성요소만을 모아서 정리하는 것도 길어질 수 있다. 그 결과, 당신은 핵심 CMP를 보완하기 위해 위기 부록을 만들고 싶어 할 수도 있다. 이 부록은 위기관리의 지식 관리(KM: knowledge management) 측면을 반영한다. 위기 부록은 사전 수집된 정보, 템플레이트, 기자회견 자료집, 과거 위기 지식을 모아놓은 위기 지식 데이터베이스다. 예를 들면, 위기 부록은 잠재적 전문가 목록과 위기팀이 취하는 조치를 기록하는 데 필요한 문서를 저장할 수 있는 매우 훌륭한 장소다.

위기 부록은 위기 때 당신이 알고 있어야 할 보완적 정보나 배경 정보를 쉽게 이용할 수 있는 형태로 담고 있을 수 있다. 이러한 정보를 구성하는 효과적인 방법은 위기 때 당신이 받을 가능성이 있는 질문에 대해 생각해 보는 것이다. 당신 조직의 안전 전력(前歷)은 어떠한가? 당신 회사가 마지막으로 제품 리콜 조치를 취한 때는 언제인가? 문제가 된 장비에 대한 유지보수는 얼마나 자주 이루어지는가? 당신은 이러한 질문과 다른 질문에 대한 답변과 관련 정보를 저장할 수 있다. 당신이 사전 수집한 정보는 당신 조직의 위기 위험을 반영할 것이다. 그것은 당신이 당신 조직에 영향을 줄 가능성이 매우 높은 위기와 관련된 정보를 사전 수집해야 함을 의미한다.

'템플레이트(template)'는 발표되기 전에 단지 몇 개의 공란(空欄)만 채우면 되는, 미리 작성된 발표문을 말한다. 다수의 서로 다른 보도자료, 트위터 메시지, 페이스북 게시글, 블로그 게시글이 미리 작성되어 법무팀의 승인을 받을 수 있다. CMT는 단순히 날짜, 장소, 부상자 수, 피해 액수 등과 같은 현 위기에 대한 상세한 내용을 채워넣기만 하면 된다. 위기에 앞서 핵심 메시지가 작성되어 승인을 받기 때문에 시간이 절약된다. 조직은 또한 과거 위기와 훈련을 통해 배운 것도 저장해야 한다. 9장에서 우리는 조직의 기억과 학습에 대해 자세히 살펴본다. 조직은 과거의 성공은 되풀이하고 과거의 실수는 피함으로써 과거 경험을 현재 조치의 길잡이로 사용한다는 것이 그 취지다. 과거의 위기나 훈련을 통해 얻은 지식은 현재의 위기관리 노력에 유용할 수 있기 때문에 CMT는 그러한 지식을 이용할 수 있어야 한다.

템플레이트는 인터넷의 상호작용적인 속성을 이용할 수 있어야 한다. 현재 많은 회사가 소셜 미디어 발표 자료에 대해 이야기하는데, 이는 인터넷이 제공하는 상호작용성을 극대화하려는 시도다. 웹 링크와 같은 상호작용성 활용은 트윗, 페이스북 게시글, 블로그 게시글과 같은 어떤 소셜 미디어 템플레이트에도 적용될 수 있다. 그러한 목적을 위해 템플레이트는 RSS 링크와 공유 링크를 포함하고 있어야 한다. 'RSS'란 '초간편 배포(really simple syndication)'[3]를 나타낸다. 그것은 다른 사람이 당신의 콘텐트를 팔로우하고 출판할(publish) 수 있게 해주는 웹 피드(web feed) 가운데 하나다. 공유 링크(share link)는 사람들이 아이콘을 클릭하면 다른 사람과 정보를 공유하기 위해 사용하고자 하는 소셜 미디어를 선택할 수 있게 해준다. 예를 들면, 만약 내가 공유 링크 아이콘을 가지고 있는 정보를 공유하기를 원한다면, 나는 그것을 나의 트위터 계정에 연결할 수 있다. 그러면 메시지가 그 정보로 연결되는 웹 링크와 내가 나 자신의 의견을 추가할 수 있는 어느 정도의 공간과 함께 트윗으로 나타난다. RSS 링크와 공유 링크는 이해관계자들이 위기 메시지를 다른 이해관계자에게 전송함으로써 그러한 메시지의 도달 범위를 확장할 수 있게 해준다.

기자회견 자료집은 조직에 대한 정보를 하나로 모아놓은 것이다. 이 자료집에는 배경 설명(조직에 대한 역사적 정보), (제품 및 서비스를 포함한) 조

---

3  웹 사용자들이 갱신된 최신 정보를 쉽게 받아볼 수 있게 하는 방법 중 하나(역자 주).

직에 대한 자료표, 디지털 이미지, 영상 파일, 최고 경영진의 약력이 포함되어 있다. 이 자료집은 흔히 사용되는 위기 부록에 추가하기 쉬운 PR 문서다. 이 자료집은 취재진이 위기 기사를 작성할 때 사용할 수 있는 배경 정보를 제공한다. CMP도 그렇듯이, 기자회견 자료집도 조직의 변화를 반영하기 위해 반드시 정기적으로 업데이트되어야 한다.

CMP에는 흔히 위기 위험 평가 양식과 위기 후 평가 양식이 포함되어 있다. 위기 위험 평가는 있을 수 있는 위기를 파악하고 가능성과 영향의 측면에서 각 위기의 위험을 평가한다(가능성은 위기가 발생할 확률을 말하고, 영향은 위기가 조직에 미칠 수 있는 재정적·구조적·환경적·평판적·인적 피해의 크기를 말한다). 위기 위험 평가는 조직이 직면할 가능성이 가장 높은 위기의 종류를 개관하고 있지만, 그것이 모든 가능성에 대한 완전한 분석은 아니다(위기 평가는 5장에 자세히 설명되어 있다). 위기 위험 평가는 위기가 발생하기 전에 유용하기 때문에, CMP가 아닌 위기 부록에 포함될 수 있다.

일단 위기가 끝나면, CMT는 그들의 노력을 반드시 평가해야 한다(9장에서 상세하게 다루겠지만, 조직은 반드시 그들의 위기로부터 배우는 것이 있어야 한다). 위기관리 노력은 기본적으로 커뮤니케이션(즉, 정보 수집 및 전파) 훈련이기 때문에, 평가 양식은 커뮤니케이션에 초점을 맞추고 있다(Barton, 2001; Egelhoff & Sen, 1992; Fearn-Banks, 2001). 평가 양식에는 CMT가 사용하는 통지 체계와 CMT의 정보 수집 노력에 관한 부분이 포함될 것이다. 이 양식을 통해 수집된 정보는 CMT가 CMP의 약점은 바로잡고 강점은 유지하는 데 도움을 줄 것이다. 이 평가는 위기 후 활동이기 때문에, CMP가 아닌 위기 부록에 포함될 수 있다.

### 4) CMP는 충분하지 않다

CMP의 위험은 그것이 관리자에게 잘못된 안전감을 줄 수 있다는 것이다. 어떤 관리자들은 CMP를 비치해두고 있으면 위기가 닥치더라도 안전하다고 생각한다. 이러한 가정에는 세 가지 결함이 존재한다. 첫째, CMP는 종합적인 행동 지침이어서 만일의 사태의 전형을 보여줄 뿐이다. 위기팀은 반드시 그러한 계획을 어떤 구체적인 위기에 맞추어 적용해야 한다. 아무 생각 없이 정확히 같은 방식으로 CMP를 따라 하는 것은 재앙을 만들어내는 행위다(Fink, 1986; Littlejohn, 1983). 위기팀은 CMP를 긴급사태에 맞게 조정하고 CMP에서 한 번도 다루어지지 않은 요인을 다루는 데 매우 중요하다(Barton, 2001; Regester, 1989).

둘째, CMP는 살아 있는 문서다. 조직도 변하고, 조직의 운영 환경도 변하며, 조직의 사람들도 변하기 때문에, CMP는 반드시 정기적으로 업데이트되어야 한다. 1년에 적어도 한두 차례 반드시 바꿔야 할 내용이 없는지 CMP를 살펴봐야 한다. 더욱이 위기관리자는 업데이트가 필요한지 살펴보기 위해 그것을 매주 재검토해야 한다.

셋째, 만약 CMP가 모의 훈련이나 훈련을 통해 테스트나 연습을 거치지 않는다면, 그것은 거의 쓸모가 없다. 이 점은 아무리 강조해도 지나치지 않다. 연습은 실제 위기가 발생하기 전에 반드시 해결되어야 할 결점이나 약점을 드러내 보여준다(Wilsenbilt, 1989). 예를 들면, 텍사스에 있는 한 비행장에서 실시된 비행기 충돌 사고 대비 위기 훈련 동안 심각한 결함이 발견되었다. 비행장 직원들이 그 도시의 비상요원과 연락할 때 사용하는 무선 주파수가 잘못 되어 있었기 때문에 훈련 동안 그들의 무선통신 장비는 쓸모가 없었다. 이것은 재난 대응 시 흔히 볼 수 있는 문제며 허리케인 카트리나가 불어닥쳤을 때 나타났던 많은 문제점들 가운데 하나였다. 주파수를 바꾸는 것은 간단한 절차지만, 그러한 훈련을 하지 않았더라면 그와 같은 문제가 제때 발견되지 않았을 것이다. 다행히도 실제 위기가 아니라 훈련을 통해 CMP 내의 이러한 심각한 문제가 밝혀진 것이다. 나아가 연습은 팀원이 CMP 실행 연습 경험을 쌓을 수 있는 유일한 방법이다. 연습은 또한 위기팀이 위기에 대처할 수 있다는 팀 자신감을 키워준다. 예행연습을 하지 않는 팀의 위험에 대해서는 이미 다룬 바 있다. 관리자들은 반드시 CMP가 그들에게 잘못된 안전감을 심어주지 않도록 해야 한다. 위기관리에 대한 진행 접근방법은 이런 현 상태에 안주하는 것을 막아줄 것이다.

### 5) 기타 관련된 계획

조직은 CMP와 결부될 비상 대책 및 업무 연속성(BC) 계획을 수립해야 한다. 만약 위기로 인해 대피나 대피소 제공이 필요하다면, 비상 대책 계획도 역시 실행될 것이다. 두 계획을 어떻게 서로 조정할 것인가? 이 질문은 훈련을 통해 답을 찾을 수 있으며 두 계획의 원활한 조정에 도움을 줄 수 있다. 두 계획이 필요로 하는 구성 인원과 자원 수요가 중첩되는 것이 특별한 관심사다. CMP와 비상 대책 계획은 서로 보완적이어야 하며 어쨌든 경쟁해서는 안 된다.

위기 동안 조직의 목표 가운데 하나는 가능한 한 빨리 평상시 업무로 되돌아가는 것이다. 업무 연속성 계획에는 운영을 유지하고자 하는 노력이 포함된다. 업무 연속성 계획은 사고 동안 조직 운영을 계속하거나 사고 이후 가급적 빨리 정상 운영으로 되돌아가기 위해서 기울여야 할 노력을 개괄적으로 보여준다. 또다시 조직은 BC와 CMP 간에 구성 인원과 자원 수요가 중첩되는지 여부를 판단해야 한다. 또한 BC와 위기팀은 메시지도 서로 조정해야 한다. 예를 들어, 만약 생산을 유지하기 위해 임시로 대안 장소가 사용된다면, 직원에게 언제 그리고 어디에 출근 신고를 해야 하는지 이야기해주어야 한다. 공급업체와 고객도 공급 체인에 차질이 발생할 것인지 여부, 그와 같은 차질의 범위, 차질이 지속될 예상 기간에 대해 알아야 한다.

노쓰 캐롤라이나(North Carolina) 주 킨스턴(Kinston)에 있는 생산시설에서 폭발사고가 발생했을 때 웨스트 파머수티클스(West Pharmaceuticals)가 보여준 대응은 CMP와 BC의 조정을 보여주는 아주 좋은 사례다. 웨스트 파머수티클스는 고객들에게 그들의 다른 생산시설에서 제품을 생산함으로써 킨스턴 생산시설의 손실을 상쇄하는 데까지 걸리는 시간을 말해주었다. 직원들에게는 그들이 킨스턴 생산시설이 재건될 때까지 다른 생산시설에서 일하게 될 거라고 말해주었다. 직원들은 어떤 생산시설로 가라는 지시와 가족과 함께 시간을 보내기 위해 수주 간격으로 교대 근무를 하게 될 거라는 지시를 받았다.

조직은 소셜 미디어를 사용하는 직원과 관련된 위험을 줄이기 위한 소셜 미디어 정책을 가지고 있어야 한다. 소셜 미디어 정책은 직원이 여러 소셜 미디어를 사용할 때 어떻게 행동해야 하는지에 대한 지침을 제공한다. 종합적인 소셜 미디어 정책은 조직이 사용하게 될 수도 있는 다양한 소셜 미디어 채널에서 해도 되는 행동과 해서는 안 되는 행동을 알려준다. 소셜 미디어 정책에 통상적으로 포함되어 있는 중요한 내용 가운데는 의견을 제시할 때 당신 자신이 직원임을 분명하게 밝히고 그러한 의견이 조직을 대표하는 것이 아니라는 단서를 포함해야 한다는 것, 조직의 공식적인 소셜 미디어 사이트에 글을 게시하기 전 승인을 받아야 한다는 것, 프라이버시, 공정 사용(fair use)[4] 및 저작권과 같은 모든 적용 가능한 법을 지킬 것 등이 있다(Black, 2010). 다음은 시스코(Cisco)의 소셜 미디어 정책의 일부 내용이다.

당신의 견해를 올릴 때, 만약 당신이 시스코를 대표해서 글을 써도 된다고 당신의 매니저가 승인하지 않았다면 당신이 시스코를 대표해서 말하고 있다고 주장하거나 암시해서는 안 된다. 만약 당신이 인터넷 게시글에 당신 자신을 시스코 직원이라고 밝히거나, 시스코가 한 일에 대해 언급하거나, 시스코 웹사이트로 연결되는 링크를 제공한다면, 꽤 잘 보이는 곳에 다음과 같은 단서를 포함시켜야 한다. "이 게시글에 표명된 견해는 나의 견해이며 반드시 시스코의 견해를 반영하는 것은 아니다." 당신의 인터넷 게시글에 시스코의 로고나 트레이드마크가 포함되어서는 안 되며, 또한 게시글을 쓸 때 저작권, 프라이버시, 공정 사용, 재무 공시(financial disclosure), 다른 적용 가능한 법을 존중해야 된다("Cisco's," 2008: para. 5).

## 2. 위기 커뮤니케이션 체계 재검토

인원과 CMP가 갖추어졌으면, 위기관리자는 반드시 커뮤니케이션 체계의 물리적 구성이 준비되어 있는지 확인해야 한다. 위기 커뮤니케이션 체

---

4 기본적으로 저작권으로 보호되는 저작물을 저작권자의 허가를 구하지 않고 제한적으로 이용할 수 있도록 허용하는 미국 저작권법상의 원칙으로, 학문 연구나 평론에 이용되는 것이 그 예다. 넓게는 저작권을 제한하는 법원칙으로 이해되기도 한다(역자 주).

계의 구성요소로는 대량 통지 체계, 위기 통제 센터, 인트라넷 및 인터넷이 있다. 준비에는 위기 커뮤니케이션 체계가 CMT의 요구를 충족시키고 위기 커뮤니케이션 체계가 작동하는지를 확인하기에 충분한지를 판단하는 것이 포함된다.

### 1) 대량 통지 체계

위기팀이 수많은 사람에게 간단한 메시지를 보내야 하는 때가 있다. 이것을 일컬어 '대량 통지(mass notification)'라고 한다. 대량 통지 대상에는 통상적으로 직원이 포함되지만 그 밖에도 대피나 대피소에 대한 안전 정보를 전달받아야 하는 지역사회 구성원도 포함된다. 대량 통지는 전화, 문자메시지, 이메일, 혹은 이들의 조합을 통해 미리 설정된 명단의 사람들에게 메시지를 보내는 자동화된 메시지 전송 체계를 통해 이루어진다. 대량 통지를 하는 더 쉬운 방법은 그것을 외주업체에 맡기는 것이다. 에버브리지(Everbridge) 같은 많은 업체가 자동화된 메시지 전송 업무를 대행한다. 위기팀은 위기가 발생했음을 직원에게 알리고 지역사회에 안전 위험에 대해 경고하기 위해 자동화된 메시지 송신 체계를 이용할 수 있다. 이 체계는 심지어 상호작용적일 수도 있어서, 통지받은 사람들이 수신받은 메시지에 답신을 할 수 있다. 메시지는 짧아야 한다. 직원과 지역사회 구성원들에게 전화번호, 웹사이트, 혹은 직원 전용 인트라넷 사이트와 같은 추가 정보를 얻는 방법을 알려주어야 한다. 지역사회 구성원들에게 가능한 한 빨리 어떤 안전 위험에 대해 알려주어야 한다. 더욱이 직원이 위기에 대해 뉴스 미디어가 아닌 조직을 통해 아는 것은 매우 중요하다. 위기관리 과정상 많은 사람에게 짧은 메시지를 보내야 할 필요가 있을 때마다 대량 통지 체계가 사용될 수도 있다.

일부 조직은 트위터와 페이스북 같은 소셜 미디어 채널을 대량 통지 체계로 사용하지만, 소셜 미디어 채널은 그러한 용도로 만들어진 것이 아니다. 소셜 미디어는 주된 대량 통지 체계가 아니라 보완 체계로 사용되는 것이 가장 좋다. 소셜 미디어 채널에 전적으로 의존하는 것은 위험하다. 만약 소셜 미디어 채널이 변화되어 대량 통지의 효과성이 줄어들거나 소셜 미디어가 더 이상 존재하지 않게 된다면 어떻게 할 것인가? 중첩된 대량 통지 체계를 갖는 것도 위기 동안 매우 중요하다. 당신 조직의 소셜 미디어 채널을 당신의 대량 통지 노력을 위한 중첩된 통지 체계로 사용하라.

## 2) 위기 통제 센터

위기 부록에 대한 논의에서 우리는 조직이 위기 통제 센터를 가지고 있어야 한다고 말했다. 위기 통제 센터는 여러 기능을 수행한다. 통제 센터는 CMT 구성원들이 만나 위기에 대해 논의하는 장소이자 정보 수집 센터이자 언론에 브리핑을 하는 장소다. 이상적으로 말하자면 위기 통제 센터는 전적으로 위기관리에 전념하고 CMT의 요구를 충족시킬 장비를 갖추고 있는 조직 내의 별도 영역이라 할 수 있다. 규모가 크고 지역적으로 흩어져 있는 조직은 모든 주요 시설에 위기 통제 센터를 갖추고 있어야 한다. 다수의 위기 통제 센터를 갖추고 있는 것은 두 가지 이점을 제공한다. 첫째, 전세계적인 기업은 하나의 장소에서 모든 위기에 대처할 수 없다. 아주 먼 거리와 시차는 위기관리 노력에 방해가 된다. 둘째, 다수의 위기 통제 센터는 자연스러운 백업(backup)을 제공한다. 만약 화재나 지진 같은 위기가 전체 시설을 파괴한다면, 조직은 그들의 다른 위기 통제 센터 가운데 하나를 이용할 수 있다. 허리케인 카트리나와 같은 대규모 위기의 경우 위기 발생 장소에서 지리적으로 멀리 떨어져 있는 곳에 백업을 가지고 있을 필요성은 더욱더 커진다. 일부 규모가 더 작은 조직들은 그들의 위기 대응 장소를 제공하는 PR 대행 기관을 이용할 수도 있고 이들 기관의 위기 통제 센터 시설을 이용할 수도 있다.

이상적인 위기 통제 센터는 여러 가지 기능을 수행하기 위해 CMT 구성원들이 만날 수 있는 시나리오 계획 수립실, 정보 모니터링을 위한 커뮤니케이션 센터(TV 모니터, 전화, 컴퓨터, 소셜 미디어 피드를 볼 수 있는 다수의 컴퓨터 모니터, 통신 서비스), 브리핑을 할 수 있는 프레스룸을 가지고 있어야 한다. 위기 통제 센터는 충분히 장비가 갖추어져 있어야 하고 늘 운영할 수 있어야 한다. 모든 필요한 장비의 백업을 가지고 있는 것도 준비해야 할 것 가운데 하나다. 구체적인 장비는 특정 조직의 필요성에 따라 차이가 있다. 위기 통제 센터에는 충분한 장비와 백업이 갖추어져 있어야 한다. 장비가 정상적으로 작동하고 있는지 확인하기 위해 정기적인 장비 점검도 반드시 이루어져야 한다.

물과 영양 공급이 원활하게 이루어져야 효과적인 의사 결정을 내릴 수 있기 때문에 위기 통제 센터에는 음식과 음료수도 갖추어져 있어야 한다. 위기팀은 복사와 조사 같은 기본 직무에 대한 지원을 받아야 하기 때문에 위기 통제 센터에는 행정적 지원도 제공되어야 한다. 위기 통제 센터는 반드시 전용 전화 회선, 중복된 인터넷 접속기, 무선 접속기, 뉴스 미디어를 추적할 수 있는 기능을 갖추고 있어야 한다. 따라서 정보 기술 지원 역시 필수적이다("The Well-provisioned War Room," 2005).

일부 위기 전문가들은 위기 통제 센터가 이동 센터거나 심지어 가상 센터여야 한다고 주장했다. 이동 센터는 어디에나 배치될 수 있다. 이동 센터는 얼마든지 많은 장소에 배치될 수 있기 때문에, 당신은 당신의 시설이 폐쇄되더라도 걱정할 필요가 없다. 이동 센터는 고정된 위기 통제 센터와 동일한 수준의 장비를 필요로 할 것이다. 중요한 차이가 있다면 그것은 이동 센터의 공간이 제한되어 있기 때문에 이동 센터에는 미디어 브리핑 룸이 없다는 것이다. 그러나 미디어 브리핑은 별도의 이동 시설이나 호텔 회의실과 같이 임대한 공간이나 날씨가 허락할 경우 야외 공간에서 이루어질 수 있을 것이다.

가상팀(virtual team)과 부분적으로 분산되어 있는 팀은 무선 커뮤니케이션과 인터넷을 통해 연락을 유지할 수 있다. 오늘날 기술은 분산되어 있는 팀을 지원할 수 있을 만큼 충분히 신뢰할 수 있고 향상되었다. 이것은 위기팀의 모든 구성원이 더 이상 하나의 물리적 공간, 즉 위기 통제 센터 안에 묶여 있을 필요가 없음을 의미한다. 일부 위기팀원은 위기에 관한 뉴스와 소셜 미디어가 위기에 대해 다루는 내용을 모니터해야 하는데, 이 일은 위기 통제 센터 내에서 가장 잘 이루어질 수 있다. 그러나 팀의 결정은 전화 회의나 온라인 회의를 통해 내릴 수 있다. 앞서 언급한 것처럼, 가상팀과 부분적으로 분산되어 있는 팀의 문제는 장비 고장 가능성이다. 모든 커뮤니케이션이 미디어를 통해 이루어지기 때문에, 이러한 위험은 가상팀에 치명적이다. 부분적으로 분산되어 있는 팀은 전통적인 위기 커뮤니케이션 센터의 대응을 기본으로 하고 일부 팀원이 현장에 있거나 위기 통제 센터에 도착할 수 없을 때 기술을 통해 그들이 참여할 수 있게 하는 옵션을 가질 수 있기 때문에, 부분적으로 분산되어 있는 팀이 가상팀보다 낫다. 다시 한번 말하지만, 당신은 위기에서 늘 백업 계획을 원한다. 만약 커뮤니케이션 기술이 고장 나더라도, 팀은 여전히 위기 통제 센터에 모일 수 있다.

### 3) 인트라넷과 인터넷

인트라넷(intranet)은 위기에 안성맞춤이다. 인트라넷은 인터넷과 같지만 조직 내에서 자족적이어서 오직 조직 구성원만이 정보에 접근할 수 있으며, 심지어 그 후에도 민감한 정보에 대한 접근은 적절한 승인을 받은 사람에게로 제한된다(Hibbard, 1997). 인트라넷의 장점은 CMT와 다른 직원들이 정보에 접근하는 속도다. CMT는 전화 통화 대신에 컴퓨터를 통해 직접 정보에 접근할 수 있다. 위기팀이 재무 정보를 필요로 할 경우 전화를 걸 필요 없이 컴퓨터에서 그러한 정보를 검색할 수 있다. 정보를 수집하고 분석하는 것은 위기 동안 매우 중요하다. 위기팀은 원(原) 데이터를 수집해 그 데이터를 유용한 정보로 바꾸고(지식을 만들어내고), 그러한 지식을 저장하며, 그것을 다른 사람에게 전한다(Egelhoff & Sen, 1996). 예를 들면, 모토로라(Motorola)는 인트라넷을 그들의 위기관리 노력의 일부로 사용한다. 그들은 위기 관련 정보(예, 재무 및 제품 정보)를 그들의 인트라넷에 저장하며 그러한 체계를 사용해 위기 동안 정보 교환을 촉진한다.

인트라넷은 조직에 대한 데이터에 즉각적으로 접근할 수 있게 해준다. 즉, 인트라넷은 정보를 저장하고, 위기 상황과 관련 정보가 정기적으로 업데이트되는 사이트를 제공하며, 어떤 직원도 인트라넷에 접근할 수 있을 뿐 아니라 이메일을 통해 조직 내에 있는 다른 사람과 커뮤니케이션을 할 수 있게 해준다. 물론 모든 위기 관련 정보가 인트라넷을 통해서 수집될 수 있는 건 아니다. 예를 들면, 시설 내에서 발생한 사고를 목격한 사람과의 인터뷰는 직접 이루어져야 한다. 그러나 제품 성분이나 안전 기록과 같은 필요한 조직에 대한 어떤 위기 전 배경 데이터도 거기에서(예, 위기 부록 속에서) 찾을 있을 수 있다. 더욱이 이메일과 인트라넷이 항상 위기 관련 정보를 직원에게 전하는 적절한 수단은 아니다. 그럼에도 직원 이메일이 때로는 효과적일 수 있으며, 정기적으로 업데이트되는 위기 정보 요약은 직원들이 원할 때 원하는 것에 접근할 수 있게 해준다.

앞에서 언급한 것처럼, 인터넷은 서로 다른 위기 커뮤니케이션용 애플리케이션을 가진 다양한 채널을 제공한다. 인터넷에 대한 이러한 논의는 ① 웹사이트와 이메일, ② 소셜 미디어라는 두 가지 넓은 범주로 나눠서 진행될 것이다. 이러한 구분은 이메일 및 웹은 주로 이해관계자들에게 정보를 제공하기 위해 사용되는 반면, 소셜 미디어는 콘텐트를 만들어내는 이해관계자들에 의해 지배되기 때문이다.

웹은 외부 이해관계자들이 조직의 정보에 접근할 수 있게 해준다. 외부 이해관계자들은 이메일을 통하거나 혹은 웹페이지를 방문해 질문을 할 수 있다. 웹이 적절한 채널인 경우, 이메일을 사용해 정부 관리, 미디어 대표, 행동주의자 단체, 다른 많은 이해관계자에게 연락을 취할 수 있다. 유일한 제한점은 당신의 표적 이해관계자가 이메일을 사용해야 한다는 것과 당신이 정확한 이메일 주소를 가지고 있어야 한다는 것이다. 웹페이지는 위기에 대한 업데이트된 정보를 포함하고 있을 수 있다. 다시 한 번 말하지만, 이해관계자들은 그들이 어떤 정보를 살펴볼지 그리고 언제 그것을 살펴볼지를 선택할 수 있는 권리를 가지고 있다. 앞에서 언급했듯이, 1996년에 오드왈라는 13종의 주스에 대한 전국적인 리콜 조치에 직면했다. 대장균에 오염된 주스로 인해 1명이 사망하고 66명이 대장균에 감염되었기 때문에 상황은 심각했다. 1996년, 일부 제품에 대한 리콜 조치를 취해야 했을 때 오드왈라는 웹페이지를 만들었다. 사람들이 오드왈라 과일 음료수에 들어 있는 대장균에 감염되었다는 보도로 인해 자발적 리콜과 소비자와의 커뮤니케이션이 시작되었다(Thomas, 1999). 오드왈라 웹페이지는 고객이 전달받아야 할 정보, 즉 리콜 중인 제품의 정확한 이름, 이 제품을 반품하는 방법, 리콜 이유를 알려주었다. 메시지 가운데는 오드왈라의 리콜 조치 완료(11월 2일), 리콜에 관한 업데이트(11월 1일), 식품의약국(FDA)이 대장균을 발견했다는 확인문(11월 4일), 덴버(Denver)에서 대장균 감염으로 한 아이를 잃은 가족에게 보내는 애도문(11월 8일)이 포함되었다. 테일러와 켄트(2007)는 웹사이트와 위기 커뮤니케이션의 통합을 강력히 주장해왔다.

조직은 또한 위기 다크 사이트도 만들어야 한다. 다크 사이트(dark site)[5]는 콘텐트는 가지고 있지만 활성화된 링크가 없는 웹사이트의 한 부분이거나 완전히 분리된 웹사이트다. 위기가 닥칠 때, CMT는 그 링크를 활성화할 수 있고 그러면 그 다크 사이트는 접근 가능한 사이트가 된다. 킨스턴의 생산시설이 파괴되었을 때, 웨스트 파머수티클스는 그들의 웹사이트 일부를 이러한 목적에 사용했다. 2005년, 텍사스 주 텍사스 시티에서 발생한 폭발사고에 대처하기 위해 BP는 별도의 웹사이트를 사용했다. 위기가 있기 전에 상당 양의 정보를 위기 사이트에 올려놓을 수 있다. 그와 같은 정보로는 시설이나 제품에 대한 배경 정보, 시설의 사진(미디어용), 시설물의 지도, 관련 있는 제3자 전문가와 연결되는 링크 등이 있다(Corporate Leadership Council, 2003). 위기에 대한 구체적인 정보가 알려짐에 따라 그러한 정보도 추가될 수 있다. 다시 한 번 말하지만, 템플레이트나 대기 발표문(holding statement)[6]은 정보 게시의 속도를 더 빠르게 할 수 있다. 템플레

---

5　일관성 있는 안내와 정보 제공을 위해 인터넷상에 마이크로 사이트를 운영하게 되는데, 이를 흔히 다크 사이트라고 한다. 다크 사이트라는 표현은 평상시에는 활용되지 않고 감춰져 있는 사이트이기 때문에 붙여진 이름이다. 인터넷 검색 엔진에도 잡히지 않으며, 평상시에는 인터넷상에서 조회를 해도 찾을 수 없다(역자 주).

6　대기 발표문은 위기가 발생한 회사가 사고와 사고의 원인에 대해 조사하는 동안 기자들의 보도를 막기 위해 신속하게 미디어에 위기 정보를 제공하고자 개별 위기 사건의 구체적인 내용은 빈칸으로 둔 채 미리 작성해놓은 발표문을 말한다(역자 주).

이트나 대기 발표문은 미디어에 제공될 일련의 빈칸 채우기 발표문이다. 이들의 초점은 무슨 일이 언제 일어났는지, (원인이 알려졌다면) 원인은 무엇인지, 다음에 취할 조치는 무엇인지와 같은 기본적인 정보에 맞추어진다 (Business Roundtable, 2002).

소셜 미디어 위기 컨설턴트인 애그니스(M. Agnes, 2012)는 다크 사이트를 사용하는 세 가지 다른 옵션으로 ① 조직의 정규 웹사이트를 없애고 그것을 임시 위기 사이트로 대체하는 방법, ② 위기 사이트를 조직의 웹사이트에 링크하는 방법, ③ 별도의 다크 사이트용 URL(Uniform Resource Locator)과 사이트를 만드는 방법을 확인했다. 조직의 웹사이트를 다크 사이트로 대체하는 것은 조직이 위기에 전념하고 있음을 보여준다. 그러나 이 전략은 정말 중대한 위기가 닥칠 때 사용하는 것이 좋다. 다크 사이트로 대체하는 것은 작은 위기를 지나치게 과장해 그 웹사이트의 검색 엔진 순위에 지장을 초래할 수 있다. 조직의 원래 웹사이트를 제자리로 되돌려놓기 위해 가능한 한 빠른 시일 내에 다크 사이트 사용을 끝내고자 하는 압박도 존재한다. 위기 다크 사이트를 조직의 웹사이트에 링크하는 것은 간단하면서도 멋진 해결책이다. 왜냐하면 이 방법이 어떤 웹사이트의 검색 엔진 순위를 지켜줄 뿐만 아니라 조직이 필요로 하는 한 계속해서 그 사이트를 운영할 수 있기 때문이다.

별도의 URL을 가진 다크 사이트를 만드는 것에는 적절한 도메인명을 사전에 선택해야 하는 어려움이 뒤따른다. 조직은 사람들이 위기 검색을 통해 찾게 될 도메인명을 반드시 선택해야 한다. 검색하기에 가장 좋은 도메인명을 예상하는 것은 쉬운 일이 아니다. 더욱이 대부분의 이해관계자는 자동적으로 기업 웹사이트로 가서 위기에 대한 정보를 찾을 것이다. 만약 기업 웹사이트에 위기 정보가 없다면, 이해관계자들은 조직이 위기에 대해 왜 그렇게 신경을 쓰지 않는지 의아해 할 것이다(Agnes, 2012). 별도의 다크 사이트를 갖는 것은 위기가 수개월 혹은 수년 동안 장기간에 걸쳐 확대될 경우에 유용하다. 코카콜라는 전 세계의 물 사용을 둘러싼 우려에 대처하고자 별도의 웹사이트를 개설했으며, 유니언 카바이드는 보팔(Bhopal) 참사[7]에 대처하기 위해 별도의 웹사이트를 만들었다. 장기간에 걸친 위기일 때는 적절한 검색어를 확인하는 것이 더 쉽다. 그 밖에도 조직은 링크를 통해 기업 웹사이트에 직접 연결하지 않고서도 그 사이트를 유지할 수 있다. 대부분의 위기의 경우, 기업 웹사이트에 링크를 거는 것이 위기 다크 사이트를 제공하는 가장 효과적인 방법이다.

이해관계자들은 웹을 통해 위기에 대한 정보를 찾는다. 그러나 이상하게도 위기에 처한 조직 가운데 약 60%만이 웹사이트를 사용하고 있다는 사실을 연구자들은 확인했다(Perry, Taylor, & Doerfel, 2003). 이해관계자들은 정보를 빨리 얻는 수단으로 점점 더 웹을 사용하기 때문에, 위기 시 웹사이트를 사용하지 않는 데 따르는 조직의 책임은 더 커질 것이다. 만약 조직이 위기를 온라인상에서 다루지 않는다면, 이해관계자들은 왜 그러는지 의아해 할 것이다. 조직 편의 이야기를 들려줄 필요가 있는데, 웹사이트는 그러한 이야기를 들려줄 이상적인 장소다. 뉴스 미디어와는 달리, 회사 웹사이트는 조직에게 위기에 대해 이야기할 수 있는 무제한의 공간을 제공한다. '당신 편의 이야기'를 들려줄 필요성에 대해서는 8장에서 다시 다룰 것이다.

위기관리는 더 철저하게 웹 사용 쪽으로 움직이고 있다. 힐 앤드 놀턴(Hill & Knowlton), 케첨, 버슨-마스텔러(Burson-Masteller) 같은 주요 대행

---

7  1984년 12월 2일에서 3일 사이에 화학약품 제조회사인 미국의 다국적 기업 유니언 카바이드(다우 케미컬이 인수)의 인도 현지(보팔) 화학공장에서 일어난 사고로, 농약의 원료로 사용되는 42톤의 아이소사이안화메틸(MIC)이라는 유독가스가 누출되면서 시작되었다(역자 주).

사들은 위기관리 고객 서비스에 대해 논의하면서 인터넷을 특징적으로 다루고 있다. 그들의 초점은 고객용 다크 사이트를 준비하고 위기 관련 정보를 위해 인터넷을 모니터하는 데 맞추어져 있다. 인터넷과 위기관리 노력의 통합을 기대하는 것은 미디어와 다른 이해관계자가 위기 정보를 찾을 때 점차 인터넷에 의존하기 때문이다("Lackluster Online PR No Aid in Crisis Response," 2002). 당신의 위기관리 노력에 인터넷이 빠지는 것은 이해관계자들에게 부정적으로 비칠 수도 있다.

웹사이트는 또한 조직 외부의 정보에 대한 접근도 제공한다. 위기 동안 요구되는 일부 외부 정보는 웹사이트를 통해 얻을 수 있다. 특히 정부 기관은 규정 및 보고 절차에 대한 정보를 제공한다. 경험하고 있는 위기의 종류에 따라 다른 정보원(情報原)들이 관련되어 있을 수도 있다. 예를 들면, 조직 자신의 사고 위기(accident crisis) 동안에는 산업 사고 데이터가 유용할 것이다. CMT는 또한 전통적인 미디어는 물론 소셜 미디어를 통해 온라인 상에서 조직과 위기에 대해 이야기되는 것들을 모니터할 수 있다. 전통적인 미디어를 모니터할 때, 전파되고 있는 위기 정보의 정확성과 조직의 위기 메시지가 이해관계자들에게 도달되고 있는지를 판단하기 위해 CMT는 조직과 위기에 대해 이야기되고 있는 것과 이해관계자들이 알고 있는 것에 대해 알아야 한다. 인트라넷과 인터넷은, 위기 동안 적절하게 사용될 경우, 소중한 정보 처리 및 전달 도구일 수 있다. 인트라넷과 인터넷이 모든 다른 정보 수집 및 전파 도구와 채널을 필요 없는 것으로 만들지는 않는다는 것을 기억하라. 항상 주어진 커뮤니케이션 상황에서 가장 효과적인 채널을 사용하라(Clampitt, 1991; Rupp, 1996).

위기팀은 소셜 미디어 메시지를 사전에 준비할 수 있다. 최근에는 블로그에 초점이 맞추어지고 있다. 전략적 위기 커뮤니케이션 컨설팅 회사인 C4CS는 블로그용 다크 사이트, 즉 그들이 '잠행 블로그(stealth blog)'라 부르는 것을 만들기를 추천한다. 바꾸어 말하면, 블로그에 올릴 메시지가 작성되어 있지만 위기가 발생할 때까지는 그 메시지를 볼 수 없다(Wacka, 2005). 인정받는 소셜 미디어 전문가인 홀츠(S. Holtz, 2007)는 새로운 블로그는 팔로우하는 사람이 없어서 아마 무시될 수 있기 때문에 위기가 발생할 때 블로그를 시작하는 것은 적절하지 않다고 주장한다. 우리는 2장에서 이것에 대해 논의했지만 여기서 그러한 논의를 더 확대하고자 한다. 심지어 홀츠도 언급하고 있는 반대 주장은 이해관계자들은 정보를 찾고 있는데 왜 블로그를 제공하지 않느냐는 것이다. 이러한 반대 주장의 논리는 누군가가 블로그를 본다면 그것은 위기관리 노력에 기여한다는 것이다(Martine, 2007). 그러나 새로운 블로그는 참여를 이끌어내는 수단 역할을 하지 못하거나 기존의 기업 블로그가 가지고 있을 비공식적인 믿을 만한 목소리를 내지 못할 것이다(Holtz, 2007). 실제로 한 가지 권고되는 사항은 위기 블로그에서는 댓글을 허용하지 말라는 것이다(Wacka, 2005). 본질적으로 블로그는 하나의 웹사이트가 되기도 하지만 이해관계자들이 위기 정보를 찾을 수도 있는 또 다른 장소다. 그래서 새로운 블로그가 위기 동안 얼마나 도움이 될지를 스스로 판단하라. 이 조언은 위기 시 조직이 사용할 수도 있는 다른 어떤 소셜 미디어에 대해서도 똑같이 적용된다. 만약 조직이 위기가 발생하기 전부터 운영해온 소셜 미디어를 가지고 있지 않다면, 소셜 미디어는 위기 커뮤니케이션 노력에 별다른 기여를 하지 못할 것이다(Agnes, 2012).

위기 동안 이해관계자들은 위기에 대한 정보를 얻기 위해 온라인을 검색할 것이다. 검색 엔진은 어떤 논리를 따르며, 위기 메시지 속의 알림어(alerting word)는 검색 엔진 최적화(SEO: search engine optimization)를 달성하는 데 도움을 줄 수 있다. 위기에 대비하는 동안 위기팀은 조직이 직면할 가능성이 있는 여러 유형의 위기 각각에 대해 검색에 사용될 핵심어

(key word)를 결정해야 한다. 그러한 핵심어가 당신이 미리 작성해놓은 템플레이트에 포함되어 있는지 그리고 위기 동안 메시지를 작성할 때 그러한 핵심어 목록을 이용할 수 있는지 확인하라. 조직은 또한 유료 검색 계약 체결을 고려해볼 수도 있을 것이다. SEO와 유료 검색 옵션 모두 위기 동안 이해관계자들이 온라인 검색을 통해 당신의 정보를 찾아낼 가능성을 높여 줄 것이다(Wehr, 2007). 이해관계자들이 위기 동안 사용하는 일부 검색어는 온순해서 위기가 발생하기 전에 온라인에 올릴 메시지에 포함될 수 있다. 예를 들면, 제품 피해 위기 동안 이해관계자들은 '안전 + [제품명]'을 검색할 수도 있을 것이다. 스완슨(Swanson)[8]은 매일매일의 메시지에 '스완슨 + 냉동 + 식사 + 안전한'이라는 용어를 사용할 수도 있을 것이다. 그러면 위기 동안 그러한 용어를 사용하여 검색할 경우 조직의 기존 메시지들이 검색되어 나타날 것이다. 클릭 당 지불(pay per click) 방식으로 유료 검색 계약을 맺을 수도 있을 것이다. 어떤 위기 용어가 검색될 때 위기 정보와 링크된 광고가 검색 결과 옆에 나타나게 된다(Oneupweb, 2007).

앞에서 언급한 것처럼, 조직은 그들의 웹사이트에서 위기에 대해 논의하기를 주저한다. 조직은 그들의 소셜 미디어 채널에서 위기에 대해 논의하는 것을 훨씬 더 꺼린다. 소셜 미디어에서 위기를 인정하지 않는 것은 근시안적이며 잠재적으로 조직에 해롭다. 위기 동안 소셜 미디어를 사용하지 않을 경우 조직은 다음 세 가지 잠재적 혜택을 놓치게 될 것이기 때문에 근시안적이다. 첫째, 소셜 미디어는 신속한 정보 제시에 이상적이다. 일단 위기가 발생하면, 특히 위기팀이 템플레이트를 가지고 있다면, 신속하게 메시지가 업로드될 수 있다. 예를 들면, 2013년에 로열 캐리비언(Royal Caribbean)은 페이스북을 사용해 크루즈선 그랜저(Grandeur)호 화재사고에 대

---

8  냉동식품 제조사(역자 주).

한 정보를 처음 알렸고 업데이트해 나갔다.

이 책의 주제를 포함해 위기 커뮤니케이션의 공통된 주제는 위기 동안 조직은 자신의 편에서 이야기를 들려줄 필요성이 있다는 것이다. 연구에 따르면, 전통적인 뉴스 미디어는 흔히 조직 편에 선 이야기를 보도하지 않는 것으로 나타났다(Holladay, 2009). 이에 반해, 소셜 미디어의 메시지는 조직이 관리하며, 조직은 그들의 모든 커뮤니케이션 채널을 사용해 이야기를 그들 편에서 할 수 있다. CMP에 대한 논의에서 언급했던 것처럼, 커뮤니케이션 채널은 통합될 필요가 있다. 위기팀은 많은 정보를 140개 문자의 트윗으로 전달할 수는 없다. 그러나 트윗에는 위기 다크 사이트로 연결되는 링크가 포함될 수 있다. 페이스북과 블로그 게시글 또한 마찬가지다. 위기 다크 사이트는 위기 커뮤니케이션 채널의 허브(hub)가 된다. 다크 사이트는 위기에 대한 정보를 더 많이 원하는 사람들에게 상세한 정보, 사진, 영상, 관련된 웹 링크를 제공할 수 있다. 위기관리자는 그들이 위기를 어떻게 보고 있는지에 대한 내러티브를 글이나 영상으로 만들 수 있다.

마지막으로 조직의 소셜 미디어를 이용하는 이해관계자들은 일반적으로 조직을 지지하는 편이다. 트위터 팔로어, 페이스북 페이지에 '좋아요'를 누르는 사람, 블로그를 읽는 사람은 모두 일반적으로 그러한 소셜 미디어 메시지를 만든 조직을 좋아한다(Kent, 2005; Shaw, McCarthy, & Dykeman, 2012). 조직은 그와 같은 호의적인 사람들 사이에서 그들의 위기관리 노력에 대한 지지를 얻어낼 가능성이 있다. 이러한 이해관계자들은 위기 커뮤니케이션/관리 노력에 호의적으로 반응하고 그러한 위기 메시지를 다른 사람에게 퍼 나름으로써 조직을 지지할 수 있다. 조직은 소셜 미디어를 사용함으로써 그들의 위기 커뮤니케이션 및 관리 노력에 대한 온라인 지지를 이끌어낼 수도 있을 것이다(Coombs & Holladay, 2012b).

## 3. 이해관계자와 대비

이해관계자들은 예방 사고(prevention thinking) 및 과정의 일부로 포함되어야 한다. 만약 위기관리자가 위기 동안 이해관계자들이 어떤 임무를 수행해줄 것을 기대한다면, 이해관계자들은 어떤 임무를 수행해야 하는지 알아야 하고 또한 그들이 그것을 수행할 수 있다는 자신감을 가져야 한다. 직원과 고객 이해관계자들은 대부분의 계획에서 고려된다. 예를 들면, 리조트는 화재나 지진 해일이 발생할 때, 투숙객을 대피시키는 계획을 가지고 있을 것이며, 대규모 위기 훈련에 모든 직원이 참여할 수 있다. 그러나 조직 근처에 살고 있는 지역사회 주민도 무시되어서는 안 된다. 위기관리자는 위기 동안 지역사회 이해관계자들에게 행동을 취해줄 것을 요청할 수도 있다.

위기 동안 지역사회 이해관계자들에게 요구되는 가장 일반적인 임무는 대피 및 대피소에 대한 비상 조치다. 이해관계자들이 그들이 해야 할 일(과업 지식)을 알고 있고, 그들이 그것을 할 수 있다고(자기 효능감) 생각하고 있으며, 행동해야 할 이유가 주어져 있다는 것(동기 부여)을 확인하는 것은 복잡하고 어려운 문제다. 문화적 차이는 과업 지식과 자기 효능감의 가장 큰 장애물이다. 히쓰, 리 및 니(R. L. Heath, Lee J. & L. Ni)는 많은 사람이 문화적 문제로 인해 비상 과업에 대한 과업 지식과 자기 효능감을 갖지 못한다는 사실을 확인했다. 메시지에 표적 이해관계자와 유사한 정보원과 표적 이해관계자에 대한 메시지 민감성(message sensitivity)이 결여되어 있었기 때문에, 과업 지식 자각 및 자기 효능감 노력이 실패했다. 메시지가 이해관계자들 자신과 비슷한 정보원으로부터 오고 또한 메시지가 문화적 요인에 민감할 경우, 이해관계자들은 위기 정보를 더 잘 알고 위기 정보에 대한 자기 효능감도 더 높을 가능성이 있다(Heath, Lee, & Ni, 2009). 심지어 사람들이 무엇을 해야 할지 알고 그러한 과업을 완수할 수 있을 때도, 그들은 행동에 대한 동기 부여가 필요하다. 위험 커뮤니케이션은 이해관계자들이 과업 지식과 자기 효능감을 높이는 것을 도울 수 있는 방법에 대한 통찰력을 제공할 수 있다(예, Heath & Palenchar, 2000; Palenchar & Heath, 2007). 위험 커뮤니케이션에 대한 더 자세한 논의는 이 책의 범위를 벗어나지만, 위기관리자는 이해관계자들을 준비시키는 것과 관련된 이러한 어려운 직무에 직면할 경우 그들이 이용할 수 있는 자원이 있다는 것을 알아야 한다.

위기관리자는 지역사회 대비를 위한 특별한 조치를 취해야 한다. 첫째, 각기 다른 위기가 지역사회에 미치는 위험을 설명해주라. 그와 같은 설명은 실제로 정부가 명하고 있는 위험 커뮤니케이션의 일부다. 이것은 위기가 야기한 위험의 현실을 규명함으로써 이해관계자들에게 동기를 부여하는 데 도움을 준다. 당신의 경고 체계가 이해관계자들을 적절하게 포함하고 있는지 그리고 경고 체계가 적절하게 작동하고 있는지 판단하기 위해 경고 체계를 점검하라. 이해관계자들이 당신이 위기에서 사용할 수도 있는 샘플 메시지를 이해하는지 점검하라. 이것은 이해관계자들에게 명확하지 않은 메시지를 명확하게 할 기회를 제공한다. 마지막으로 지역사회가 대응할 능력이 있는지 평가하라. 예를 들면, 대피하기 위한 이동수단이 없는 사람은 없는가? 조직은 그러한 문제를 경감해주는 옵션을 고려할 수도 있을 것이다.

## 4. 결론

CMP와 위기 통제 센터는 위기 대비의 여섯 가지 요소에 대한 논의를 완전하게 만든다. CMP는 위기가 발생하기 전에 세심하게 작성되어야 하며,

위기 커뮤니케이션 체계는 반드시 정상적으로 작동하고 있어야 한다. CMP는 위기 동안 언제 어떻게 커뮤니케이션해야 할지를 규정한다. 만약 위기 커뮤니케이션 체계의 물리적 구조가 정상적으로 작동하고 있지 않다면, 훌륭한 CMP와 CMT도 쓸모없다. 전화기가 작동하지 않으면 전화를 걸 수 없으며, 컴퓨터가 작동하지 않고 인터넷이 연결되어 있지 않다면, 온라인 데이터에 접근할 수 없다. 모든 대비 요소는 위기에 대한 대비 태세를 갖추기 위해 재검토되고 업데이트되어야 한다.

## 토론문제

1. 당신은 가상 위기팀을 갖는 것을 택할 것인가? 택하는 이유는 무엇인가? 택하지 않는 이유는 무엇인가?
2. 위기 동안 인트라넷이나 인터넷에 지나치게 의존하는 것의 위험은 무엇인가?
3. 당신이 생각하는 소셜 미디어 채널의 위기 커뮤니케이션 효용성은 무엇인가?
4. 당신은 위기관리 계획에 필수적으로 포함되어야 할 부분의 목록을 어떻게 바꿀 수 있겠는가?
5. 위기관리 계획이 더욱 디지털화됨에 따라 위기관리 계획의 구조가 어떻게 바뀔 수

있겠는가?

6. 당신은 다크 사이트를 둘러싼 논란 가운데 어느 쪽을 지지하는가? 그 이유는?

7. 소셜 미디어 정책은 왜 위기관리자에게 중요한가?

8. 커뮤니케이션 기술은 위기팀이 운영되는 방식을 어떻게 바꾸었는가?

## 07

실제 위기가 발생하면 조직의 위기 대비가 시험대에 오르게 된다. 우리는 위기가 쉽게 찾아낼 수 있는 것으로 믿게끔 우리 자신을 기만한다. 우리는 모든 위기가 어느 쾌청한 여름날 북극해에 떠 있는 거대한 빙산과 같아서, 비교적 간단하게 찾아내고 또 피할 수 있다고 생각한다. 기차 탈선, 천연가스관 폭발, 냉동 라자냐(lasagna)에서 발견된 대장균, 동료 직원에 의해 다친 직원, 혹은 어떤 다른 식별 가능한 사건과 같이 도화선이 된 사건이 명백히 존재할 경우 위기는 쉽게 찾을 수 있다는 말은 사실이다. 명백한 위기의 경우, 위기관리 계획을 실행할 필요성을 깨닫는 것이 어렵지 않다. 그러나 모든 위기가 다 명백하지는 않다.

1장에 제시된 위기의 정의에서 보았듯이, 위기는 실재적일 뿐만 아니라 상징적이기도 하다. 어떤 상황이 위기인지 여부에 대한 사람들의 의견은 서로 다를 수 있다. 어떤 위기, 특히 외부 집단과의 갈등을 포함하는 위기는 찾아내기 어렵다. 이상하게 들릴 수도 있지만, 조직은 자신이 위기에 처해 있다는 것을 심지어 모를 수도 있다(Kamer, 1996). 핵심 이해관계자들이 어떤 상황이 위기라는 데 동의할 때 그 상황은 위기가 된다. 불행하게도 심지어 이해관계자들이 위기가 발생했다고 아우성을 칠 때도 일부 경영진

## 레드 불과 제품 형질 변경 위협

당신은 레드 불(Red Bull)의 기업 커뮤니케이션 부서에서 일하고 있다. 레드불은 에너지 음료수와 극한 스포츠(extreme sports) 후원으로 유명하다. 그러나 최근 이 회사는 초조해 하고 있다. 몇 주 전 레드불 앞으로 편지 1통이 도착했다. 만약 자신에게 일정 액수의 돈을 지불하지 않는다면 배설물로 레드 불의 캔을 오염시킬 거라고 적혀 있었다. 레드불은 경찰에 이 사실을 알렸고, 경찰은 이 사건을 조사했다. 1차 조사 결과, 경찰은 레드 불이 그러한 위협을 공개해도 좋다고 말했다.

- 그러한 위협을 공개하는 것의 장점은 무엇인가?
- 그러한 위협을 공개하는 것의 단점은 무엇인가?
- 오늘날의 소셜 미디어 환경이 당신의 결정에 어떤 영향을 미칠 수 있는가?

은 자신의 조직이 위기에 처해 있다는 것을 부정하고 싶어 할 수도 있다 (Fink, Beak, & Taddeo, 1971; Pauchant & Mitroff, 1992). 마찬가지로 경영 진은 경고신호에 대처하기 위한 예방 조치를 취하는 것을 거절할 수도 있 다. 이 장의 첫 부분은 위기팀원이 위기를 조직의 최고 경영진에게 어떻게 '받아들이게 만들' 수 있을지에 대해 상세히 다룬다. 이와 관련된 권고사항 들은 경고신호를 받아들이게 만드는 데도 그대로 적용된다.

복습해보자면 위기관리팀(CMT)은 일단 그들이 어떤 위기를 발견하면 그 것을 이해하기 위해 노력하기 시작한다. CMT는 지식 관리(KM)에 들어간 다. 위기팀은 정확한 위기 데이터를 빠른 시일 내에 반드시 수집해야 한다 (Darling, 1994; Mitchell, 1986). 위기팀은 정보를 분석함으로써 ① 의사 결 정을 이끌어내고, ② 여러 이해관계자에게 보낼 메시지를 만드는 데 사용 할 위기 관련 지식을 생성해낸다. 위기 관련 지식이 없다면 위기팀은 의사 결정을 내리거나 위기의 결과를 개선하기 위한 조치를 취할 수 없다. 미디 어는 위기 정보를 얻기 위해 조직에 압력을 가할 가능성이 가장 높은 이해 관계자기 때문에 그러한 조치들 가운데는 미디어에 보낼 보도자료를 만드는 것도 포함된다.

CMT 구성원은 반드시 정보 수집, 지식 생성, 지식 관리와 연관된 문제를 알아야 한다. 이 장의 두 번째 부분에서는 정보 수집, 처리 및 전파와 연관된 문제를 방지하기 위한 아이디어와 더불어 그러한 문제에 관한 연구에 대해 살펴본다.

## 1. 위기 받아들이게 만들기

예외가 더 많긴 하지만, 어떤 위기는 명백하지 않거나 쉽게 받아들여지지 않는다. 어떤 문제는 무시되거나 '위기'라고 부를 만한 가치가 없는 것으로 여겨질 수 있다(Billings, Milburn, & Schaalman, 1980). 어떤 문제가 위기로 규정되는지 여부는 중요한데, 왜냐하면 어떤 문제를 위기로 틀(frame) 짓는 것은 그 조직이 그것에 대응하는 방식을 바꾸기 때문이다. 어떤 문제가 위기로 규정되면, 그 조직은 그것에 더 많은 자원을 쏟아부으며 그것이 발생한 이유를 찾기 위해 더 노력한다(Dutton, 1986). 그러한 투입되는 자원 가운데는 위기관리 계획(CMP)의 활성화도 포함된다. 어떤 위기는 찾아내기 어려울 수도 있는 반면, 어떤 위기는 완전히 잊힌다.

앞에서 강조했듯이, 이해관계자의 지각은 위기 동안 중요하다(Augustine, 1995; Frank, 1994; Higbee, 1992). 만약 당신의 고객이 어떤 상황을 위기로 규정한다면, 주도세력(조직 내에서 의사 결정을 내리는 관리자들)이 그것을 위기가 아니라고 규정하더라도, 그것은 위기다. 우리는 인텔 펜티엄(Intel Pentium) 칩 결함 사태를 통해 이러한 말에 담겨 있는 지혜를 알 수 있다. 1994년 여름, 인텔은 그 칩의 결함으로 인해, 어떤 고급 수리 계산에 실수가 발생할 수 있다는 것을 알았다. 그러나 인텔은 그러한 결함에 대한 고객의 우려를 무시했다. 인텔은 그러한 결함을 인터넷에 게시하는 것이 중요하다는 것을 이해조차 하지 못했다. 고객들의 적대감이 더 고조된 후에야 비로소 인텔은 그러한 상황이 위기라는 데 동의했고, 1994년 12월에 결함이 있는 칩을 교체해주었다(Gonzalez-Herrero & Pratt, 1996). 위기가 존재한다는 이해관계자들의 지각을 받아들이도록 주도세력을 설득하는 것은 위기팀의 몫일 수도 있다. 위기는 위기가 아닌 사건보다 더 진지하게 받아들여지며 관심 또한 더 많이 받는다. 위기관리자들이 어떤 문제가 위기임을 주도세력이 받아들이도록 어떻게 설득하느냐 하는 것이 관건이다. 위기관리자가 위기 위협에 추가적인 주의를 기울일 필요가 있다는 점을 조직 내의 다른 사람들이 받아들이게 만들 때도 이와 동일한 우려와 조언이 그대로 적용된다.

## 1) 위기 프레이밍: 위기에 대한 상징적 반응

조직의 환경은 모호한 사건들로 가득 차 있다. 조직 구성원은 자주 어떤 것이 중요한지 여부를 판단하거나 어떤 것이 왜 발생했는지 판단하려고 노력해야 한다(Fairhurst & Sarr, 1996). 위기는 조직이 직면하는 모호함의 일부분이다. 조직 내의 모든 문제는 어떤 방식으로 틀 지어진다. '프레임(frame)'은 어떤 문제가 제시되는 방식, 사람들이 그 문제에 부여하는 의미다(Fairhurst & Sarr, 1996). 프레임은 문제의 다른 특징은 가린 채 문제의 일부 특징만을 강조함으로써 문제를 해석하는 데 영향을 준다(Dutton & Ashford, 1993). 프레임들은 서로 경쟁할 수 있다. 예를 들면, 낙태는 선택의 자유로 틀 지어질 수도 있고 살인으로 틀 지어질 수도 있다. 위기관리자는 최고 경영진으로부터 가장 바람직한 반응을 불러일으키는 프레임을 만들어낼 필요가 있다. 매력적인 위기 프레임을 만들어내는 데는 ① 위기의 차원,

②주도세력의 전문성, ③프레젠테이션의 설득력이라는 세 가지 요인이 중요한 역할을 한다.

## 2) 위기의 차원

위기는 ①지각된 현저성, ②긴급성, ③불확실성의 세 차원에 따라 달라진다. 만약 CMP가 실행되지 않는다면, 경고신호처럼 실제 위기들도 발생할 수 있는 손실 규모와 손실 가능성에서 차이가 있다. 조치를 취하지 않으면 피해가 조직의 다른 영역, 주변 지역사회, 추가적인 이해관계자들에게로 퍼져나갈 수 있다. 예를 들면, 화재나 독가스는 시설의 다른 부분이나 지역사회로 번져나갈 수 있으며, 제품 피해 위기로 인한 재정적 피해를 막지 못한다면 이해관계자들은 고통을 받을 수 있다.

'지각된 현저성(perceived salience)'은 영향과 가능성이라는 위기 평가 차원과 관련이 있어서, 있을 수 있는 손실의 액수(영향)와 손실 가능성(가능성)에 따라 달라진다. 있을 수 있는 손실이 크거나 손실 가능성이 높으면 높을수록, 어떤 위기에 대한 관리자들의 지각된 현저성은 더 커진다(Billings, Milburn, & Schaalman, 1980; Dutton, 1986). 예를 들어, 결함으로 인한 잠재적 피해가 동일하다 하더라도, 소수의 고객에게 영향을 미치는 결함 있는 제품은 수십 만 명의 고객이 사용하는 결함 있는 제품보다 지각된 중요성이 덜 할 것이다. 지각된 현저성은 경고신호를 틀 짓는 데 매우 중요하다. 앞에서 논의했듯이, 위기관리자는 경고신호를 평가하기 위해 가능성과 영향을 사용한다(3장 참조). 마찬가지로 위기관리자는 주도세력에게 경고신호를 제시할 때 경고를 무시하는 것의 위험을 강조할 필요가 있다.

위험 커뮤니케이션(risk communication)은 위기의 지각된 현저성에 대한 독특한 통찰력을 제공한다. 위험 커뮤니케이션의 매우 중요한 관심사는 이해관계자들이 어떻게 위험을 지각하느냐 하는 것이다. 카네기 멜론 대학교(Carnegie Mellon University)의 정신적 모델 접근방법(mental model approach)(Morgan, Fischhoff, Bostrom, Lave, & Atman, 1992)은 보통 사람이 위험을 어떻게 평가했는지를 알아내고자 했고, 그런 다음 그것을 전문가들의 모델, 즉 과학자들이 그 위험을 평가하는 방식과 비교했다. 두 집단 간의 차이는 보통 사람들이 위험에 대한 그들의 의사 결정에 도움을 받기 위해 필요로 하는 정보가 무엇인지를 보여주었다(Lundgren & McMakin, 1996). 샌드맨(P. M. Sandman, 1987)은 위험(risk)이 위험원(hazard, 위험과 연관되어 있는 위험요소)[1]의 함수지만 동시에 격분(outrage, 사람들이 위험에 대해 어떤 감정을 가지고 있는가)의 함수임을 강조한다. 위험 커뮤니케이션 연구는 위험 지각은 주관적이며 동일 위험도 사람에 따라 다른 것을 의미할 수 있음을 강조한다. 이것은 이해관계자들이 위기의 현저성을 지각하는 방식에 차이가 있을 수 있다는 점과 그들의 지각은 조직 관리자의 지각과 다를 수 있음을 상기시켜준다. 관리자는 위기에 대한 지각된 현저성을 평가할 때, 1장에 제시된 위험에 대한 정의와 일치되게 이해관계자들의 위기 지각을 반드시 고려해야 한다. 위기관리자는 이해관계자 평가와 위기의 현저성을 근거로 위기를 입증할 자료를 수집해야 할 수도 있다.

위험 커뮤니케이션 연구는 신뢰(trust), 두려움(dread), 근접성(proximity), 민감성(susceptibility), 통제(control)를 포함해 위험에 대한 지각에 영향을

---

1 '위험'은 사람이 해를 입거나 건강에 나쁜 결과를 경험할 가능성을 말한다(Risk is the chance or probability that a person will be harmed or experience an adverse health effect if exposed to a hazard). 반면에 '위험원'이란 어떤 특정한 조건하에서 어떤 것이나 누군가에게 잠재적으로 피해나 해 혹은 건강에 나쁜 결과를 미칠 어떤 원천을 의미한다(A hazard is any source of potential damage, harm or adverse health effects on something or someone under certain conditions at work)(자료: http://www.ccohs.ca/oshanswers/hsprograms/hazard_risk.html)(역자 주).

미치는 여러 요인을 밝혀냈다. 위험을 야기하는 조직에 대한 신뢰가 부족하고, 두려움이 더 크고(위험이 얼마나 무서운지), 더 근접해 있고(사람들이 위험과 얼마나 가까이 있는지), 민감성이 더 높으며(위험에 대한 개인적 취약성), 통제할 수 없을(위험에 대한 노출을 통제할 수 있는 사람의 능력) 때, 위험은 더 강하고 사람들로부터 부정적인 반응을 불러일으킬 가능성이 훨씬 높다(Covello, Sandman, & Slovic, 1988; Palenchar & Heath, 2006, 2007; Witte, Meyer, & Martell, 2001). 이와 동일한 요인들은 이해관계자들이 위기를 지각하는 방식에도 당연히 영향을 미친다. 위기의 지각된 현저성을 입증할 자료를 수집할 때 위기관리자는 이러한 다섯 가지 위험 요인을 활용할 수 있다. 다시 한 번 말하지만, 위기관리자와 이해관계자는 위기를 서로 다르게 지각할 수도 있다. 다섯 가지 위험 요인은 이해관계자들이 어떤 위기를 왜 현저하다고 보는지 그리고 조직은 왜 그러한 지각을 존중해서 경고신호에 대한 조치를 취해야 하는지를 정당화하는 데 사용될 수 있다.

'긴급성(immediacy)'은 위기와 연관된 시간 압박을 일컫는다. 시간 압박은 ① 위기가 빨리 닥치는 정도, ② 조치에 대한 이해관계자들의 압박의 정도라는 두 가지 요소로 구성되어 있다. 위기가 피해를 빨리 끼치면 끼칠수록 위기의 긴급성은 더 높다. 고객의 생명을 위태롭게 하는 부정 변경된 제품이 행동주의자 단체가 처음으로 제기하는 윤리적 위반에 대한 불만보다 더 긴급하다. 부정 변경된 제품은 사람들을 즉각적인 위험에 빠트리는 반면, 윤리적 위반은 철학적 논쟁을 수반하는 경향이 있다.

다음 두 사례를 비교해봄으로써 긴급성의 개념을 분명히 알 수 있을 것이다. 1990년 초, 한 낙태 반대 단체는 데이턴 헛슨 코퍼레이션(Dayton Hudson Corporation)에게 플랜드 페어런트후드(Planned Parenthood)에 보조금을 그만 주라고 촉구했다(Kelly, 1990). 1990년 9월, 데이턴은 플랜드 페어런트후드에 대한 보조금 지급을 철회했다. 데이턴은 낙태 논쟁에 휩싸이기를 원하지 않았다. 데이턴 경영진은 플랜드 페어런트후드에 보조금을 지급하는 것이 그들을 낙태와 결부시킬 거라고 생각했다. 여성 단체들은 그러한 결정에 화가 났다. 데이턴 임원들은 그들의 옵션을 선택하고 소비자 태도를 조사할 시간이 있었다. 그 보조금은 결국 다시 지급되었다. 윤리적 논쟁은 즉각적인 조치를 필요로 하지는 않는다. 이에 반해, 버로스 웰컴 컴퍼니(Burroughs Wellcome Company)는 1991년 3월 워싱턴 주에 살고 있는 두 사람이 청산가리가 가미된 수다페드(Sudafed)[2] 12시간 지속 캡슐을 먹고 사망했을 때 극도로 긴급한 상황을 경험했다. 버로스는 상품 진열대에서 그 제품을 치우고 소비자들에게 재빨리 경고해야 했다(Dagnoli & Colford, 1991; Kiley, 1991). 그 제품에 대한 안전 우려로 즉각적인 조치가 필요했다.

주요 이해관계자로부터의 강한 압박은 시간 압박의 또 다른 형태다. 주 이해관계자들(예, 직원, 고객)이 당장 조치를 취해주기를 원할 때, 그 위기는 긴급성을 지닌다. 예를 들면, 1997년 UPS 기사들의 파업은 긴급한 위기를 초래했다. 파업 기간에 UPS는 그들이 배달해야 할 물량의 10%만을 배달하고 있었으며 수백 만 달러의 손실을 보고 있었다(Sewell, 1997). UPS는 그와 같은 조건하에서 생존할 수가 없다. 직원들의 압박은 UPS의 위기를 긴급한 상황으로 몰고 갔다.

'불확실성(uncertainty)'은 어떤 문제와 연관된 모호성의 정도를 말한다. 어떤 위기를 둘러싸고 있는 모호성의 정도가 높으면 높을수록, 그것의 불확실성도 더 높아진다. 사람들은 불확실성에 마음이 끌리며 불확실성을 줄일 필요를 느낀다. 조직들도 다르지 않다(Dutton, 1986). 조직들은 그들의 운영에 무슨 일이 일어나고 있는지 그리고 왜 일어나고 있는지 알아야 한

---

2  비염이 있거나 코가 붓거나 막힐 때 먹는 약(역자 주).

다. 어떤 문제를 이해하지 못한다면 어떻게 그 문제를 바로잡을 수 있겠는가? 불확실성이 낮은 문제는 일반적인 조직의 규칙과 절차를 사용해 설명하거나 바로잡을 수 있다. 불확실성이 높은 문제는 위기관리를 통해 특별한 주의를 기울여야 한다. 유사한 위기들을 비교해보면 모호함이 지니고 있는 힘을 이해하는 데 도움이 된다.

1995년 12월 10일, 마이애미에서 콜롬비아의 칼리(Cali)로 가던 아메리칸 에어라인 965편 비행기가 산에 충돌해 164명의 탑승객 가운데 160명이 사망했다. 1996년 7월 17일에는 뉴욕에서 파리로 가던 TWA 800편 비행기가 롱 아일랜드(Long Island) 해변으로부터 12마일 떨어진 지점에서 폭발하는 바람에 230명의 탑승객 전원이 사망했다. 서치뱅크(Searchbank)의 데이터베이스에는 965편에 관한 기사는 5개, 800편에 관한 기사는 141개가 포함되어 있다. 두 사건에 대한 언론의 관심에 차이가 있는 이유 가운데 하나는 모호성의 차이였다.

965편의 경우, 조사자들은 자동항법장치를 통해 재빨리 충돌의 원인을 파악했다. 7개월 뒤에 공개된 최종 보고서는 그 비행기가 잘못된 방향 지시등을 따라감으로써 자동항법장치가 그 비행기를 산기슭 쪽으로 비행하게 했음을 확인했다(Dornheim, 1996; McGraw, 1996).

800편의 경우는 폭발 원인을 조사했으나 원인이 분명치 않아 원인을 둘러싼 논란이 17개월 이상 계속되었다. 미사일, 테러리스트의 폭탄, 번개, 운석, 기계적 결함, 이 모든 것이 가능한 원인으로 떠올랐다(Duffy & Beddingfield, 1996; Gray, 1996). 국가교통안전국(NTSB)의 최종 보고서는 기계적 결함을 제외한 모든 것을 배제했다. 빈 연료 탱크에 남아 있던 유증기가 작은 전하(電荷)에 의해 점화되어 비행기가 폭발했다고 최종 보고서는 결론 내렸다. 20년이 지난 지금도 800편의 폭발사고 원인을 둘러싼 논란이 온라인에서 벌어지고 있다. 미스터리한 사고 원인 때문에 미디어와 대중의 관심이 1년 넘게 지속되었다. 그뿐만 아니라 폭발사고의 미스터리한 원인을 찾아내고 모호함을 줄이기 위한 엄청난 노력도 계속되었다.

대인 커뮤니케이션의 불확실성 감소 이론(URT: uncertainty reduction theory)은 불확실성이 커뮤니케이션(정보 추구) 욕구를 야기한다고 가정한다. 불확실성은 불안감을 야기하기 때문에 커뮤니케이션을 통해 수집된 정보는 불확실성을 감소시킴으로써 불안감을 덜어준다(Berger & Calabrese, 1975). 불확실성이 정보 추구로 이어지게 한다는 전제를 검정한 결과, 엇갈린 결과가 나왔다. 연구 결과, 불확실성 하나만으로는 사람들의 정보 추구를 야기하기에 충분하지 않은 것으로 나타났다. 오히려 사람들이 정보를 추구하기 위한 동기가 반드시 부여되어야만 비로소 불확실성이 효과를 나타낸다(Kellerman & Reynolds, 1990). 위기가 탓할 거리를 만들어낼 필요성을 야기하는 것과 마찬가지로, 특히 위기가 이해관계자들에게 중요할 경우, 위기는 또한 그들이 위기에 대한 정보를 추구할 동기도 제공할 것이다. 모호성은 해소되어야 한다. 위기 모호성이 증가할 때 조직은 추가적인 노력과 자원을 쏟아부어야 한다. CMP는 모호한 위기에 요구되는 주의에 초점을 맞출 수 있다. 설득하기 가장 손쉬운 위기는 매우 중요하고 매우 긴급하며 매우 불확실한 것으로 지각되는 위기다. 위기관리자는 주도세력에게 위기를 틀 지을 때 가능한 한 위기의 차원들을 최대화해야 한다.

### 3) 주도세력의 전문성

조직의 정치는 은연중에 위기관리에 영향을 미친다. 성공적인 정치활동에는 당신이 다루고 있는 사람들을 아는 것이 포함된다. 주도세력을 구성하고 있는 경영진은 여러 유형의 전문성을 지니고 있을 것이며, 그들의 전문성은 문제를 편안하게 처리할 수 있는 안주구역(comfort zone)[3]에 영향을 미친다. 관리자들은 문제를 성공적으로 해결하는 것을 좋아한다. 그들의 전문성 범위 내에서, 즉 그들이 안주구역 내에서 문제를 처리할 때 성공 가능성이 더 높다는 것은 놀라운 일이 아니다. 그들이 문제를 더 쉽게 파악할 수 있기 때문에 훨씬 편안한 것이다. 위기관리자는 위기를 틀 지을 때 주도세력의 전문성에 주의를 기울여야 한다. 위기 프레임은 주도세력의 전문성의 일부 측면을 반영함으로써 그 집단에 맞추어 조절되어야 한다(Dutton & Ashford, 1993). 만약 주도세력이 재무 전문성을 가지고 있다면, CMT는 위기 프레임에 재무적 구성요소를 반드시 포함시켜야 한다. 전문성을 이용하는 한 가지 방법은 전문용어를 사용하는 것이다. 주도세력의 전문성 영역에 속하는 전문용어를 사용하는 메시지는 그 상황에 대한 친숙함을 촉진한다(Fairhurst & Sarr, 1996). 전적으로 합리적인 반응은 아니지만 주도세력은 그들이 성공적으로 해결할 수 있다고 생각하는 위기를 관리하고 싶을 것이다. 위기는 이해관계자들이 주도세력의 능력에 의문을 제기하게 만든다. 성공적인 위기관리는 주도세력의 능력에 대한 인식을 회복시켜주는 반면, 실패는 그것을 더욱 약화시킨다(Dutton, 1986; Pearson & Clair, 1998). 따라서 최고 경영진은 그들이 편안하게 느낄 수 있는 위기를 선호한다. 이것은 전구증상의 경우에도 그대로 적용된다. 애니 딜버트(Any Dilbert) 만화는 조직의 세계가 순수한 논리 위에서 운영되고 있지 않다는 것을 우리에게 상기시켜준다.

### 4) 프레젠테이션의 설득력

위기관리자에게는 주도세력에게 어떤 문제가 위기라는 것을 납득시켜

---

3  심리학 용어로 특정 행위를 불안 없이 행할 수 있는 심리적 공간 한계를 말한다(역자 주).

야 할 기회가 오는데, 그때 그들은 반드시 그들의 설득 기술을 사용해야 한다. 사람들은 ① 공신력, ② 정서, ③ 이성[4](Larson, 1989; Tan, 1985)이라는 세 가지 요인에 의해 설득된다.

'공신력(credibility)'이란 설득에서 사용되는 개념으로 송신자에 대한 수신자의 태도로 정의된다. 위기관리의 경우, 조직은 송신자고 이해관계자는 수신자다. 공신력은 메시지의 설득력에 상당한 영향을 미치기 때문에 공신력은 매우 중요한 개념이다(McCroskey, 1997). 연구들은 공신력이 전문성과 신뢰성이라는 두 구성요소로 나눠질 수 있음을 입증했다. '전문성(expertise)'은 다루어지고 있는 사안에 대한 송신자의 지식이다. 전문가 조직은 능숙하고 유능하며 효과적인 것처럼 보일 것이다(Kouzes & Posner, 1993). '신뢰성(trustworthiness)'은 송신자의 수신자에 대한 호의와 배려다. 신뢰성 있는 조직은 믿을 수 있고 윤리적이며 의사 결정을 내릴 때 그들의 조치가 이해관계자에게 미치는 영향을 고려한다(Allen & Caillouet, 1994; Kouzes & Posner, 1993). 위기관리자가 공신력을 주기 위해서는 그들의 전문성을 증명하는 성공적인 임무 완수 기록을 가지고 있어야 한다. 정직하다는 평판이 있는 것은 그들의 신뢰성을 향상시킨다(McCroskey, 1997).

'정서(emotion)'는 메시지가 제시되는 방식에 초점을 맞춘다(McCroskey, 1997). 정서를 고조시키기 위해 위기관리자는 위기를 극적으로 제시해야 한다. 위기는 새로울 때 극적이다. 생생한 사례와 이야기는 극적인 프레젠테이션 자료를 만드는 데 도움이 된다. 드라마와 정서는 메시지를 더 이해하기 쉽고 더 흥미롭게 해주며, 경영진의 주목을 사로잡는다(Dutton & Ashford, 1993; Larson, 1989). 그러나 경영진과 다른 설득 대상들은 정서 하나

---

4  공신력, 정서, 이성은 각각 아리스토텔레스가 말한 설득의 세 가지 수단인 에토스(ethos), 파토스(pathos), 로고스(logos)에 해당된다(역자 주).

만을 토대로 정보를 평가하지는 않는다. 그들은 정서를 평가할 때 논리에도 의존한다.

'이성(reason)', 즉 이성적 호소(rational appeal)는 지성을 움직인다(Larson, 1989). 사실(입증할 수 있는 정보)과 논리적 증거를 사용하는 것은 사람을 설득한다. 그러나 사실은 스스로를 대변하지는 않는다. 위기관리자는 어떤 상황의 위험을 강조함으로써 사실을 그럴듯하게 제시할 수 있다. 복권업자는 이길 승산을 발표하는 것이 아니라 사람들에게 복권을 사지 않으면 이길 수 없다고 말함으로써 복권을 판매한다. 경영진에게 위기 상황을 설득하기 위해 위기관리자는 위기 발생 가능성과 위기의 영향을 얕잡아 보는 정보는 경시하고 위기 발생 가능성이 높고 위기의 영향이 크다는 쪽을 지지하는 정보는 크게 다룰 것이다. 일방적인 주장은 경영진과 같은 교육받은 수용자에게는 효과적이지 않기 때문에 이슈의 양쪽 측면 모두가 반드시 제시되어야 한다(Tan, 1985). 정서를 사용해 주도세력의 주목을 끌고자 하는 위기관리자는 위기의 수용을 지지하는 강력한 합리적 증거(예, 통계, 전문가 증언)도 반드시 사용해야 한다(Dutton & Ashford, 1993). 위기나 경고신호를 받아들이게 만들기 위해 작성된 메시지는 생생한 이야기와 사례를 통해 극적으로 시작한 다음, 위기 수용을 강화하기 위해 논리 정연한 주장으로 이어져야 한다.

다음의 가상적인 예는 정서와 이성을 사용하고 있는 경우를 잘 보여준다. 당신이 신선한 야채 주스 제조회사인 주스-이즈-어스(Juice-Is-Us)에서 일하고 있다고 상상해보라. 조사 결과, 최근 배송된 토마토 주스가 대장균에 오염될 수 있는 것으로 드러났다. 당신은 이 상황이 위기로 받아들여지기를 원한다. 한 가지 옵션은 대장균에 오염될 통계적 확률을 주장하고, 그로 인해 회사에 나쁜 결과가 초래될 것임을 강조하는 것이다. 또 하나의 옵션은 대장균이 인체에 미치는 효과를 자세히 기술하는 것이다. 대장균으로 고통받은 사람에 대한 실제 사례를 다른 형식으로 바꾸어 말하라. 생생한 사례와 이야기는 위험을 생생하게 해줌으로써 그 위험을 더 강조한다. 다음으로 사람들이 대장균에 감염되지 않을 확률이 아니라 대장균에 감염될 가능성을 강조하는 정보를 제시하라. 즉, 정보를 그럴듯하게 제시하라. 규제 기관과 FBI 같은 법 집행 기관 관리들이 그 상황을 조사할 수 있는 가능성을 추가하라. 마지막으로 당신의 사례를 오염 가능성에 대한 통계, 감염된 고객의 잠재적 숫자, 그리고 대장균 중독이나 사망이 재정과 평판에 미치는 잠재적 영향에 대한 통계로 보강하라. 보다시피 두 번째 옵션이 CMP 실행을 위한 훨씬 더 설득적인 주장을 제공한다.

## 5) 설득 노력의 구성

효과적인 설득은 이론을 이용해야 한다. 이론은 위기관리자에게 위기나 위기 위협을 받아들이도록 만들고자 할 때 어떤 요인을 고려해야 할지 그리고 그들의 노력을 어떻게 구성할지 알려준다. 계획된 행동 이론(TPB: Theory of Planned Behavior)은 일반적으로 사용되는 설득 이론이다. 이 이론에 따르면, 행동은 행동 의향, 즉 어떤 행동을 수행하고자 하는 의사의 함수다. 행동 의향(behavioral intention)은 행동에 대한 태도, 주관적 규범, 지각된 행동적 통제에 의해 예측되며, 이들은 각각 행동 신념, 규범적 신념, 통제 신념의 영향을 받는다. 행동 신념(behavioral beliefs)은 있음 직한 행동 결과에 대한 신념으로, 행동이 어떤 주어진 결과를 불러일으킬 주관적 확률을 토대로 한다. 규범적 신념(normative beliefs)은 행동에 대한 개인의 지각이며, 통제 신념(control beliefs)은 개인이 지각하기에 행동 수행을 촉진하거나 방해하는 어떤 요인이다. 행동에 대한 태도(attitude toward behavior)는 특정한 행동의 자기 수행에 대한 개인의 긍정적이거나 부정적인 평가다.[5] 주관적 규범(subjective norm)은 관련된 타인(특히, 중요한 타자)[6]이 개인의 행동을 어떻게 생각하는가와 관련되어 있다. 지각된 행동적 통제(perceived behavioral control)는 개인이 생각하기에 행동이 얼마나 쉽거나 어려운지와 관련되어 있다(Ajzen, 2002). 우리가 해야 할 것은 TPB를 위기나 위협을 받아들이게 만들 수 있는 말로 바꾸는 일이다.

위기나 위협이 조치를 필요로 한다는 것을 받아들여야 하는 사람은 경영자다. 그러한 행동은 위기나 위협을 관리하고자 하는 노력이 될 것이다. 위기관리자는 행동에 대한 태도, 주관적 규범, 지각된 행동 통제에 초점을 맞추어 위기나 위협을 받아들이게 만들 수 있다. 먼저 위기관리자는 위기나 위협에 대처하기 위해 취하는 행동적 조치에 대한 경영자의 호의적인 태도를 이끌어내기 위해 노력해야 한다.[7] 위기관리자들의 위기나 위협 관리 노력에 대한 호의적인 태도는 경영자가 그러한 조치를 더 쉽게 받아들이게 해줄 것이다. 또한 이해관계자들은 관리와 밀접하게 관련되어 있으므로 위기관리자는 이해관계자들이 조직이 위기나 위협에 대한 조치를 취할 것을 기대할 것이라는 점을 반드시 강조해야 한다(주관적 규범). 마지막으로 지각된 행동적 통제는 위기나 위협 관리의 쉬운 부분이다. 부분적으로는 주도세력의 전문성을 발휘하게 함으로써 위기나 위협을 다루기 위한 조직의 전문성에 대해 이야기하는 것은 호의적인, 지각된 행동적 통제를 확립하는 데 도움을 준다. 이 부분은 설득의 피상적인 부분만을 다루긴 했지만, 그것은 위기관리자들이 내키지 않아 하는 주도세력에게 위기나 위협을

---

5  저자가 '계획된 행동 이론'에 대해 설명하면서 이전 이론인 '합리적 행동 이론(TRA: Theory of Reasoned Action)'과 혼동을 일으켜 빠트린 '행동에 대한 태도'와 '행동 신념' 요인에 대한 설명을 추가했다(역자 주).

6  괄호는 독자의 이해를 돕기 위해 역자가 추가했다(역자 주).

7  원서에는 '행동에 대한 태도' 요인의 설명이 없어 이 부분을 문맥에 맞게 역자 임의로 추가했다(역자 주).

받아들이도록 하는 데 도움이 되는 지침을 제공한다.

## 6) 위기에 대한 저항

조직의 모든 문제가 다 위기에 이르지는 않는다. 이 장의 서두에서 언급했듯이, 이론(異論)이 있는 상징적 이슈도 위기가 될 수 있다. 자연 재난, 악의적 행위, 기술적 사고(事故)와 인적 사고, 조직의 비행, 직장 폭력은 대부분의 이해관계자가 해석에 동의하는 명백한 위기인 경향이 있다. 문제 제기(challenge)와 소문은 대조적인 해석이 많은 두 위기 유형이다. 적어도 한 이해관계자 집단은 그러한 상황을 위기로 보는 반면, 조직은 그렇게 보지 않을 수 있다. 그러한 다른 해석은 조직이 어떤 위기를 간과하게 만들 수 있다. 오직 조직만이 어떤 상황을 위기로 분류할 수 있다고 믿는 것은 어리석은 오만함이다. 위기 해석은 1차 이해관계자, 2차 이해관계자(특히 뉴스 미디어), 조직이 함께 사회적으로 내리게 된다. 만약 1차 이해관계자들이 위기가 존재한다고 믿는다면, 위기는 존재한다. 이 책의 앞부분에서 소개된 아우디 5000 사례를 기억하는가? 아우디는 소비자들의 아우디 5000 급발진 주장에 결코 동의하지 않았다. 서로 의견을 달리하는 이 위기가 수년에 걸쳐 언론의 악평과 소비자들의 악감정을 부채질한 후에야 비로소 아우디는 아우디 5000에 대해 리콜 조치를 단행했다(Sullivan, 1990; Versical, 1987).

웍(1979, 1993)은 위기를 연구하는 사회심리학자로, 그의 아이디어는 위기관리에 적용되어왔다(Seeger, Sellnow, & Ulmer, 2003). 웍(1979)의 정보 처리 모델은 보지 못하고 지나쳐버리는 위기에 대한 이론적 설명을 제공한다. 그는 '설정(enactment)'이라는 용어를 사용해 조직 내 사람들이 위기와 같은 사건을 어떻게 이해하는지 설명한다. 조직 환경에 어떤 변화가 있을 때, 즉 어떤 사건이 발생할 때, 그 과정이 시작된다. 설정을 통해 경영자는 더 엄밀히 조사하기 위해 그 사건에 대한 정보들을 분리시킨다. 그런 다음, 경영자는 '선택(selection)' 과정을 통해 그 정보를 이해하고 그 정보에 대한 의미를 부여한다(지식 관리에서는 이때가 정보가 지식으로 바뀌는 때다). 선택은 경영자가 그 사건에 어떻게 반응할지에 대한 길잡이 역할을 한다. 마지막으로 '보유(retention)'는 경영자들이 미래에 사용하기 위해 어떤 정보를 저장하는지에 대해 설명해준다. 설정은 전체 모델의 핵심이다. 추가적인 주목을 위해 선택된 정보는 경영자들이 그들의 환경을 어떻게 보고 그러한 환경에 어떻게 반응할지에 큰 영향을 미친다. 만약 경영자가 위기를 시사하지 않는 정보를 설정한다면(enact), 조직은 그 사건을 위기로 보지 않을 것이다. 웍의 설정 아이디어는 경영자들이 정보에 그들의 해석을 부여함으로써 그들이 반응할 환경을 적극적으로 형성하고 만들어낸다는 것이다. 경영자는 어떤 사건을 이해관계자들과 매우 다르게 설정하고 위기가 존재하는지 여부를 둘러싸고 갈등을 야기할 수도 있다.

위기관리자는 위기가 존재한다는 이해관계자들의 주장을 검토 혹은 재검토함으로써 그러한 정보 모두를 평가해야 한다. 첫째, 위기관리자는 그러한 사실이 정확한 것인지 반드시 판단해야 한다. 그러한 주장은 정확한가? 부정확한 주장은 즉시 바로잡음으로써 위기를 해소해야 한다. 만약 사실이라면, 다른 이해관계자도 그 상황을 위기로 해석하는 것을 받아들이는지 확인하라. 어떤 특정 이해관계자 집단이나 다른 이해관계자 집단 내의 더 많은 사람이 그러한 위기 해석을 지지하는가? 아우디 사례에서 정부 규제 기관뿐만 아니라 더 많은 고객이 급발진 사고를 위기로 생각했는가? 위기 해석이 이해관계자들 사이에 퍼질 때 그것은 권한(power)과 현저성(salience)을 얻는다. 위기관리자는 위기 해석에 포함되어 있는 가치와 이익이 다른 이해관계자들에게 어필하는지를 반드시 판단해야 한다. 그와 같은 판단은 자신의 이해관계자들에 대한 분명한 이해를 필요로 한다.

여기 한 사례가 있다. 1990년, 도심에 설치되어 있는 필립 모리스(Philip Morris)의 수많은 담배 광고 간판에 대한 문제 제기가 있었다. 그러한 위기 해석은 필립 모리스를 도심지역의 소수민족을 착취하는 인종차별 기업으로 묘사한 셈인데, 필립 모리스는 그런 점을 우려했다. 도심지역에서의 담배 판매 반대를 주도한 캘빈 버츠(Calvin Butts) 목사에 의해 필립 모리스를 상대로 한 데모가 40여 차례 벌어졌다. 필립 모리스는 위기 해석의 확산을 우려한 나머지 옥외 광고를 중단했다. 필립 모리스는 도심지역의 담배 광고 간판 수를 줄이고 그 지역에서의 옥외 광고 행위를 조사하는 위원회에 참여하기로 합의했다(Fahey & Dagnoli, 1990). 이 사례가 주는 교훈은 만약 어떤 위기 해석이 다른 이해관계자들에게도 퍼져나갈 거라고 생각한다면 위기관리자는 반드시 주도세력이 그것을 위기로 받아들이도록 만들기 위해 노력해야 한다는 것이다.

보지 못하고 지나쳐버리는 위기와 관련된 또 하나의 시나리오는 주도세력이 의도적으로 위기를 위기로 보기를 거부하는 경우다. 횡령과 컴퓨터 해킹은 의도적으로 보지 않고 지나쳐버리는 위기 가운데 흔히 볼 수 있는 유형이다. 내부 혹은 외부 감사를 통해 횡령이 발견될 때조차도 대부분의 조직은 그것을 감춘다. FBI는 전체 횡령 가운데 단지 10%만이 신고되는 것으로 보고 있다. 횡령은 조직을 당혹스럽게 하며, 많은 조직이 그것을 신고할 경우 횡령을 더 부추기거나 이해관계자, 고객, 혹은 소비자를 화나게 할 거라고 두려워한다(Strauss, 1998). 이와 비슷한 이유에서 컴퓨터 해킹 사실 역시 잘 공개되지 않는다. 즉, 조직은 그들이 약하거나 취약한 것처럼 보이는 것을 원하지 않는다. 그러나 캘리포니아(California)와 같은 일부 주(州)는 개인의 신원을 위험에 빠트리는 컴퓨터 해킹 사실의 공개를 요구하고 있다(Hopper, 2002). 이 책의 저자는 이러한 종류의 공개를 요구하는 법을 직접 경험한 바 있다. 부동산 대부회사인 ABN-암로(Amro)는 저자와 다른 고객들에게 한 택배회사(DHL)가 주택 융자 정보가 담겨 있는 회사 데이터 테이프를 분실했다는 사실을 알려야만 했다.

각 조직과 산업은 그들이 의도적으로 무시하는 자신만의 위기 유형을 가지고 있다. 조직은 그러한 문제를 해결하기 위한 조치는 취하지만 대부분의 이해관계자들이 관여하는 것을 피하기 위해 그 상황을 비밀에 부치기로 할 수도 있다. 조직이 일종의 은폐를 하고 있는 것이다. 은폐는 위험한데, 왜냐하면 그것이 나중에 드러나 다른 형태의 더 심각한 위기를 촉발할 수 있기 때문이다(Barton, 2001).

앞에서 언급한 대로, 위기관리자가 자신의 프레젠테이션을 틀 짓는 방식이 주도세력의 위기 수용이나 거부에 영향을 미칠 수 있다. 위기관리자는 자신이 사용하는 프레임을 지지하는 정보를 반드시 가지고 있어야 하며 그것을 설득력 있게 표현해야 한다. 프레임 개발은 정보로 시작된다. 위기관리자는 어떤 문제가 ① 중요하거나(즉, 피해가 발생하거나 피해가 확산됨으로써 더 심각해질 것이라는 점), ② 긴급하거나(즉, 지금 조치를 취해야 하는 압박이 존재한다는 점), 혹은 ③ 불확실하다는 것(즉, 상황을 둘러싼 모호함이 존재한다는 점)을 보여주는 정보를 필요로 한다. 이 세 가지 가운데 어떤 것도 위기를 암시할 수 있으며, 만약 세 가지 모두가 존재한다면 그것은 주목하지 않을 수 없는 상황이다.

이 세 가지 사항의 중요성을 강조하기 위해 한 번 더 되새겨보자. 위기관리자는 자신이 만든 프레임을 받아들이게 만들 때 주도세력의 전문성과 기본적인 설득요소들을 고려해야 한다. 주도세력은 위기에 친숙하고 위기에 대해 편안함을 느껴야 한다. 즉, 주도세력은 위기를 그들의 전문 영역 내에서 바라보아야 한다. 전문용어는 위기와 주도세력의 전문성을 연결 짓는한 가지 방법이다. 생생한 이야기와 사례는 주도세력의 주목을 끈다. 그런 다음, 위기 수용을 지원하기 위해 위기의 중요성(현저성), 긴급성, 불확실성에 대한 사실들을 제시한다.

경영진이 공개적으로 어떤 상황을 위기로 인정하게끔 납득시킴으로써 조직이 위기를 위기로 보지 못하는 것을 고치는 것은 위기관리자의 몫이다. 위기관리자는 CMP를 실행하면 그러한 상황이 향상될 것이고 또한 조직, 조직의 이해관계자, 혹은 둘 다에게 이득이 될 거라고 믿기 때문에 어떤 상황이 위기임을 납득시켜야 한다. 주도세력이 의도적으로 위기를 무시할 때 그러한 위기를 받아들이게 하는 것은 훨씬 더 어렵다.

조직은 경고신호를 보지 못할 수도 있으며 또한 위기를 받아들이게 만들기 위한 권고사항들은 전구증상을 받아들이게 하는 데도 그대로 적용될 수 있다. 예를 들면, 어떤 반도체 제조회사는 그들의 느슨한 작업 규정으로 인해 직원들이 독극물에 중독된다는 증거를 8년 동안 무시했다. 직장 내에 병이 널리 퍼져 있고 학대행위가 지속되어왔다고 주장하는 30명의 직원이 제기한 소송으로 인해 마침내 그 문제가 드러나게 되었다. 이 사건은 법정까지 가지 않고 해결되었다(Smith, 1998).


## 2. 위기와 정보 필요성

위기는 정보와 지식이 부족한 상황으로 간주될 수 있다. 위기는 알지 못하는 것으로 시작되지만 반드시 알고 있는 것이 되어야 한다. 전형적인 위기는 처음에는 거의 알려진 것이 없고, 상황이 급격히 변하며, 종종 그러한 상황 변화가 예측 가능하기보다는 임의적이기 때문에 많은 양의 정보를 필요로 한다. 이런 요인들은 위기의 정보 수요가 복잡함을 암시한다(Barge, 1994). 만약 위기팀이 위기 시 효과적으로 운영되고자 한다면, 위기팀은 정보를 획득해서 그것을 빨리 그리고 정확하게 지식으로 처리하려는 압박을 느낀다. 위기의 정보 및 지식 수요를 이해하고 그것에 대처하는 것은 위기 관리의 일부분이다.

## 1) 정보 처리와 지식 관리로서의 위기

이걸호프와 센(W. G. Egelhoff & F. Sen, 1992), 시거, 셀나우 및 울머(M. W. Seeger, T. L. Sellnow, & R. R. Ulmer, 2003), 윅(1993)은 위기를 관리하는 동안 정보 처리가 주요 업무 가운데 하나라고 밝힌 반면, 왕과 벨라도 (W. T. Wang & S. Belardo, 2005)는 지식 관리가 위기관리의 중심임을 강조한다. 정보 처리를 통해 지식이 생성되기 때문에 이 두 관점은 상호 보완적이다. '상황 인식(situation awareness)'이란 이러한 위기관리의 정보 처리와 지식 생성 측면을 기술하기 위해 사용되는 용어다. 일반적으로 상황 인식은 위기팀이 어떤 결정을 내리기 위한 정보와 지식이 충분하다고 느끼는 지점을 표현한다(Kolfschoten & Appelman, 2006). 더 구체적으로 말하면, 상황 인식은 상황과 환경에 대한 지각, 그것들에 대한 종합적 이해, 앞으로의 상태를 예상할 수 있는 능력을 포함한다(Endsley, 1995). CMT의 경우, 상황 인식은 그 팀이 위기 상황을 지각하고 이해하고 있으며 위기의 결과를 예측하고 위기를 해결하기 위해 어떤 조치를 취해야 할지를 판단할 수 있음을 나타낸다.

다음 위기 사례는 알지 못하는 것으로부터 아는 것으로 바뀌어 상황 인식이 이루어지는 과정을 잘 보여준다. 에어로졸(aerosol) 캔 생산시설에서 폭발이 발생한다. 위기팀은 폭발 장소, 폭발이 일어난 시간에 그곳에서 일하고 있었던 직원, 그 과정에서 유출된 화학물질, 폭발이 일어난 곳에서 수행된 정확한 업무에 대해 알아야 한다. 위기팀이 알지 못하지만 알아야 하는 것으로는 다친 사람, 상처의 종류와 심각한 정도, 폭발 후 취해진 비상 조치, 시설물 피해 정도, 조업 중단의 필요성, 폭발의 가능한 원인 등이 있다. 위기팀은 결정을 내리는 데 필요한 위기에 대한 지식과 정보를 얻을 때까지 정보를 수집한다.

### 2) 알지 못하는 것

위기는 경영진에게 촉발 사건(trigger event)이나 위기가 존재한다는 것을 받아들이게 만드는 누군가에 의해 시작된다. 둘 가운데 어느 쪽에 의해 시작되건 간에 조직은 이제 CMT의 주목을 끌고 어떤 해결을 요구하는 문제에 직면하게 된다. 위기팀의 첫 번째 직무는 위기에 대해 그들이 알아야 하는 것, 그들이 이미 알고 있는 것, 그들이 알지 못하는 것을 파악하는 것이다. 그들이 알아야 할 것은 CMP를 실행하고 결정을 내리는 데 필요한 정보와 지식이다. 그들이 이미 알고 있는 것은 이전에 수집된 위기 정보와 지식일 것이다. 그들이 알지 못하는 것은 필요한 것과 위기 데이터 뱅크(CMP와 위기 부록을 포함해 이전에 수집된 모든 위기 정보와 지식)에 존재하는 것 간의 차이다. 이러한 세 가지 정보의 중요성을 이해함으로써 위기팀은 그들이 얼마나 알고 있는지 그리고 위기에 대처하고 상황 인식에 도달하기 위해 그들이 수집해야 할 것은 무엇인지를 평가할 수 있다. 그런 다음, 위기팀은 위기 관련 정보를 수집함으로써 그들이 알지 못하는 것을 줄이기 위해 노력해야 한다.

### 3) 정보 수집

정보 수집은 야외에서 보물찾기 게임을 하듯 하는 것이 아니라 조직화된 검색이어야 한다. 실제로 지식 관리 전략은 대부분 정보 수집 및 분석을 돕기 위해 만들어진다. 위기팀은 정보를 수집하기 위해 어디에 가야 할지 그리고 누구에게 물어보아야 할지 알아야 할 뿐만 아니라 반드시 정보 필요성의 우선순위를 매겨야 한다(Clampitt, 1991). 정보가 필요한 정도가 동일하지 않기 때문에 위기팀은 반드시 필요한 정보의 우선순위를 매겨야 한다. 우선순위가 높은 정보에 즉각적인 주목과 더 큰 노력이 기울여져야 한다(Geraghty & Desouza, 2005). 예를 들면, 위험한 가스가 분출되는 산업재해가 발생할 때, 위기팀은 가스 분출 원인을 걱정하기에 앞서 가스 구름(gas cloud)의 방향과 강도를 반드시 알아야 한다. 위기에 따라 정보 우선순위도 달라진다.

위기팀이 특정 정보를 어디에서 얻을 수 있는지 모른다면, 특정 정보가 필요하다는 것을 아는 것은 무의미하다. 위기팀이 정보를 필요로 할 때 조직 구성원 및 외부 이해관계자들과의 연계는 소중한데, 왜냐하면 이런 연계는 필요로 하는 정보의 원천이기 때문이다(Pearson & Clair, 1998; Wang & Belardo, 2005). 위기가 닥치기 전에 위기팀은 잠재적인 위기 관련 정보 및 지식의 원천을 알고 있어야 한다. '지식 지도(knowledge map)'는 지식의 원천을 파악하는 것이며 CMP의 CMT 연락 시트와 잘 맞다. 위기 지식 지도 작성에 대해서는 잠시 뒤에 논의하기로 한다.


## 3. 정보 처리: 알고 있는 것

위기를 이해하고자 할 때, 가공되지 않은 정보는 종점이 아니라 출발점이다. 위기팀은 정보가 의미하는 바를 반드시 판단해야 한다. 일반적으로 '정보의 의미 이해하기'라 불리는 것은 정보 처리를 말한다. 위기팀은 정보 처리를 통해 그들이 실제로 필요로 하는 지식을 수집했는지를 판단한다. 위기팀은 오직 정보 분석을 통해서만 알지 못하는 것을 알고 있는 것으로 바꿀 수 있을 만큼 필요한 지식이 충분히 수집되었는지를 판단할 수 있다. 위기관리자들은 그들이 효과적인 결정을 내리는 데 필요한 충분한 지식을 가지고 있는지, 즉 그들이 상황 인식에 도달했는지를 반드시 판단해야 한다. 만약 지식이 결여되어 있다면, 정보 수집은 계속된다. 만약 충분한 지식이 수집되었다면, 조직이 무엇을 할지 그리고 위기에 대해 어떤 말을 할지에 대한 결정이 내려지는데, 이것에 대해서는 8장에서 다룰 것이다.

## 4. 정보 처리의 문제점

위기관리에 관한 문헌들은 정보 처리를 꽤 단순한 업무로 취급한다. 그러한 문헌들은 위기관리자들에게 그들의 자원을 동원하여 가능한 한 모든 정보를 수집하라고 말한다(Mitchell, 1986). 그러한 문헌들은 정보는 쉽게 수집하고 분석할 수 있는 것이라고 우리가 믿게끔 만든다. 그러나 사실은 그렇지 않다. 조직 및 소집단 커뮤니케이션 연구는 지식 공유뿐만 아니라 정보 수집과 처리를 괴롭히는 일관된 결함을 확인했다(Rollins & Halinen, 2005; Stohl & Redding, 1987). 위기관리자는 ① 순차적 재생산 오류, ② 침묵 효과, ③ 메시지 과부하, ④ 정보 획득 편향, ⑤ 집단 의사 결정 오류와 같은 결함들을 이해함으로써 정보 수집 및 처리를 위한 더 나은 메커니즘을 구축할 수 있다.

## 1) 순차적 재생산 오류

당신은 3~4명을 거쳐서 당신에게 도착한 메시지를 받아본 적이 있는가? 당신이 수신한 메시지는 거의 의미가 통하지 않거나 전혀 정확하지 않을 가능성이 있다. 이런 왜곡을 일컬어 '순차적 재생산 문제(serial reproduction problem)' 혹은 '순차적 전달 효과(serial transmission effect)'라고 한다. 어떤 메시지가 최종 목적지에 도착할 때까지 더 많은 사람을 거치면 거칠수록, 그 메시지가 왜곡될 가능성은 더 높아진다(Daniels, Spiker, & Papa, 1997). 위기 동안 부정확한 정보는 분명 문제가 된다. 부정확한 정보는 미디어에 잘못 전달됨으로써 공중을 당혹스럽게 할 뿐 아니라 위기팀이 부정확한 정보를 토대로 결정을 내리는 잘못을 범하게 한다. 2006년 1월, 13명의 광부가 웨스트 버지니아(West Virginia) 주 업셔 카운티(Upshur County)에 있는 석탄 광산에 갇혔다. 정보가 잘못 전해지는 바람에 언론은 12명은 살아 있는 것으로 확인되었고 1명은 사망했다고 보도했다(Dao, 2006). 가족과 친구들은 환호했다. 그리고 나서 1명이 살아 있고 12명은 사망했다고 정정되었다 이 광산 사고 동안 잘못된 정보에 의해 야기된 정서적 고통은 끔찍했다.

## 2) 침묵 효과

위기 관련 정보의 매우 중요한 원천 가운데 하나는 조직 구성원일 것이다. 조직 내 사람들이 부정적인 정보(예, 그들을 나쁘게 보이게 만드는 정보)를 철저하게 알리지 않거나 그러한 정보를 덜 해로운 것으로 만들기 위해 정보를 고치는 것은 놀라운 일이 아니다(Stohl & Redding, 1987). 이러한 현상을 일컬어 '침묵 효과(MUM effect)'라고 하며, 조직 내의 부정적이거나 불편한 정보의 흐름을 차단하는 조치를 취하는 것을 말한다(Tesser & Rosen, 1975). 위기는 부정적인 상황을 수반한다. 상황이 나빠지며 어떤 면에서 조직을 위협한다(Barton, 2001). 조직 구성원은, 특히 부정적인 정보가 그들이나 그들의 조직을 나쁘게 보이게 할 경우, 그러한 정보를 제공하기를 꺼릴 수도 있다.

어떤 사람들은 1986년 우주선 챌린저(Challenger)호 폭발사고를 침묵효과 탓으로 돌린다(Goldhaber, 1990). 챌린저호가 발사되기 전날(1월 27일) 밤, 모턴 티오콜(Morton Thiokol)에 있던 15명의 엔지니어는 발사 반대를 주장했다. 모턴 티오콜은 우주선이 궤도에 진입하는 것을 돕는 고체연료 로켓 추진장치(SRBs: solid rocket boosters)를 만든다. 이 추진장치에는 간극을 메워주고 고체연료의 부적절한 점화를 막아주는 고무로 된 오-링(O-ring)이 있으며 예비 오-링은 없다. 만약 오-링이 작동하지 않으면, 고체 로켓 연료가 부적절하게 점화되어, 폭발이 일어나고, 결국 우주선이 파괴될 수 있다. NASA에 있는 모든 사람은 오-링 고장의 잠재적 결과를 알고 있었다. 그 엔지니어들은 그날 날씨가 너무 추워 오-링이 적절하게 작동하지 않을 수 있다고 생각했다(나중에 오-링 고장이 폭발의 원인으로 밝혀졌다). 모턴 티오콜은 원래 발사 승인을 거부했다. 한 차례 회의를 더 치른 후, 그 결정은 뒤집어졌으며 모턴 티오콜은 발사를 승인했다. NASA의 중간 관리자들은 전체 우주선 프로그램 책임자인 아널드 올드리치(Arnold Aldrich)나 최종 발사 결정에 대한 책임을 지고 있는 부행정관 제시 무어(Jesse Moore)에게 모턴 티오콜의 발사 우려에 대해 말하지 않았다(Boffey, 1986; Mecham, 1986; Sanger, 1986). 우리는 이 두 사람 가운데 한 사람이 모턴 티오콜의 우려에 대해 알았더라면 발사를 중단시켰을지 여부를 추측할 수 있을 뿐이다. 그러나 NASA 관리자들은 부정적인 정보를 그들의 상관에게 전달하지 않음으로써 침묵 효과를 잘 보여주었다. 어떤 위기팀도 단기간의 평화나 팀원 보호를 위해 부정적인 정보를 숨기거나 고쳐서는 안 된다.

### 3) 메시지 과부하

조직에 있는 사람들이 능숙하게 관리할 수 있는 것보다 더 많은 메시지를 받을 때, 흔히 경험하는 문제 가운데 하나가 바로 메시지 과부하(message overload)다(Geraghty & Desouza, 2005; Stohl & Redding, 1987). 위기 동안 정보 과부하 위험은 매우 크다. 앞에서 언급한 것처럼, 위기 동안에는 정보가 빈곤하여 이러한 정보 공백을 메우기 위해 많은 양의 정보 수집과 처리를 필요로 한다. 이러한 정보 수요는 엄청난 양의 정보가 위기팀으로 유입되게 할 수 있다. 그러나 과도한 정보 유입은 위기 속에서 알지 못하는 것과 알고 있는 것 사이의 간극을 메우는 데 도움을 주기보다는 그러한 과정을 방해할 위험이 있다.

### 4) 정보 획득 편향

이용 가능한 정보의 양이 그것을 이해할 수 있는 인간의 능력을 초과하기 때문에, 사람은 자연스럽게 선택적 지각을 하게 된다. 선택적 지각(selective perception)이란 우리 각자가 정보의 특정 측면에 초점을 맞춘 채 나머지 것들은 보고도 무시하는 것을 의미한다(Barge, 1994). 윅(1979)의 설정 개념은 선택적 지각과 관련 있다. 그로 인해 야기될 수 있는 위기관리 시 위험은 위기 발생 초기에 위기팀원이 위기의 속성에 대한 인상을 형성하게 된다는 것이다. 그 이후의 모든 정보와 지식은 이러한 초기의 지각이나 위기 프레임을 토대로 검증된다. 위기팀은 첫인상에 반(反)하는 정보는 무시하는 반면, 이러한 인상에 부합하는 정보는 추구하는 경향이 있다. 불행하게도 첫인상은 위기팀이 의사 결정을 내리는 데 필요한 매우 중요한 정보와 지식을 보지 못하게 만들 수도 있다. 위기팀원이 어떤 새로운 위기를 과거의 위기 측면에서 정의할 때 또 다른 위험이 야기된다(Barge, 1994). 위기팀은 새로운 위기를 새로운 사건으로 취급하지 않고 단순히 과거의 어떤 위기의 한 형태로 간주할 수 있다. 만약 과거의 위기가 새로운 위기와 제대로 일치하지 않는다면, 위기팀은 새로운 위기를 다룰 때 잘못된 템플레이트를 적용하는 셈이 된다. 위기팀은 새로운 위기를 과거의 위기로 잘못 판단하기 때문에 위기를 잘못 관리하게 된다. 어느 경우든 현재의 위기에 대한 중요한 미묘한 차이를 못 보게 된다. 첫인상이나 과거 위기로부터 받은 인상이 눈을 가리기 때문에 위기팀은 중요한 정보를 무시할 가능성이 있다.

이 장의 앞부분에서 살펴본 TWA 800편 사례는 이러한 두 가지 정보 획득 편향(information acquisition bias)을 잘 보여준다. 최초 보고는 폭발물이 사고의 원인임을 시사했다. 폭발 패턴과 플라스틱 폭발물인 PETN의 미세한 흔적이 비행기 잔해에서 발견된 것이 가장 유력한 증거였다. 조사관들은 그들의 최초 지각에 의존해 폭발물이 원인이라는 설명을 뒷받침하는 정황 증거만을 조사했을 수도 있을 것이다. 그로 인해 나머지 조사에서 모든 가능한 원인이 무시되었을 수도 있을 것이다. 테러를 의심한 또 하나의 이유는 1988년 스코틀랜드 로커비(Lockerbie) 상공에서 발생한 팬 암(Pan Am) 103편 폭발사고와의 유사성이었다. 레이더 테이프와 목소리 및 800편의 비행 데이터 기록이 103편의 그것들과 매우 비슷했다. 조사관들은 이전 위기의 시각에서 모든 나머지 증거를 조사했을 수 있을 것이다. 드러난 대로 팬 암 103편의 템플레이트를 TWA 800편에 적용하는 것은 옳지 않았다(Gray, 1996; Watson, 1996). 이 두 가지 정보 획득 편향 가운데 어느 하나가 사용되었다면, 조사관들은 폭발의 실제 원인인 기계 고장에 대한 단서들을 무시했을 것이다.

### 5) 집단 의사 결정 오류

비판적 사고 기술을 사용하지 못할 때 집단은 의사 결정 오류를 범하기 쉽다. 비판적 사고는 정보를 주의 깊게 평가하는 과정이다(Williams & Olaniran, 1994). 두 가지 경향 때문에 잘못된 집단 의사 결정이 내려진다. 첫째, 집단은 어떤 문제를 보지 못하거나 그 문제의 정확한 원인을 파악하지 못한다. 집단은 문제를 무시하거나 문제를 잘못 해결하게 된다. 둘째, 집단은 어떤 문제를 해결하기 위한 대안을 부적절하게 평가한다(Hirokawa & Rost, 1992). 부적절한 평가로 인해 집단은 문제 해결을 위한 효과적이지 않은 대안을 선택하게 된다. 두 유형의 오류 모두 잘못된 의사 결정을 초래한다. 두 경우 모두 부주의한 정보 취급이 그러한 오류의 근본 원인일 수 있다.

### 6) 요약

정보 수집 및 처리의 오류를 살펴보는 목적은 두 가지다. 첫째, 그러한 오류는 정보 수집 및 처리가 얼마나 어려울 수 있는지를 잘 보여준다. 위기 팀원은 이러한 문제들을 과소평가해서는 안 된다. 이러한 문제들은 조직 커뮤니케이션에 존재하는 긴장을 드러내 보여주는데, 그러한 긴장은 위기 커뮤니케이션 노력을 방해할 수 있다. 예를 들면, 침묵 효과는 위기 커뮤니케이션 노력에서, 즉 정보 수집 시, 투명함이 요구되지만 그 정보를 알게 되는 것의 위험이 너무 클 때 기꺼이 정보를 감추고자 하는 용의가 있음을 보여준다. 둘째, 문제를 깨닫는 것은 위기팀이 더 효과적인 정보 수집 및 처리 메커니즘을 개발하는 데 도움을 줄 수 있다. 위기팀이 그러한 오류들에 대응하고자 노력할 때 정보 수집 및 처리가 더 효과적으로 이루어질 것이다.

## 5. 정보 처리 메커니즘

정보 처리 메커니즘은 위기팀이 위기 관련 정보를 수집하고 처리하는 것을 돕기 위한 것이다. 이러한 메커니즘은 구조적 요소와 절차적 요소를 포함한다. 구조적 요소는 정보 수집방법에 초점을 맞추고 있으며, 절차적 요소는 처리 오류를 막거나 줄이는 방법에 초점을 맞추고 있다.

### 1) 구조적 요소

위기관리자들은 위기 동안 그들이 필요로 할 수도 있는 정보(잠재적 지식)가 있는 원천에 접근해야 한다는 점을 다시 한 번 강조하고자 한다. 위기관리자들은 그들이 필요로 하는 정보가 이전에 모아놓은 위기 데이터베이스에 포함되어 있지 않다면 그러한 정보를 반드시 찾아내야 한다. 커뮤니케이션 컨설턴트들은 정보를 수집할 때 네트워크(즉, 다른 사람들과의 관계)가 중요함을 인정한다. 네트워크가 더 탄탄할수록 정보를 더 잘 수집하고, 따라서 문제를 더 정확히 이해할 수 있다(Barge, 1994; Clampitt, 1991; Geraghty & Desouza, 2005). 위기관리팀은 위기 관련 정보를 수집하는 데 사용할 수 있는 커넥션을 반드시 개발해야 한다. 이러한 체계는 '위기 지식 지도(crisis knowledge map)'라 불리는데, 이것은 외부 이해관계자 네트워크와 내부 이해관계자 네트워크로 구성된다.

'내부 이해관계자 네트워크'는 위기팀이 속한 조직 내부의 사람들로 구성된다. 이 네트워크의 토대는 개별 팀원들의 네트워크에서 비롯된다. 그들의 연락처와 정보원이 위기팀의 정보 원천이 된다. 그런 다음, 위기팀은 다루어지고 있는 문제에 대해 알고 있을 수도 있는 다른 사람을 알려달라고 각 연락처에 요청함으로써 그러한 명단을 확대할 수 있기를 기대한다(Barge, 1994). 위기팀은 위기 동안 필요할 수도 있는 여러 유형의 정보를 얻기 위한 연락처 명단, 즉 위기 지식 지도 명부에 내부 이해관계자 부분을 만듦으로써 그러한 정보를 공식화해야 한다. 위기 지식 지도 명부는 위기팀이 필요로 할 수도 있는 여러 유형의 정보별로 다수의 연락처가 정리되어 있는 명단이다. 이 명부는 CMP 부록에 첨부되거나 별도의 문서로 만들어질 수도 있다. 이 명부는 필요한 전문성 목록 작성으로 시작하는데, 이것은 사람들이 가지고 있는 지식 유형별로 사람들을 범주화하는 한 방법이다. 각 전문성별로 그러한 전문성을 갖추고 있는 사람의 기본적인 연락 정보(이름, 조직 및 직위, 전화번호, 팩스번호, 이메일 주소)를 적는다. 한 사람에게 연락이 닿지 않으면 연락이 될 때까지 다른 사람과 접촉을 시도해야 하기 때문에 다수의 연락처를 확보하는 것이 중요하다.

'외부 이해관계자 네트워크'는 위기팀이 속한 조직 외부의 사람들로 구성된다. 일반적으로 여기에는 고객, 정부 관리, 공급업체, 배급업체, 지역사회 구성원, 경쟁업체, 투자자들이 포함된다(Peason & Mitroff, 1993). 어떠한 외부 이해관계자도 이 네트워크에 포함될 수 있을 것이다. CMP의 2차 연락 시트(secondary contact sheet)는 필수적인 자원이다. 이것은 모든 이해관계자 집단별 접촉자를 알려준다. 그리고 이것은 조직 내의 누가 각각의 특정한 이해관계자를 다루는지를 보여준다. 위기팀은 2차 연락 시트의 정보를 위기 지식 지도 명부의 외부 이해관계자 부분으로 전환한다. 외부 이해관계자 부분의 구조는 내부 이해관계자 부분의 구조와 유사하다. 외부 이해관계자 부분에는 여러 이해관계자 집단별 접촉자가 포함될 것이라는 점이 두 부분의 차이점이다. 위기팀은 외부 이해관계자에게 직접 연락을 하는 방법을 택할 수도 있고 조직의 접촉자(들)를 이용하는 방법을 택할 수도 있다. 긍정적인 관계가 맺어져 있을 때 접촉자는 도움이 된다. 이해관계자들이 위기팀원과는 관계를 맺은 전력이 없는 데 반해 접촉자와는 긍정적인 관계를 유지해온 전력이 있다면 이해관계자들은 접촉자에게 더 솔직할 것이다. 접촉자는 여러 사람과 터놓고 지내기 때문에 외부 이해관계자들에게 고급 정보를 더 쉽게 요청할 수 있다.

위기 동안 조직 내의 위기 관련 정보 및 지식의 양과 움직임을 추적하는 것은 매우 중요하다. '위기 정보 일지(crisis information logs)'는 그것을 할 수 있게 해주는 유용한 도구다. 일지는 위기팀원이 정보 요청을 언제 하는지 그리고 그러한 요청의 결과는 무엇인지를 기록한다. 정보 요청과 수신을 일지에 기록함으로써 위기팀은 그들이 어떤 정보를 가지고 있는지 그리고 어떤 정보가 여전히 필요한지 알 수 있다. 위기 정보 일지는 요청 날짜와 시간, 요청 내용, 요청한 대상, 요청 시 사용한 채널, 요청한 사람과 같은 일반적인 관심사로 시작한다. 일단 이러한 정보를 받게 되면, 그것은 그러한 정보를 받은 사람의 이름과 함께 기록된다. 행정 지원 직원이 위기 정보 일지 작성을 도울 수도 있다. CMT는 위기관리 과정 동안 이것과 다른 업무를 도와줄 행정 지원을 필요로 한다.

또다시 그다음 단계는 정보를 평가하고 정보를 지식으로 가공 처리하는 것이다. 팀원들은 어떤 후속 정보가 필요한지 그리고 수신한 정보가 충분한지 반드시 결정해야 한다. 위기 정보 일지에는 언제 누구에 의해 정보가 처리되었는지(지식이 생성되었는지)가 적혀 있다. 일반적으로 용인되는 정보 평가 기준은 명료성, 적시성, 깊이다. '명료성(clarity)'은 정보가 복수의 해석이 아닌 단 하나의 해석만 가지고 있고, 사람들이 메시지가 의미하는 바를 쉽게 이해할 수 있는가 하는 것을 의미한다. '적시성(timeliness)'은 정보가 현재 유포되고 있는 것이고 필요할 때 수신된 것인지를 의미한다. '깊이(depth)'는 정보가 완전한지, 즉 요청된 질문에 답하는 것인지를 의미한다(Barge, 1994).

다음의 한 가상적인 예는 명료성, 적시성, 깊이를 잘 보여준다. 허리케인이 당신의 전동공구회사의 중심 생산시설을 강타한다고 상상해보라. CMT는 조업이 언제 재개될 건지 알고 싶어 한다. 위기팀은 "적정한 시간 내에"(불명료)라는 말을 듣기를 원하는가 아니면 "5~6일 내에"(명료)라는 말을 듣기를 원하는가? CMT는 조업을 유지하기 위해 어떤 대안이 가능한지 알아야 한다. 팀은 3년 동안 수정되지 않은 사업 재개 계획(시기적절하지 않음)을 원하는가 아니면 최신 사업 재개 계획(시기적절함)을 원하는가? 마지막으로 CMT는 다친 직원, 즉 허리케인이 닥쳤을 때 근무 중이던 사람에 대해 알아야 한다. 팀은 10명의 부상자가 있다는 말(깊이 부족)을 듣기를 원하는가 아니면 부상자의 이름과 부상 정도(깊이 있음)를 알게 되기를 원하는가? CMT는 양질의 정보를 받을 때 일을 가장 잘 할 수 있다.

일지는 정확해야 한다. 정보는 요약되거나 수정되지 않고 수신한 그대로 기록되어야 한다. 정확하게 작성된 기록은 순차적 재생산 오류를 촉진하는 일부 요인을 제거하는 데 도움이 된다. 또한 작성 기록을 가지고 있는 것은 메시지를 전송할 때 사용되는 정보 원천의 수를 줄여주는데, 이것 역시 순차적 재생산 오류 가능성을 줄여준다.

위기 정보 일지는 정보가 요청된 때, 그것이 수신된 때, 그리고 그것이 처리되었는지 여부를 기록한다. 시간과 날짜는 정보의 적시성을 평가하는 데 도움이 된다. 채널을 평가하는 데도 도움이 된다. 일지는 특정 채널이 정보를 요청하고 보내는 데 어느 정도 효과적이었는지를 평가하는 데 도움을 줄 수 있다. 누구에게 정보를 요청했는지를 기록하는 것은 미래에 더 나은 원천이 사용될 수 있는지 판단하는 데 도움을 준다. 정보 원천은 부분적으로 원천의 공신력으로 인한 정보 신뢰도(believability)를 나타낸다. 일지는 또한 정보가 처리되었는지 그리고 언제 누구에 의해 처리되었는지도 기록한다. 전반적으로 일지는 CMT가 그들의 정보 수집 및 처리 노력을 모니터하는 데 도움을 준다. 위기팀은 위기 시에 발생하는 사건의 진행에 대한 정확한 정보를 반드시 수집해서 저장해야 하는데, 왜냐하면 그와 같은 기록은 위기 후 평가, 위기 관련 소송, 위기에 의해 촉발된 정부 조사에 매우 중요하기 때문이다.

## 2) 절차적 요소

절차적 요소란 여러 정보 처리 문제를 극복하기 위해 취할 수 있는 모든 조치를 말한다. 정보의 지각된 중요성을 확인하기 위한 선별 기준을 사용함으로써 우선순위를 두는 것이 정보 과부하를 막는 한 가지 방법이다(Geraghty & Desouza, 2005; Stohl & Redding, 1987). 우선순위를 매기는 것은 평가, 저장 및 검색을 포함하는 다단계 과정이다. 들어오는 정보를 일지에 기록할 때, 동시에 그것을 평가한다. 단순한 우선순위 체계는 ① 긴급한 정보, ② 일상적인 정보, ③ 기타 정보와 같은 세 가지 범주를 사용할 수도 있을 것이다. '긴급한' 정보란 위기팀이 결정이나 조치를 압박하는 데 필요한 정보를 말한다. '일상적인' 정보는 위기팀이 위기관리 노력 과정에서 통상적으로 필요로 하는 기본적인 정보를 말한다. '기타' 정보는 수신되는 정보 가운데 명백히 드러나 보이는 가치는 없지만 위기와 어느 정도 관련이 있는 정보다.

일상적인 정보와 기타 정보는 위기팀이 그것을 볼 시간이 있거나 그것을 필요로 할 때까지 저장되어 있다. 정보는 종이에 보관되거나 전자적으로 저장되거나 아니면 두 가지 방법 모두로 저장될 수 있을 것이다. 검색은 정보 대기 열(information queue)[8]에서 원하는 정보를 추출하는 것을 말한다. 저장과 검색을 위해서는 정보를 주제별로 범주화하는 것이 필요하다. 정보는 일반적인 토픽 영역에 할당된 다음 그 영역에 포함되는 핵심 주제 목록에 다시 할당된다. 이러한 과정은 도서관에서 책을 목록화하는 것과 비슷하다. 9장에는 저장 및 검색을 위한 추가적인 권고사항들이 제시되어 있다.

위기팀이 우선순위가 높은 정보에 초점을 맞추는 것은 메시지 부하를 감소시킴으로써 정보 과부하를 줄인다. 메시지 우선순위 체계는 위기팀의 정보 필요성을 반영한다. 오염된 식품 리콜 위기는 우선순위 과정을 명확하게 보여준다. 식품 리콜을 시작할 때의 최우선순위에는 영향을 받은 소비자 파악, 오염원 색출, 소비자에게 리콜 조치 알리기가 포함된다. 위기 초기 국면 동안 이러한 세 가지 토픽과 관련된 정보는 긴급한 정보로 분류될 것이다. 위기팀이 ① 생산시설 조사 결과, ②그 회사의 위기관리 노력에 대한 뉴스 기사, ③ 리콜 예상 비용, ④ 리콜 정보가 뉴스 미디어에 보도되고 있음을 보여주는 확인문, ⑤ 시장 점유율 손실 추정치, ⑥ 추정된 복구 시간, ⑦ 확인된 아픈 소비자 사례, ⑧ 리콜에 대한 소비자 반응, ⑨ 리콜 조치를 정부의 음모와 연결 짓는 인터넷 토론방과 같은 정보를 받았다고 가정해보자.

①번 정보(조사 결과), ④번 정보(리콜 뉴스 보도 확인), ⑦번 정보(아픈 소비자 사례)가 긴급한 우선순위로 꼽힐 수 있을 것이다. 각각의 경우, 정보는 위기팀의 첫 번째 우선순위와 직접 관련이 있다. ②번, ③번, ⑤번, ⑥번, ⑧번 정보는 일상적인 우선순위의 정보일 것이다. 위기팀의 재정적 피해

---

8 대기 열을 지어 기다리고 있다는 개념의 수학적 용어로, 컴퓨터 등에서 자료의 저장 구조(자료 구조)로 활용되며 논리적·개념적으로 구현되며 한쪽 끝에서 삽입되고, 다른 한쪽 끝으로 삭제되는 리스트 구조의 일종이다(역자 주).

평가(③번과 ⑤번), 복구 시간 추정(⑥번), 위기관리 실행 평가(②번과 ⑧번)는 나중에 가서야 이루어질 것이다. 아마도 여기에는 정부의 음모가 없을 것이지만 그런 정보는 위기와 관련이 있기 때문에 ⑨번 정보는 기타 우선순위를 가진 정보다. 많은 정보가 수신되고 있어 정보 과부하 위험이 높을 때, 위기팀은 정보 우선순위 체계를 통해 도움을 받을 수 있을 것이다.

데이터 분할(data splitting)은 정보 획득 편향을 방지하는 데 사용되는 기법이다. 이 방법은 좀 더 효과적인 분석을 위해 정보를 더 작은 단위로 나눈다. 더 작은 정보 단위는 자세하게 살펴보기가 훨씬 용이하기 때문에 위기팀은 이러한 정보 단위들을 더 주의 깊게 살펴볼 수 있다. 게다가 더 작은 단위는 이미 존재하는 정보 처리 편향에 반영되어 있을 수 있는 패턴을 깨준다(Barge, 1994). TWA 800편 사례의 경우, 비행 데이터와 레이더 기록 각각을 더 큰 조사 과정 속에 놓고 보기 전에 데이터 분할을 통해 그 둘을 별도로 고려해볼 수 있을 것이다.

불행하게도 침묵 효과를 다룰 수 있는 간단한 기법은 존재하지 않는다. 증명된 유일한 수단은 비록 그것이 나쁜 뉴스라 하더라도 사람들이 사실을 솔직히 공개하고 받아들이는 개방된 커뮤니케이션 체계다(Redding, 1972). 개방성(openness)은 상호 간 신뢰와 과거 상호작용을 통해 생겨난다(Barge, 1994). 위기팀원은 반드시 조직 구성원의 신뢰를 얻기 위해 노력해야 하며 구성원의 실수나 오류를 보여주는 정보를 건네더라도 부정적인 제재가 없을 거라는 점을 분명히 해야 한다. 마찬가지로 외부 이해관계자들과의 개방된 긍정적 관계는 외부 원천으로부터의 정확한 정보 유입을 촉진한다(Grunig, 1992).

집단 의사 결정 오류는 경계와 악마의 변호인 기법을 통해 막을 수 있다. 위기팀 선발에 대한 논의에서 비판적 사고의 일종인 경계(vigilance)에 대해 언급한 바 있다. 경계의 네 가지 주요 요소는 ① 문제 분석, ② 대안 선택 평가 기준, ③ 대안 선택의 중요한 긍정적 측면 이해, ④ 대안 선택의 중요한 부정적 측면 이해다. 이 네 가지 요소는 두 가지 집단 의사 결정 오류를 저지한다. 문제 분석은 집단이 문제의 정확한 원인을 규명하지 못하는 것을 저지하는 한편, 대안 선택 평가 기준과 대안 선택의 중요한 긍정적 및 부정적 측면 이해는 집단이 문제 해결을 위한 대안을 부적절하게 평가하는 것을 보충해준다(Hirokawa & Rost, 1992). 악마의 변호인(devil's-advocate)[9] 기법은 어떤 집단 구성원으로 하여금 항상 집단의 계획에 반대하게 하는 것을 말한다. 그러한 반대는 집단으로 하여금 그들의 결정을 재평가해보게 할 뿐만 아니라 처음에 얼버무리고 넘어갔을 수도 있는 약점을 살펴보도록 상기시켜준다(Barge, 1994).

### 3) 훈련

스트레스는 위기팀의 적이 될 수 있다. 스트레스는 사람들을 더 경계하게 하고 더 빨리 반응하게 함으로써 성과를 향상할 수도 있지만, 동시에 경직, 부적절한 공격성, 새로운 도구 및 기법의 무시와 같은 문제도 야기할 수 있다. 훈련은 스트레스를 완화해주는 팀 역동성을 촉진하고 스트레스를 줄이는 데 도움이 된다. 위기팀 훈련 가운데는 팀원이 스트레스에 잘 견딜 수 있게 해주는 것도 포함될 수 있다. 사람들은 압박을 받는 상황에서 스트레스를 줄일 수 있는 기법을 배울 수 있다. 팀 분위기가 개방적이고 지지적

---

9 의도적으로 반대 입장을 취하면서 선의의 비판자 역할을 하는 사람을 일컫는다. 가톨릭 성인(sainthood) 추대 심사에서 추천 후보의 불가 이유를 집요하게 주장하는 역할을 맡는 사람을 '악마(devil)'라고 부른 데서 유래된 개념이다. 이들은 모두가 찬성할 때까지 반대 의견을 제시하면서 토론을 활성화하거나 또 다른 대안이 있는지를 모색하도록 하는 역할을 담당한다(역자 주).

## 리글리의 얼러트 껌

2013년 4월, 리글리(Wrigley)는 민트향과 과일향의 얼러트 에너지 카페인 껌(Alert Energy Caffeine Gum)을 판매하기 시작했다. 카페인 껌은 이것이 처음은 아니지만, 편의점, 식품점, 약국을 통해 대규모로 유통된 것은 이번이 처음일 것이다. 커피 한 컵의 절반에 해당하는 카페인을 함유하고 있는 이 껌의 가격은 2.99달러다. 이 신제품은 리글리가 '에너지' 제품 시장으로 이동함으로써 수입을 올릴 수 있는 기회를 제공한다. 최초 정보에서 리글리는 이 껌이 어린이가 아니라 25세 이상을 겨냥한 제품임을 곧바로 지적한다(Isidore, 2013). 이 카페인 껌에 대한 첫 번째 논의에서 어린이를 언급한 이유는 카페인 음료가 어린이에게 미치는 잠재적 위험에 대한 우려가 미국 내에서 높아지고 있었기 때문이다. 껌은 어린이가 카페인을 섭취하는 또 다른 수단이고 미국 식품의약국(FDA)은 그 점을 우려하고 있다. 4월 말, FDA는 얼러트 에너지 껌과 카페인이 어린이에게 미치는 영향에 대한 우려를 논의하기 위해 리글리와 일련의 회의를 개최했다. 다음은 FDA 부청장인 마이클 테일러(Michael Taylor)가 회의에 앞서 공개한 발표문이다.

"오늘날 우리의 환경은 변했다. 어린이와 청소년들이 자연적으로 카페인이 함유되어 있는 음식에 든 카페인을 능가하는 그리고 FDA가 콜라 속 카페인에 관한 결정을 내렸을 때 상상했던 어떤 정도를 능가하는 카페인에 노출될 수도 있다. 그런 이유에서 FDA는 새롭고 쉽게 접할 수 있는 카페인 공급원이 어린이와 청소년의 건강에 미칠 수도 있는 잠재적인 영향을 새롭게 살펴보고 있으며, 필요할 경우 적절한 조치를 취할 것이다"(Young, 2013: para. 4).

• 만약 당신이 리글리의 기업 커뮤니케이션 부서에서 일한다면, 회사에 다음으로 무엇을 하라고 조언할 것인가?
• 그 껌을 팔아서는 안 된다는 주장으로는 어떤 것이 있을까?
• 그 껌을 팔아도 된다는 주장으로는 어떤 것이 있을까?

---

일 때, 스트레스는 줄어든다. 또 훈련을 통해 팀원에게 개방된 커뮤니케이션의 가치와 협력 및 지지의 가치를 강화할 수도 있다(Paton & Flin, 1999). 훈련은 팀 학습에 매우 중요하다. 스트레스를 받을 때 사람들은 그들에게 편안한 것을 찾는다. 팀원이 위기에 직면해 새로운 위기 커뮤니케이션 도구나 기법을 사용하는 것이 편안하게 느껴지지 않는다면, 그것들은 사용되지 않을 것이다. 위기팀은 새로운 도구와 기법을 무시하고 그들이 잘 알고 있는 것으로 돌아갈 것이다. 새로운 도구란 새로운 소프트웨어, 하드웨어, 혹은 씽크렛(thinkLet)과 같은 결정 지원 기법 등을 말한다(Kolfschoten &

Appelman, 2006). 만약 위기팀이 새로운 기술이나 기법을 그들의 업무에 통합하는 것이 중요하다면, 구성원들이 그것을 사용하는 데 익숙하고 편안해 해야 한다는 것을 잊지 마라(Hiltz, 2006).

# 6. 결론

만약 조직이 위기의 세부사항을 알지 못한다면, 위기는 효과적으로 관리될 수 없다. 때로 위기팀원은 위기를 해결하기 위한 조치를 취하기에 앞서 위기를 주도세력에게 납득시켜야 할 것이다. 이 장은 위기 납득(crisis

---

### 위기 리더십 역량: 영향

이상하게도 모든 위기가 다 조직 내의 사람들에게 명백하게 드러나 보이는 것은 아니다. 관리 연구자들은 조직 내에서 본질적으로 중요하거나 전략적인 이슈는 없다는 사실을 확인했다. 관리자는 다른 관리자에게 어떤 이슈가 중요하다는 것을 납득시킴으로써 중요성을 만들어내는데, 이 개념을 일컬어 '이슈 납득(issue selling)'이라고 한다(Dutton & Ashford, 1993; Sonenshein, 2012). 유사한 역학이 위기 및 위기 위협에도 작용하는데, 이것을 일컬어 '위기 납득'이라 한다. 분명 대규모 폭발로 공장 내부에 구멍이 생기고 창밖으로 화염이 분출되고 있다면, 관리자들은 그들이 위기에 처해 있다는 것을 안다. 그렇지 않을 경우, 위기 지도자들은 다른 관리자를 반드시 설득하여 어떤 상황이 위기이거나 위기로 발전할 수 있는 심각한 위협이라는 사실을 받아들이게 만들어야 한다. 어떤 상황이 위기 혹은 심각한 위기 위협으로 불릴 때, 조직은 조치를 취할 가능성이 더 높다(James & Wooten, 2010).

제임스와 우튼(2010)은 위기 지도자들이 반드시 위기나 위기 위협이 존재한다는 것을 다른 사람이 받아들이게 만들 수 있는 영향력을 사용해야 한다고 말했다. 위기 지도자들은 영향력을 만들어내기 위해 합리성(이성)과 영감을 주는 호소(정서)에 의존한다. 이 장의 설득력에 대한 논의는 영향력을 정확히 포착하고 있으며, 설득 시도를 구성하는 방법과 다른 관리자에게 어필할 수 있도록 이슈를 틀 짓는 것의 가치를 포함해 영향력을 형성하기 위한 추가적인 요인도 제시하고 있다. 이 장은 또한 의미 이해(sense making)의 가치에 대해서도 다시 살펴보고 있다. 이 장의 정보 처리에 대한 논의는 위기관리자들이 그들의 의사 결정의 길잡이가 될 위기 정보를 찾고 해석하는 데 도움이 될 것이다.

---

selling)을 위한 제안을 제시하는 것으로 시작했다. 일단 위기의 존재가 인정되고 나면, 정보가 수집되어 성공적인 위기관리에 매우 중요한 지식으로 가공 처리되어야 한다. 위기팀이 효과적인 결정을 재빨리 내리는 데 필요한 지식을 확보하고자 한다면, 그들에게 필요한 것은 정확하고 시기적절한 정보다. 이 말이 쉽게 들리지만, 수많은 문제가 정보 수집과 처리를 방해할 수 있다. 그러나 위기관리팀이 그들의 정보 수집 및 처리 능력을 향상하는 데 사용할 수 있는 기법도 존재한다. 종합하면 이 장의 자료는 위기팀이 위기를 밝혀내고, 위기를 해결하는 데 필요한 지식으로서 정보를 가공 처리하는 데 사용될 수 있다.

## 토론문제

1. 뇌물 수수와 컴퓨터 해킹은 흔히 보도되지 않는 두 가지 위기다. 그 밖에 조직이 감출 가능성이 있는 위기로는 어떤 것이 있는가? 대학교가 예비 대학생에게 제공하고 싶어 하지 않는 정보의 유형은 무엇인가?
2. 조직은 계속해서 고객 서비스가 그들에게 얼마나 중요한지 안다고 말한다. 그렇다면 소비자에게 충분한 주목을 기울이지 않아 발생하는 위기가 왜 그렇게 많은가?
3. 왜 위기관리자는 다른 관리자가 위기를 받아들이도록 설득해야 하는가?
4. 왜 위기관리자는 다른 관리자가 위기를 받아들이기를 원하는가?

# 08

위기 대응

일단 조직에 위기가 닥치면, 위기팀은 ① 조직이나 환경의 영향을 받지 않은 영역으로 위기가 퍼지는 것을 막고, ② 위기 지속 기간을 제한하기 위해 노력해야 한다(Mitroff, 1994). 대응 국면 동안의 커뮤니케이션에는 독특한 어려움이 뒤따른다. 내부적으로 위기팀은 의사 결정을 내리기 위해 정보를 수집하고 처리해야 하는데, 이것은 앞의 장들에서 논의된 바 있다. 외부적으로는 이해관계자들에게 위기에 대해 반드시 알려야 하며, 조직의 복구 진척 상황을 알리는 것을 포함해 위기에 대처하기 위한 조치를 반드시 취해야 한다.

외부로의 위기 커뮤니케이션에 대한 논의는 반드시 형식, 전략, 내용을 포함해야 한다. '형식(form)'은 대응이 제시되어야 하는 방식과 위기 커뮤니케이션의 전술적인 측면을 말한다. '전략(strategy)'은 특정한 성과를 거두기 위해 위기 커뮤니케이션이 사용되는 방식을 강조한다. '내용(content)'은 이야기되는 것이자 전략의 연장이다.

### 케어프리 크루즈 라인 II

이탈리아 연안에 떠 있던 당신의 자매회사의 배에서 조난 호출이 있은 지 12시간이 지났다. 이 위기는 이미 유럽과 미국의 언론을 통해 대대적으로 보도되고 있다. 이 사건에 대한 보도는 전통적인 뉴스 미디어뿐만 아니라 온라인 뉴스 미디어에서도 이루어지고 있다. 그 배는 해안에서 그리 멀지 않은 곳에 있는 암초에 부딪힌 후 순식간에 가라앉았다. 대부분은 배에서 대피했지만 행방불명된 승객과 승무원이 있으며, 당국은 이 사고로 사망한 승객과 승무원의 시신을 찾기 시작했다. 부상자나 사망자의 수는 정확하게 밝혀지지 않고 있다. 바닷속에 옆으로 기울어져 있는 유람선 사진이 텔레비전과 인쇄 매체, 온라인에 등장하고 있다. 배가 가라앉는 가운데서도 살아남은 승객의 이미지와 그들과의 인터뷰도 보도되고 있다. 케어프리 크루즈 라인은 매우 활발하게 운영되고 있는 페이스북 페이지를 가지고 있다. 이 회사는 정기적으로 페이스북에 메시지를 게시하며 사람들은 게시글에 댓글을 단다. 케어프리 크루즈 라인의 페이스북 페이지는 25만 명이 넘는 팬을 확보하고 있다. 이 회사와 CEO는 각각 트위터 계정도 가지고 있다. 이 둘 모두 블로그는 가지고 있지 않다. 활동적이긴 하지만, 이 회사의 트위터 계정의 팔로어 수는 5만 명이 조금 넘는다. 페이스북 페이지와 트위터의 메시지는 조율되고 있으며, 기본적인 메시지는 각 채널에 맞게 맞추어져 있다. 당신의 소셜 미디어 매니저가 소셜 미디어 메시지 생성을 감독하며 케어프리 크루즈 라인에 대한 온라인 토론을 모니터한다. 점차 증가하는 미디어 보도가 위기를 심화시키고 있다.

- 당신은 현재 등장하고 있는 이 위기의 모습을 담은 사진에 맞게 당신의 위기 대응을 어떻게 조정할 것인가?
- 당신은 회사의 소셜 미디어와 위기 대응을 어떻게 통합할 것인가?
- 당신의 위기 커뮤니케이션 노력의 목적은 무엇인가?
- 당신의 위기 커뮤니케이션 메시지의 표적 수용자는 어떤 사람이며, 그 이유는 무엇인가?
- 회사 블로그를 시작하는 것을 추천할 것인가? 추천하는 혹은 추천하지 않는 이유는?
- 당신의 위기 커뮤니케이션 노력에 어떤 다른 소셜 미디어 채널을 이용할 것이며, 그리고 각각의 채널이 왜 도움이 되는가?

---

# 1. 위기 대응의 형식

위기 대응의 형식은 위기관리에 관한 글에서 다른 어떤 토픽보다 더 자주 언급된다. 위기 대응에는 대변인이 위기에 대해 발표하는 첫 번째 공개 발표문이 포함된다. 이 첫 번째 발표는 통상 매스 미디어나 인터넷을 통해 전달되기 때문에, 이것은 위기관리에서 미디어 관계(media relations) 및 인터넷과 관련된 일이다(예, Barton, 2001; Lerbinger, 1997). 초기 대응에 초점을 맞추는 이유는, 첫인상은 빨리 형성되며 형성된 이후 이해관계자들의 위기 커뮤니케이션 노력 수용에 영향을 미치기 때문이다(Sen & Egelhoff, 1991). 어떤 위기에서건 이해관계자들의 정보 필요성은 위기팀의 정보 필요성과 동시에 발생한다.

위기 커뮤니케이션의 형식 측면에서, 권고사항은 빠르고 일관되며 공개적이어야 한다. 위기 커뮤니케이션은 스트레스를 받는 상황에서 발생한다는 사실을 명심할 필요가 있다. 연구에 따르면, 정서적으로 고조된 상황에서 사람의 정보 처리 능력은 최고 80%까지 감소된다고 한다(Gilman, 2004). 위기팀은 반드시 위기 메시지가 분명하고 쉽게 이해될 수 있게끔 위기 메시지를 작성해서 보내도록 주의를 기울여야 한다.

### 1) 신속하게 대응하기

'신속한'과 '신속하게'는 효과적인 위기 대응에 대해 설명할 때 흔히 쓰이는 술어다. 기술이 정보의 속도를 가속화함에 따라 위기팀이 대응할 수 있는 시간이 실제로 줄어들고 있기 때문에, 위기 커뮤니케이션에서 속도의 필요성은 계속해서 커지고 있다(Barton, 2001). 언론사나 소위 시민 저널리스트들이 온라인에 기사를 게시하는 것을 포함해 미디어는 위기를 매우 신속하게 보도한다. 어떤 경우에는 위기에 영향을 받은 주요 이해관계자가 공식적으로 통보를 받기에 앞서 미디어나 온라인 보도를 통해 위기에 대해 알게 되는데, 이는 조직에 좋지 않은 상황을 야기한다. 이해관계자들이 미디어로부터 위기에 대해 더 빨리 알게 되면 될수록, 위기팀 역시 더 신속하게 대응해야 한다. 응급실 의사들은 '골든 아워(golden hour)'[1]에 대해 이야기한다. 이 어구를 만든 사람은 R. 애덤스 카울리(R. Adams Cowley) 박사인데, 그는 환자가 다친 후 1시간 이내에 출혈을 막고 혈압을 회복시킬 수 있다면 환자의 생명을 구할 수 있다고 생각했다. 일부 전문가들은 위기를 응급 의료 서비스처럼 취급해(Friedman, 2002) 초기 위기 대응 시 비슷한 1시간 규칙을 따를 것을 지지한다.

속도는 분명 위험을 증가시킨다. 위기팀은 반드시 신속하게 행동해야 하기 때문에 실수를 할 수 있다. 속도와 연관된 1차적 위험은 부정확할 가능성이다(Smith & Hayne, 1997). 존슨 & 존슨은 첫 번째 타이레놀 제품 형질 변경 위기를 다룰 때 신속함에 따른 실수를 범했다. 1982년, 시카고 지역에서 7명이 청산가리가 가미된 초강력 타이레놀(Extra-Strength Tylenol) 캡슐을 먹고 사망했다. 한 기자가 타이레놀 생산시설에서 청산가리가 사용되는지 물었고, 존슨 & 존슨 대변인은 타이레놀을 생산한 공장에는 청산가리가 없다고 대답했다. 그 발언은 잘못되었다. 생산시설에 있는 시험 실험실에서는 청산가리가 사용되었다. 기자회견 때 그 대변인은 관련된 모든 정보를 가지고 있지 않았으며, 그러한 오류는 발견 즉시 정정되었다(Berg & Robb, 1992; Leon, 1983; Snyder, 1983). 그러나 속도가 반드시 실수를 의미하지는 않으며, 신속한 초기 대응의 이점은 그것에 따르는 위험을 능가한다.

위기가 정보 공백을 야기한다고 말하는 것은 정확하다. 자연은 공백 상태를 싫어한다. 어떠한 정보 공백도 어떻게든 누군가에 의해 채워질 것이다. 마감시간으로 인해 미디어는 정보 공백을 신속하게 채우도록 내몰린다. 그리고 미디어 수요는 연쇄 반응을 촉발한다. 미디어는 위기에 관해 보도할 것이다. 인터넷 사용이 증가하고 있는 가운데("Lackluster Online PR

---

1 중상 후의 1시간 동안을 말하는 것으로, 이 시간 동안 응급 치료를 해야 생존 가능성이 높다(역자 주).

No Aid in Crisis Response," 2002) 이해관계자들은 뉴스 미디어를 그들에게 위기 관련 정보를 알려주는 주된 원천이자 첫 번째 원천으로 여길 수도 있다(Fearn-Banks, 2001). 만약 위기팀이 초기 위기 정보를 미디어에 제공하지 않는다면 어떤 다른 집단이 그렇게 할 텐데, 그렇게 되면 미디어가 제공받는 정보가 부족하거나 잘못된 정보를 제공받거나 조직에 해를 끼치려는 동기를 미디어에 제공할 수도 있다. 정보 공백은 사실이 아닌 소문과 추측으로 채워질 수 있다(Cabura, 1994). 어떤 경우든, 초기 위기 정보가 부정확해지는 것은 당연하며 그것은 위기에 의해 야기되는 피해를 가중할 수도 있다. 신속한 대응은 이해관계자들이 확실하게 정확한 위기 관련 정보를 수신하고 조직 편의 이야기를 듣도록 하는 데 도움이 된다.

침묵은 매우 소극적인 대응이며 불확실성과 수동성을 반영하는데, 이는 조직이 갖추어야 할 태도와 정반대된다. 침묵 반응은 조직이 통제되고 있지 않으며 이해관계자들이 조직이나 위기를 어떻게 인식하는지를 관리하지 않고 있음을 시사한다(Hearit, 1994). 침묵은 다른 사람이 상황을 지배하고(Brummett, 1980) 이해관계자들 편에서 위기를 정의하도록 내버려두는 것이다. 위기 시에는 대응하는 것이 침묵하는 것보다 훨씬 더 낫다(Ferrin, Kim, Cooper, & Dirks, 2005). 신속한 대응은 통제되고 있다는 인상을 주는 데 도움이 될 뿐 아니라 조직의 위기에 대한 정의(조직 편의 이야기)를 미디어와 이해관계자들에게 전달하는 데 필요하다(Heath, 1994; Kempner, 1995; Mitchell, 1986). 이해관계자의 관점에서 보면, 신속한 대응은 조직이 조치를 취하고 있고 위기에 대응할 수 있음을 분명히 보여주는 것이다(Darling, 1994; Maynard, 1993). 반대로 늦은 대응은 조직이 무능한 것처럼 보이게 만든다(Donath, 1984). 통제는 공신력을 심어주는 데 중요하며, 조직의 전문성의 일부이기도 하다. 위기는 조직 내의 통제 결여는 물론 조직에 의한 통제 결여를 나타낸다(Heath, 1994). 신속한 대응은 조직의 통제력이 회복되었음을 재천명하고 조직의 공신력을 재건하는 첫 단계다(Augus-tine, 1995).

'선수 치기(stealing thunder)'는 신속한 대응의 이점을 잘 보여준다. 연구자들은 조직이 다른 정보원(情報源)보다 먼저 위기를 보고했을 때, 즉 선수를 쳤을 때, 조직의 관리자와 조직이 더 공신력이 있는 것으로 간주된다는 사실을 확인했다(Arpan & Pompper, 2003; Arpan & Roskos-Ewoldsen, 2005; Claeys & Cauberghe, 2010). 연구자들이 사용한 공신력 척도는 많은 다른 위기 연구에서 사용되고 있는 조직 평판도 도구와 중첩되는데, 위기 연구에서 사용하는 조직 평판도 척도는 신뢰성(trustworthiness)과 관련된 공신력 평가를 토대로 하고 있다(Coombs & Holladay, 2002). 따라서 신속한 대응은 평판을 보호하는 이점을 지니고 있다고 우리는 결론 내릴 수 있다.

그러나 신속하게 대응하는 데는 한계가 있다. 어떤 경우, 필요한 정보를 수집해서 처리하는 데 시간이 필요하다. 대규모 사고는 엄청난 혼란을 야기한다. 1998년 1월, 네바다(Nevada) 주 리노(Reno)에서 약 16km 떨어져 있는 시에라 케미컬(Sierra Chemical) 다이너마이트 생산시설에서 발생한 폭발사고는 신속성의 한계를 보여주는 좋은 예다. 1월 7일에 나온 최초 보고는 부상 8명, 사망 3명, 실종 2명이라고 전했다. 같은 날 나중에 나온 보고는 부상 6명, 실종 5명, 사망 미확인이라고 밝혔다. 그다음 날, 관리들은 부상자가 6명, 사망한 것으로 추정되는 실종자가 4명임을 최종 확인했다. 전날 실종자 명단에 올랐던 5명 가운데 1명이 1월 7일 근무하지 않은 것으로 보고된 것 같다(Ryan, 1998; "Several Missing in Nevada Explosion," 1998). 2006년 웨스트 버지니아 주에서 발생한 사고(Sago) 광산 참사에서도 신속 대응 압박으로 인한 오류가 반복되었다. 실제로는 단 1명만이 생존했는데도, 친지들은 모든 광부들이 살아 있다는 말을 전해 들었다. 이런 치명적인 오류는 가족과 주민들의 고통을 가중했다. 어떤 종류의 정보를 수집하는 데는 시간이 필요함을 인정하는 것은 중요하다.

위기팀은 완전하지 않은 설명을 가지고 미디어 앞에 등장하거나 온라인에 정보를 게시해야 할 수도 있을 것이다. 이것은 괜찮다. 위기팀이 무언가에 대해 모르지만 그것에 대한 정보를 가급적 빨리 제공할 거라고 미디어에 말하는 것은 잘못이 아니다. 시에라 케미컬 사례를 조금 변형시켜보자. 위기팀은 폭발사고에 대한 모든 정보가 확보될 때까지 기자회견을 연기하기로 결정한다. 그러는 동안, 지역 뉴스 미디어들은 의심이 가는 원인에 대해 보도하고 있다. 어쩌면 불만이 있는 전 직원이 그 사고는 부실 관리 때문이었다고 주장할지도 모른다. 다른 원인이 나타나고 있지 않기 때문에, 부실 관리는 폭발의 이유를 설명하는 유력한 원인으로 보도된다. 첫 뉴스 보도는 직원 사망과 부상에 대한 책임이 시에라 케미컬에 있다고 전한다. 부실 관리 주장이 기자와 다른 이해관계자들의 사고를 틀 짓는다. 의도한 바는 아니지만 추측과 소문이 적어도 얼마 동안은 위기 사실이 된다. 이해관계자들이 부정확한 정보를 접하는 것보다 피해의 원인이나 피해 정도를 여전히 조사 중이라고 대변인이 말하게 하는 것이 더 낫다.

정보 및 지식의 부족은 신속한 대응 필요성과 더불어 두 가지 미디어 커뮤니케이션 '잘못'을 야기할 수 있다. 첫 번째 잘못은 "노 코멘트"다. 그럴 경우, 이해관계자들은 "노 코멘트"가 아니라 "우리 잘못이다"로 들을 위험이 있다("노 코멘트"와 침묵에 대한 더 자세한 내용은 5장의 대변인 훈련에 대한 논의를 참조하라). 정보가 아직 이용 가능하지 않다고 말하는 것보다 정보를 입수하는 대로 바로 미디어에 전달할 거라고 말하는 편이 더 낫다. 이것은 두 번째 잘못(미디어나 다른 이해관계자들에게 약속한 정보를 전달하지 않는 것)에 직면하게 한다(Birch, 1994; Gonzalez-Herrero & Pratt, 1995). 조직과 이해관계자 간의 좋은 관계는 신뢰를 바탕으로 하며, 신뢰는 조직이 약속을 이행하는 것을 필요로 한다. 약속한 정보를 제공하지 못하는 것은 조직과 미디어 간의 관계를 손상함으로써, 미디어에 대한 조직의 공신력을 손상한다. 만약 정보 제공을 약속한다면, 어떤 식으로든 제공하는 것이 좋다.

마지막으로 위기에 신속하게 대응하는 것과 위기를 신속하게 해결하는 것을 혼동해서는 안 된다. 대응 시간은 위기 대응의 전술적 요소인 반면, 위기 해결은 전략적 요소다. 관리자는 위기에 대한 최초 보고에 신속하게 대응할 수 있고, 심지어 위기를 처음으로 보고할 수도 있지만, 그것이 위기가 해결되었음을 의미하지는 않는다. 위기 상황의 속성에 따라, 위기가 해결되는 데는 수주 혹은 수개월이 걸릴 수 있다. 예를 들면, 산업 사고 조사가 완결되는 데는 수개월이 걸릴 수 있는 반면, 식중독은 수주가 걸릴 수 있다. 각각의 사례에서 원인에 대한 어떤 공식적인 결정이 확인될 때까지 위기는 해결될 수 없다. 위기의 원인을 다루는 것은 이해관계자들에게 위기가 종결되었다는 느낌을 제공하는 데 중요하다.

## 2) 한목소리로 말하기: 일관성

조직은 반드시 이해관계자들에게 일관된 메시지를 전달해야 하며, 통일된 대응은 일관성을 촉진한다. 앞에서 언급했듯이, 일부 위기 전문가들이 권고하듯이, 일관성은 공개 발표를 할 때마다 단지 한 사람만이 조직을 대변하게 함을 의미하는 것은 아니다(Carney & Jorden, 1993). 오히려 한목소리로 말하는 것은 공식 대변인들의 노력을 조정하고 다른 조직 구성원이 비공식적인 대변인이 되지 못하게 막는 것을 의미한다(Seitel, 1983). 우리는 5장의 대변인에 대한 논의에서 이 점을 상세하게 다룬 바 있다. 위기팀은 반드시 대변인팀이 그들의 대응에 일관성을 확실히 유지할 수 있도록 잘 준비되어 있는지 확인해야 한다. 동일한 정보 기반을 공유하는 대변인들은 그렇지 않은 대변인들보다 더 일관성이 있다. 5장에서 언급되었듯이,

메시지 지도는 다수의 대변인이 존재할 때 일관성을 확립하는 데 도움이 된 다(Covello, Minamyer, & Clayton, 2007). 일관성은 위기 대응의 공신력을 쌓 는 데 필수적이다. 일관된 메시지는 일관되지 않는 메시지보다 더 믿을 수 있다(Clampitt, 1991; Garvin, 1996).

비공식적인 대변인이 제공하는 메시지의 일관성이나 정확성을 보장할 수 있는 방법은 없으며, 어쩌다가 미디어의 우연한 답변 요구에 설득당하 는 직원 누구나가 비공식적인 대변인일 수 있다. 또한 직원은 트위터나 페 이스북과 같은 자신의 소셜 미디어 계정에서 위기에 대해 언급할 수도 있 다. 위기관리 계획(CMP)은 질문을 다루는 과정을 구체화하고 있는데, 이것 을 강화해서 직원이 회사를 대변하고 싶은 충동을 참을 수 있도록 해야 한 다. 조직의 소셜 미디어 정책에는 위기 동안 소셜 미디어 사용을 다루는 부 분이 포함될 수 있다. 직원들이 지역 뉴스에 등장할 수 있는 기회에 저항하 기란 쉽지 않다. 카메라 기자는 기다리고 있다가 직원이 퇴근할 때 나타난 다. 직원에게는 텔레비전에 등장할 수 있는 기회가 생긴다. 위기에 대한 자 신의 의견을 피력하는 것을 왜 마다하겠는가? 대부분의 직원은 특종에 목 말라 있는 기자에게 말하는 것의 위험성을 알지 못한다. 직원은 미국 헌법 수정조항 제1조(First Amendment)의 권리를 가지고 있기 때문에, 조직은 직원이 개인 소셜 미디어 계정에 그들이 경험한 위기에 대한 메시지를 게 시하는 것을 완전히 막을 수는 없다. 반면에 위기팀은 일관된 메시지를 전 하기 위해 공식적인 소셜 미디어 채널을 어느 정도 통제해야 한다. 우려되 는 것은 비공식적인 대변인들의 의견을 통해 추측과 소문이 미디어로 흘러 들어 갈 수 있다는 것이다.

직원은 친구와 가족에게 위기에 대해 직접 그리고 여러 미디어를 통해 말할 것이다. 위기에 대한 직원의 커뮤니케이션은 조직에 긍정적일 수 있 다. 직원이 조직의 CEO보다 더 공신력 있는(신뢰할 수 있는) 사람으로 여겨진다(Edelman, 2013). 그것은 직원이 정확한 위기 정보를 이해관계자들에게 전달하는 유용한 통로일 수 있음을 의미한다. 부적절하거나 부정확한 직원의 발언에 대한 최선의 방어는 직원에게 계속해서 정보를 제공하는 것이다. 인트라넷, 대량 통지, 소셜 미디어, 개인적인 브리핑을 골고루 활용해 직원에게 시기적절한 업데이트를 제공해야 한다. 만약 직원들이 위기를 이해한다면, 그들은 그것을 미디어, 친구, 가족에게 더 잘 표현할 수 있다. CMP와 위기 훈련은 일관성의 가치와 일관성을 유지하는 방법을 강화해줌으로써 일관성을 유지하는 데 도움을 줄 수 있다.

### 3) 개방성

조직의 개방성은 다면적인 개념이다. 개방성(openness)은 ① 미디어의 이용 가능성, ② 정보를 공개하고자 하는 자발성, ③ 정직함을 의미한다. 대변인은 정보가 이용 가능하다면 바로 질문에 대한 시기적절한 답변을 제공해야 한다. 위기 동안에는 미디어에 초점이 맞추어지지만, 특히 소셜 미디어가 사용되고 있다면 다른 이해관계자들도 그들의 질문에 대한 답변을 요구할 수 있다. 시설 주변에 사는 주민은 화학물질 누출이 그들에게 어떤 영향을 미칠지 알고 싶어 할 수도 있고, 투자자는 위기가 미칠 재정적 영향을 알고 싶어 할 수도 있을 것이다. 만약 조직이 그들의 위기 대응에 소셜 미디어를 사용한다면, 이해관계자들은 상호작용을 기대할 수도 있는데, 이는 그들이 정보를 요구하고 대답을 기대할 가능성이 있음을 의미한다. 이용 가능성의 토대는, 특히 블로그와 마이크로블로그와 관련해서, 위기 전에 마련되어 있어야 한다. 조직은 이해관계자의 요구에 반응을 보인 전력이 있어야 한다. 위기 동안 대변인이나 위기팀원은 질문에 신속하게 대답하기 위한 모든 합당한 시도를 통해 그러한 반응성을 보여준다. 합당함

(reasonableness)은 중요한 자격요건이다.

앞에서 언급했듯이, 때로는 즉각적인 대응을 할 수 없는 상황이 존재한다. 연기가 불가피할 때, 이해관계자들에게 왜 질문에 답할 수 없는지 그리고 그 질문에 대한 대답을 언제 들을 수 있는지를 말해주라(Stewart & Cash, 1997). 요청이 대답을 받지 못한 채로 방치되게 하지 마라. 방치하면 이해관계자와 조직 간의 관계가 손상될 위험이 있다. 이해관계자들과의 커뮤니케이션은 양방향 과정이다. 만약 이해관계자들이 조직의 메시지를 받아들여 주길 기대한다면, 당신은 반드시 그들의 요청을 존중해야 한다.

위기 커뮤니케이션에서 통상적으로 힘든 일은 위기 관련 정보의 제한적 공개를 지지하는 법적 관점과 완전한 공개를 지지하는 공중 관계 관점 사이에서 발생한다(Fitzpatrick & Rubin, 1995; Kaufmann, Kesner, & Hazen, 1994; Twardy, 1994; Tyler, 1997). 선택은 실제로 가능한 한 적게 말하는 것(제한적인 공개)과 조직이 위기에 대해 알고 있는 모든 것을 밝히는 것(완전한 공개)을 잇는 연장선 위에 존재한다. 위기관리 분야 전문가들은 신중한 완전한 공개를 역설한다(Kaufmann, Kesner, & Hazen, 1994). 그러나 완전한 공개는 좀처럼 가능하거나 권할 만한 것이 아니다. 일부 위기 관련 정보는 소유권이 있는 정보거나, 프라이버시법의 보호를 받거나, 회사 정책을 포함하고 있거나, 달리 민감할 수도 있다. 이것은 일부 정보는 공개적으로 전달될 수 없음을 의미한다. 또 어떤 때는 완전한 공개가 직간접적인 소송 비용을 증가시킴으로써 위기를 악화시킬 수 있을 것이다. 원고에게 지급되는 돈은 직접 비용이며, 소송 비용, 인사문제, 손실 근무시간, 사망, 중상, 그리고 있을 수 있는 규제 변화는 간접 비용이다(Kaufmann, Kesner, & Hazen, 1994). 조직은 피해자뿐만 아니라 이해관계자, 채권자, 직원에 대한 그들의 책임을 반드시 고려해야 한다(Tyler, 1997). 간단히 말하면, 조직은 반드시 그들의 금융 자산을 보호해야 할 때가 있다는 것이다. 위기관리자는 위기 동안 어느 정도 수준의 공개를 할 것인지를 선택한다. 오늘날 공개 문제는 '투명성(transparency)'으로 불릴 수도 있다. 투명성은 조직의 정보가 이해관계자들에게 이용 가능한 것과 관련 있다. 조직이 투명하면 할수록, 이해관계자들은 조직에 대한 정보를 더 많이 가지며 그러한 정보에 훨씬 쉽게 접근한다(Gower, 2006). 이해관계자들은 위기 정보와 관련해서 조직이 얼마나 투명한지 물어볼 수도 있다.

지역사회의 알 권리는 정보 공개 자발성에 대한 논의에 영향을 미친다. 1986년, 미국 의회는 비상 계획 수립 및 지역사회 알 권리 법(Emergency Planning and Community Right-to-Know Act)을 통과시켰다. 환경보호청 (EPA)은 알 권리에 대해 다음과 같이 기술하고 있다.

지역사회 알 권리 조항은 개별 시설의 화학물질, 화학물질 사용, 환경으로의 배출에 관한 공중의 지식과 정보 접근을 향상하는 데 도움을 준다. 시설과 함께 일을 하는 동안, 주와 지역사회는 화학물질 안전을 향상하고 공중보건과 환경을 보호하기 위해 그러한 정보를 사용할 수 있다(*Emergency Planning and Community Right-to-Know Act*, 2012: para. 1).

EPA의 신념은 화학물질에 대한 정보는 지역사회의 역량을 강화해주고 화학물질과 관련된 사고의 가능성과 영향을 최소화하는 데 도움이 된다는 것이다(Heath & Palenchar, 2009). 해든(S. Hadden, 1989)이 말했듯이, 기술적(技術的) 데이터만으로는 충분하지 않다. 만약 기술적 데이터 속에 포함된 정보가 지역사회의 역할을 강화해줄 수 있다면, 위험 커뮤니케이션은 기술적 데이터를 지역사회에 유용한 구성방식으로 전환할 필요가 있다 (Heath & Palenchar, 2009). 최근 지역사회 알 권리를 식품 공급 및 제약 회사로 확대하려고 했으나 실패했다.

지역사회의 알 권리는 사람들에게 환경에 대한 잠재적 위협을 알려주어야 하는 도덕적 의무가 강조되고 있음을 보여준다. 이러한 위협에 대해 앎으로써 이해관계자들은 그 위협에 대비하고, 대처하며, 그 위협의 감소에 관여하는 데 도움을 받을 수 있다. 조직은 이해관계자들이 내리는 결정과 이해관계자들이 취하는 조치에 중요한 영향을 미칠 수 있는 위기 관련 정보를 공개해야 한다는 법이나 규정 때문에 억지로 공개해서는 안 된다. 그 대신, 이해관계자들을 보호해야 한다는 도덕적 의무에서 정보 공개가 자발적으로 이루어져야 한다. 위기 커뮤니케이터가 해야 하는 질문은 '무엇을 공개해야 하느냐?'가 아니라 '사람들이 알 필요가 있는 것이 무엇인가?'이다.

공개 논쟁은 정직함의 문제를 제기한다. 정직해야 하며 이해관계자들에게 거짓말을 해서는 안 된다는 것은 위기관리자들을 위한 일반적인 권고사항이다. 조직이 단순히 위기에 처했을 때보다 위기에 대해 거짓말을 할 때 이해관계자들은 더 화가 난다(Caruba, 1994). 제한적인 공개(매우 중요한 정보를 밝히지 않는 것)가 일종의 기만을 의미하지는 않는다. 실제로 위기로 인해 추가적인 피해나 심지어 사망의 위험이 있다면, 조직은 위기에 대한 모든 정보를 완전히 공개해야 한다. 제한적인 공개가 일종의 지연책(stonewalling)으로 사용되어서는 안 된다. 제한적인 공개는 이해관계자들이 알 필요가 있는 정보만을 공개하기 위해 사용되어야 한다. 물론 이해관계자들이 알 필요가 있는 것을 정의 내리기는 어려우며, 각 위기관리팀은 완전한 공개 혹은 제한적인 공개를 활용할 때에 대한 지침을 마련해야 한다(제한된 공개를 사용하는 것의 윤리 및 절차에 대한 자세한 논의는 Kaufmann, Kesner, & Hazen, 1994; Tyler, 1977 참조). 정직함의 결여는 조직과 이해관계자 간의 관계에 심각한 피해를 주고, 조직의 평판을 손상하며, 앞으로의 소송에서 조직이 대규모 금전적 보상을 해야 하는 경우로 이어질 수 있다는 점을 기억하라(Fitzpatrick, 1995).

## 2. 위기 커뮤니케이션의 전략적 초점

위기 커뮤니케이션 형식에 대한 논의는 주로 전술적이다. 그래서 저자는 주요 형식을 권고하는 근본적인 이유를 설명함으로써 그러한 논의에 더 많은 전술적 요소를 가미하기 위해 노력했다. 위기 커뮤니케이션 내용에 대한 논의는 더 전략적인 초점을 가지고 있다. 위기관리자가 무엇을 말하거나 무엇을 해야 하는지 그리고 특정 내용이 왜 성공하거나 실패하는지를 설명해주는 더 분명한 근본적인 이유가 있다. 전략에 대한 논의는 목표와 표적 수용자에 대한 고려가 없이는 불완전하다.

### 1) 목표: 위기 커뮤니케이션이 성취하기를 희망하는 것

목표는 전략의 길잡이로, 바라는 결과를 보여준다. 위기 커뮤니케이션이 전략적이 되기 위해서는 반드시 어떤 목적이나 목표를 달성하기 위해 반드시 노력해야 한다. 위기 대응 전략에 대해 논의하기 전에 위기 커뮤니케이션이 바라는 전형적인 결과를 살펴보는 것이 도움이 된다. 위기 커뮤니케이션의 목적은 위기가 조직과 조직의 이해관계자들에게 끼치는 피해를 줄이는 것이다. 그러나 이것이 어떻게 구체적인 목표로 전환될 수 있는가?

위기 커뮤니케이션에서는 너무 자주 조직을 지나치게 강조한다. 조금 뒤에 논의하겠지만, 위기에서 최우선순위는 공중의 안전이다. 위기 커뮤니케이션의 최고 목표는 이해관계자들의 피해를 막는 것이 되어야 한다. 위기팀은 위기에 영향을 받는 이해관계자들의 육체적 안전과 심리적 안녕을 반드시 보장해야 한다. 첫 번째 목표는 이해관계자들의 육체적 및 심리적 피해를 최소화하는 것이어야 한다. 그러나 위기 커뮤니케이션에 관한 대부분의 글은 공중의 안전은 당연한 것으로 받아들이고 평판 관리에 초점을 맞춘다. 이해관계자들에게 바라는 결과 가운데는 위기로 인한 육체적 및 심리적 피해를 최소화하는 것이 포함될 것이다. 문제는 그러한 결과를 어떤 목표량을 요구하는 구체적인 목표로 전환하는 것이다. 육체적 피해 목표는 부상자 수를 기준으로 설정될 수 있다. '위기로 인해 부상당하는 사람의 수를 11명으로 줄일 것'과 같이 육체적 피해 목표를 설정할 수 있을 것이다. 심리적 안녕 목표는 이해관계자들이 느끼는 정신적 고통의 정도를 기준으로 설정될 수 있다. '중간 정도의 고통을 보고하는 이해관계자의 비율이 5% 미만일 것'은 심리적 안녕 목표의 예다.

조직 관련 결과 가운데는 평판 보호, 시장 점유율, 주식 가격, 판매, 입소문이 포함된다. 위기 커뮤니케이션에서 가장 흔히 볼 수 있는 평판 관리 목표는 전통적인 미디어와 소셜 미디어 모두에 의한 미디어 보도량을 줄이는 것이다(*Rising CCO IV*, 2012). 좀 더 엄밀하게 말하자면, 부정적인 미디어 보도량을 줄이는 것이다. 위기관리자는 미디어 보도(전통적 미디어와 소셜 미디어)가 끝나기를 바라지만, 위기 대응이 긍정적인 미디어 보도를 초래하는 상황도 있을 수 있다. 조직이 매우 효과적인 대응으로 칭찬을 받고 있는 경우가 한 예가 될 것이다. 긍정적인 미디어 보도를 불러일으키는 것이 가능하고 그것은 위기 리더십의 목표이자 위기의 기회 측면을 강조하는 것이다(James & Wooten, 2010). 위기 대응을 통해 부정적인 미디어 보도의 비율은 줄이는 반면 긍정적인 미디어 보도의 비율은 높이자는 것이 기본 취지다(Paine, 2011). 이러한 생각의 바탕에는 부정적인 미디어 보도는 조직에 피해를 주지만 긍정적인 미디어 보도는 조직에 이익이 된다는 믿음이 깔려 있다. 또 하나의 관심사는 미디어가 조직의 위기 메시지를 전하는 것이다. 미디어가 위기팀이 만든 메시지 가운데 핵심 메시지를 반복해줄 때 그것은 위기팀에 도움이 된다(Paine, 2011). 조직의 메시지를 사용하는 것 가운데는 조직을 메시지원으로 활용하는 것도 포함된다. 조직이 미디어 보도를 위한 정보의 지배적인 정보원이면 가장 이상적이다. 누가 정보원으로 사용되든지 조직은 미디어가 위기에 대한 정확한(올바른) 정보를 보도해주기를 원한다. 따라서 (조직의 관점에서) 정확한 미디어 보도의 비율을 평가하는 것도 목표로 포함될 수 있다. 마지막으로 만약 조직이 정기적으로 그들의 평판을 추적한다면, 위기가 조직에 미치는 영향을 평가하기 위해 위기 전 점수와 위기 후 점수를 비교해볼 수 있다.

다음은 주요 조직 관련 위기 결과를 얻는 데 사용될 수 있는 목표 목록이다. 다음의 결과들은 사업 목표와 커뮤니케이션 목표 모두를 반영한다. 위기관리를 할 때 사업 목표와 커뮤니케이션 목표가 서로 충돌할 수도 있는 시기가 있다.

① **미디어 보도 호감도 목표**: '위기 대응 발표 후 미디어의 긍정적인 진술 비율 증가와 미디어의 부정적인 진술 비율 감소'(커뮤니케이션 목표).

② **미디어의 위기 메시지 목표 활용**: '미디어 보도의 20%가 핵심적인 위기 메시지를 포함할 것' 그리고 '조직을 메시지원으로 사용하지 않는 미디어 보도보다 조직을 메시지원으로 사용하는 미디어 보도가 더 많을 것'(커뮤니케이션 목표).

③ **미디어 공정성 목표**: '미디어 보도의 95%가 위기에 대한 정확한 정보를 제공할 것'(커뮤니케이션 목표).

④ **평판 측정 목표**: '위기 후 평판도 하락 정도가 15% 미만일 것'(사업 목표).

⑤ **시장 점유율 목표**: '위기 발생 한 달 후 시장 점유율 하락 정도가 12% 미만일 것'(사업 목표).

⑥ **주식 가격 목표**: '위기 발생 한 달 후 주식 가격 하락 정도가 8% 미만일 것'(사업 목표).

⑦ **판매 목표**: '위기 발생 한 달 후 판매율 하락이 10% 미만일 것'(사업 목표).

⑧ 입소문 목표: '위기 발생 후 부정적인 입소문 증가율이 15% 미만일 것'(커뮤니케이션 목표).

목표는 위기팀이 그들의 노력을 평가하기 위한 기준을 설정해준다. 우리는 9장에서 위기 커뮤니케이션 및 관리 노력 평가에 대해 논의할 때 위기 커뮤니케이션 목표를 다시 살펴볼 것이다.

### 2) 위기 대응 전략의 표적 수용자

전략 구성에는 표적 수용자에 대한 고려가 포함된다. 위기 동안 우리는 두 종류의 광범위한 표적 수용자, 즉 피해자와 피해를 입지 않은 자를 파악할 수 있다(Coombs, 1995). 피해자는 어떻게든 위기에 의해 상처를 입은 사람으로 정의된다. 육체적 손상, 심리적 손상, 재산 피해, 혹은 재정적 손실의 어떤 조합도 상처에 해당될 수 있다. 식중독에 걸린 사람이나 고장 난 크루즈선에 갇힌 승객은 그러한 피해자의 예다. 피해자 가운데는 고객, 직원, 지역사회 구성원, 이해관계자들이 포함될 수 있다. 피해자는 통상 조직의 지속적인 운영에 매우 중요한 1차 이해관계자라는 점에 주목할 필요가 있다. 피해자는 직접적이고도 감정적으로 위기와 강하게 연관되어 있을 것이다. 공개적인 위기 메시지는 피해자보다는 피해를 입지 않은 자를 위해 작성된다. 조직은 피해자와 직접적이고 사적인 커뮤니케이션을 자주 사용할 것이다.

피해를 입지 않은 사람들은 다시 잠재적인 피해자와 엿보는 자들(voyeur)이다. 잠재적 피해자는 위기 사건에 의해 피해를 입지는 않았지만 잠재적으로 피해를 입을 수도 있는 사람이다. 제품 피해 위기는 이 점을 잘 보여준다. 잠재적 피해자에는 문제의 제품을 사용했지만 피해를 보지 않은 사람과 그 제품의 잠재 구매자인 사람들이 포함될 것이다. 잠재 피해자는 그 위기에 의해 피해를 볼 수 있을 거라고 생각한다. 그럼에도 피해를 보지 않았다는 사실로 인해 잠재 피해자는 피해자와는 질적으로 다른 위기 경험을 하게 된다.

엿보기는 수용자들은 조직이 어떻게 대응하는지 보기 위해 위기를 지켜보고 있지만 그들이 피해를 입고 있는 위험은 없다. 전통적인 미디어와 소셜 미디어를 통해 멕시코 만에서의 BP 기름 유출 사고를 추적했지만 피해를 입지도 않았고 그렇다고 위기로 인해 피해를 입을 위험에 처해 있지도 않았던 사람들은 엿보는 수용자들임을 잘 보여준다. 엿보는 수용자들에는 전통적인 미디어와 온라인 미디어, 정부 기관, 어떤 조직이나 특정한 산업에 관심이 있는 행동주의자들이 포함될 수 있다. 엿보는 자들은 조직을 평가하기 위한 증거의 일부로서 위기 대응을 사용한다. 잠재 피해자와 엿보는 자들은 피해자들보다 위기에 덜 관여하지만 그럼에도 위기에 의해 야기된 정서를 경험할 수 있다.

엿보는 자와 잠재 피해자는 위기 동안 중요하다. 만약 이 수용자들이 조직의 위기 대응을 좋아하지 않는다면, 그것은 그들의 관계와 위기에 처한 조직과의 앞으로의 상호작용을 해칠 것이다. 사과를 검토할 때, "아마도 사과의 가치는 가해자가 좋은 사람임을 관찰자(와 피해를 입지 않은 사람들)가 받아들이게 만드는 데 있을 수도 있다"(De Cremer, Pillutla, & Folmer, 2011: 47). 똑같은 논리가 일반적인 위기 대응 전략에도 그대로 적용된다. 위기 대응 전략의 가치는 피해를 입지 않은 사람들(잠재 피해자와 엿보는 자들)에게 피해자에 대한 존중을 보여주는 것을 포함해 조직이 적절한 조치를 취하고 있다는 것을 받아들이게 만드는 데 있을 수도 있다.

## 3. 위기 대응의 내용

위기 동안 이야기되는 것들은 위기관리 노력의 성공에 심각한 영향을 미친다. 앞서 언급한 것처럼, 위기관리 과정의 주요 목표는 피해를 막거나 최소화하고, 조직 운영을 유지하며, 손상된 평판을 회복하는 것이다. 명확한 커뮤니케이션은 이러한 각각의 목표에 필수적이다. 위기 대응은 ① 지시 정보, ② 적응 정보, ③ 평판 관리의 세 가지 순차적인 범주로 나눌 수 있다. 첫 번째 메시지는 반드시 지시 정보를 제시해야 하며, 그런 다음 적응 정보와 평판 회복으로 이어져야 한다(Sturges, 1994). 저자는 지시 및 적응 정보가 위기 대응의 기초라고 주장한다. 실제로 많은 위기가 평판 관리를 활용하지 않고도 효과적으로 관리될 수 있다. 다시 한 번 말하지만, 정서로 인해 이해관계자들의 정보 처리 능력이 저하될 것이기 때문에 명료성이 관심사다.

### 1) 지시 정보: 육체적 손상

지시 정보(instructing information)는 이해관계자들에게 위기 시 스스로의 신체를 보호하기 위해 해야 할 일을 알려주는 데 초점을 맞추고 있다. 어떤 위기에서건 사람이 1순위기 때문에 지시 정보가 제일 먼저 제시되어야 한다. 위기가 닥칠 때, 이해관계자들은 위기가 그들에게 어떤 영향을 미칠지 혹은 미칠 수도 있을지 알 필요가 있다. 위기관리자는 이해관계자들이 그들의 신체를 스스로 보호하기 위해 해야 할 일이 있는지 그들에게 말해주어야 한다. 그들은 어떻게 대피해야 하는지, 적절한 대피소는 어떻게 찾아야 하는지, 마실 물은 어떻게 끓여야 하는지, 지원을 받기 위해서는 어디로 가야 하는지, 혹은 결함이 있는 제품을 어떻게 반품하는지 알 필요가 있을지도 모른다(Sturges, 1994). 지시 정보는 이해관계자와 위기팀 모두의 욕구를 충족시킨다. 이해관계자들은 그들 자신을 보호하기 위해 필요한 정보를 수신하며, 위기팀은 다시 한 번 조직이 상황을 통제하고 있다는 인식을 심어준다.

제품 피해나 사고는 지시 정보의 필요성을 잘 보여준다. 제품에는 결함이 있을 수 있으며 그로 인해 사용자가 위험에 빠지게 될 수도 있다. 여기한 예가 있다. 2010년 5월, 후버(Hoover)는 감전 위험으로 인해 10만 대가넘는 진공청소기를 리콜했다. 집어넣을 수 있는 코드가 제대로 말려들어가지 않아 코드가 느슨하게 감기게 되고, 그로 인해 감전과 화재 위험이 발생했다. 카펫이 불에 탔다는 3건의 불만과 손을 데었다는 1건의 보고가 후버에 접수되었다. 후버는 그들의 웹사이트를 통해 리콜 조치가 된 청소기 모델 번호를 포함해 그 리콜 조치에 대해 상세히 설명했다. 또한 사람들이 후버 청소기에서 모델 번호를 찾는 데 도움을 주기 위해 동영상을 포함해 여러 장의 사진도 올렸다(Techtronic Floor Care Technology, n.d.).

여기 또 하나의 예가 있다. 화학물질 누출로 인해 매년 평균 4만 명이 대피를 하거나 대피소에 머물러야 한다(Kleindorfer, Freeman, & Lowe, 2000). 2009년 10월, 텍사스 주 프리포트(Freeport)에 있는 65가구가 다우 케미컬 생산시설에서 발생한 파이프라인 누출 사고로 대피해야 했다. 다우 직원들은 그 생산시설을 기준으로 반경 여섯 블록 이내에 있는 모든 가구를 직접 방문해서 대피해야 한다는 사실을 통보했다. 다우는 장애가 있고 신장 투석이 필요했던 조 디아즈(Joe Diaz)에게 특별한 대피 준비를 시켰다. 다우는 대피 주민들이 머물 호텔을 제공했고, 디아즈 씨를 위해 그 호텔에 신장 투석기를 설치했다("Dow Chemical Plant Leak," 2009). 지시 정보는 메시지 지도와 자연스럽게 잘 들어맞는다. 위기관리자는 이해관계자들이 신체 보호와 관련지어 제기할 질문/관심사의 유형을 예상해서 그러한 질문에 맞는 메시지 지도를 작성할 수 있다. 위기관리자는 이해관계자들이 지시 정보를 따라주기를 원하기 때문에, 메시지 지도가 명료하고 단순해야 함을 강조하는 것은 이상적이다.

미국에서의 제품 리콜에 대한 매우 중요한 정보를 제공하는 소비자제품 안전위원회(CPSC: Consumer Product Safety Commission)는 지시 정보의 가치를 잘 보여준다. 각각의 리콜 발표에는 제품명, 야기되는 위험, 사고/부상, 제품 리콜에 대한 설명, 모델 번호 및 제품에 모델 번호가 있는 위치, 제품이 판매된 곳, 처리방법, 소비자가 추가 정보를 필요로 할 때 연락할 곳이 포함된다. 리콜 발표에는 또한 소비자들이 해당 제품을 가지고 있는지를 판단하는 데 도움이 되도록 제품 사진도 포함된다. 일부 제품은 심지어 위험과 모델 번호를 찾는 방법을 보여주는 동영상도 제공한다. 〈박스 8-1〉은 CPSC의 제품 리콜 발표 견본이다. CPSC는 그들의 지시 정보 제공 노력에 소셜 미디어도 함께 활용하고 있다. CPSC는 유튜브에 동영상을 올리고, 플리커에 리콜된 제품 사진을 올리며, 사람들은 CPSC의 트윗을 팔로우할 수 있다. 더 많은 전통적인 온라인 채널도 사용되는데, 소비자들은 리콜에 대한 이메일 얼러트(alert)를 요청하거나 그들의 웹사이트를 CPSC 웹사이트에 링크할 수 있다.

업무 연속성으로 인해 두 번째 유형의 지시 정보(즉, 위기가 사업 운영에 어떤 영향을 미치는가)가 만들어진다. CMP에 대한 논의에서 언급했듯이, 업무 연속성 계획은 운영을 유지하고 평상시 수준으로 사업을 되돌리기 위해 조직이 무엇을 할 것인지에 대한 개요다. 여러 이해관계자들은 반드시 업무 연속성 계획 실행에 대한 정보를 수신해야 한다. 예를 들면, 운영을 유지하는 것에는 장비 임대, 다른 시설 사용, 다른 직원 고용이 포함될 수도 있다. 업무 연속성이라는 측면에서 이것은 '임시 처리(interim processing)'로 알려져 있다(Myers, 1993). 임시 처리 국면을 정상적으로 가동하는 데 필

### 월마트, 화재 위험으로 제너럴 일렉트릭 커피 메이커 리콜

워싱턴, D.C.—미국 CPSC는 오늘 아래 회사와 협력하여 다음 소비자 제품에 대한 자발적인 리콜을 발표했다. 별도의 지시가 없는 한, 소비자들은 즉시 리콜된 제품의 사용을 중단해야 한다. 리콜된 소비자 제품을 재판매하거나 재판매를 시도하는 것은 불법이다.

- 제품명: 제너럴 일렉트릭(General Electric)의 12-컵용 디지털 커피 메이커
- 대수: 약 90만 대
- 수입업자: 아칸소 주 벤턴빌(bentonville)에 있는 월마트 스토어스(Walmart Stores) Inc.
- 위험: 위의 커피 메이커는 과열되어 소비자에게 화재나 화상 위험을 야기한다.
- 사고/부상: 월마트는 소비자가 손, 발, 몸통에 가벼운 화상을 입었던 3건의 보고를 포함해 총 83건의 과열, 연기 발생, 녹아내림, 화염 및 화재 보고를 접수했다. 상당한 부엌 화재, 그리고 카운터톱(countertop), 캐비닛 및 벽에 입은 피해와 같은 재산 피해 보고도 있었다.
- 제품 리콜 설명: 이번 리콜 대상은 제너럴 일렉트릭의 흰색 혹은 검정색 12-컵용 커피 메이커다. 이 디지털 커피 메이커는 프로그램할 수 있는 기능을 가지고 있으며 제품 외부 재질이 플라스틱이다. GE 로고가 이 커피 메이커의 맨 아래 부분에 인쇄되어 있으며, 모델 번호는 아래쪽 바닥에 인쇄되어 있다. 리콜되는 모델 번호는 169164와 169165다. 다른 모델은 리콜 대상이 아니다.
- 판매처 및 판매 시기: 2008년 3월에서 2010년 1월 사이에 전국의 월마트 매장에서 약 30달러에 판매되었다.
- 제조국: 중국
- 처리방법: 소비자들은 즉시 리콜된 커피 메이커의 사용을 중단하고 아무 월마트 매장에나 들러 전액 환불을 받아야 한다.
- 소비자 연락처: 추가적인 정보가 필요하면 중부시간으로 월요일에서 금요일까지 오전 7시에서 저녁 9시 사이에 월마트[(800) 925-6278]로 전화하거나 월마트 웹페이지(www.walmart.com)를 방문하면 된다.

자료: http://www.cpsc.gov/cpscpub/prhtml10/10238.html

---

요한 모든 사람과 판매자들에게 반드시 연락을 해서 구체적인 지침을 전달해야 한다. 더욱이 직원, 공급업자, 유통업자들은 임시 처리가 그들에게 어떤 영향을 미칠지 반드시 알아야 한다. 직원들은 언제 어디로 출근하는가? 언제 어디로 배달이 되어야 하는가? 공급 체인이 두절되었는가? 두절되었다면 두절 상태가 얼마나 오래 지속될 것으로 예상되는가? 이것은 위기팀

### 다이아몬드 애완동물 사료와 독성이 있는 애완견 사료 I

2005년 말, 최소한 76마리의 개가 아플라톡신(aflatoxin)으로 사망하는 등 사료에 든 아플라톡신으로 개들이 고통받고 있다는 기사가 보도되기 시작했다. 식품의약국(FDA)은 고통받는 모든 개가 다이아몬드(Diamond) 애완동물 사료를 먹어왔다는 사실을 확인했다. 다이아몬드는 운송 대기 중인 모든 옥수수에 대해 아플라톡신 검사를 했고 독성 수치가 높은 옥수수는 운송하지 말 것을 요구했다. 다이아몬드 펫 푸드(Diamond Pet Foods)는 관련된 애완견 사료 제품을 리콜하기로 결정했다. 소비자들은 어떤 유형의 지시 정보를 필요로 할 것인가? 당신은 당신의 위기 대응에 어떤 다른 메시지를 포함할 것이며 그 이유는 무엇인가? 애완동물 주인이 이번 리콜 조치를 확실히 알 수 있도록 하는 데 도움을 주기 위해 당신은 무엇을 할 것인가? 어떤 다른 집단이 당신의 메시지가 애완동물 주인에게 도달하는 것을 도울 수 있을 것인가?

이 지시 정보를 통해 반드시 대답해야 할 매우 중요한 질문들이다. 일단 사업이 정상으로 회복되면, 관련된 이해관계자들은 그러한 변화도 반드시 통보받아야 한다(Myers, 1993).

이 시점에서 위기팀은 직원 지원 프로그램과 연계하는 것을 반드시 고려해야 한다. 직원들은 위기 동안 어떻게 급여를 지급받을 것인지 그리고 수당 정보는 어떻게 처리될 것인지와 같은 지시 정보를 알 필요가 있다. 직원 지원 관심사를 다룰 때는 인사 담당자가 중요한 위기팀원이다.

### 2) 적응 정보: 심리적 안녕

적응 정보(adjusting information)는 이해관계자들이 위기에 심리적으로 대처하는 것을 돕는다. 위기 커뮤니케이션은 피해자들의 심리적 안녕을 촉진하기 위해 사용될 수 있다. 스트레스는 위기의 불확실성과 잠재적 피해에 의해 야기된다. 기본적인 수준에서 이해관계자들은 무슨 일이 일어났는지, 즉 어떤 위기가, 언제, 어디서, 왜, 어떻게 발생했는지 알 필요가 있다

(Ammerman, 1995; Bergman, 1994). 이해관계자들은 무슨 일이 일어났는지 알 때 안심한다. 더욱이 그들은 위기가 반복되는 것을 막고 그들을 미래의 위기로부터 보호하기 위해 어떤 일이 이루어지고 있는지에 대한 정보를 원한다. 유사한 위기를 막기 위해 취해지는 조치를 알리는 것을 '시정 조치(corrective action)'라고 한다. 시정 조치는 그들의 안전이 우선이라는 점을 분명히 하여 이해관계자들을 안심시킴으로써 심리적 스트레스를 줄여준다(Sellnow, Ulmer, & Snider, 1998). 위기 상황이 통제되고 있다는 것을 알 때 이해관계자들은 안심한다. 적응 정보는 조직이 상황 통제력을 회복했다는 인식을 촉진한다. 위기 대응 시 시정 조치를 가능한 한 빨리 제시하는 것이 바람직하다. 시정 조치의 한계점은 그것을 마련하는 데 시간이 걸릴 수도 있다는 점이다. 위기의 원인을 밝히는 데는 수주 혹은 수개월이 걸릴 수도 있다(Ray, 1999). 원인이 밝혀져야 시정 조치가 마련될 수 있다. 만약 확고한 지식이 없는 상태에서 어떤 시도가 이루어진다면, 그것은 어림짐작이며, 위기 커뮤니케이션이 기본적으로 '해서는 안 될 것'을 위반하는 것이다. 만약 위기관리자들이 짐작을 해서 잘못을 범한다면, 그들은 기만하는 것으로 비치거나 혹은 무능한 것으로 비친다.

시정 조치의 한 변형은 '재건 대응 전략(renewal response strategy)' 혹은 재건의 수사학(rhetoric of renewal)인데, 이것은 긍정적인 위기 커뮤니케이션 접근방법이다. 이것은 책임을 묻거나 책임을 돌리는 것이 아닌, 자신감을 되찾고 조직을 복구하는 데 초점을 맞춘다(Seeger & Ulmer, 2001; Sellnow, Seeger, & Ulmer, 2002; Ulmer & Sellnow, 2002; Ulmer, Sellnow, & Seeger, 2006). 엄청난 화재로부터 회복한 몰든 밀즈(Malden Mills) 사례를 살펴본 울머(2001)의 연구는 재건 대응 전략을 잘 보여준다. 소유주인 에런 포이어스타인(Aaron Feuerstein)은 공장 재건과 공장이 재건될 때까지 근로자들에게 임금을 지불하겠다고 약속했다. 재건 전략이 성공하기 위해 조직에는 호의적인 평판이 필요하며, 그렇지 않으면 재건 약속은 입에 발린 말처럼 들린다. 재건 약속은 반드시 조직의 핵심 가치와 일치해야 한다(Ulmer & Sellnow, 2002). 언제 이 전략을 사용할 수 있느냐와 관련하여 제한점이 있긴 하지만, 이 전략은 심리적 적응을 위한 매우 강력하고 긍정적인 위기 대응이 될 수 있다. 우리는 9장에서 재건 노력에 대해 다시 살펴볼 것이다.

직원 지원 프로그램은 적응 정보에 매우 중요하다. 위기는 심신을 약화하는 수준의 스트레스를 야기할 수 있는 정신적 충격이 큰 사건이다. 외상성 스트레스 사건(traumatic stress incident)은 사람의 대처 능력을 압도한다. 사고로 다친 사람이나 죽은 사람을 보는 것, 직장 폭력 혹은 자연재해는 모두 외상성 스트레스 사건으로 볼 수 있다. 직원 그리고 아마도 다른 이해관계자들이 적절하게 적응하는 것을 돕기 위해서는 완화(defusing)나 사후 설명(debriefing)과 같은 즉각적이고도 장기적인 개입이 반드시 필요할 수도 있다. 완화 세션은 위기 직후 이루어지며 사람들이 대처하는 것을 도와주기 위한 틀을 제공한다. 사후 설명 세션은 집단 혹은 개인 수준의 치료적 개입이다. 외상성 스트레스 반응의 유형에 관계없이 그러한 반응은 자격을 갖춘 전문가에 의해 다루어져야 한다.

앞에서 언급했듯이, 위기는 완전히 새로운 부류의 이해관계자, 즉 피해자를 만들어낼 잠재력을 가지고 있다. 피해자는 위기로 인해 육체적, 정신적, 혹은 재정적 고통을 겪는다. 예를 들면, 직원은 산업 재해로 다칠 수 있고, 고객은 어떤 사고에서 본 폭력 때문에 정신적 충격을 받을 수 있으며, 투자자는 리콜 비용이나 주격 가격 하락으로 인해 배당금을 잃을 수도 있다. 피해자들은 조직이 그들에게 우려를 표명해주기를 기대한다(Patel & Reinsch, 2003; Sen & Egelhoff, 1991). 우려 표명은 피해자들이 위기에 대해 더 나은 기분을 느끼게 해주며 조직에 대한 반감을 줄여준다(Cohen, 2002;

## 바슈롬과 리뉴 모이스처록 II

2006년 4월 10일, 미국 FDA와 질병통제예방센터(Centers for Disease Control and Prevention)는 그들의 웹사이트에 진균 각막염에 대한 경고문을 게시했다. 그 메시지는 인터뷰에 응한 30명의 감염자 가운데 26명이 리뉴 모이스처록을 사용했다고 지적하고 있다. 또한 그 메시지는 바슈롬이 리뉴 모이스처록의 생산과 배송을 중단했으며, 지금까지 조사한 결과 그 제품이 진균 각막염의 원인임을 입증할 증거는 밝히지 못했다고 적고 있다. 지금까지 그 제품에 대한 리콜은 이루어지지 않았다. 그러나 월마트, 월그린스(Walgreens), CVS, 라이트 에이드(Rite Aid)와 같은 대형 소매업자들은 진열대에서 그 제품을 치우고 있다. 바슈롬은 사람들에게 배송 중단 사실을 알렸고, 진균 각막염에 대한 경고신호를 보냈으며, 콘택트 렌즈를 깨끗하게 관리할 것을 상기시킨다. 미국 검안사협회(American Optometric Association)는 부적절한 청결 상태가 진균 각막염을 유발할 수 있다고 말함으로써 바슈롬의 메시지를 다시 한 번 확인해준다. 당신은 바슈롬의 대응이 적절하다고 생각하는가? 소매업자의 입장에서 적절하다고 생각하는가? 바슈롬의 대응 가운데 당신이 좋아하는 점 혹은 싫어하는 점은 무엇인가? 소매업자의 입장에서 좋은 점 혹은 싫은 점은 무엇인가?

조금 복잡한 문제가 발생한다. 정부와 뉴스 미디어의 보도에 따르면, 2006년 홍콩과 싱가포르에서도 비슷한 진균 각막염이 발생했다고 한다. 바슈롬은 양국에서 자발적으로 리뉴 모이스처록의 판매를 중단했다. 만약 당신이 바슈롬 임원이라면, 그러한 변화가 당신의 대응을 변화시키는가?

---

Kellerman, 2006). 측은지심(compassion)을 표현하는 것이 반드시 조직이 책임을 인정한다는 것을 의미하지는 않는다. 그 대신, 대변인은 피해자에 대해 공감과 우려를 표현한다. 공감(sympathy)[2]은 위기에 대한 책임과 연관된 법적 책임을 지지 않고도 표현할 수 있다(Fitzpatrick, 1995; Tyler, 1997). 핵심은 우려의 표현에는 책임을 인정하는 명시적인 진술이 포함될 수 없다는 것이다. 그러나 변호사들은 여전히 법정에서 우려 표명을 조직에 불리하게 사용하려 할 수도 있다. 텍사스 주, 캘리포니아 주, 플로리다 주, 매사추세츠 주에는 모두 우려를 표현한 것이 민사소송에서 잘못을 증명하는 증

---

2  흔히 'empathy'도 공감이라고 번역해 'sympathy'와 구분 없이 사용하기도 하나, 학술적으로 'empathy'는 'sympathy'보다 더 깊게 상대와 자신을 같은 상태로 지각함을 의미하므로 'empathy'는 '감정이입'으로 번역하는 것이 더 정확하다(역자 주).

거로 사용되는 것을 금지하는 법이 있다(Cohen, 2002; Fuchs-Burnett, 2002).

위기관리자는 위기 시 사망한 사람을 위한 추도식을 열거나 부상당한 사람을 위로하는 다른 행사를 개최함으로써 우려와 공감 표현을 확대할 수 있다. 위기 직후에 열리는 추도식은 위기 대응의 일부로 간주될 것이다. 웨스트 파머수티클스는 노쓰 캐롤라이나 주 킨스턴에서 일어난 폭발사고로 숨진 6명의 희생자를 추모했다. 추도식의 제목은 '치유와 추모의 예배'였다. 트랜스오션(Transocean)은 멕시코 만에 있는 딥워터 허라이즌 석유 시추 시설에서 숨진 11명의 직원을 위한 추도식을 거행한 한편, 유정에서 기름이 바다로 뿜어져 나오지 않도록 하기 위한 노력을 계속했다. 추도식은 공감의 표현을 일부 행동으로 실천하는 것이며 애도와 치유를 촉진하는 수단이 된다. 추도와 위기에 정서적으로 영향을 받은 사람을 도우는 것에 대해서는 9장에서 더 논의하기로 한다.

### 3) 평판 관리

위기 동안 평판은 위협을 받는다. PR 및 마케팅 연구는 위기 동안 위기 대응 전략이 평판 보호를 위해 어떻게 사용될 수 있는지 살펴보기 시작했다(Coombs & Holladay, 2004, 2005; Dean, 2004). 연구자들의 생각은 커뮤니케이션(말과 행동)이 이해관계자들이 위기에 처한 조직을 지각하는 방식에 영향을 준다는 것이다(Allen & Caillouet, 1994; Benoit, 1995, 1997; Hearit, 1994, 1996, 2001). 연구자들은 다양한 위기 대응 전략을 확인했다(예, Allen & Caillouet, 1994; Benoit, 1995). 위기 상황은 전략 선택에 중요한 영향을 미치는 것으로 인식되고 있다(Benson, 1988; Bradford & Garrett, 1995; Coombs, 1995; Hobbs, 1995). 핵심은 어떤 특정한 전략을 언제 사용해야 하는지를 아는 것인데, 그러기 위해서는 어떤 특정한 위기 상황에 어떤 특정한 전략을 언제 사용해야 하는지를 이해해야 한다. 귀인 이론(attribution theory)이 위기 대응을 위기 상황에 맞추기 위한 유용한 틀로 제시되어왔다(예, Bradford & Garrett, 1995; Coombs, 1995, 2004b; Dean, 2004).

귀인 이론을 위기관리에 적용하는 연구가 점차 늘어나고 있는데, 상황 위기 커뮤니케이션 이론(SCCT)은 그러한 연구에 사용되는 이론 가운데 하나다(Ahluwalia, Burnkrant, & Unnava, 2000; Dawar & Pilluta, 2000; Dean, 2004; Folkes & Kolesky, & Graham, 1987; Härtel, McColl-Kennedy, & McDonald, 1998). PR 연구에서 SCCT는 귀인 이론을 사용해 위기 대응 전략 사용에 대한 일단의 권고사항을 개발해서 검증했다. 귀인 이론은 사람은 부정적이고 예기치 않은 사건에 책임을 돌린다는 믿음에 바탕을 두고 있다(Weiner, 1986). 분명 위기는 예기치 않은 것이며 부정적이기 때문에 책임 돌리기가 일어난다. 결국 이런 귀인은 이해관계자들이 조직에 대해 어떻게 느끼고 행동하는지에 영향을 미친다. SCCT는 귀인 이론을 활용해 위기 상황에서 야기되는 평판 위협을 평가한 다음, 평판 위협 수준을 토대로 한 위기 대응 전략을 추천한다.

SCCT 권고사항을 이해하기 위해, 우리는 일단의 위기 대응 전략을 정의 내리고 위기에 의해 야기되는 평판 위협이 어떻게 평가되는지 설명할 필요가 있다.


## 4. 위기 대응 전략

위기 대응 전략이란 위기에 대처하기 위해 조직이 사용하는 실제 대응책을 말한다. 앞에서 언급했듯이, 커뮤니케이션은 언어적 측면과 비언어적 측면 모두를 가지고 있다. 그래서 위기 대응 전략은 조직이 위기를 향해 하는 말(언어적 측면)과 행동(비언어적 측면)을 포함하고 있다(Allen & Cail-louet, 1994; Benoit, 1995).

위기 대응 전략은 방어적 사과,3 즉 공중의 공격으로부터 평판을 방어하기 위한 커뮤니케이션 사용으로써 처음 검토되었다(Ware & Linkugel, 1973). 위기는 평판을 위협하기 때문에, 조직은 그들의 평판을 방어하기 위해 방어적 사과를 하는 것이라고 사람들은 생각했다(Dionisopolous & Vibbert, 1988). 많은 위기 비평가들은 방어적 사과 전략이나 방어적 사과 입장을 적용해 조직이 위기 동안 어떻게 그들의 평판을 방어하는지를 이해해왔다(Hea-rit, 1994, 1996, 2001, 2006; Hobbs, 1995; Ice, 1991).

그러나 방어적 사과는 꽤 제한된 수의 위기 대응 전략을 제공했으며, 방어적 사과에 사용된 전략 이외의 전략이 위기 대응에 사용되고 있었다고 생각하는 사람들이 많아졌다. '설명(account)'이라는 개념을 검토함으로써 전략의 수가 확대되었다. 설명은 사람들이 그들의 행동에 문제가 제기될 때 그러한 행동을 해명하기 위해 사용하는 진술이다. 설명을 통해 위기에 대응할 수도 있다. 방어적 사과와 유사하게 설명도 평판을 위협으로부터 보호하는 것을 포함한다(Benoit, 1995).

베노이트(W. L. Benoit, 1995, 1997)는 방어적 사과와 설명 연구를 토대로 14개의 '이미지 회복 전략(image restoration strategy)' 목록을 개발했다.

---

3 'apologia'는 'apology'와 다르다. apology가 사과라면, apologia는 방어의 의미를 갖는다. 웹스터(Webster)는 'apologia'를 "a defense especially of one's opinions, po-sition, or actions"이라 정의하고 있으며, 사과에 대한 문헌들도 이 둘을 구분하고 있다. 조직이 사과를 하면서 무조건 사과만 하는 것이 능사가 아니라, 필요한 부분에서는 오해를 피하기 위해 자신의 입장을 방어할 수 있어야 한다는 것이다. 즉, acceptable apo-logia가 중요한데, 사과를 듣는 사람이 충분히 납득하고 받아들일 수 있는 방어를 해야 '방어'가 되는 것이지 잘못된 방어는 불난 집에 기름 끼얹는 격이 된다(자료: http://the-labh.com/art-of-apology-three-elements/)(역자 주).

앨런과 카일루에(M. W. Allen & R. H. Caillouet, 1994)는 인상 관리와 설명을 사용하여 조직이 이용할 수도 있는 20개의 '인상 관리 전략(impression management strategy)' 목록을 개발했다. 인상 관리는 조직에 대한 공중의 평판을 전략적으로 형성하기 위해 커뮤니케이션을 사용할 수 있다는 생각을 바탕으로 하고 있다. 조직은 위기로 인해 손상된 평판을 회복하기 위해 인상 관리 전략, 즉 저자가 말하는 '위기 대응 전략'을 사용한다.

위기 대응 전략의 정확한 수를 밝히고자 하는 것은 승산 없는 제안이다(Benoit, 1995). 더 생산적인 접근방법은 가장 흔히 쓰이는 전략을 밝히고

〈표 8-1〉 **입장별 위기 대응 전략**

| 부인 입장 | |
| --- | --- |
| 고발인 공격하기 | 위기관리자는 위기가 존재한다고 주장하는 사람이나 집단에 맞선다. 대응에는 고발인을 상대로 힘(예, 소송)을 사용하는 위협이 포함될 수도 있다. |
| 부인 | 위기관리자는 위기가 존재하지 않는다고 분명히 말한다. 대응에는 왜 위기가 존재하지 않는지 설명하는 것이 포함될 수도 있다. |
| 희생양 만들기 | 조직 외부에 있는 어떤 다른 사람이나 집단이 위기의 원인으로 여겨진다. |
| 축소 입장 | |
| 변명하기 | 위기관리자는 위기에 대한 조직의 책임을 최소화하려 한다. 대응에는 피해를 주기 위한 의도가 없음을 주장하거나 조직이 위기를 초래한 사건을 통제할 수 없었다고 주장하는 것이 포함될 수 있다. |
| 정당화 | 위기관리자는 위기와 관련된 지각된 피해를 최소화하려 한다. 대응에는 심각한 피해나 부상이 없었다고 주장하거나 피해자가 그러한 피해를 입을 만했다고 주장하는 것이 포함될 수 있다. |
| 재건 입장 | |
| 보상 | 조직은 피해자에게 돈이나 다른 선물을 제공한다. |
| 사과 | 위기관리자는 공개적으로 조직이 위기에 대한 모든 책임을 질 것을 분명히 하고 용서를 구한다. |
| 강화 입장 | |
| 상기시키기 | 조직은 이해관계자들에게 과거 조직이 잘한 일에 대해 말해준다. |
| 환심 사기 | 조직은 이해관계자들을 칭찬한다. |
| 희생양 되기 | 조직은 조직 역시 어떻게 위기의 피해자인지를 설명한다. |

부인은 위기 커뮤니케이션의 일부다. 조직이 어떤 위기와 연관되어 있지만 실제로는 위기와 아무런 관련성이 없는 때도 있다. 조직에 대한 잘못된 정보가 퍼져나가는 소문이 하나의 분명한 예다. 또 하나의 상황은 한 조직의 위기가 전체 산업에서 기인할 때인데, 우리는 이것을 '분야 확대 위기 (sector sprawl crisis)'라고 부른다. 이것은 한 분야에 단 하나의 조직이나 소수의 조직이 있을 경우 이해관계자들이 하나의 위기가 전체 분야/산업에 영향을 미친다고 생각할 때 발생한다. 2012년, 콜로라도 주에 있는 한 농장의 살모넬라(Salmonella)균 오염이 어떻게 미국 전역의 대대적인 캔털루프(cantaloupe)[4] 회피 사태로 이어졌는지 생각해보라. 또는 2011년, 땅콩 페이스트(paste) 하나에 대한 리콜 조치가 어떻게 미국 소비자의 75%가 주요 땅콩버터 브랜드들이 리콜되었다고 여기게 만들었는지 생각해보라. 각각의 경우, 조직들은 그러한 위기에 그들이 관련된 사실을 떳떳하게 부인했다.

그러나 부인은 가장 위험한 위기 대응 전략이다. 만약 조직이 부인하지만 나중에 위기에 대한 어느 정도 책임이 있는 것으로 밝혀지면, 조직에 미치는 피해는 더 심해진다(Kim, Ferrin, Cooper, & Dirks, 2004). 불행하게도 관리자는 흔히 위기에 대한 '법적인' 접근방법을 취하면서(Fitzpatrick & Rubin, 1995) 부인한다. 그렇게 하는 동기는 위기로 인한 피해가 조직에 해를 끼치는 것을 막고자 하는 것이다. '이중 위기(double crisis)'라는 의도하지 않은 결과가 초래될 수 있다. 이중 위기는 위기 대응이 원래 위기보다 더 심한 피해를 끼치는 상황을 야기할 때 발생한다(Frandsen & Johansen, 2010a). 부인한 뒤에 어느 정도 책임을 인정하는 것은 이중 위기의 주된 원인이다(Grebe, 2013). 조직이 위기에 대해 어느 정도 책임이 있을 가능성이 있다면, 위기관리자는 부인 전략을 사용하는 것을 피해야 한다.

희생양 만들기(scapegoating)도 일종의 부인이다. 희생양 만들기를 통해 조직은 어떤 사람, 어떤 집단, 혹은 어떤 조직에 위기의 책임을 돌린다. 예를 들면, 닭고기가 살모넬라 식중독 발병과 관련되어 있는 한 패스트푸드 체인이 닭고기 공급업체에 책임을 돌리거나 한 장난감 제조회사가 자신의 장난감에 납이 든 페인트를 사용한 것을 두고 공급업체 탓을 할 수도 있을 것이다. 이 두 사례는 회사들이 어떻게 위기를 야기한 문제의 책임을 공급업체에 돌릴 수 있는지 잘 보여준다. 만약 조직이 그들의 평판을 보호하기를 원한다면, 희생양 만들기는 매우 효과적이지 않은 전략이다. 이해관계자들은 제품이나 서비스에 이름이 적혀 있는 조직이 그 제품이나 서비스에 대한 궁극적인 책임을 져야 한다고 생각한다. 만약 문제가 공급업체에서 비롯되었다 하더라도, 그 공급업체와 계약을 한 책임과 조직에 공급되는 제품이나 서비스의 질을 모니터해야 할 책임은 조직에 있다. 따라서 비록 문제가 공급업체에서 비롯될 수 있다는 명백한 증거가 있다 하더라도, 이해관계자들은 희생양 만들기 전략에 부정적으로 반응한다. 희생양 만들기는 책임을 회피하고자 하며, 위기가 발생했을 때 책임을 전가하려는 노력은 효과적이지 않다.

사과는 위기 대응 전략 가운데 가장 복잡한 전략이며 아마 가장 논란이 되는 전략일 것이다. 완전한 사과와 부분적인 사과를 구분하는 것은 매우 중요하다. 완전한 사과는 반드시 위기를 인정하고, 책임을 받아들이고, 같은 위기가 반복되지 않도록 하겠다는 약속을 포함하며, 우려와 유감을 표현해야 한다(Kellerman, 2006). 부분적인 사과는 일반적으로 우려와 유감을 표명하는 것만을 말한다. 왜 두 가지 사과를 구분하는가? 이유는 법적 책임에 있다. 책임을 받아들이면 조직은 위기와 관련된 소송에서 패소하게 된다. 만약 조직이 자신에게 책임이 있다고 말하면, 그것은 법정에서 반드시 대가를 치러야 한다. 앞에서 언급했듯이, 단순히 우려나 유감을 표명하는 것에는 동일한 책임이 따르지 않는다(Cohen, 2002). '사과'라는 단어를 사용할 때는 반드시 조심해야 한다. 그것이 바로 완전한 사과가 우려의 표명과 별도로 명시되고 취급되어야 하는 이유다.

사과는 사회적 규칙을 위반했다는 것을 인정하고, 피해자를 존중하며, 조직과 위기 피해자 간의 관계 복원을 시작하기 때문에 가치가 있다(De Cremer, Pillutla, & Folmer, 2011). 그러나 사과는 불리한 면도 가지고 있다. 사과는 책임을 인정한다. 책임을 인정함으로써, 위기로 인한 피해는 위기에 처한 조직에 대한 부정적인 시각을 강화할 수 있다(Kampf, 2009; Kim, Ferrin, Cooper, & Dirks, 2004). 혹은 만약 사과가 진실 되지 못한 것으로 판단될 경우, 그것은 이해관계자들의 조직에 대한 불신과 화를 부추길 것이다(De Cremer, Pillutla, & Folmer, 2011). 마지막으로 만약 조직이 위기에 대해 사과했는데 나중에 위기에 대한 책임이 없는 것으로 밝혀진다면, 그러한 사과는 조직에 도움이 되기보다는 해가 될 수 있다(Kim, Ferrin, Cooper, & Dirks, 2004). 사과에 관한 연구들은 모두 위기관리자가 사과를 모든 위기에 대한 해결책으로 보아서는 안 되며 사과가 자동적으로 이득을 가져다줄 것으로 생각해서는 안 된다고 밝히고 있다.

많은 조직이 사과를 흉내 낸 사과 아닌 사과(non-apology)를 사용한다. 사과 아닌 사과는 사과처럼 보이지만 위기에 대한 책임은 지지 않는다. 위기에 대한 유감을 표명하거나 위기 피해자에 대한 공감을 표현하는 것이 그러한 예다. 위기가 평판을 기반으로 하고 있을 때 사용될 수 있는 또 다른 유형의 사과 아닌 사과에는 그러한 상황으로 인해 누구도 기분을 상해서는 안 된다고 말하고, 행동이 아니라 정서적 피해와 화에 대해 사과하며, 그러한 상황으로 인해 기분이 상했을 수도 있는 사람에게 사과하는 것이 포함된다(Kempf, 2009). 이해관계자들은 종종 이러한 사과 아닌 사과를 진정한 사과로 받아들인다. 조직은 위기에 대한 책임을 받아들일 경우 감수해야 할 위험 없이 사과의 혜택을 누린다. 물론 이해관계자들이 진실성이 부족하다는 것을 알고 사과 아닌 사과에 부정적으로 반응할 위험도 있다(Kampf, 2009). 위기관리자는 사과 대신 사과 아닌 사과를 사용하는 것의 위험과 이득을 저울질해 보아야 할 필요가 있다. 많은 소셜 미디어 위기를 포함해 약간의 평판 위협을 수반하지만 공중의 안전을 위협하지는 않는 많은 위기의 경우, 사과 아닌 사과는 실행 가능한 선택일 수도 있을 것이다.

우리는 사과의 한 가지 마지막 포인트, 즉 위기가 능력에 기인한 것인지 아니면 도덕성에 기인한 것인지를 고려해야 한다. 능력에 기인한 위기란 기술적인 능력이 부족할 때 초래되는 위기를 말한다(Kim, Ferrin, Cooper, & Dirks, 2004). 직원이 화학물질을 잘못 다루어 화학물질이 누출될 때가 그러한 예가 될 것이다. 연구에 따르면, 사과는 이상적으로 능력에 기인한 위기에 적합하다고 한다. 사람들은 조직이 실수(무능력)를 알아차렸는지와 사과는 조직의 실수를 인정한다는 것을 알 필요가 있다. 위기가 도덕성에 기인할 때 사과는 부정적인 감정을 악화시킬 수 있다. 사과는 조직의 도덕성 결여를 입증하며, 이것은 조직의 평판을 더욱 해칠 수 있다(Kim, Ferrin, Cooper, &

Dirks, 2004). 유감과 심지어 보상의 표명과 같은 사과 아닌 사과가 도덕성에 기인한 위기에서 사과처럼 효과가 좋을 수도 있을 것이다. 위기관리자는 도덕성에 기인한 위기가 발생할 때 결코 사과해서는 안 된다고 결론을 내릴 수도 있을 것이다. 그러나 만약 조직이 책임을 진다면, 사과로 인해 조직에 추가적인 피해가 갈 가능성은 없다.

위기 커뮤니케이터는 사과 전략을 사용할 수 없게 막는 어떤 조직의 제약을 고려할 필요가 있다. 조직에게는 법적·재정적 제약이 있을 수 있다. 사과는 잘못을 인정하는 것이다. 만약 위기로 인해 소송이 제기된다면, 법무팀은 사과를 권고하지 않을 것이다. 더욱이 경영진은 그들이 사과로 인한 재정적 비용을 부담할 수 있는지 반드시 판단해야 한다. 잘못을 인정한 후, 다음 단계는 피해자와 화해하는 것이다. 만약 조직이 공개적으로 책임을 인정한다면, 그들은 피해자에게 피해 보상금을 지불해야 할 것이다(Tyler, 1997). 머크는 그들의 VIOXX 제품 피해 위기로 인한 비용 충당을 돕기 위해 거의 60억 달러를 확보해두었다(*Merck to Pay $4.9 Billion*, 2007). 머크는 회사의 변호사 비용만으로 6억 달러가 넘는 자금을 조성했다(Foley, 2005). 관리자들은 그들이 사과로 인한 비용을 부담할 수 있을 만큼 자금을 충분히 비축하고 있는지를 판단할 필요가 있다.

---

그것들을 어떤 유용한 방식으로 체계화하는 것이다. 〈표 8-1〉은 흔히 쓰이는 10개의 위기 커뮤니케이션 전략 목록을 제공하고 있는데, 이것은 위기 전문가들이 개발한 목록 두 가지 이상에 등장한 전략을 선택한 것이다.

SCCT는 전략의 의도가 위기에 대한 지각을 바꾸려는 것인지 아니면 위기에 처한 조직을 바꾸려는 것인지 여부를 밝힘으로써 위기 대응 전략을 체계화하고 있다. 〈표 8-1〉에서 보는 바와 같이, 전략은 네 가지 입장(posture), 즉 이해관계자들이 서로 유사하다고 지각하는 네 가지 전략군으로 분류된다(Coombs, 2006b). 부인 전략(denial strategy)은 위기와 조직 간의 어떤 연관성을 제거하고자 한다. 만약 조직이 위기에 관련되어 있지 않거나 위기에 대한 책임이 없다면, 조직은 위기에 영향을 받지 않을 것이다. 부인(否認) 입장은 고발인 공격, 부인, 희생양 만들기 전략을 포함한다. 〈박스 8-2〉는 부인 전략에 대해 더 자세하게 논의하고 있다.

축소 전략(diminishment strategy)은 위기에 대한 통제의 책임을 조직에

---

4  껍질은 녹색에 과육은 오렌지색인 멜론(역자 주).

〈표 8-2〉 **위기팀 직무 분석**

| 위기 대응 전략 | 위기 커뮤니케이션의 자산(asset) | 위기 커뮤니케이션의 부채(liability) | 가장 적합한 상황 |
|---|---|---|---|
| 고발인 공격 | 위기가 존재한다는 주장 반박 | 공격자에 대한 동정심 형성 피해자에게 불쾌감 줌 | 루머 위기 |
| 부인 | 위기가 존재한다는 주장 반박 | 피해자에게 불쾌감 줌 | 루머 위기 |
| 희생양 만들기 | 위기에 대한 책임 제거 | 피해자와 피해 입지 않은 사람을 화나게 함 | 피해야 함 |
| 변명하기 | 위기에 대한 최소한의 책임 강화 | 피해자와 피해 입지 않은 사람을 화나게 함 | 위기 책임 수준이 낮은 위기 |
| 정당화 | 위기로 인한 최소한의 피해 강조 | 피해자와 피해 입지 않은 사람을 화나게 함 | 위기 책임 수준이 낮은 위기 |
| 보상 | 조직이 위기에 대한 책임을 받아들임을 보여줌 | 조직의 비용 증가 | 가시적인 피해자가 있는 위기 |
| 사과 | 조직이 위기에 대한 책임을 받아들임 | 조직의 비용 증가 | 위기에 대한 1차적인 책임이 조직에 있음을 보여주는 증거가 있는 위기 |
| 상기시키기 | 조직에 대한 긍정적인 정보 추가 | 피해자와 피해 입지 않은 사람들이 그것을 위기에서 관심을 돌리기 위한 시도로 볼 수도 있음 | 조직이 이전에 호의적인 평판을 가지고 있을 때 |
| 환심 사기 | 조직에 대한 긍정적인 정보 추가 | 피해자와 피해 입지 않은 사람들이 그것을 위기에서 관심을 돌리기 위한 시도로 볼 수도 있음 | 외부 행위자로부터의 도움을 필요로 하는 위기 |
| 희생양 되기 | 조직에 대한 동정심 형성 | 피해자와 피해 입지 않은 사람들이 그것을 위기에서 관심을 돌리기 위한 시도로 볼 수도 있음 | 제품 형질 변경, 해킹, 직장 폭력, 자연재해, 위기 |

돌리는 것을 줄이거나 위기의 부정적 효과를 감소시키고자 한다. 만약 위기 통제의 책임을 조직이 덜 지려는 것이 덜 부정적으로 보인다면, 조직에 대한 평판 위협은 줄어든다. 축소 입장으로는 변명하기(excusing) 전략과

정당화 전략이 있다.

재건 전략(rebuilding strategy)은 조직의 평판을 향상하고자 한다. 이해
관계자들에게 도움이 되게 하고 위기의 부정적 효과를 상쇄하기 위한 말과
행동이 이루어진다. 재건 입장에는 보상과 사과(謝過)가 포함된다. 사과는
복잡한 반응이어서, 〈박스 8-3〉에서 추가로 자세하게 설명한다. 부인, 축
소, 재건 입장은 수용(accommodation), 즉 대응을 통해 피해자에게 보여주
는 관심의 정도에서도 서로 차이가 있다. 이것은 조직이 위기에 대한 책임
을 받아들이는 것으로 인식되는 책임의 정도를 반영한다(Coombs, 2006b).
〈표 8-2〉는 여러 위기 대응 전략의 유용성에 대한 조언을 제시하고 있다.

강화 전략(bolstering strategy)은 이상의 세 가지 입장을 보충해준다. 이
전략은 또한 조직과 이해관계자들 간에 긍정적인 관계를 구축하고자 한다.
이 입장은 상기시키기(reminding), 환심 사기(ingratiation), 희생양 되기(vict-
image) 전략으로 구성되어 있다. 이 세 전략은 조직에 초점을 맞추고 있기
때문에, 이것들이 단독으로 사용될 경우 꽤나 이기적으로 보일 텐데, 이것
이 바로 이들을 보완적인 전략이라고 하는 이유다. 우리는 위기관리자가
단 하나의 위기 대응 전략만을 사용하지는 않을 거라고 생각해야 한다. 위
기 대응 전략들은 제한된 범위 내에서 다양한 조합으로 사용될 수 있다. 강
화 전략이 바로 그러한데, 왜냐하면 그것은 보완적인 전략이기 때문이다.
부인 입장과 축소 혹은 재건 입장을 조합하는 것은 서로 상충하기 때문에
제약이 있다. 부인 입장은 위기가 없다고 주장하는 데 반해, 축소 및 재건
입장은 위기가 존재한다는 것을 인정한다.

### 1) 평판 위협 평가

위기에 의해 야기되는 평판 위협을 평가하기 위해 SCCT는 세 가지 요

〈표 8-3〉 **책임의 정도에 따른 위기의 유형**

**피해자 클러스터: 위기 책임의 귀속 정도가 매우 낮음**

자연재해, 소문, 직장 폭력, 악의

**사고 클러스터: 위기 책임의 귀속 정도가 낮음**

문제 제기, 기술적 오류 사고, 기술적 오류 제품 피해

**예방 가능 클러스터: 위기 책임의 귀속 정도가 강함**

인적 오류 사고, 인적 오류 제품 피해, 조직의 비행

---

인, 즉 위기 유형, 위기 전력(前歷), 이전 평판을 사용한다. 이 세 요인은 2단계 과정에 적용된다. 첫 번째 단계는 위기 유형, 즉 위기를 해석하는 데 사용되는 틀, 즉 프레임을 결정하는 것이다(SCCT에 사용된 위기의 유형, 즉 프레임을 다시 보려면 5장을 참조하라). 연구들은 각 위기 유형이 이해관계자들 사이에서 예측 가능한 위기 책임의 귀속 정도를 초래한다는 사실을 확인했다(Coombs & Holladay, 2002). 〈표 8-3〉은 프레임이 야기하는 위기 책임의 정도에 따라 프레임들을 체계화한 것이다. 피해자 클러스터(victim cluster)는 조직에 매우 적은 위기 책임을 지운다. 이해관계자들은 조직을 위기의 원인이 아닌 위기의 피해자로 본다. 사고 클러스터(accident cluster)는 조직에 낮은 위기 책임을 지운다. 위기는 대체로 조직이 통제할 수 없을 뿐만 아니라 의도하지 않은 것으로 간주된다(문제 제기 위기는 사고 클러스터에 속해 있는데, 문제 제기 위기에 처해 있을 때 커뮤니케이션하는 법에 대한 지침은 2장을 참조하라). 예측 가능 클러스터(preventable cluster)는 조직에 매우 강한 위기 책임을 귀속시킨다. 조직은 의도적으로 위기를 초래한 행동을 한 것으로 간주된다(Coombs, 2005; Coombs & Holladay, 2001).

더 많은 위기 책임이 조직에 귀속될수록 조직의 평판 손상은 더 심해지

기 때문에, 위기 책임은 조직의 평판에 위협이 될 수 있다(Coombs, 2004a; Coombs & Holladay, 1996, 2004). 위기 유형을 결정하기 위해서는 위기를 설명하는 데 어떤 단서가 제시되고 사용되는지 살펴보아야 한다. 대부분의 위기는 이들 유형 가운데 하나에 속할 것이다. 만약 위기 유형이 모호하다면, 위기팀은 어떤 프레임이 선택되었는지 구체적으로 살펴볼 수 있을 것이다. 그러나 위기팀과 이해관계자들은 위기 유형에 대한 의견이 서로 다를 수도 있다. 만약 서로 다르다면, 위기팀은 이해관계자들의 프레임을 채택하는 것을 심각하게 고려해보아야 한다.

평판 위협을 평가하는 두 번째 단계는 위기 전력(前歷)과 이전 평판을 토대로 한 처음의 평가를 수정하는 것이다. 만약 어떤 조직이 과거에 유사한 위기를 경험한 바 있다면, 현재 위기가 조직의 평판에 미치는 위협은 훨씬 더 커질 것이다(Coombs, 2004b; Coombs & Holladay, 2004). 현재 위기의 위협을 악화시키는 위기 전력을 일컬어 '벨크로 효과(Velcro effect)'라고 한다. 즉, 벨크로[5]가 린트(lint) 천을 달라붙게 하는 것처럼 위기 전력이 있는 조직은 추가적인 평판 손상을 불러일으킨다(Coombs & Holladay, 2002; Klein & Dawar, 2004). 마찬가지로 이전의 호의적이지 않았던 평판 역시 평판 위협을 심화시킨다(Coombs & Holladay, 2006). 그래서 이것이 진정 의미하는 바는 무엇인가? 만약 어떤 조직이 위기 전력이 있거나 부정적인 이전 평판을 가지고 있다면, 이해관계자들은 피해자 위기를 사고 위기처럼 그리고 사고 위기를 예방 가능한 의도적인 위기처럼 취급할 것이다. 결국 위기관리자는 어떤 위기 대응 전략을 사용해야 할지 반드시 조정해야 한다(Coombs, 2006a; Coombs & Holladay, 2002).

---

5  천 같은 것을 한쪽은 꺼끌꺼끌하게 만들고 다른 한쪽은 부드럽게 만들어 이 두 부분을 딱 붙어 떨어지지 않게 하는 옷 등의 여밈 장치(역자 주).

〈표 8-4〉 **상황 위기 커뮤니케이션 이론의 위기 대응 선택을 위한 권고사항**

1. 모든 피해자나 잠재 피해자에게 스스로를 피해로부터 보호하도록 지시 정보를 경고와 지시 형태로 제공하라.
2. 피해자들에게 우려를 표명하고 가능하다면 시정 조치를 제공함으로써 적응 정보를 제공하라.
   * 주: 지시 및 적응 정보를 제공하는 것은 위기 전력이나 호의적이지 않은 이전 평판이 없는 조직에서 피해자 위기에 대한 대응으로 충분하다.
3. 위기 전력이나 호의적이지 않은 이전 평판이 없을 때의 사고 위기에 대해서는 축소 전략을 사용하라.
4. 위기 전력이나 호의적이지 않은 이전 평판이 없을 때의 피해자 위기에 대해서는 축소 전략을 사용하라.
5. 위기 전력이나 호의적이지 않은 이전 평판이 없을 때의 사고 위기에 대해서는 재건 전략을 사용하라.
6. 예방 가능한 위기에 대해서는 어떤 경우든 재건 전략을 사용하라.
7. 소문 위기에서는 부인 전략을 사용하라.
8. 문제 제기가 부당할 때의 문제 제기에 대해서는 부인 전략을 사용하라.
9. 다른 이해관계자들이 문제 제기를 지지할 가능성이 있을 때의 문제 제기에 대해서는 시정 조치(적응 정보)를 사용하라.
10. 기타 대응 전략에 대한 보완책으로 강화 전략을 사용하라.
11. 희생양 되기 전략은 오직 피해자 클러스터에 대해서만 사용되어야 한다.
12. 일관성을 기하기 위해 부인 전략을 축소 혹은 재건 전략과 섞어서 사용하지 마라.
13. 축소 및 재건 전략은 서로 조합해서 사용될 수 있다.

일단 평판 위협이 평가되고 나면, 위기팀은 추천된 위기 대응 전략을 선택한다. SCCT는 평판 위협이 증가함에 따라 위기팀은 더 적응성이 높은 전략을 사용해야 한다고 가정한다. 피해를 입지 않은 사람들을 대상으로 한 연구에서는 SCCT가 추천한 전략들을 지지하는 결과가 도출되었다(Coombs & Holladay, 1996, 2004). 〈표 8-4〉는 SCCT가 추천하는 위기 대응을 정리해놓은 것이다.

이해관계자들이 위기와 위기 대응 전략을 어떻게 지각하는지 이해하는 것은 중요하다. SCCT는 이해관계자들이 위기 상황과 위기 대응 전략에 어떻게 반응하는지를 고려함으로써 위기 커뮤니케이션에 대해 수용자 중심적인 접근방법을 취한다. 많은 사람이 위기 커뮤니케이션에 대한 통상적인 사례연구 접근방법이 위기 커뮤니케이션 분야의 발전을 제한하고 있다고 생각하는데, SCCT는 그러한 사례연구 접근방법을 훨씬 뛰어넘는 것이다 (Ahluwalia, Burnkrant, & Unnava, 2000; Coombs & Schmidt, 2000).

위기가 야기하는 생명과 재산에 대한 위협으로 인해, 평판에 초점을 맞추는 것이 깊은 생각이 결여된 것으로 보일 수도 있다. SCCT는 위기에서는 사람이 최우선사항이라는 것을 인정한다. 위기관리자는 지시 정보와 적응 정보를 제공한 후에 그들의 초점을 평판에 맞추어야 한다. 평판 보호는 위기 커뮤니케이션의 중요한 한 측면이다. 조직은 많은 돈과 노력을 평판을 쌓는 데 투자한다.

## 2) 공신력과 이전 평판이 위기 대응 전략에 미치는 효과

공신력(credibility)과 이전 평판도 위기 대응 전략 사용에 영향을 미치기 때문에, 위기 대응 전략을 논의할 때 이 두 가지 추가적인 요인도 반드시 고려되어야 한다. 앞에서 언급했듯이, 공신력은 전문성과 신뢰성으로 구성된다. 전문성은 다루어지고 있는 사안에 대한 조직의 지식이다. 전문성 있는 조직은 능숙하고 유능하며 효과적인 것처럼 보일 것이다(Kouzes & Posner, 1993). 신뢰성은 이해관계자에 대한 조직의 호의 혹은 관심이다. 신뢰할 수 있는 조직은 진실되고 윤리적이며 그들의 행동이 이해관계자들에게 어떤 영향을 미칠지를 고려한다(Allen & Caillouet, 1994; Kouzes & Posner, 1993).

비록 직접적으로 언급되지는 않았지만, 공신력은 많은 위기관리 문헌의 근원적인 주제다. 위기 전문가들이 자주 언급하는 두 가지는 조직은 위기 동안 반드시 ① 상황을 통제해야 하며, ② 측은지심을 보여주어야 한다는 것이다(예, Carney & Jorden, 1993; Frank, 1994; Sen & Egelhoff, 1991). 통제와 측은지심이 의미하는 바를 살펴볼 때, 공신력의 전문성 및 신뢰성 측면과 매우 강한 유사점을 발견할 수 있다. 통제는 위기에 대한 정확하고 완전한 정보를 갖는 것을 포함한다(Bergman, 1994; Caruba, 1994; Kempner, 1995). 그와 같은 정보를 가지고 있다는 것은 조직이 위기에 대한 전문가임을 보여준다. 측은지심은 위기에 영향을 받은 사람에게 우려와 세심함을 보여주는 것을 의미하는데(Higbee, 1992; Mitchell, 1986), 이것은 신뢰성과 일치한다. 사람들은 그들에게 가장 관심을 쏟는 것처럼 보이는 조직을 신뢰한다. 따라서 위기 전문가들은 위기를 관리하는 동안 공신력이 중요함을 에둘러 주장했다.

어떤 유형의 위기건 거기에는 항상 대립되는 해석이 존재하기 때문에 신뢰도(believability)는 필수적이다. 이런 이유에서 위기 전문가들은 조직은 반드시 자신의 편에서 본 위기 이야기를 빨리 알려야 한다는 점을 반복해서 강조한다(예, Heath, 1994; Kempner, 1995). 그러나 이 조언에는 한 가지 전제, 즉 이해관계자들이 조직이 하는 말을 믿을 것이라는 전제가 감추어져 있다. 대립하는 위기에 대한 이야기들 가운데 이해관계자들이 어떤 것을 선택하느냐에 위기가 달려 있을 때, 신뢰도는 그 무엇보다 중요하다. 어떤 경우, 이해관계자들이 받아들인 위기 버전이 위기관리 노력의 성공을 결정하고 위기로 인한 피해액에 영향을 미칠 것이다. 문제 제기 및 소문은 대립되는 위기 이야기들의 선택에 의존하는 두 가지 유형의 위기다(Lerbinger, 1997). 문제 제기와 소문을 자세히 살펴보면 위기관리에 공신력이 중요함을 분명히 알 수 있을 것이다.

문제 제기(challenge)는 이해관계자들이 조직의 행동에 의문을 제기할 때 발생한다. 그런 이해관계자들은 조직이 부적절한 방식으로 행동하고 있다고 주장한다. 다른 이해관계자들은 그런 비행(非行) 주장을 받아들여야 할지 아니면 그들의 행동이 적절하다는 조직의 주장을 받아들여야 할지 반드시 결정해야 한다(Lerbinger, 1997). 문제 제기는 모호함이 특징이어서, 양측 모두가 정확하지 않을 수도 있는 이유가 몇 가지 있다. 모호함은 문제제기가 도덕성이나 제품 혹은 서비스 질에 대한 의문에 근거를 두고 있다는 데서 비롯된다. 도덕성 문제 제기는 행동강령과 같은 어떤 도덕적 원칙과 밀접하게 관련되어 있다. 유엔 글로벌 콤팩트(UN Global Compact)[6]가 회사들에게 권고하고 있는 보편적인 사회적 원칙과 환경 원칙이 그와 같은 강령의 예다. 도덕성 문제 제기가 어떤 법이나 규정의 위반을 포함하지는 않는다. 일부 이해관계자들이 생각하기에 조직이 반드시 지켜야 하는 일단의 기준을 위반했다는 것이다. 비인도적인 동물 취급 때문에 모피를 구입하지 않는 것이나 나이지리아 정부의 인권침해로 나이지리아 원유를 구입하지 않는 것이 그러한 예다. 이 세상은 적절한 행동에 대한 상충하는 견해를 가진 다양한 집단으로 구성되어 있기 때문에, 도덕성 문제 제기의 잠재력은 대단히 크다. 도덕성 문제 제기 위기 동안, 이해관계자들은 그들에게 가장 신뢰도가 높거나 공신력이 높은 쪽을 지지한다.

제품이나 서비스의 품질과 관련된 문제 제기는 질을 측정하는 데이터가 해석되는 방식이나 제품이나 서비스 질에 대해 서로 다른 결론을 내리고 있는 대립하는 데이터 세트(data set)로 인해 발생한다. 아우디 5000 급발진 사례는 품질 데이터 해석과 관련될 수 있는 모호성을 보여주는 전형적인 예다. 여러 해 동안, 아우디 5000 운전자들은 갑자기 기어가 걸리면서 차가 내달렸다고 보고했다. 때때로 불행하게도 차가 돌진하는 방향에 사람이 있었던 경우에는 치명적인 결과가 초래되기도 했다. 많은 고객은 그 상

---

6  유엔과 기업 간 협력을 통해 유엔이 추진하고 있는 지속 균형 발전에 기업들의 동참을 장려하고 국제 사회 윤리와 국제 환경을 개선하고자 발의된 유엔 산하 전문기구(역자 주).

황을 품질 문제, 즉 아우디 5000 변속기 설계 결함 문제로 규정했다. 아우디는 아우디 5000의 변속기에 결함이 있음을 보여주는 신뢰할 만한 증거가 없다고 주장했다. 그 대신, 아우디는 그러한 사고를 운전자 탓으로 돌렸다. 어떤 결정적인 증거도 어느 한쪽의 이야기를 지지해주지 않았기 때문에, 그 사건은 사건을 어떻게 해석하느냐에 달려 있었다. 결국 아우디 5000과 관련된 5건의 리콜이 있었지만, 미국 국가교통안전국(NTSB)은 급발진이 운전자 실수라는 아우디의 주장에 동의했다. 몇몇 과학자들은 심지어 NTSB 보고서의 정확성에 의문을 제기하기도 했다(Wathen, 1987).

전 과정에서 아우디는 차에 문제가 없다고 주장했지만, 잠재적인 자동차 구매자를 포함한 이해관계자들은 아우디 고객들의 이야기가 더 신뢰할 만하고 더 공신력 있다고 보았다(Versical, 1987). 아우디 신차 판매가격7과 중고차 판매가격이 곤두박질쳤다. 소송이 제기되었고, 아우디 피해자 네트워크(Audi Victims Network)의 행동은 계속해서 아우디 측에 부정적인 홍보 효과를 초래했다. 아우디는 운전자 실수라는 처음의 발표를 후회하기에 이르렀다. 아우디의 판매 총괄 이사인 제임스 G. 월터(James G. Wolter)는 다음과 같이 말했다. "우리는 그것이 운전자 과실이라고 말하기 시작했다. 만약 우리가 정말 리콜하고 싶은 것이 있다면, 그것은 '운전자 과실'이라는 표현이다"(Wathen, 1987, "NTSA and Audi," para. 5에서 재인용). 정부의 지원에도 불구하고, 아우디는 여론을 얻기 위한 전투에서 패했다. 결국 품질 문제에서 기인한 문제 제기는 이해관계자들이 가장 공신력 있는 이야기를 선택하고 거기에 따라 행동함으로써 해결된다.

소문은 신뢰도가 필수적인 또 다른 유형의 위기다. 소문은 조직에 대한

---

7  미국에서는 새 차도 정가로 거래하는 것이 아니라 자동차 딜러와 흥정(deal)을 통한 가격으로 거래된다(역자 주).

사실이 아닌 말들이 떠돌아다닐 때 발생한다. 2004년 이후, 스타벅스는 스타벅스가 미국군과 영국군을 지지하지 않는다는 소문과 싸워왔다. 해병대 병장인 하워드 C. 라이트(Howard C. Wright)가 그 소문의 진원지였다. 그는 친구들에게 스타벅스가 이라크 전쟁을 지지하지 않는다는 내용의 이메일을 보냈다. 스타벅스는 그에게 연락하여 실제 상황을 설명했다. 그러자 그는 그의 실수를 바로잡은 이메일을 보냈다. 그러나 그 소문은 이미 인터넷을 타고 퍼져나간 뒤였다. 2012년, 스타벅스는 소문이 더 퍼지는 것을 막기 위해 최신 정보를 발표함으로써 다시 한 번 그 소문이 잘못된 것임을 말하고 스타벅스가 적십자사 및 USO[8]와 함께 군대에 커피를 보내는 일을 하고 있음을 강조했다(Starbucks, 2012). 소문 전문가들은 조직이 그 정보가 사실이 아니며 부당하다고 주장함으로써 소문에 즉각적으로 대응할 것을 권고한다(Gross, 1990). 조직의 공신력과 신뢰도의 중요함이 여기서 다시 한 번 강조된다. 소문을 진정시키기 위해서는 조직이 공신력 있는 정보 채널로 인식되어야 한다. 즉, 이해관계자들은 반드시 조직이 정확한 정보원임을 믿을 수 있어야 한다. 조직은 반드시 소문보다 더 공신력이 있어야 한다.

공신력의 이점은 공신력이 조직의 메시지의 신뢰성을 높여준다는 것이다. 조직의 공신력이 높으면 높을수록, 이해관계자들은 조직이 내리는 위기 정의를 믿고 받아들일 가능성, 즉 조직 편의 이야기를 믿을 가능성이 더높다. 호의적인 위기 전 조직-이해관계자 관계의 두 번째 특징은 이해관계자들이 조직을 공신력 있다고 간주하는 것이다.

조직의 평판은 공신력과 겹치는 부분이 있지만 별도의 구성 개념(construct)으로 간주된다. 조직의 이전 평판은 은행 계좌에 비유할 수 있는데,

---

8  United Service Organizations, 즉 미군 위문협회(역자 주).

즉 조직의 은행에는 평판 자본이 들어 있다. 호의적인 평판은 계좌를 키워 가는 반면, 위기는 계좌를 축낸다. 어떤 제한된 상황하에서는 호의적인 평판이 조직을 피해로부터 지켜주는 방패 역할을 할 수 있다(Coombs & Holladay, 2006). 그러나 대부분의 경우 위기는 평판을 손상시켜 평판 자본의 손실을 초래한다.

평판이 좋은 조직의 경우, 이해관계자들은 그 조직에 대한 나쁜 뉴스를 무시하는 것을 볼 수 있는데, 왜냐하면 그들은 좋은 조직이 어떤 나쁜 짓을 한다는 것을 믿을 가능성이 낮기 때문이다. 위기는 좋은 평판에 의해 저지되는 나쁜 뉴스의 형태들 가운데 하나가 될 수 있다. 그런 나쁜 뉴스에 대한 불신은 위기의 초기 단계 동안 조직에 대해 무죄추정을 하게 해주는데, 여기에는 두 가지 장점이 있다. 첫째, 그것은 사람들이 조직에 대해 최악의 상황을 가정하지 않도록 해주는 완충제 역할을 한다. 위기 시 최악의 상황은 조직이 위기에 책임이 있다고 이해관계자들이 믿을 때이다. 계좌에 평판 자본이 많이 쌓여 있는 조직은 위기가 계좌를 축내는 것으로 인한 고통이 더 적다. 둘째, 위기 전 평판이 좋은 조직은 알려져 있지 않거나 사람들이 싫어하는 조직과는 달리 사용할 평판 자본을 가지고 있음을 의미한다.

사람들은 대부분 조직에 대한 최악의 상황은 지체 없이 믿는 반면, 호의적인 평판은 이해관계자들이 조직에 대한 최상의 상황을 믿게 만든다. 결국 이것은 이해관계자들이 위기에 대해 부정적인 결론을 서둘러 내리지 않게 할 것임을 의미한다. 이런 입장은 위기에 대한 사실이 일단 드러나기 시작하면 재평가될 것이다. 호의적인 평판은 또한 위기가 자주 야기하는 부정적인 추측을 막아줄 수도 있다. 부정적인 추측은 위기에 의해 야기되는 정보 공백을 흔히 가득 채우는 비전문가들의 의견을 말한다. 조직은 이러한 정보 공백이 생기는 것을 막기 위해 즉각적으로 대응하는 것이 현명하다. 그러나 위기 동안 부정적인 추측은 사실보다 더 빨리 나타날 수도 있다

(Carney & Jorden, 1993). 부정적인 추측은 조직, 특히 회사에 대한 최악의 상황을 가정하고 싶어 하는 사람의 심리를 파고든다. 호의적인 평판은 부정적인 추측과 최악의 상황을 믿고 싶어 하는 심리를 막아준다. 호의적인 평판은 이해관계자들이 부정적인 추측은 무시하고 조직에 대한 최상의 상황을 믿는 것이 터무니없다는 것이 증명될 때까지 그와 같은 믿음을 갖게끔 할 것이다. 그런 이해관계자들은 위기에 대한 결론을 도출하기 전에 조직 편의 이야기를 듣기를 기다리는 성향이 있다. 조직과 이해관계자 간의 강하고 호의적인 위기 전 관계는 조직을 부당한 평판 손상으로부터 막아주며 또한 조직이 그들 편의 이야기를 더 쉽게 전할 수 있게 해준다.

## 5. 소셜 미디어 고려사항

우리가 위기 대응을 고려할 때, 늘어나고 있는 소셜 미디어 채널로 인해 위기 대응을 전하는 데 사용되는 채널이 더 복잡해지고 있다. 위기 대응을 이해관계자들에게 전하기 위해 위기관리자는 역사적으로 뉴스 미디어, 광고(주로 신문), 웹사이트를 사용해왔다. 보도자료와 기자회견은 조직 편에서 본 위기(위기 대응)가 뉴스로 보도되게 하기 위한 것이다. 뉴스 미디어는 종종 뉴스에 영향을 미치려는 이러한 노력을 무시한다(Holladay, 2009). 광고와 웹사이트에서는 위기관리자가 위기 대응을 직접 말할 수 있다. 신문은 이해관계자들에게 사과를 전하는 채널로 자주 사용되어왔다. 발데즈 위기 동안 엑손 그리고 2010년 프라이버시 위기 동안 페이스북 CEO가 신문을 통해 사과한 바 있다. 웹사이트의 경우는 보도자료나 특별 메시지 형태로 위기 대응을 게시할 수 있다. 2006년, 대장균 감염으로 인한 위기가 발생하자 타코 존스(Taco John's)는 회사 웹사이트에 위기 대응 메시지를 게시했다. 웹사이트가 위기 대응 전달 체계의 일부가 될 거라는 기대가 서서히 커지고 있다(Caldiero, Taylor, & Ungureanu, 2010; Taylor & Kent, 2007). 종합하면 우리는 뉴스 미디어, 광고, 웹사이트를 전통적인 위기 커뮤니케이션 채널이라 부를 수 있다.

더 많아진 옵션뿐만 아니라 소셜 미디어를 사용하라는 '전문가들'의 압박 때문에, 위기 대응 전달 채널 결정은 오늘날 더 복잡해졌다. 소셜 미디어는 그러한 채널들 가운데 하나며, 위기 속성, 표적 이해관계자, 위기 대응 메시지를 포함한 위기 상황에 따라 사용하기 더 적절한 채널이 있다는 점을 기억할 필요가 있다. 4장에서 언급했듯이, 메시지 지도 만들기(mapping)에는 위기 메시지를 전달하기에 가장 효과적인 채널을 고려하는 것도 포함된다. 만약 표적 이해관계자들이 소셜 미디어를 사용할 가능성이 없다면, 그것은 유용한 옵션이 아니다. 그러나 만약 위기가 소셜 미디어에서 발생하고 있다면, 소셜 미디어는 그러한 채널 가운데 하나여야 한다. 소셜 미디어를 전략적으로 적용하기 위해서는 위기 상황의 요구와 특정 소셜 미디어 채널이 기여할 수 있는 점을 잘 조정해야 한다.

소셜 미디어를 사용할 때 고려할 한 가지 중요한 위기 측면은 누가 위험에 빠져 있는가 하는 것이다. 위기는 이해관계자와 조직을 위험에 빠트릴 수 있다. 그러나 위기는 이해관계자의 위험에 초점을 맞추는 것과 조직의 위험에 초점을 맞추는 것으로 구분할 수 있다. 앞에서 언급한 것처럼, 이해관계자의 안전은 위기에서 최우선순위를 차지한다. 자연재해, 제품 형질 변경, 직장 폭력, 제품 피해, 사고, 이 모든 것은 이해관계자들 사이로 퍼져나갈 수 있는 위험을 야기한다. 각각의 위기에는 이해관계자들의 피해를 막는 데 도움을 줄 수 있는 특정한 지시 정보가 존재한다. 조직은 이해관계자들이 그러한 위험과 필요한 보호 조치를 알아차리게 할 필요가 있다. 예를 들면, 소비자들은 어떤 땅콩버터에 살모넬라가 들어 있는지 그리고 만약 그들이 땅콩버터를 가지고 있다면 어떻게 해야 하는지에 대해 알 필요가 있다. 위기를 자각하게 되면 이해관계자들은 당연히 위기 관련 정보를 찾기 시작할 것이다. CPSC가 소셜 미디어를 사용해 지시 정보를 전달했던 이전의 예가 이러한 점을 잘 보여준다. 완벽한 예로는 2009년 샌디에이고(San Diego) 산불과 H1N1 독감 발병과 같은 자연재해가 발생했을 때 트위터를 사용한 경우다. 미국 질병통제센터(CDC: Centers for Disease Control)는 뉴스 미디어가 H1N1 위험에 대한 관심을 일깨우자 그들의 트위터 팔로어들이 수천 명에서 수십만 명으로 늘어난 사실을 확인했다.

소셜 미디어는 수용자 주도적 미디어다. 사람들은 사이트를 방문하거나 정보에 접근하기 위해 팔로어가 되어야 한다. 오늘날 소셜 미디어는 사람들이 위기 위험으로부터 자신을 보호하는 방법과 같은 정보가 필요할 때 자연스럽게 사용하는 검색 도구다. 이해관계자들에게 미치는 위험이 강조될 때, 마이크로블로그, 블로그, 내용물 공동체 커뮤니티, 토론방, 소셜 네트워킹 사이트는 지시 정보(위기 대응의 일부)를 제공하기에 알맞은 장소다. 여기서는 경고 문구가 중요하다. 소셜 미디어는 상호작용에 대한 기대를 불러일으킬 수 있다. 위기관리자는 일단 이해관계자들이 조직의 위기 대응에 접근한 후 제기할 수도 있는 추가적인 정보 요청을 처리할 수 있는 자원을 가지고 있어야 한다. 만약 위기팀이 소셜 미디어가 제기하는 정보 요청을 들어주지 못한다면, 소셜 미디어는 공개적이고 투명하게 보이는 위기관리자의 능력에 큰 부담을 지울 수 있다. 소셜 미디어는 또한 위기에 대해 다양한 목소리가 제시될 가능성을 높여준다.

조직을 대신해 내는 다양한 사람들의 목소리가 일치된다고 하더라도, 위기에 대해 다양한 목소리를 내는 다른 사람이나 다른 집단은 여전히 존재한다(Frandsen & Johansen, 2010b). 앞에서 언급한 것처럼, 정부 관리는 위기 시 흔히 볼 수 있는 추가적인 목소리를 내는 집단이다. 소셜 미디어는 위기 시 추가적인 목소리가 나올 가능성과 추가적인 목소리의 수를 증가시킨다. 위기 시 이러한 다른 목소리들의 존재는 장단점을 가지고 있다. 헌신적인 고객과 같이 조직을 지지하는 이해관계자들은 위기 시 조직을 돕기위해 찾아올 수도 있다. 이러한 지지적인 이해관계자들은 조직을 칭찬하거나 조직이 제시하는 핵심 위기 메시지를 그대로 게시할 수도 있을 것이다. 페이스북상의 카니발 팬들은 카니발 트라이엄프호 화재 위기 동안 매우 지지적이었다. 위기에 대해 내는 목소리들은 인터넷상에 긍정적인 메아리를 울릴 수도 있을 것이다. 단점은 이해관계자들이 부정적인 메시지를 게시할 수도 있다는 점이다. 여기에는 위기 동안 겪은 부정적인 경험에 대해 이야기하는 피해자와 어떤 이유에서 조직을 싫어하는 다른 이해관계자들이 포함될 수 있다.

위기 동안 소셜 미디어 모니터링은 필수적이다. 위기팀은 이야기되고있는 내용, 댓글의 호의도(호의적 혹은 비호의적), 위기 동안 다루어지고 있는 지배적인 토픽을 모니터할 필요가 있다. 아마존(Amazon)이 그들의 킨들(Kindle) 네트워크에서 승인되지 않은 조지 오웰(George Orwell)의 소설을 갑자기 없앤 것을 둘러싸고 위기가 발생했을 때, 소셜 미디어상의 댓글은 사람들이 아마존의 초기 대응을 호의적으로 받아들이지 않고 있다는 것과 그러한 대응을 싫어하는 이유를 보여주었다. 아마존은 그들의 위기 메시지를 조정하고 대부분의 이해관계자들이 받아들이는 메시지를 작성할수 있었다(Coombs & Holladay, 2012a).

소문과 문제 제기 위기는 조직의 위험을 강조하는 위기들이다. 이 둘 가운데 어느 것도 공중의 안전에 진정한 위험을 가져다주지는 않는다. 조직은의 관행에 대한 소문이나 문제 제기에 의해 야기되는 피해 때문에 조직이 위험에 처한다. 소셜 미디어로 인해 소문은 더 쉽게 퍼져나가고 이해관계자들은 조직에 더 쉽게 문제 제기를 할 수 있다. 3장에서 소셜 미디어가 어떻게 팸퍼스의 위험을 둘러싼 소문이 퍼져나가게 만들었는지 주목하라. 미국 가족협회(American Family Association)는 포드 모터 컴퍼니(Ford Motor Company)가 동성 파트너 수당 지급을 중단하고 게이(gay) 미디어를 통해 마케팅하는 것을 중단시키기(포드의 관행에 대한 문제 제기) 위해 소셜 미디어를 사용한다. 이해관계자들은 소셜 미디어를 통해 소문과 문제 제기 위기를 불러일으킬 수 있다. 위기관리자는 그러한 행동이 이루어지고 있는 곳에 있어야 하며 그리고 위기가 시작된 소셜 미디어에서 대응하고, 대응 메시지를 관련된 소셜 미디어로 확대하며, 웹사이트를 추가적인 정보의 저장소로 사용해야 한다. 4장에서 우리는 그린피스가 여러 소셜 미디어 소스를 통해 네슬레의 팜유 대외 구매에 문제를 제기한 것에 대해 논의한 바 있다. 그린피스는 무책임한 팜유 생산은 오랑우탄의 서식지를 파괴한다고 주장했다. 올리 더 오랑우탄(Ollie the Orangutan)은 페이스북 페이지를 만들고 페이스북 사용자들에게 이 페이지가 네슬레의 페이지보다 더 유명하게 만들어달라고 요청했다. 화난 이해관계자들은 네슬레의 페이스북 페이지를 해킹해 네슬레의 팜유 대외 구매에 대한 비판과 비난 글을 게시했다. 위기관리 논평 전문가들은 네슬레가 그들의 페이스북 페이지를 그들의 대응의 일부로 사용하지 않았음을 지적했다(Leonard, 2010). 반대로 팸퍼스는 그들의 페이스북 페이지에서 비판하는 사람들과 맞서 싸움으로써 그것을 소문에 맞서 싸우는 또 하나의 기회로 활용했다. 위기관리자는 반드시 이해관계자들과의 잠재적인 상호작용을 소문이 틀렸음을 밝히고 문제 제기에 대해 그들 입장의 주장을 제기할 수 있는 기회로 삼아야 한다.

조직의 잘못(조직의 비행)으로 인한 위기 역시 독특한 요구를 만들어낸다. 만약 조직에 잘못이 있다면, 이해관계자들은 어떤 종류의 재건(rebuilding)을 기대한다. 재건은 일종의 속죄며 완전한 사과, 어떤 형식의 보상, 혹은 이 둘 모두를 포함할 수 있다. 효과적일 수 있는 기회를 살리기 위해 조

## 케어프리 크루즈 라인 III

24시간이 지나서야 조난 보고가 이탈리아 해안 가까이에 있는 당신의 하위 브랜드(sub-brand) 회사 소속의 배에서 들어온다. 전통적인 미디어와 온라인 미디어에서 침몰에 대한 집중적인 보도가 계속된다. 미디어 논평에서 안전이 핵심 주제로 떠오르고 있다. 선장의 대피 지시가 너무 늦었으며 승객을 위한 안전 훈련이 크루즈 여행 첫째 날에서 둘째 날로 연기되었다고 보도되고 있다. 그 배는 크루즈 여행 첫째 날 밤에 침몰했는데, 이는 승객이 배에서 빠져나오는 법에 대한 정보가 거의 없었음을 의미한다. 뉴스 미디어와 온라인에 글을 올리는 사람들(이들 가운데 많은 사람은 정기적으로 크루즈 여행을 하는 사람임)은 이번 사건에서 그 배의 안전 노력에 대해 매우 비판적이다. 그들의 댓글은 이 하위 브랜드 회사만이 아니라 당신 회사 전체 선박의 안전에 의문을 제기하고 있다. 급기야 댓글들은 전체 크루즈 산업의 안전을 문제 삼고 있다. 당신의 페이스북 페이지에는 긍정적인 점도 있다: 당신의 위기 노력에 대해 의견을 제시하는 사람들의 절대다수가 지지적이다. 많은 사람이 이전 크루즈 여행에서는 안전함을 느꼈다고 전하고 있고 당신의 승무원들이 크루즈선 선상 안전에 대해 매우 신경 쓰고 있는 것 같다고 지적한다.

• 당신의 위기 커뮤니케이션 메시지가 안전에 새롭게 초점을 맞추기 위해서는 어떤 조정이 필요할 수도 있다고 보는가?
• 페이스북상의 긍정적인 댓글이 위기 동안 당신의 조직에 어떤 도움이 될 수도 있다고 보는가?
• 크루즈산업협회는 왜 이 위기에 관련되어 있으며 이것이 당신 회사에 어떠한 도움을 준다고 보는가?

---

직은 반드시 그들이 속죄한다는 것을 이해관계자들에게 알려야 한다. 그래서 위기관리자는 모든 소셜 미디어를 마음대로 활용할 수 있어야 한다. 위기가 발생하기 전부터 이미 사용해온 소셜 미디어가 있다면 조직은 그곳을 통해 위기 대응을 해야 한다. 위기 발생 전부터 사용해온 소셜 미디어가 없다 하더라도, 유튜브와 같은 콘텐트 사이트와 토론방이 사용될 수 있을 것이다. 콘텐트 사이트와 토론방은 마이크로블로그, 블로그, 소셜 네트워킹 사이트처럼 팔로어와 콘텐트를 구축해야 할 필요가 없다. 속죄 위기 대응은 그들의 안전과 관련이 없고 따라서 본질적으로 매력적이지 않기 때문에, 오직 동기 부여가 가장 강한 이해관계자들만이 그러한 대응을 찾아낼

것이다. 그러나 적은 비용으로 더 많은 사람에게 도달할 수 있는 기회가 무시되어서는 안 된다. 다시 한 번 말하자면, 조직은 상호작용 기대에 대처하고 상호작용에 대처할 수 있는 잠재력을 활용할 수 있는 준비를 하고 있어야 할지도 모른다.

## 6. 후속 커뮤니케이션

초기 대응에 대한 강조에도 불구하고, 이해관계자들과의 후속적인 커뮤니케이션에 대한 필요성을 간과하기 쉽다. 위기 커뮤니케이션은 위기의 전 라이프 사이클 동안 계속되어야 한다. 위기팀은 반드시 이해관계자들과 연락을 유지해야 한다. 초기 대응에서는 대중 매체가 강조되지만, 후속 커뮤니케이션은 개별 이해관계자를 더 잘 겨냥할 수 있다. 더 잘 겨냥한다는 것은 특정 이해관계자들에게 도달하는 데 가장 적합한 채널을 사용하고 메시지도 그들의 필요에 맞게 맞춤화함을 의미한다(Carney & Jorden, 1993; Clampitt, 1991; Fombrun & Shanley, 1990). 예를 들어, 주요 투자자들은 뉴스를 보고 위기가 발생했다는 걸 알 수도 있다. 투자자들에 대한 후속 커뮤니케이션은 그들의 주된 관심사(위기가 재정에 미치는 영향)에 초점을 맞추며 전화나 투자자 관계 부서가 특별히 만든 업데이트 인쇄물을 사용할 것이다. 위기 지식 지도 명부의 외부 이해관계자 네트워크는 이 시점에서 유용하다. 7장에서 언급했듯이, 외부 이해관계자 네트워크에는 반드시 필요한 연락 정보와 이해관계자들이 선호하는 연락 채널이 담겨 있을 것이다.

후속 커뮤니케이션에는 새로운 질문에 대답하는 것 외에도 약속했던 정보를 전달하는 것과 이해관계자들에게 새로운 상황을 알려주는 것도 포함된다. 앞에서 언급했듯이, 위기관리자가 이해관계자들의 질문에 대한 답을 가지고 있지 않아 답을 아는 대로 최대한 빨리 전달하겠다고 약속하는 것이 최선일 때가 있다(Stewart & Cash, 1997). 위기팀이 이러한 약속을 지키는 것은 매우 중요하다. 비록 정보를 찾지 못했다고 말할 수밖에 없다 하더라도, 위기팀은 반드시 이해관계자들에게 보고해야 한다. 공신력과 조직의 평판은 언행일치를 기반으로 한다(Herbig, Milewicz, & Golden, 1994). 위기관리자는 말로써 약속을 하고 행동으로써 그러한 약속을 이행한다. 위기관리자가 정보 제공 약속을 이행하지 않을 때, 조직은 공신력을 잃고 조직과 이해관계자 간의 관계는 나빠진다.

조직은 업데이트를 통해 이해관계자들에게 위기관리 노력의 진행 상황을 알려준다. 네 가지 정보가 업데이트에 매우 중요하다. 첫째, 이해관계자들에게 회복 노력이 어떻게 진행되고 있는지 알려줘라. 둘째, 만약 위기의 원인이 최초 메시지를 내보내는 시점에 밝혀지지 않았다면, 그러한 원인이 밝혀지는 대로 바로 발표하라. 셋째, 위기가 반복되는 것을 막기 위해 취한 조치가 있다면, 이해관계자들에게 그러한 조치로 인한 변화가 언제 이행될 것인지를 포함해 그러한 조치를 알려줘라. 넷째, 당신이 제3자로부터 지원을 받고 있다면, 그러한 사실을 이해관계자들에게 알려라. 제3자의 지원은 외부 집단이 당신의 위기관리 노력을 칭찬하고 있거나 그 상황에 대한 당신의 평가에 동의함을 의미한다. 뉴스 미디어에서 유명 위기 전문가가 위기관리 노력에 대해 긍정적인 논평을 하거나 조직이 주장하는 위기 원인이 정확하다고 정부가 말하는 경우가 그러한 예다. 이러한 네 가지 종류의 정보를 제공하는 것은 조직의 공신력을 쌓아준다. 앞의 세 가지 정보는 조직이 상황을 통제하고 있다는 인식을 강화해주는 한편, 마지막 정보는 외부 전문가의 지지로 인해 조직의 공신력을 더욱 높여준다. 소셜 미디어는 후속 정보를 제공할 수 있는 자연스러운 채널이다. 만약 이해관계자들이 소셜 미디어를 통해 위기를 추적하고 있다면, 위기관리자가 업데이트를 게시하는 것이 아주 쉽다. 소셜 미디어는 상호작용을 촉진하기 위해 만들어졌기 때문에, 정보를 업데이트하는 것은 간단한 일이다.

후속 커뮤니케이션에 대해 마지막으로 지적해야 할 사항이 세 가지 더 있다. 첫째, 대변인과 위기팀은 위기 내내 계속해서 문의사항을 처리하고 그것에 대응해야 한다. 위기팀은 반드시 모든 문의사항을 추적하고 그것에 답변해야 한다. 둘째, 대변인은 후속 커뮤니케이션에서 계속해서 측은지심을 표현해야 한다. 후속 메시지에서 피해자들을 놓치는 것은 초기의 우려에 대해 의심을 품게 할 수 있다. 조직이 뉴스 미디어에서 우려하는 티만 냈던 것인가? 조직의 측은지심은 진정한 것이어야 하며 후속 커뮤니케이션에 말과 행동 모두를 통해 그것이 반영되어야 한다(Bergman, 1994; Mitchell, 1986). 만약 피해자에 대한 지원을 약속했다면, 그것이 확실히 이루어지게 하라. 셋째, 직원 지원 프로그램은 정신적 충격이 큰 사건에 대한 부정적인 반응을 계속해서 모니터하고 처리해야 한다. 한 번 더 말하지만, 위기 커뮤니케이션을 추적하는 것은 매우 중요하다. 위기팀은 이해관계자 관계 워크시트에 어떤 후속 조치를 약속했는지 기록해야 할 것이다. 또다시 공신력은 조직의 언행일치를 토대로 한다는 점을 잊어서는 안 된다.

## 7. 결론

위기 대응 단계에서 취하는 조치는 위기 인지 단계에서 수집된 정보와 지식에 영향을 받는다. 위기팀은 피해를 방지하고 업무를 가능한 한 빨리 평상시 수준으로 되돌리고자 한다. 커뮤니케이션은 위기 지속 기간을 줄이는 데 매우 중요한데, 왜냐하면 그것은 초기 대응, 평판 관리, 이해관계자들에게 알리기, 후속 정보 제공하기의 핵심이기 때문이다. 초기 대응을 통해 위기팀은 조직 통제의 의미를 재정립하고 피해자에 대한 측은지심을 표시할 수 있다. 위기를 조기에 통제하는 것은 소문과 추측이 불필요하게 위기 피해를 심화시키는 것을 막아준다. 더욱이 조직이 이해관계자들과의 커뮤니케이션 채널을 열어놓는 동안, 대응은 빨리 그리고 일관되게 이루어져야 한다.

위기 커뮤니케이션은 위기와 관련된 평판 손상을 방지하는 데 이상적이다. 위기 대응 전략은 이해관계자들이 위기와 위기에 처한 조직을 지각하는 방식에 영향을 미친다. 그뿐만 아니라 위기 자체가 효과적으로 사용될 수 있는 전략의 유형을 제한한다. 위기관리자는 특정한 위기 상황에 가장 잘 맞는 전략을 선택해야 한다. SCCT는 위기관리자가 주어진 위기 상황에서 평판 자산을 보호하는 데 가장 효과적인 대응을 선택하도록 도움을 줄 수 있는 지침을 제공하는데, 이것은 지침이지 절대적인 규칙은 아니다. 업무 연속성 계획은 위기 동안 조직이 기능하고 더 빨리 업무가 평상시 수준을 회복할 수 있게 해준다. 위기관리자는 반드시 관련 이해관계자들에게 업무 연속성 계획이 이해관계자와 조직 간의 상호작용에 어떻게 영향을 미칠지 알려주어야 한다. 위기관리자는 초기 대응 외에도 이전에 약속한 정보와 위기관리 노력 진척 상황에 대한 업데이트를 포함한 후속 정보를 이해관계자들에게 반드시 전달해야 한다. 계속 진행되는 조직-이해관계자 간

### 위기 리더십 역량: 효과적으로 커뮤니케이션하기와 관점 수용

커뮤니케이션은 어떤 지도자에게도 필수적이며, 위기 리더십의 경우도 다르지 않다. 제임스와 우튼(2010)에 따르면, 위기 지도자는 기꺼이 커뮤니케이션할 필요가 있으며, 효과적인 커뮤니케이션을 하기 위해서는 지각을 형성할 수 있는 능력(위기 커뮤니케이션의 두 가지 핵심 기능 가운데 하나)이 필요하다. 이 장의 초점은 위기에 처한 조직이 지각을 형성하는 방법에 맞추어졌다. 형식에 대한 권고사항과 내용에 대한 권고사항 모두 위기 지도자가 어떻게 효과적으로 지각을 형성할 수 있는가에 대한 통찰력을 제공한다.

효과적인 위기 커뮤니케이션의 필수요소는 관점 수용이다. 관점 수용(perspective taking)이란 사물을 다른 사람의 관점에서 볼 수 있는 능력을 말한다. 위기의 경우, 관점 수용은 이해관계자들, 특히 위기 피해자의 관점을 고려할 수 있는 위기관리자의 능력이다. 윤리에 기반을 둔 대응과 수용적 위기 대응 전략을 사용하는 위기관리자는 피해자와 다른 이해관계자들을 이해하고 감정이입을 할 수 있어야 한다. 심리적 안심 및 회복 전략들은 감정이입적 대응이다. 감정이입 능력이 부족한 위기관리자는 효과적인 위기 커뮤니케이터가 되기 힘들 것이다.

대화는 위기관리 과정 내내 계속된다.

조직과 이해관계자 간의 정기적인 쌍방향 커뮤니케이션은 호의적인 조직-이해관계자 간 관계의 활력소다. 그들 간의 대화는 좋은 시기에도 그리고 어려운 시기에도 반드시 유지되어야 한다. 위기는 어려운 시기에 속한다. 이해관계자들과의 커뮤니케이션의 중요성을 기억하는 것은 위기관리 팀이 위기를 방지하고 위기로부터 회복하고자 하는 노력에 도움이 된다.

### 토론문제

1. 위기 동안 완전한 사과를 사용하는 것의 장단점은 무엇인가? 당신은 부분적인 사과가 어떤 진정한 가치를 지니고 있다고 생각하는가? 그렇다고 생각하는 이유는? 혹은 그렇지 않다고 생각하는 이유는?

2. 위기관리자로서 당신은 어떻게 위기 전에 지시 정보와 적응 정보를 사용할 준비를 할 수 있는가?

3. 귀인 이론은 위기 커뮤니케이션에 왜 그렇게 잘 맞는 것처럼 보이는가?

4. 〈표 8-3〉에 당신이 추가할 다른 위기 유형은 무엇인가?

5. 위기 동안 전략은 왜 중요한가? 전략을 수립할 시간은 있는가?

6. 어떤 요인이 이중 위기를 일으킬 수 있는가?

모든 위기는 언젠가는 끝난다. 위기의 즉각적인 영향은 사라지며, 조직은 평상시 업무로 돌아간다. 그러나 위기관리자는 위기가 끝난다고 해서 그들의 일도 끝난다고 생각해서는 안 된다. 첫째, 위기관리자들이 그들의 노력을 평가하는 것은 대단히 중요하다. 조직은 평가를 통해 그들의 위기관리를 향상하는 것을 배운다. 둘째, 위기는 해결된 후에도 여전히 모니터되어야 한다. 모니터링은 계속되는 조사 협력이나 이해관계자들에게 필요한 업데이트된 정보 제공을 필요로 할 수도 있을 것이다.

이 장은 위기관리 학습에서 평가가 하는 역할을 살펴보는 것으로 시작한다. 평가 노력은 이전의 위기관리 단계들과 다시 연결되기 때문에, 계속 진행되는 위기관리의 속성을 반영한다. 평가는 향상에 이르는 열쇠다. 위기관리 과정을 향상하는 한 가지 방법은 위기 동안 조직이 잘한 것이나 잘못한 것을 아는 것이다. 우리는 평가를 통해 위기관리의 교훈으로 다루어져야 할 통찰력을 얻을 수 있다. 교훈은 기억되어야 하기 때문에, 평가에 대해 살펴본 후 기관 기억(institutional memory) 혹은 조직 기억(organizational memory)이라는 개념에 대해 논의한다. 이 장은 위기관리자가 수행해야 할 수도 있는 후속활동과 위기 후 조치가 어떻게 자연스럽게 위기 대비로 돌아가는지에 대해 살펴보는 것으로 마무리된다.


# 1. 위기 평가

실제 위기는 "엄청난 학습 기회다"(Pauchant & Mitroff, 1992: 158). 학습은 위기관리 노력의 평가를 통해 뚜렷이 구별되는 두 가지 방식으로 이루어진다. 첫째, 위기관리 계획(CMP)과 계획 실행의 효능(efficacy)을 조사하면서 조직이 위기를 어떻게 처리했는지가, 즉 조직의 위기관리 실행(performance)이 평가된다(Barton, 2001). 위기팀은 실행의 모든 단계를 세심하게 조사한다. 둘째, 위기의 영향이 평가되는데, 위기가 야기한 실제 피해에 대한 심사가 이루어진다(Sen & Egelhoff, 1991). 이 두 유형의 평가는 서로 자연스럽게 연결된다. 만약 위기관리 노력이 효과를 발휘했다면, 실제 위기 피해는 예상 위기 피해보다 적어야 한다. 따라서 피해 평가는 위기관리의 성공 혹은 실패를 보여주는 실재적인 지표다.

## 1) 위기관리 실행 평가

위기관리 실행은 대체로 CMP의 질과 CMP가 효과를 발휘하게 할 수 있는 위기팀의 능력의 함수다. 실패는 효과적이지 않은 CMP, 형편없는 CMP 실행, 혹은 이 둘 다에서 비롯될 수 있다(Mitroff, Harrington, & Gai, 1996). 만약 조직이 실패나 성공으로부터 배우고자 한다면, 실패나 성공의 원천을 반드시 이해해야 한다. 만약 조직이 그들이 잘했는지 못했는지 알지 못한다면 무슨 교훈을 얻을 수 있겠는가? 더욱이 위기관리 실행을 촉진하거나 방해할 수 있는 특정한 구조적 특징(예, 기술, 하부구조)이 존재한다(Mitroff,

Harrington, & Gai, 1996). 위기관리 실행의 강점과 약점을 알아내기 위해 위기관리 실행의 모든 국면이 반드시 평가되어야 한다.

### (1) 데이터 수집

어떤 평가 과정이든 평가의 첫 번째 단계는 데이터 수집이다. 평가 데이터는 위기 기록, 이해관계자들의 피드백, 조직의 성과 측정치, 인터넷 댓글, 미디어 보도를 통해 수집된다. 다양한 위기 기록에는 통지 과정, 정보 수집 및 처리, 이해관계자들의 문의 접수 및 답변, 조직이 보낸 위기 관련 메시지, 위기관리팀(CMT)이 내린 결정과 취한 조치와 같은 매우 중요한 정보가 기록되어 있다. 위기 기록의 1차적인 원천은 사건 보고 시트, CMT 전략 워크시트, 이해관계자 연락 워크시트, 정보 일지 시트다. 위기 기록은 CMT가 저지른 눈에 띌 만한 실수가 있었는지를 밝히기 위해 검토되어야 한다. 예를 들면, 중요한 정보가 처리되지 않았는지, 이해관계자의 문의가 무시되지는 않았는지, 혹은 이해관계자들에게 부적절한 메시지가 전달되지는 않았는지 검토되어야 한다. 다시 한 번 말하지만, 위기 후 분석에 사용될 서류 작업을 마무리하는 데는 위기 동안의 행정적 도움이 필수다.

직원과 외부 이해관계자를 포함해 위기에 관련된 모든 이해관계자 집단에게 피드백 요청을 할 수 있다. 피드백은 구조화된 설문조사, 인터뷰, 혹은 초점집단(focus group)을 통해 수집될 수 있다. 간단한 설문조사가 가장 효과적인 방법으로 보인다. 설문조사는 이해관계자들에게 소요되는 시간을 최소화해준다. 그와 같은 설문조사의 전형적인 질문에는 위기에서 그 사람이 한 역할, 통지에 대한 만족도 및 통지를 향상하기 위한 방법, 위기관리 실행의 구체적인 장단점에 대한 의견, CMP를 향상하기 위한 제안 등이 포함될 수 있다(Baron, 2001). 위기팀원, 직원, 외부 이해관계자별로 각기 다른 평가 유형이 요구되는데, 왜냐하면 이 세 집단은 위기관리 과정에 각기 달리 관련되어 있기 때문이다. 분명 외부 이해관계자의 협조를 얻는 것이 더 어렵긴 하지만, 위기관리 실행에 대한 전체적인 그림을 제공해줄 데이터를 모으기 위해 모든 노력을 기울여야 한다. 미디어 보도와 인터넷 댓글은 이해관계자들의 피드백을 알 수 있는 또 다른 방법이다. CMT는 이런 유형의 정보도 수집해야 한다. CMT는 독립적인 컨설팅 회사를 고용해서 위기관리 실행 데이터를 수집할 수도 있다.

점차 커지고 있는 인터넷 커뮤니케이션의 중요성을 감안할 때, 우리는 4장에서 논의한 바 있는 소셜 미디어 모니터링으로 재빨리 되돌아가야 한다. 관리자는 구글 얼러츠, 유니라이저, 트렌드스포터, 혹은 소셜 멘션(Social Mention)과 같은 무료 서비스를 사용하여 그들 자신의 온라인 메시지를 수집할 수 있다. 다른 옵션은 컬렉티브 인터렉트, 시소모스, 어텐시티, 크림슨 핵사곤, 스파이럴 16, 훗스위트(hootsuite), 트래커(Trackur), 바이럴 히트(Viral Heat) 같은 온라인 메시지 추적을 제공하는 많은 회사 가운데 하나에 비용을 지불하는 것이다. 보커스(Vocus)와 같은 회사는 전통적인 뉴스 미디어 보도를 수집해서 그것을 소셜 미디어 데이터와 통합한다. 바이럴 히트와 같은 많은 온라인 모니터링 회사는 그들이 위기 커뮤니케이션에 유용하다고 말한다. 트래커는 심지어 크라이시스실드(CrisisShield)라는 위기 보험을 제공하기도 한다(Beal, 2013). 인터넷은 빨리 변하기 때문에, 이런 서비스나 회사는 당신이 이 책을 읽고 있을 때는 이미 존재하지 않을 수도 있다. 요점은 조직이 위기 커뮤니케이션과 위기관리 노력에 대한 평가에 도움을 주는 데이터를 수집하기 위해 그들 스스로 온라인 모니터링을 수행하거나 서비스를 제공하는 회사에 돈을 지불할 수 있다는 것이다.

## (2) 위기관리 실행 데이터 정리와 분석

일단 데이터가 수집되었으면, 분석을 위해 데이터를 정리해야 한다. 평가의 위험은 구체적인 분석을 하지 않는 것이다. 위기관리의 경우, 전반적으로 '좋다'거나 혹은 '나쁘다'는 실행 평가를 내리는 것은 지나치게 일반적일 것이다. 구체성이 유용한 평가의 핵심이다. 잘된 점과 잘못된 점을 구체적으로 언급하라. 그러한 구체성은 조직 평가자에게 어떤 변화가 필요한지 그리고 어떤 것이 유지되어야 하는지를 말해준다. 미트로프, 해링턴 및 가이 (I. I. Mitroff, K. Harrington, & E. Gai, 1996)는 위기 평가 데이터를 정리하고 분석하는 데 필요한 많은 유용한 제안을 하고 있다. 그들은 네 가지 주요 위기 변인, 즉 위기 유형, 위기 단계, 체계, 이해관계자를 사용할 것을 제안한다. 이러한 변인들은 평가 데이터를 식별할 수 있는 작은 단위로 나눠준다. 데이터가 작은 단위로 나눠질 때, 위기관리자는 강점과 약점을 더 정확하게 살펴볼 수 있다. 구체적인 위기 변인을 적용해보면, 미트로프와 동료들의 접근방법이 지니고 있는 가치는 더 분명해진다.

조직은 서로 다른 많은 유형의 위기에 직면한다. 위기팀은 이 모든 위기를 똑같이 잘 다루지 못할 수도 있다. 위기관리자는 위기 유형에 따라 달리 나타나는 강점과 약점의 패턴이 있는지 확인하기 위해 각각 다른 위기 유형을 대상으로 한 평가들을 비교해야 한다(Mitroff, Harrington, & Gai, 1996; Pearson & Mitroff, 1993). 평가를 위기 유형별로 분류함으로써 분석의 한 형태인 교차 비교(cross-comparison)가 가능하다.

앞에서 논의한 것처럼, 위기는 뚜렷이 구별되는 단계들을 거쳐간다. 위기관리는 각각의 하부 단계를 가지고 있는 세 단계를 중심으로 체계화된다. 위기팀은 어떤 단계와 어떤 하부 단계는 잘 관리하지만 또 어떤 단계와 어떤 하부 단계는 잘 관리하지 못할 수도 있다. 예를 들면, 위기팀이 정보를 찾는 데는 능숙하지만 조직의 위기 대응을 말로 분명하게 표현하는 데는 문제가 있을 수도 있다. 위기 평가 데이터를 위기 단계 및 하부 단계별로 나누는 것은 위기팀이나 CMP(혹은 둘 다)가 전체 주기 가운데 어떤 특정한 부분이 약한지를 파악하는 데 도움을 줄 수 있다. 위기팀은 그 부분과 연관된 기술에 공을 기울일 수 있으며, CMP는 그것에 대한 대비를 향상할 수 있도록 수정될 수 있을 것이다. 평가 데이터를 단계 및 하부 단계로 나눠서 분석해야만 이런 특정한 유형의 강점과 약점을 밝혀낼 수 있다.

체계에는 기술, 인적 요인, 하부구조, 문화, 정서와 신념이 포함된다. 기술 체계는 회사의 업무를 체계화하며 구체적인 직무를 완료하는 데 필요한 도구 및 자료와 더불어 그러한 구체적인 직무를 포함할 것이다. 평가자는 "CMT는 위기관리에 대한 기술 체계의 지원 부족으로 인해 방해를 받았는가?"라고 물을 수도 있을 것이다. 인적 요인 체계는 사람과 기술을 통합한 것이다. 그것은 사람과 기술 간의 적합도를 살펴본다. 평가자는 "위기관리 문제는 사람과 기술 간의 부조화로 인해 발생한 것인가?"라고 물어볼 수도 있을 것이다.

하부구조란 위기관리팀과 조직의 기능과의 연관성을 일컫는다. 상설 CMT가 존재해야 하며 CMT가 조직의 운영에 통합되어야 한다. 일부 조직은 위기 커뮤니케이션의 흐름을 체계화하고 촉진하기 위해 만들어진 소프트웨어를 사용할 수도 있다. 그러한 프로그램으로 공공정보 및 긴급 상황 대응(PIER: Public Information & Emergency Program)이 있다. 인적 요인 평가는 PIER과 위기팀 간의 적합도를 살펴볼 것이다. 평가자는 "CMT가 실패한 이유가 조직 기능의 한 부분으로 간주되지 않기 때문인가?"라고 물어볼 수도 있을 것이다.

문화 체계란 조직이 위기 대비를 지향하고 있는 정도를 일컫는다. 평가자는 "나쁜 뉴스를 금하는 것과 같은 문화적 제약으로 인해 문제가 발생했는가?"라고 물어볼 수도 있을 것이다. 끝으로 정서 및 신념 체계는 위기관리에 대한 주도세력의 마음가짐을 나타낸다. 평가자는 "위기관리 노력이 실패한 이유는 주도세력이 위기 대비나 위기 대응을 지원하지 않기 때문인가?"라고 물어볼 수도 있을 것이다. 체계 특정적(system-specific) 관심사를 살펴보는 것은 위기관리 실행이 CMP나 CMT가 아닌 구조적인 요인의 함수인지를 밝히는 데 도움이 된다(Mitroff, Harrington, & Gai, 1996).

체계 변인 평가는 대비 단계 동안 하는 것이 가장 적절하기 때문에, 체계 변인은 계속 진행되는 위기관리의 속성도 또한 반영한다. 조직은 위기가 닥치기 전에 체계의 결함을 파악할 수 있고 파악해야 한다. 그러나 때로는 그러한 결함이 감추어져 실제 위기가 발생할 때까지 드러나지 않는다. 예를 들면, 주도세력은 위기가 존재할 때까지는 위기관리를 지지하다가, 그런 다음에는 그러한 지원을 하지 않을 수도 있다. 혹은 위기관리 과정의 스트레스가 사람들이 기술을 활용하는 방식에 예기치 않은 문제를 야기할 수도 있다.

특정 위기에 영향을 받는 모든 이해관계자의 반응은 평가를 철저하게 하는 데 유용하다. 그들은 위기관리 실행에 대해 어떻게 느꼈는가? 이해관계자의 반응을 평가하는 유일한 방법은 그들에게 물어보는 것이다. 평가의 기본 규칙은 사람들이 어떤 메시지나 조치에 대해 어떻게 느끼는지 당신이 안다고 가정하지 말라는 것이다. 조직은 각 이해관계자를 따로따로 고려함으로써 특정한 강점과 약점을 밝혀낼 수 있다. 평가자는 어떤 조치가 특정 이해관계자 집단에 효과적이었는지 혹은 효과적이지 않았는지를 밝혀낼 수 있다. 예를 들면, 투자자는 그들이 받은 위기 관련 정보와 그것을 받은 방식에 대해 행복해 할 수도 있지만, 지역사회 구성원은 그들의 정보를 수신한 방식에 대해 실망스러워했을 수도 있다. 특정 이해관계자의 반응은 또한 위기를 관리하는 동안 이해관계자 네트워크의 어떤 부분이 효과적인지 혹은 효과적이지 않은지를 보여줄 것이다.

데이터가 어떻게 나눠지든 상관없이, CMP의 구체적인 강점과 약점, 위기팀의 계획 실행, 조직의 구조적 특성을 파악하는 것이 핵심이다. 만약 위기관리 실행을 향상하는 것이 목적이라면, 지나치게 일반적인 평가는 그러한 목적에 거의 기여하지 않는다. CMP는 강점을 강화하고 약점을 바로잡는 방법을 개발함으로써 수정되어야 한다.

위기팀원도 개인 수준의 요인과 집단 수준의 요인 모두에 대해 반드시 평가되어야 한다. 5장에서 언급했듯이, 특정한 지식, 기술, 성격적 특성은 위기팀원에 도움이 된다. 그뿐만 아니라 위기팀은 반드시 하나의 집단으로 돌아가야 한다. 따라서 집단 의사 결정과 같은 집단 수준의 요인도 중요한 평가 요소다. 위기관리 평가 데이터는 개별 팀원이 어떻게 수행했는지에 대한 평가뿐만 아니라 팀 전체가 어떻게 수행했는지에 대한 평가도 내놓아야 한다.

## 2) 영향 평가

위기관리 실행은 어떤 방법으로든 조직을 피해로부터 보호함으로써 조직을 도와야 한다. 위기관리는 사람, 평판, 재정적 우려와 같은 조직의 중요한 자산을 보호하기 위한 것이다(Barton, 2001; Matcus & Goodman, 1991). 위기관리 실행 평가는 이러한 자산 보호의 성공 혹은 실패를 반영하는 피해 요인에 대한 측정도 포함해야 한다. 위기 커뮤니케이션은 위기팀이 설정한 목표가 달성되었는지를 밝히기 위해 만들어진 구체적 척도(specific measure)와 위기가 조직에 어떻게 영향을 미칠 수 있는지와 관련된 일반적 척도(general measure)를 사용해서 평가될 수 있다.

### (1) 구체적 척도: 목표 평가

8장에서 우리는 이해관계자 관련 위기 커뮤니케이션 목표와 조직 관련 위기 커뮤니케이션 목표에 대해 논의한 바 있다. 이해관계자 관련 목표는 이해관계자의 안전과 안녕에 대한 데이터 수집을 요구한다. 육체적 손상 정도를 평가하기 위해 조직은 부상자와 사망자 수를 반드시 알아내야 한다. 심리적 안녕 목표를 평가하기 위해 조직은 또한 피해자가 위기에 어떻게 반응하고 있는지도 알아내야 한다. 위기관리의 최우선사항은 위기 시 피해를 입을 수 있는 인적 요인의 보호다. 조직이 육체적 안전과 심리적 안녕을 지켜내는 데 얼마나 효과적이었는지를 밝혀내는 것은 중요하다.

조직 관련 목표에는 평판, 재무 실적, 입소문이 포함된다. 평판 요인은 조직에 대한 인식을 포함한다. ① 위기 전과 후의 평판 점수, ② 위기에 대한 미디어와 인터넷의 보도, ③ 이해관계자 피드백, 이 세 가지 관련된 요소들은 평판에 미치는 위기의 효과를 평가하는 데 중요하다. 평판 관리에 자원을 사용하는 조직이라면 어떤 조직이든 시간 경과에 따른 평판을 추적하기 위해 노력해야 한다. 조직은 이해관계자들에게 평가를 요청함으로써 정기적으로 그들의 평판을 평가해야 한다. 위기 전과 후의 조직 평판 비교는 위기가 평판에 미치는 영향과 위기팀이 평판 측정 목표에 구체적으로 명시되어 있는 목표량의 범위 내에서 평판 손상을 막아냈는지 여부를 보여주는 가장 강력한 지표다.

위기 동안 이해관계자들은 미디어, 인터넷, 조직의 위기관리 조치를 통해서 조직을 경험한다. 조직과 위기에 대한 미디어의 묘사는 위기에 관련된 외부 이해관계자들의 인식을 형성하는 데 매우 중요할 수 있다(Fearn-Banks, 2001; Pearson & Clair, 1998). 혼란에 빠져 있는 무신경한 조직에 대한 기사는 평판을 약화하고 이해관계자와 조직 간의 관계를 해친다. 미디어가 이해관계자들에게 도달할 수 있는 주된 채널일 때, 미디어의 힘은 더 세진다. 이해관계자들이 조직과 실제로 접촉하지 않고 미디어를 통해 정보를 얻을 때 미디어 기사가 그들의 주된 위기 경험이 된다. 전문가들은 이해관계자들의 위기 평가가 미디어의 위기 묘사를 반영할 거라고 생각한다.

따라서 만약 미디어가 조직에 대해 비판적이라면, 이해관계자들 사이에서의 조직의 평판은 나빠질 수 있을 것이다. 반대로 조직에 대한 미디어의 묘사가 호의적이라면, 조직의 평판은 보호될 수 있을 것이다(Nelkin, 1988). 인터넷(디지털 미디어), 특히 소셜 미디어 사용 증가로 인해, 위기 정보의 경우 온라인의 위기 보도 역시 위와 같은 이유에서 중요하다. 대부분의 이해관계자들, 특히 피해를 입은 이해관계자들은 전통적인 뉴스 미디어와 디지털 미디어 모두를 통해 위기를 경험할 가능성이 매우 높다.

관리자는 전통적인 미디어와 디지털 미디어의 위기 보도를 분석해야 한다. 분석가는 조직을 긍정적으로 혹은 부정적으로 표현한 여러 보도를 살펴볼 수 있다. 중요한 세부사항을 보존하기 위해 긍정적 표현과 부정적 표현을 시간별로(이것은 위기관리자가 어떤 좋은 일 혹은 나쁜 일을 한 것으로 인식되는 때를 정확하게 보여줌) 그리고 미디어 회사별로 추적해야 한다. 미디어 회사에 따라 긍정적인 보도와 부정적인 보도의 정도는 차이가 날 수 있을 것이다. 어떤 미디어 회사가 위기에 대해 긍정적이었고 어떤 미디어 회사가 부정적이었는지를 아는 것은 도움이 될 것이다. 긍정적인 미디어 보도량과 부정적인 미디어 보도량을 분석하는 것은 미디어 보도 호감도 목표를 달성했는지를 밝히는 데 도움이 된다.

마지막으로 핵심 위기 메시지에 대한 미디어 보도도 살펴볼 필요가 있다. 관리자는 그들의 핵심 메시지가 얼마나 자주 미디어에 그대로 보도되고 있었는지, 즉 미디어가 위기에 대한 그들의 프레임을 사용하고 있는지를 알아낼 필요가 있다. 미디어 프레임은 미디어에 조직 편의 이야기가 실리게 하는 데 성공했는지 여부를 알려준다. 조직 편의 이야기에는 위기에서 발생한 일, 조직의 대응, 조직의 위기 해석에 대한 정확한 정보가 포함되어 있다. 분석가는 미디어 보도에서 조직 편의 이야기에 대한 증거 표식(evidence marker)을 찾는다. 그러한 표식으로는 조직 대변인의 말 인용,

조직이 제공한 사운드 바이트(sound bite)[1] 사용, 위기 사건에 대한 정확한 묘사 등이 있다. 미디어 프레임의 성공은 세 가지 방식으로 측정된다. 첫 번째는 조직이 제공한 메시지를 사용하는 미디어 보도의 비율이다. 두 번째는 미디어 보도에 조직의 프레임 자료가 사용된 양 대(對) 반대 프레임 자료가 사용된 양의 비교다. 예를 들면, 조직과 조직의 비판자 가운데 누구의 말이 미디어에 더 많이 인용되었는가? 세 번째는 미디어에 등장한 위기 관련 정보의 정확성이다. 조직이 정확하다고 간주하는 정보의 비율이 높으면 높을수록, 조직의 미디어 프레임 노력은 더 성공적이다. 이것은 위기에 대한 인터넷 보도에 나타나는 프레임에 대해서도 마찬가지다.

재무 관련 목표에는 판매량, 시장 점유율, 주식 가격이 포함된다. 판매량이 감소했는지, 감소했다면 얼마나 감소했는지 알아내기 위해 위기 전 판매량과 위기 후 판매량을 비교해보아야 한다. 업종 전체 판매량이 감소했다면 판매량만으로는 판단할 수 없다. 판매량과 함께 시장 점유율이 사용될 수 있다. 만약 판매량은 감소했지만 시장 점유율이 안정적이라면, 판매량 감소는 업종 전체의 문제이지 위기의 결과가 아님을 시사한다. 위기 전 주식 가격 수준과 위기 후 주식 가격 수준도 모니터해야 한다. 주식 가격 하락이 실제로 위기 때문인지를 밝히기 위해 관리자는 반드시 일반적인 시장 변동성을 통제해야 한다(Baucus & Baucus, 1997; Baucus & Near, 1991; Sen & Egelhoff, 1991).

마지막으로 관리자는 조직에 대한 입소문을 추적해야 한다. 소셜 미디어는 가장 손쉽게 구할 수 있는 입소문 데이터 유형이다. 입소문 데이터는 미디어 데이터의 부분집합이다. 위기 발생 후 입소문이 부정적인지 아니면 긍정적인지 그리고 정확히 이해관계자들이 조직에 대해 좋아하는 부분과

---

1 누가 한 말 가운데 어느 특정 부분만 떼어내 편집해서 방송되는 부분을 말한다(역자 주).

좋아하지 않는 부분은 무엇인지 알아내기 위해 관리자는 소셜 미디어 보도를 따로 떼어내서 살펴볼 것이다.

### (2) 일반적 척도

관리자는 특정 목표를 평가하는 것 외에도 위기 커뮤니케이션 노력의 성공 여부에 대한 어떤 지표를 제공하는 일반적 데이터도 수집할 수 있다. 일반적 척도는 특정 목표와 연관되어 있지는 않지만 위기가 조직에 미칠 수 있는 일반적인 부정적 영향을 반영한다. 관리자는 이러한 잠재적인 부정적 효과가 위기 동안 발생했는지 여부를 밝혀낼 수 있다. 관리자는 우리가 일반적인 평가 정보라고 부를 수 있는 것을 수집한다.

흔한 디지털 미디어 유형인 소셜 미디어는 흥미로운 일반적 평가 정보, 즉 이해관계자들의 반응을 제공한다. 이해관계자들은 그들이 조직의 위기관리에 대해 어떻게 생각하는지에 대한 글을 온라인에 올릴 수 있다. 이러한 온라인 댓글을 분석함으로써 위기관리 노력의 효과성에 대한 통찰력을 얻을 수 있다. 중요한 세 가지 통찰력은 다음과 같다. 이해관계자들은 위기 대응 전략을 받아들였는가 아니면 거부했는가? 이해관계자들이 위기관리 노력에 대해 좋아한 점은 무엇이고 싫어한 점은 무엇인가? 이해관계자들이 그 밖에 조직이 해주기를 바랐던 것은 무엇인가? 물론 온라인 댓글이 반드시 이해관계자들을 대표하는 의견은 아니기 때문에, 위기관리자는 반드시 이러한 정보를 균형 있게 바라보아야 한다. 그러나 댓글을 다는 이해관계자들은 그들이 관여하고 있으며 기꺼이 행동을 취할 것임을 보여주는데, 이로 인해 그들은 이해관계자들의 중요한 부분집합으로 간주된다. 4장과 이 장의 앞부분에서 언급한 것처럼, 조직은 회사를 고용해 위기에 대한 전통적인 뉴스 미디어 및 소셜 미디어 보도를 수집하고 분석할 수 있다.

숙련된 위기관리자는 뉴스 미디어와 인터넷 이외에 전화, DM(direct

mail), 혹은 이메일과 같은 다른 채널을 통해 이해관계자들과 소통한다. 탄탄한 이해관계자 네트워크는 이해관계자들과 더 직접적으로 접촉할 수 있는 기반을 제공한다. 따라서 위기관리 실행에 대한 이해관계자들의 만족도를 평가하는 것은 매우 중요하다. 앞에서 언급한 것처럼, 이해관계자들로부터의 외부 피드백은 위기관리 실행 평가의 한 부분이 되어야 한다. 부정적인 피드백은 위기가 잘못 관리되고 있다고 이해관계자들이 인식하고 있음을 의미하기 때문에 조직의 평판이 손상될 것임을 시사한다. 반대로 긍정적인 피드백은 CMT가 일을 잘하고 있어 조직의 평판을 보호하는 데 도움이 될 수도 있음을 시사한다. 이해관계자 평가가 평판 평가에 사용될 때는 한계점도 있는데, 왜냐하면 이해관계자 평가는 실제적인 평판 척도의 부정확한 대용(代用)이고 위기가 끝난 후에라야 수집되기 때문에 위기가 끝난 후 그러한 평가가 좋아졌는지 나빠졌는지 확인할 수 없기 때문이다. 미디어 및 인터넷 보도의 경우와 마찬가지로 다른 요인도 작용한다. 이해관계자 피드백은 대강의 평판 지수를 제공하기는 하지만 평판을 측정하는 직접적인 척도가 없을 때는 유용하다.

2차적인 재무적 요인은 계속해서 재정 자원을 빼내 가기 때문에 위기의 독촉장과도 같다. 이러한 요인으로는 소송(횟수 및 총 소송 비용)과 새로운 규정이 있다. 많은 소송 건수나 소송 비용이 많이 드는 몇몇 소송은 조직의 재정 자원을 빼내 간다. 소송 비용은 어떤 비용 정산보다도 더 큰 재정적 부담을 안긴다. 이러한 막대한 소송 비용으로 인해, 일부 조직은 결백을 주장하고 비용이 많이 드는 소송 과정을 끝내기 위해 합의가 필요하다고 말하면서 법정 밖에서 사건을 해결한다. 예를 들면, 대표적인 임상병리검사 업체인 멧패스(MetPath)는 자신은 아무런 잘못이 없다고 주장하면서도 사기 혐의를 해결하기 위해 3500만 달러를 지불했다. 새로운 규정은 위기에 대한 대응으로 정부가 취하는 조치다. 예를 들면, 미국 정부는 수다페드 제품 형질 변경과 두 번째 타이레놀 제품 형질 변경 사건 이후 일반 의약품에 대한 캡슐 사용을 금지하는 옵션을 저울질해 본 적이 있듯이, 정부는 어떤 위기가 반복되는 것을 막기 위한 규정을 제정할 수도 있다. 새로운 규정은 그것을 지켜야 하는 조직에 재정적 영향을 미칠 수 있고 그 영향은 수년간 지속될 수 있다(Sen & Egelhoff, 1991).

미디어의 위기 보도 지속 기간은 마지막 일반적 평가사항이다. 효과적인 위기관리는 미디어가 위기에 대해 더 이상 보도하지 않게 하는 것이다(Higbee, 1992). 위기가 흥미롭지 않게 되고 새로움도 잃게 되면서 미디어는 점차 위기를 보도하지 않게 된다. 효과적인 위기관리는 이해관계자들에게 위기에 대해 알리고 위기를 종식하고자 한다. 이 두 가지 조치는 위기에 대한 새로움을 줄인다. 위기에 의해 야기되는 정보 공백은 그것의 뉴스 가치를 높여준다. 이해관계자들이 일단 사실, 특히 위기의 원인을 알게 되면, 수용자들의 호기심과 관심은 점차 사라진다. 복구된 피해나 정상 운영 상태로의 복귀와 같은 조치가 위기가 끝났음을 보여줄 때, 그러한 상황은 특이성이라는 뉴스 가치를 잃게 된다. 반대로 갈등을 부추기는 것과 같은 위기관리 실수는 위기의 뉴스 가치를 유지시킴으로써 미디어 보도를 연장시킨다. 다음 두 사례는 뉴스 가치와 미디어 보도 간의 관계를 잘 보여준다.

1985년 5월, E. F. 허턴(E. F. Hutton) 임원들은 2000건의 전자 및 우편 금융 사기죄를 인정했고 200만 달러의 벌금을 물었다. 세간의 이목을 끄는 이 투자회사에서 무슨 일이 일어났는지 사람들이 궁금해 하는 정도였기 때문에, 이 사건에 대한 미디어의 주목은 그다지 크지 않았다. 1985년 9월, E. F. 허턴의 임원들은 전 법무부 장관인 그리핀 벨(Griffin Bell)이 이 사건을 조사한 결과를 발표했다. 이 회사는 위기의 원인을 찾아내고 시정 조치를 하기 위해 벨을 고용했다. E. F. 허턴은 조사 보고서에서 잘못을 지적받은 14명의 이사를 해고했고 위기 재발을 방지하기 위한 다른 개혁 조치를 취하겠다고 약속했다(Koepp, 1985). 그 조사 보고서가 발표된 후, 미디어의 관심은 급속하게 식었다. 벌금을 물었고, 죄를 인정했고, '왜'로 시작하는 질문에 대답했으며, E. F. 허턴은 위기 재발을 방지하기 위해 노력하고 있었다. 그 위기는 모든 뉴스 가치를 상실하면서 해결된 듯 보였다.

1996년 4월, 동등고용기회위원회(EEOC: Equal Employment Opportunity Commission)는 미국 미쓰비시 모터 매뉴팩처링(Mitsubishi Motor Manufacturing of America)을 상대로 중대한 성희롱 소송을 제기했다. 이 회사는 혐의를 부인하고 EEOC를 상대로 일련의 공격을 퍼붓기 시작했다. 많은 관찰자들은 그러한 대응이 강경하다고 보았으며, 2900여 명의 미쓰비시 직원이 시카고에 있는 EEOC 사무실에서 데모를 벌였을 때, 미디어는 그것을 집중 조명했다. 엄밀히 말하면 그 항의는 직원이 조직한 것이지만, 미쓰비시가 직원의 휴가를 허락하고 시카고로 가는 버스 교통편 마련을 도움으로써 데모를 부추기는 데 큰 역할을 했다(Annen & McCormick, 1997). EEOC를 향한 가시 돋친 말과 소송은 1997년 말까지 계속되었고, 부정적인 미디어 보도 역시 마찬가지였다. 전 노동부 장관이자 미쓰비시의 컨설턴트인 린 마틴(Lynn Martin)이 작업장 개선에 대한 보고를 발표했을 때, 미디어는 그러한 발표를 회의적으로 받아들였고 위기는 계속되었다. 미쓰비시와 EEOC 간의 갈등은 그 사건의 뉴스 가치를 살려줌으로써 계속해서 이야깃거리를 만들어냈다. 위기관리자는 위기의 뉴스 가치를 높이는 것이 아니라 줄이기 위해 노력해야 한다. CMT의 조치가 위기에 대한 미디어 보도를 연장시킨다면 그것은 잘못된 것이다.

이해관계자들의 대응, 이해관계자들의 피드백, 2차적인 재무적 요인, 미디어 보도 지속시간 요인을 살펴봄으로써 당신은 위기의 최종적인 영향을 측정할 수 있다. 그러나 이러한 일반적인 정보가 어떻게 위기관리 실행 평가를 돕는가? 이러한 요인들만으로는 위기관리 실행을 평가할 수 없다. 그것들은 단순히 위기의 영향을 기술할 뿐이다. 위기관리자는 그러한 최종 결과를 ① 위기를 관리하기 위해 아무런 조치를 취하지 않았을 경우의 영향에 대한 추정치와 ② 위기관리팀이 바랐던 목표와 반드시 비교해야 한다. 두 경우 모두에 추정이 포함되긴 하지만, 그와 같은 비교를 할 경우 신중한 추정이 이루어질 수 있다. 비슷한 절차가 이슈 관리 노력을 평가할 때도 사용된다(Jones & Chase, 1979). 정직함이 중요하다. CMT의 활동이 의미를 지니고자 한다면, 잠재적 피해를 부풀리거나 그들의 목표가 지니고 있는 가치를 지나치게 낮추어 잡아서는 안 된다. 그러한 피해 평가는 위기관리 실행의 효과가 조직에 긍정적이었는지, 부정적이었는지, 아니면 중요하지 않았는지를 보여주는 어떤 객관적인 증거를 제공한다.

### 3) 요약

다양한 위기관리 실행 데이터와 분석은 모두 내용 요약과 권고사항을 완전히 갖춘 최종 보고서로 압축되어야 한다. 그렇게 하는 목적은 책임을 돌리기 위한 것이 아니라 위기관리 실행에 대해 배우고 위기관리 실행을 향상하기 위한 것임을 기억하라. 위기관리 실행 평가는 ① CMT가 당연히 했어야 하는 일을 했는지 그리고 효과적으로 했는지, ② CMP가 위기에 의해 야기된 상황을 예측하고 해결하는 데 유용했는지, ③ 구조적 특성이 위기관리 노력을 용이하게 했는지 아니면 방해했는지, ④ 위기 피해는 어느 정도인지를 보여준다. 종합하면 이러한 평가는 CMT, CMP, 조직의 특정한 강점과 약점을 파악할 수 있게 해준다. 더욱이 피해 분석을 포함시킴으로써 위기관리 실행이 성공적인 것으로 여겨지는지를 알 수 있다. 위기팀은 때로는 CMP를 잘 실행하지만 그럼에도 막대한 피해에 직면하거나, 혹은 의심스러운 계획을 형편없이 실행하지만 조직은 거의 피해를 입지 않을 수도 있다. 예를 들면, 존슨 & 존슨은 1982년 타이레놀 제품 형질 변경 위기를 성공적으로 관리했을 때 CMP를 가지고 있지 않았다. 예외 없는 규칙은 없지만, 위기관리자는 운에 의지해서는 안 된다. 대비하는 것이 훨씬 더 현명하다.

## 2. 기억과 학습

언급한 대로 분석은 위기에 대한 교훈을 얻을 수 있게 해준다. 그러나 만약 위기 교훈을 기억해냄으로써 실수의 반복을 막거나 또다시 성공을 이끌어내는 데 도움을 받지 못한다면, 그런 교훈이 무슨 쓸모가 있겠는가? 기억하는 것은 기관 혹은 조직 기억(institutional or organizational memory)의 영역이다(Pearson & Mitroff, 1993). 지식 관리 연구자들은 조직의 지식 저장소로서의 '조직 기억'이라는 단어를 선호한다(Li, YeZhuang, & Ying, 2004). 사람처럼 조직도 나중에 사용하기 위해 정보와 지식을 저장할 수 있다(Weick, 1979). "고통스럽기는 하지만 위기에 대한 직접적인 경험은 심지어 최고의 시나리오가 해낼 수 있는 것보다 더 많은 것을 가르쳐주기"(Newsom, VanSlyke Turk, & Kruckeberg, 1996: 544) 때문에, 위기가 헛되이 버려져서는 안 된다. 평가는 쓰라린 경험이 조직에 가르침을 준다는 교훈을 드러내 보여준다. 그리고 위기 교훈은 기관 기억의 일부가 됨으로써 반드시 기억되어야 한다.

기관 혹은 조직 기억을 효과적으로 사용하기 위해서는 저장과 검색이 필요하다(Li, YeZhuang, & Ying, 2004; Weick, 1979). 첫째, 위기 문서와 평가 보고서, 위기 교훈과 같은 위기 지식을 기록하고 저장할 어떤 수단이 반드시 존재해야 한다. 저장은 출력물과 컴퓨터 파일 형태로 가능하다. 어떤 형태로 저장하건, 중복 저장과 여러 장소에 저장하는 것이 필요하다(Pau-chant & Mitroff, 1992). 저장은 지식을 기록하는 것 이상으로, 핵심 위기 정보의 정확성과 완전성을 평가하는 것도 포함한다. 모든 위기 정보와 지식의 질이 다 같지는 않다. 어떤 지식은 더 정확하고(추측이 아닌 사실) 더 완전하다(더 온전하고 잠재적 오류도 더 적음)(Garvin, 1996).

위기 지식은 나중에 사용하기 위해 반드시 검색하기 용이해야 한다. 검색은 특정한 세부사항을 찾아 그것의 소재를 파악하는 것이다(Weick, 1979). 인트라넷은 용이한 검색을 위해 위기 지식을 저장하기에 알맞은 장소다. 위기 지식을 세심하게 체계화해서 입력해놓으면 나중에 다시 위기가 닥쳐 위기관리가 필요할 때 용이한 검색이 가능할 것이다. 위기 지식을 유용하게 활용하려면 위기 지식을 세심하고 정확하게 저장해야 한다. 각각의 조직은 반드시 위기 지식을 검색 가능한 포맷으로 체계화하는 그들 자신만의 체계를 개발해야 한다.

조직 기억은 기억의 노예가 되지 말라는 경고 문구를 필요로 한다(Weick, 1979). 과거의 조치와 지식이 현재의 위기에 잘 맞지 않는다면, 위기관리자는 반드시 과거의 것들을 기꺼이 무시해야 한다. 과거의 위기가 현재의 위기와 전적으로 일치하지 않을 때 맹목적으로 과거의 성공을 따라 하는 것은 실수로 이어질 수 있다. 위기에 대한 조직의 기억은 정보 획득 편향을 야기할 수 있다. 과거 위기에 대한 기억은 축복이자 저주이다. 그러나 능숙한 CMT는 정보 획득 편향의 사각지대를 극복할 수 있어야 한다.

그렇지만 기억이 전혀 사용되지 않는다면 그것이 무슨 소용이 있겠는가? 위기관리자는 위기관리 노력을 세심하게 분석하고 그러한 교훈을 능숙하게 기록할 수 있다. 만약 그런 교훈이 기억에서 행동으로 이어지지 않는다면, 조직과 위기팀은 배운 것이 없는 것이나 마찬가지다. 조직 학습(orga-nizational learning)은 방대하고 복잡한 분야다. 하나의 짧은 절(節)에서 조직 학습을 다루는 것으로는 그것을 제대로 평가하기 어렵지만 위기관리자가 그것에 대해 좀 더 알 수 있는 기회는 될 것이다. 조직 학습은 조직이 어떻게 적응하고 변화하는지, 즉 조직이 어떻게 배우는지를 이해하고자 하는 것이다. 물론 배우는 주체가 실제로 조직 속의 사람이 아니기 때문에 '조직 학습'이라는 용어 자체에 논란의 여지는 있다. 그러나 조직도 배울 수 있다고 가정해보자. 조직은 어떻게 위기관리 노력을 통해 배울 수 있는가? 이상적으로 말하면, 평가는 조직 속의 사람들이 그들이 잘하고 있는 것은 무엇이고 잘못하고 있는 것은 무엇인지를 이해하는 데 도움을 준다. 강점은 강화되고 약점은 수정된다. 수정을 통해 조직은 적응과 학습을 하게 된다.

아지리스와 쇤(C. Argyris & D. Schön)은 두 가지 유형의 조직 학습, 즉 단일 루프(single loop)와 이중 루프(double loop)에 대해 다음과 같이 말하고 있다.

> 탐지되어 수정된 오류를 통해 조직이 그들의 현 정책을 수행하고 그들의 현재 목표를 달성할 수 있을 때, 그러한 오류-수정 과정을 '단일 루프' 학습이라고 한다. 단일 루프 학습은 너무 덥거나 너무 추운 것을 알고 온도를 올리거나 내리는 온도 조절 장치와 같다. 온도 조절 장치는 정보(방의 온도)를 받아서 수정 조치를 취하기 때문에 그러한 일을 수행할 수 있다. 탐지된 오류가 조직의 근본적인 규범, 정책, 목표의 수정을 수반하는 방식으로 수정될 때 '이중 루프' 학습이 일어난다(1978: 2~3).

우리는 이러한 아이디어를 위기에 의한 학습에 적용할 수 있다. 어떤 위기는 수정하기 쉬운 단순한 요인들을 드러내 보여주는(단일 루프 학습) 반면, 또 어떤 위기는 조직의 원칙과 관행에 대한 심각한 재고를 요구한다(이중 루프 학습). 산업 재해는 이 점을 잘 보여준다. 한 직원이 화학물질을 하역하는 과정에서 엉뚱한 탱크에 잘못 하역하는 바람에 화학 반응이 일어나 폭발이 일어난다. 위기관리 노력을 분석한 결과, 그 직원이 신입이어서 화학물질 하역 절차에 대해 충분한 교육을 받지 못한 것으로 드러난다. 다른 모든 직원은 충분히 훈련을 받은 상태며 두 화학물질을 혼합해서는 안 된다는 것을 알고 있다. 이 경우 한 직원을 훈련하는 것이 해결책이다(단일 루프 학습). 그러나 분석 결과, 관리자가 전반적으로 안전 훈련과 안전규칙 시행에 소홀했던 것이 드러난다면 어떻게 할 것인가? 이 문제는 조직 전체에 영향을 주며 조직이 안전 문화를 정착시키기 위해 애써야 하기 때문에 더 복잡한 해결책을 필요로 한다(이중 루프 학습). 요점은 조직 학습이 쉬운 것처럼 들리지만 복잡할 수 있다는 것이다. 교훈이 발견되고 기록된다고 해서 그것이 적용될 것임을 의미하는 것은 아니기 때문에, 조직이 위기와 위기관리 노력에 대한 철저한 평가를 통해 교훈을 얻을 거라는 보장은 없다. 이 절은 경고 문구로 끝을 맺는다. 조직 기억과 학습에 대한 논의는 매우 논리적인 것처럼 들리지만, 조직은 단순히 사람들을 모아놓은 곳이다. 사

### 당신은 어떻게 하겠습니까?

### BP와 텍사스 시티 III

텍사스 시티에서 최초 폭발이 있은 지 이제 3일이 지났다. 뉴스 미디어는 텍사스 시티 공장에서 발생한 다른 사고에 대한 기사를 내보내고 있었다. 한 기사는 BP가 석유화학업계에서 최악의 안전 기록을 가지고 있음을 알린다. 모두 15명이 사망했고 100명이 넘는 사람이 부상했다. 부상자 가운데 12명은 아직도 병원에 있다. 미국 화학안전 및 위험 조사위원회(CSB: U.S. Chemical Safety and Hazard Investigation Board) 조사팀이 현장에 있다. CSB는 거기서 폭발의 원인을 알아내려 한다. CSB는 주요 경보 장치가 작동하지 않고 있었고 경보 체계의 중요한 부분이 제대로 작동하지 않고 있었음에도 조업이 개시되었다는 점에 주목한다. 또한 BP는 손상된 타워를 안전 플레어 시스템(safety flare system)에 연결하지 않았다. 이 사고가 발생하기 훨씬 이전에 안전 시스템을 바꾸라는 권고가 있었으며, BP 경영진의 자체 문서는 그들이 그러한 권고를 알고 있었음을 보여준다. 이 위기에 대한 효과적인 대응책 마련에 당신은 어떤 도움을 줄 수 있는가? BP는 지금 어떤 말을 해야 하고 무엇을 해야 하는가?

람들은 조직 내의 정보, 특히 위기와 관련된 정보를 왜곡하거나 알려주지 않을 이유를 가지고 있다. 사람들은 종종 그들이 위기에 대해 알고 있는 것을 공유하는 것이 몰고 올 파급 효과를 두려워한다. 조직 기억은 종종 부정확하며, 조직은 흔히 위기로부터 교훈을 얻지 못한다.

## 3. 위기 후 조치

위기팀의 책임은 모든 위기 관련 의무가 충족될 때까지 계속된다. 위기 후 업무는 크게 조사 협조, 후속 커뮤니케이션, 위기 추적의 세 가지로 나눌 수 있다. 비록 조직이 정상적인 운영 상태로 돌아가고 즉각적인 영향이 사라졌다 하더라도, 정부 관리가 여전히 위기의 원인을 조사 중일 수도 있다. 위기팀은 반드시 어떠한 조사에도 협조해야 한다. 협력은 관련 정부 기관과 우호 관계를 구축할 수 있게 해주며 다른 이해관계자들에게 조직이 개방적이고 정직하다는 것을 보여준다. 개방성은 후속 커뮤니케이션의 주제다.

후속 커뮤니케이션은 위기 회복 단계의 연장이다. 위기가 끝났을 때라도 이해관계자들에게 위기에 대한 정보를 제공하고 새로운 문의에 계속해서 답변함으로써 위기관리자는 긍정적인 조직-이해관계자 간 관계를 유지한다. 다시 한 번 말하는데, 소셜 미디어는 후속 커뮤니케이션에 이상적이긴 하지만, 소셜 미디어 채널은 정보 업데이트용으로 만들어진 것이다. 위기의 충격에 압도된 직원을 돕기 위해 직원 지원 노력 역시 반드시 계속되어야 한다. 위기관리자는 계속 진행되는 조사의 진척 상황과 결과 그리고 위기 재발을 막기 위해 취해지고 있는 조치를 이해관계자들에게 업데이트해 주어야 한다. 미래의 위기 방지와 관련하여 위기관리자는 이해관계자들에게 그러한 변화가 언제 완료되는지 그리고 그러한 변화가 얼마나 잘 작동하고 있는지를 말해줄 수도 있을 것이다. 그러한 조치는 미래의 위기를 예방하기 위한 것이기 때문에, 그러한 변화는 실제로 위기 예방 하부 단계의 일부가 된다.

사람이나 사건을 기념하거나 추념하는 추모 행사도 특별히 고려해봐야 한다. 위기는 특히 사망자가 있을 때 사람이나 사건에 대한 기억을 촉발하는 잠재력을 가지고 있다. 사람들은 9/11 테러와 오클라호마 시티(Oklahoma City) 폭발사고의 희생자들을 추모했다(Veil, Sellnow, & Head, 2011). 추모 행사는 사람들이 애도하고 슬픔을 극복할 수 있도록 도와주며 또한 구조자의 공로를 인정할 수 있는 기회를 제공하기 때문에 중요하다(Foot, Warnick, & Schneider, 2005). 조직 및/혹은 이해관계자들은 추모비를 만들 필요성을 느낄 수도 있다. 추모비는 위기가 발생한 직후 부상을 당하거나 사망한 사람을 기리는 것에 이은 후속 조치로 간주될 수 있다. 노쓰 캐롤라이나 주 킨스턴에서 발생한 사고로 6명이 사망한 직후, 웨스트 파머수티클스는 추모식을 거행했으며, 1년 뒤에는 새로운 킨스턴 시설 로비에 2개의 추모 명판을 헌정했다.

추모비는 킨스턴의 명판과 같이 오프라인에 존재하거나 온라인에 존재할 수 있다. 딥워터 허라이즌이 폭발 후 가라앉자 트랜스오션은 희생자를 애도하는 웹사이트를 만들었다. 그 웹사이트는 사망한 11명의 직원을 기렸으며 메시지를 올리고 사라져간 사람에 대한 기억, 사진, 동영상을 공유할 수 있는 기회를 사람들에게 제공했다. 9/11 테러 때는 캔터 피츠제럴드(Cantor Fitzgerald) 직원을 위한 캔터 가족 추도 웹사이트가 만들어졌으며, 비행기승무원협회(Association of Flights Attendants)는 사망한 승무원을 위한 '추도' 페이지를 만들었다(Foot, Warnick, & Schneider, 2005). 캔터 가족 추도 웹사이트에는 세상을 떠난 직원을 위한 개별 헌사 페이지가 알파벳순으로 정리되어 있다. 각 페이지는 정해진 형식을 가지고 있지만, 사람들은 그들 자신만의 헌사를 적을 수도 있다. 풋, 워닉 및 슈나이더(K. Foot, B. Warnick, & S. M. Schneider)는 추모 웹사이트는 "회사가 만든 사이트에서 개인을 추모하는 주목할 만한 사례"(2005: 82)라고 말한다. 다음은 캔터 가족 추모 웹사이트에 적혀 있는 글이다.

9월 11일 아침, 우리가 잃은 것은 하나의 팀 이상이었습니다. 우리는 가족을 잃어버렸습니다. 우리는 우리의 형제자매, 우리의 가장 친한 친구, 우리의 파트너를 잃은 것을 애도합니다. 우리는 그들 없이, 그들의 많은 독특한 특성과 자질 없이 일하거나 살아가는 것을 상상할 수도 없습니다. 그들은 우리의 삶을 헤아릴 수 없을 정도로 풍성하게 해주었으며, 그들의 영혼은 우리 마음속에 영원히 살아 있을 것입니다.

이 웹사이트는 캔터 가족과 이스피드(eSpeed, Inc.), 캔터 피츠제럴드, L.P.,[2] 트레이드스파크(TradeSpark), L.P.의 모든 직원이 월드 트레이드 센터(World Trade Center) 참사로 희생된 모든 사람을 기리기 위해 만들어졌습니다. 이 웹사이트는 전적으로 우리의 가족, 우리의 친구, 우리의 동료에 대한 기억을 간직하고 그들을 기념하기 위해 만든 것입니다. 지금 우리와 함께 우리의 삶에 깊은 감동을 준 (그리고 앞으로도 줄) 사람들에게 경의를 표해주시기 바랍니다(*In Loving Memory*, n.d.).

온라인 추모는 개인적인 교감(일반인은 개인적인 댓글을 남길 수 있음) 이상을 가능하게 한다(Heath, 2007). 슬픔과 상실에 대한 댓글을 남기는 것은 사람들이 치유되게 하는 데 도움을 준다(Carlson & Hocking, 1988; Siegl &

---

2 'Limited Partnership'의 약자로 '유한 합자회사'(역자 주).

Foot, 2004). 조직 내 사람들이 온라인 추모 사이트 개설과 오프라인 추모 비 건립이 그들의 회복 과정에 도움이 될 거라고 생각한다면, 위기관리자는 그것을 권장하거나 도움을 줄 수도 있다. 캔터 피츠제럴드와 트랜스오션의 예는 온라인 추모가 이루어지는 각기 다른 방식을 보여준다. 핵심은 위기에 영향을 받은 이해관계자들이 그들의 애도 과정에 도움을 받으러 갈 장소가 있다는 것이다. 위기관리자는 조직이 공식적인 추모비나 추모 사이트를 만들지 여부를 결정할 필요가 있다. 사진 공유 사이트는 온라인 추모를 하기에 적합한 장소지만, 이해관계자들도 추모 웹사이트를 만들 수 있을 것이다. 그러면 위기관리자는 조직이 이러한 자발적인 추모 사이트와 어떻게 관련을 지을지 결정해야 한다.

추모는 희생자를 기억하기 위해 오프라인이나 온라인의 어떤 장소와 연관되어 슬픔을 표현하는 방식이다. 추모한다는 것이 간단하게 들릴 수도 있지만, 그것은 매우 복잡한 현상이다. 실제로 추모에 관한 연구는 추모를 포함해 기억을 둘러싸고 있는 복잡성을 설명하고자 노력해왔다. 추모는 기억과 연관되어 있으며, 사람들은 동일한 사건에 대해 각기 다른 기억을 가지고 있을 수 있다. 위기를 어떻게 기억할 것인지, 즉 추모의 성격을 두고 갈등이 있을 수 있다(Szpunar, 2010). 추모는 사람들이 위기 사건을 해석(기억)하는 방식을 틀 짓는 것이기 때문에, 추모는 위기에 대한 메시지다. 조직 관리자와 피해자는 위기가 기억되어야 할 방식에 대해 매우 다른 견해를 가지고 있을 수 있다. 조직 관리자의 위기 목표 가운데 하나는 위기를 과거에 묻어버리는 것인 반면, 위기에 영향을 받은 사람은 그 상황을 기억하고 싶어 할 것이다. 이로 인해 추모의 성격을 두고 갈등이 발생할 수 있다. 위기관리자는 추모의 민감한 속성과 위기에 대한 기억이 서로 상충할 가능성이 있다는 점에 대해 반드시 알고 있어야 한다.

위기관리자는 조직이 추모 의식을 주도한 이해관계자들과 이러한 치유

공동체에서 할 수 있는 어떤 역할이 있는지에 대해 논의할 필요가 있다. 피해자와 가족은 자발적인 온라인 추모 의식을 주도할 가능성이 가장 높은 사람이다. 만약 피해자와 가족이 조직을 비난한다면, 그들은 조직의 관여를 결코 원하지 않을 수도 있다. 위기관리자는 그런 결정을 반드시 존중해서 그와 같은 온라인 추모 의식과 거리를 유지해야 한다. 만약 추도 주관자가 어떤 연계를 허락한다면, 조직은 조직의 웹사이트에서 그 추모 사이트를 인정하고 나아가 그 추모 사이트와의 링크를 제공할 수도 있을 것이다.

조직의 미숙한 추모 행사는 위기가 더 오래 지속되게 하거나 부정적인 정서가 다시 수면 위로 떠오르게 할 수 있다. 코스타 콩코르디아 위기 1주기 때 카니발 크루즈는 추모 행사를 가졌는데, 그 행사에는 배가 부딪힌 암초에서 가져온 큰 바위를 추모 명판과 함께 바닷속에 던지는 것이 포함되어 있었다. 32명의 희생자 가족이 그 행사에 초대되었다. 난파선이 위치해 있는 질리오(Giglio) 섬이 너무 작았기 때문에, 생존자들은 참석하지 말아 달라는 요청을 받았다. 스스로 위기의 희생자라 생각하는 생존자들은 그런 요청에 기분이 상했고, 그로 인해 전통적인 미디어와 소셜 미디어는 그 추모 행사를 부정적으로 다루었다(Winfield, 2013).

시네마크(Cinemark)가 콜로라도(Colorado) 주 오로라(Aurora)에 있는 한 영화관에서 총기를 소지한 사람에 의해 사망한 12명의 희생자를 추모하려는 방식에 대해 피해자 가족들은 분노를 표출했다. 시네마크는 개조한 영화관 재개관과 함께 추모식을 거행하려 했다. 많은 정부 관리가 참석할 예정이었고 피해자 가족도 초대되었다. 그러나 시네마크의 그 누구도 피해자 가족들이 그들의 계획에 대해 어떤 생각을 가지고 있는지 진정으로 이해하려 하지 않았다(Elliott, 2013). 피해자 가족 9명이 콜로라도의 한 신문에 그러한 계획을 비난하는 광고를 실었다. 다음은 그 광고 내용의 일부다.

영화 상영에 이어 "1월 17일 화요일 오후 5시에 열리는 특별한 추모 행사에 당신과 당신이 초대하는 1명의 손님을 초대하고자" 한다는 이 역겨운 제안과 반드시 "당신의 표를 예약하라"고 우리에게 한 말은 우리의 사랑하는 가족에 대한 기억을 무참하게 짓밟는 짓이다.

우리의 가족들은 다시는 우리와 함께 이 땅에 있지 못할 것이며 영화표를 예약하라는 말과 우리에게 연락을 취할 때 충분히 신경을 쓰지도 않았고 그들과 이야기하기 위해 우리가 연락을 취했을 때 아무런 반응도 보이지 않았던 사람들의 몇몇 형식적인 말은 소름이 끼친다(Letter, 2013: para. 4).

코스타 콩코르디아의 경우처럼 이 사건은 실제로 위기로 인한 옛 상처가 다시 시작되는 것을 치유하기 위한 것이었다. 조직은 행사를 계획하는 동안 피해자 및 그들의 가족과 교감함으로써 그와 같은 실수를 피할 수 있다. 사람들이 추도와 추도 행사에 대한 해석을 매우 다양하게 할 수 있다는 점을 기억할 필요가 있다. 위기관리자는 치유를 위한 그들의 노력이 위기에 의해 야기된 고통을 가중하는 결과를 초래하지 않도록 반드시 신중을 기해야 한다.

8장에서 언급한 것처럼, 재건 위기 대응(재건 담론)을 위기 후 커뮤니케이션에도 적용해볼 수 있다. 재건은 피해자를 돕고 조직과 이해관계자들의 미래에 대한 긍정적인 견해를 보여주는 것을 강조한다. 재건은 조직이 위기로부터 배우고 성장하는 것을 돕는 것을 의도로 하고 있기 때문에 강력한 학습요소를 가지고 있다. 재건은 조직과 이해관계자들에 대한 낙관적인 미래를 토대로 하는 현실관을 가지게 함으로써 이해관계자들이 위기 후에 적응하는 것을 돕는다. 재건은 기회에 집중하고, 과거 지향적이기보다 미래 지향적이며, 지도자에 기반을 두고 있다(조직의 지도자가 이끌어나감)(Ulmer, Sellnow, & Seeger, 2006).

### 케어프리 크루즈 라인 IV

당신 회사의 크루즈선이 이탈리아의 작은 섬 해변 가까이에서 침몰한 지 6개월이 지났다. 이 위기로 모두 32명이 사망했다. 그 크루즈선은 반쯤 바다에 가라앉은 상태여서 여전히 눈으로 볼 수 있다. 인양회사가 그 배를 완전히 인양하는 데는 1년이 더 걸릴 것으로 추정된다. 지금부터 6개월 후면 그 배가 난파한 지 1년이 되는 시점이다. 당신은 뉴스 미디어가 이 사건에 매우 관심이 많으며 디지털 미디어 역시 적극적일 거라는 것을 안다. 이미 온라인 추모 사이트인 Gonetoosoon.org가 만들어졌다. 당신 회사는 만약 1주기 기념식을 거행한다면 어떻게 할 것인지에 대해 생각해야 한다. 그 장소는 사람들이 가기에 꽤 먼 곳이고 가까이에 있는 마을은 매우 작다. 그로 인해 추모 행사를 대규모로 하는 것은 논리적으로 매우 어렵다.

- 당신은 조직이 주도하는 추모식을 권고할 것인가? 권고한다면 왜 권고하며 권고하지 않는다면 왜 권고하지 않는가?
- 만약 조직이 추모 행사를 개최하고자 한다면, 당신은 어떤 형태의 추모 행사를 권고할 것인가?
- 당신은 생존자와 피해자 가족을 행사 준비에 어떻게 참여시킬 것인가?
- 이 추모 행사가 직면할 가장 큰 난제는 무엇인가?

---

재건 전략은 그것의 사용 가능 시기를 제한하는 매우 구체적인 몇 가지 조건을 가지고 있기 때문에 모든 위기에 적용될 수 있는 것은 아니다. 관리자가 재건을 위기 대응 전략으로 활용할 수 있으려면 반드시 다음 네 가지 기준이 존재해야 한다. ① 조직은 강력한 위기 전 윤리 기준을 가지고 있어야 한다. ② 조직과 지역 유권자들과의 위기 전 관계가 강하고 호의적이어야 한다. ③ 조직은 문제 해결을 포함해 비난을 피하려 하기보다는 위기 이후의 삶에 초점을 맞출 수 있어야 한다. ④ 조직은 효과적인 위기 커뮤니케이션에 참여하고 싶어 해야 한다(Ulmer, Sellnow, & Seeger, 2006). 모든 조직이 재건 전략을 활용하는 데 필요한 배경과 이해관계자와의 관계를 가지고 있지는 않을 것이다. 재건 전략은 이 장에서 논의한 위기 후 사항들 가운데 많은 것을 포함하고 있다. 재건은 학습과 추모를 포함할 수 있어서, 위기 상황이 재건에 필요한 네 가지 기준과 맞을 때 위기 후 커뮤니케이션

에 대한 지침을 제공하는 유용한 접근방법이다.

비록 어떤 변화가 시작되지 않았다 하더라도, 모든 위기는 반드시 모니터되어야 한다. 위기 추적은 또 다른 위협이 야기될 수 있는지 살펴보기 위해 위기를 초래한 요인들을 모니터한다. 위기 추적은 다시 신호 탐지와 위기 예방으로 돌아가게 된다. 간단히 말하면, 위기 후 단계는 위기관리자가 위기 전 위기관리 단계에 관련된 행동으로 되돌아가는 것으로 끝을 맺는데, 그래서 이 과정은 계속 진행된다.

## 4. 큰 그림

위기 커뮤니케이션과 위기관리 과정에 대한 논의를 마무리할 때가 됨에 따라, 이제 위기 커뮤니케이션과 사회라는 더 큰 그림에 대해 깊이 생각해 볼 시점이 되었다. 위기 커뮤니케이션을 비판하는 사람은 위기 커뮤니케이션이 조직 자산 보호에 이용되고 있다고 비판한다. 공공의 안전과 안녕보다 조직의 자산을 우선시하는 위기팀은 단기적으로나 장기적으로나 실패하는 위기관리자가 될 수밖에 없다. 위기 커뮤니케이션은 반드시 공공의 안전과 안녕을 위기 시 최우선사항으로 두어야 한다. 조직은 이해관계자들을 보호함으로써 이해관계자들과의 소중한 관계를 보호하게 되고, 그로 인해 자연스럽게 조직 자체를 보호하게 될 것이다. 이해관계자들을 위협할 수 있는 그 어떤 정보도 기꺼이 공개하는 것(8장 참조)이 위기 커뮤니케이션에서 그 무엇보다 중요하다. 이해관계자와 관련된 정보를 숨기는 것은 결국은 조직을 해치고 위기로 인한 피해를 키우는 역할을 할 것이다. 예를 들면, 조직이 제품 피해에 대해 늑장 경고를 하는 것처럼 보일 때 소비자는 화를 내며 제품 피해 정보를 늦게 공개하거나 숨기는 조직과의 관계를 끊을 수도 있다.

위기관리를 통한 학습은 사회로도 확대될 수 있다. 학습의 핵심 요소 가운데 하나는 예방을 향상하는 것이다. 위기에서 무엇이 잘못되었는지 이해함으로써 조직은 유사한 위기의 재발 가능성을 낮출 수 있다. 위기 예방은 이해관계자들의 건강과 안전을 지켜줌으로써 사회에 도움을 준다. 화학물질 사고와 제품 피해 건수가 더 적거나 강도가 더 낮은 것은 사회에 도움이 된다. 그러나 조직은 흔히 위기를 통해 배우지 못하며 처음의 위기를 초래한 조건을 또다시 만들어낼 뿐이다. 만약 경영진이 정상적인 운영 상태로 되돌아가는 데만 집중한다면, 그전에 일이 어떻게 처리되었건 경영진은 위기가 반복될 가능성을 줄이기 위한 조치를 취하지 못한다. 위기는 조직과 사회에 어떤 문제가 있음을 시사한다. 그러한 문제를 해결하기 위해서는 어떤 조치가 취해져야만 한다. 학습은 절차의 간단한 변화일 수도 있고 조직을 운영하는 방식의 매우 복잡한 변화일 수도 있다(학습에 관한 앞의 논의를 참조하라). 위기 학습이 위기를 야기하는 데 일조한 근본적인 조건을 다루지 못한다면, 위기관리자는 사회에 대한 그들의 책임을 다하지 못하는 것이다.


## 5. 결론

비록 위기가 끝난 것으로 인식되더라도, 위기관리 과정의 노력은 여전히 계속 진행된다. 위기관리 실행은 반드시 평가되어야 한다. 실행을 향상하기 위해서는 세심한 평가가 필수적이다. 철저한 평가에는 시간이 많이 소모되고 다소 고통이 따른다는 점이 단점이라면 단점이다. 그럼에도 그에 따른 보상은 자원 지출을 정당화하고도 남는다. 평가와 위기 기록은 기관

**위기 리더십 역량: 학습 지향성**

위기 리더십은 학습 지향성(learning orientation)을 가지고 있어야 한다. 학습 지향성은 새로운 기술에 대한 욕구를 반영한다. 제임스와 우튼(2010)은 학습 지향성을 성과 지향성(performance orientation)과 비교한다. 성과 지향성은 사람들이 능력을 입증할 수 있도록 그들이 이미 알고 있는 것에 충실하라고 사람들을 고무한다. 여기에는 배우고 새로운 기술을 시도하고자 하는 욕구가 결여되어 있다. 학습 지향성을 지니고 있는 지도자는 위기를 조직에 대한 위협으로서만이 아닌 조직을 향상할 수 있는 기회로 본다. 학습 지향성은 조직이 미래의 긍정적인 결과의 빈도, 가능성, 영향은 늘리는 반면, 미래의 부정적인 결과의 빈도, 가능성, 영향은 줄일 수 있도록 도움을 준다(James & Wooten, 2010). 이 장에서 언급한 것처럼, 학습은 위기관리의 위기 후 단계의 일부가 되어야 한다.

---

혹은 조직 기억의 일부가 되어야 한다. 위기 지식을 잘 정리해두면 향후 위기관리 시 그러한 지식을 효과적으로 사용할 수 있을 것이다. 끝으로 위기 팀은 반드시 진행 중인 조사를 돕고, 이해관계자들에게 후속 정보를 계속해서 제공하며, 위기 추적도 계속해야 한다. 그렇게 함으로써 위기팀은 위기관리의 위기 전 단계로 자연스럽게 넘어가게 되고, 이는 위기관리가 계속 진행되는 과정일 수 있음을 보여준다.

**토론문제**

1. 당신은 얼마나 자주 이해관계자들이 위기 후 정보에 대한 업데이트를 제공받아야 한다고 생각하는가?
2. 어떻게 위기 기록이 위기 후 업데이트를 더 효과적이게 도와줄 수 있는가?
3. 조직 위기 기억을 가지는 것의 위험성은 무엇인가?
4. 위기 후 평가를 수행할 때 당신이 직면하는 장벽의 일부로는 어떤 것이 있는가? 당신은 그러한 장벽을 어떻게 극복할 수 있는가?

후기는 저작물의 결론부다. 9장은 위기 후 단계와 위기관리 및 커뮤니케이션 노력의 마지막 부분을 다루기 때문에 자연스러운 종료 지점처럼 보인다. 이 책은 위기 커뮤니케이터들에게 도움이 되는 권고사항을 조금 더 제공하기 위해 위기 커뮤니케이션의 가까운 미래와 과거를 살펴보는 것으로 끝을 맺는다. 1절 내다보기 부분에서는 위기관리자가 예측 가능한 미래를 위해 대적해야 할 필요가 있는 두 가지 추이, 즉 커뮤니케이션 기술과 세계화에 대해 살펴본다. 2절 되돌아보기 부분은 수년간의 위기 커뮤니케이션 연구를 토대로 하고 있으며 이 책에서 보고된 핵심적인 통찰력들을 재검토한다. 이 부분은 연구가 위기 커뮤니케이션의 실제에 왜 그렇게 소중한지에 대해 논의한다.

## 1. 내다보기: 위기 커뮤니케이션의 가까운 미래

전망은 미래를 다룬다. 이 부분은 위기 커뮤니케이션의 미래에 영향을 줄 중요한 추이에 대해 살펴본다. 서로 연관된 두 가지 추이, 즉 커뮤니케이션 기술과 세계화가 예측 가능한 미래의 위기 커뮤니케이션을 지배할 것이다. 커뮤니케이션 기술은 세계화에 기여하기 때문에, 이 두 추이는 서로 관련되어 있다.

## 1) 커뮤니케이션 기술

인터넷은 사용자들이 콘텐트를 만들고 공유할 수 있게 하는 새로운 커뮤니케이션 채널, 즉 소셜 미디어의 산실이다. 우리는 '트위터', '페이스북', '블로그'와 같은 단어의 뜻을 이해하는 세계에 살고 있다. 새로운 소셜 미디어 채널이 나타나는 추이가 계속될 거라고 믿는 데는 충분한 근거가 있다.

위기관리자는 반드시 각각의 새로운 채널이 위기관리 관행에 어떤 영향을 미칠지 이해하기 위해 노력해야 한다. 위기관리자는 위기 위협을 탐지하고 모니터하는 데 소셜 미디어를 통합함으로써 소셜 미디어의 힘을 활용하는 법을 반드시 배워야 한다. 소셜 미디어로 인해 생기는 한 가지 결과는 어떤 위기 위협은 공개적으로 관리될 필요가 있다는 것이다. 이러한 유사 위기는 위기와 매우 흡사한 것처럼 보이겠지만, 실제로 그것은 위기 위협을 다루기 위한 노력이다. 유사 위기는 문제 제기, 소문, 제품 피해 위기와 매우 밀접한 연관이 있다. 소셜 미디어가 위기 대응에 몹시 중요하다는 것은 이미 입증되었다. 그럼에도 우리는 지시 정보를 제공하는 데 있어서의 소셜 미디어의 정확한 가치와 위기 동안 그것의 상호작용적인 속성을 가장 잘 활용하는 방법을 제대로 이해하지 못하고 있다. 위기관리자는 소셜 미디어와 전통적인 웹사이트가 위기에 따른 온라인 추모비를 만드는 데 어떻게 사용될 수 있는지 이해할 필요가 있다. 문제는 조직의 후속 커뮤니케이션을 이러한 즉각적인 추모 행사와 어떻게 효과적으로 조정하는가 하는 것이다.

또 하나의 관심사는 기술을 위기팀 운영에 어떻게 통합해야 하는지 이해하는 것이다. 대량 통지 소프트웨어는 변하기 때문에, 위기관리자는 어떠한 변화가 위기 커뮤니케이션에 어떻게 도움을 줄 수 있을지 반드시 평가해야 한다. 위기팀원들이 서로 다른 장소에 있을 때 기술은 그들 간의 연락을 유지하는 데 사용될 수 있으며 또한 기술은 위기 동안 필요한 정보 처리를 관리하는 데 도움을 줄 수 있는 소프트웨어를 제공한다. 크라이시스 커맨더(Crisis Commander)는 위기 정보 공유 및 처리를 돕기 위해서 설계된 소프트웨어 솔루션의 한 예다. 이 솔루션은 긴급 상황 통지를 제공하고, 위기팀원들 간의 연락을 유지할 수 있게 하고, 계획 및 기타 필요한 정보에 접근할 수 있는 방법을 제공하며, 정보 기록 일지를 제공한다(Crisis Commander, 2012).

## 2) 세계화

여러 상무(常務) 협정을 통해 국가들이 더 상호 의존적이 되어감에 따라 세계화는 빠른 속도로 계속되고 있다. 세계화는 국제적 통합이며, 그로 인해 국가 간 상품, 서비스, 문화 교환이 증대된다. 분명 커뮤니케이션 기술은 커뮤니케이션이 먼 거리를 넘어 더 빠르고 더 쉽게 이루어질 수 있게 함으로써 세계화를 촉진한다. 스카이프(Skype)로 인해 참여자들의 영상 이미지가 포함된 실시간 대화가 가능해진 것이 바로 그러한 예다. 초국가적 조직은 세계화의 견인차 역할을 한다. 두 나라 이상에서 운영하는 조직은 초국가적 조직이다. 초국가적 조직은 운영 거점인 본사와 운영을 하는 장소인 현지국(host country)을 가지고 있다. 예를 들어, 스페인의 소매회사인 자라는 80개국 이상에 상점을 가지고 있으며, 맥도날드는 90개국 이상에 햄버거점을 가지고 있다. 나이키는 160개국 이상에 그들의 제품을 공급하며 43개국에 800개가 넘는 제조공장을 가지고 있다(Nike, 2013). 이 유명 회사들은 모두 전 세계에서 그들의 물건을 팔고 물건을 공급받기 때문에 세계화를 잘 보여준다.

세계화는 조직의 위기 위험을 증가시킨다. 하나의 새로운 나라로 확장해나갈 때마다 새로운 위험이 야기된다. 노동 관행, 안전 규정, 고객 기대, 사회적 안정은 세계화와 함께 따라오는 추가적인 위험 가운데 일부에 지나지 않는다. 초국가적인 조직은 일반적으로 본국의 위기 위험은 매우 잘 알고 있다. 초국가적인 조직은 본국에 기반을 두고 있으며 다른 어떤 나라에서보다도 본국에서 더 오래 운영을 해오고 있다. 초국가적 조직은 현지국에 대해 본국만큼 잘 알지 못한다. 이러한 지식 부족은 위기 위험 요인들에도 해당된다. 현지국과 각 현지국이 위기 동안 야기할 수도 있는 위협을 이해하기 위해서는 현지국에 대한 지식이 필요하다. 초국가적 조직은 각 현지국의 위기 위험을 파악하고 그러한 위험을 모니터하고 통합하기 위한 체계를 개발할 필요가 있다.

공급 사슬(supply chain)은 세계화와 연관된 위기 위험을 아주 잘 보여준다. 공급 사슬은 원재료에서부터 가공 처리/제조를 거쳐 도매업자와 소매업자를 지나 최종적으로 소비자에게 도달하는 제품의 이동을 말한다. 여기에는 원재료를 채굴하거나 재배하는 것으로부터 소비자가 최종 제품을 구매하는 모든 단계가 포함된다. 휴대전화가 당신 손에 들어오기까지의 단계와 재료에 대해 생각해보라. 재료는 전 세계에서 올 가능성이 있다. 공급 사슬은 더 길어지고(더 많은 단계가 포함되고) 전 세계로 퍼져나간다. 나이키는 어떻게 40개가 넘는 국가에 공급업체를 두고 있는지 생각해보라. 공급 사슬의 각 단계와 각각의 장소는 위기를 초래할 가능성을 지니고 있다. 위기는 원재료나 가공 처리에 의해 촉발될 수 있다. 비록 문제가 공급업체에서 발생한다 하더라도, 그 제품을 판매하는 회사가 궁극적으로 책임을 져야 하며 그러한 위기로 고통을 겪을 조직이다. 다음의 몇몇 사례는 공급 사슬과 위기 간의 연관성을 잘 보여준다.

1990년대에 행동주의자들은 의류산업 공급 사슬에서 노동을 착취하고 미성년 노동을 사용한다는 점을 고객들에게 일깨워주었다. 나이키는 의류 산업 최대의 회사 가운데 하나였기 때문에 표적이 되었다. 나이키는 노동력을 착취하는 공장과 관련되자 그들의 공급업체들이 노동자를 착취하지 않는다는 것을 확인하기 위해 인증 제도를 만들고자 노력했다. 2011년, 베르사체(Versace)는 낡은 것처럼 보이게 하기 위해 옷감에 모래를 분사하여 가공하는 공급업체를 이용하지 않는다는 데 동의했다. 모래 분사 과정은 노동자의 건강에 매우 큰 피해를 준다. 그렇게 하도록 베르사체에게 압력을 넣은 단체는 깨끗한 옷감 캠페인(Clean Clothes Campaign)이라는 행동주의자 단체였다(*Versace Announces*, 2011). 행동주의자 단체인 그린피스가 디톡스(Detox) 캠페인을 펼친 결과, H&M, 아디다스, 나이키, 푸마, 자라와 같은 주요 브랜드는 모두 독성이 있는 특정 물질의 사용을 중단하기로 합의했다. '노 더티 골드(No Dirty Gold)' 캠페인은 무책임하게 금을 채굴함으로써 엄청난 양의 유독성 폐기물을 발생시키는 금 생산업자들을 겨냥하고 있다. 이 네 가지 사례 각각에서 위기 위험은 원재료를 가공하는 과정에서 발생했다.

대부분의 사람은 '블러드 다이아몬드(blood diamond)'라는 개념을 잘 알고 있다. 전쟁과 집단 학살에 필요한 자금을 마련하는 데 사용되는 다이아몬드를 일컬어 '블러드 다이아몬드' 혹은 '분쟁 다이아몬드(conflict diamond)'라고 한다. 킴벌리 프로세스(Kimberley Process)는 2003년 다이아몬드의 원산지를 서류로 입증하고 어떤 다이아몬드가 블러드 다이아몬드인지 아닌지를 증명하기 위해 개발되었다. 아이보리 코스트(Ivory Coast)에서 채굴되는 다이아몬드에 대한 우려가 여전히 남아 있긴 하지만, 블러드 다이아몬드의 사용을 종식하기 위한 국제적 압력은 공급 사슬로 들어오는 블러드 다이아몬드의 양을 엄청나게 줄이는 데 도움을 주었다. 분쟁 없는 다이아 몬드(conflict-free diamond)에 대한 소비자의 압력이 회사의 다이아몬드 구매를 바꿀 것이고, 이것은 다시 블러드 다이아몬드와 연관된 인권침해를 줄일 거라는 것이 취지였다. 그와 같은 변화는 부분적으로 블러드 다이아 몬드의 존재를 소비자들이 깨닫게 되면서 그러한 다이아몬드의 구입을 원 하지 않았기 때문에 가능했다(McClanahan, 2011).

(분쟁 금속 혹은 블러드 광물이라고도 불리는) 분쟁 광물은 블러드 다이아 몬드의 가까운 친척이다. 분쟁 광물로 얻는 수익은 아프리카, 특히 콩고 민 주공화국(Democratic Republic of Congo)에서 전쟁과 집단 학살을 지원하 는 데 사용되며, 불법 광산을 통해 확보된 분쟁 광물은 폭력과 인권침해를 부채질한다(Kristof, 2010). 더욱이 노동자와 광산 부근에 사는 사람, 특히 여성이 착취와 인권침해의 대상이 된다. 분쟁 광물에는 탄탈룸(콜탄), 주석 (주석석), 텅스텐(철망간중석), 금이 포함된다(*Conflict Free Smelter Program*, 2010). 당신은 모를 수도 있지만, 만약 당신이 지금 휴대전화나 컴퓨터 혹 은 아이팟(iPod)을 가지고 있다면, 당신은 아마도 그러한 광물을 가지고 있 을 것이다. 분쟁 광물의 가장 큰 시장은 전자산업이다. 분쟁 다이아몬드와 분쟁 광물은 제품/원료 자체로부터의 위험을 보여주는 예다.

대상 코퍼레이션(Daesang Corporation)은 본사가 있는 한국에서 가장 큰 식품회사이자 세계 시장에서도 주요 회사로 미국을 포함한 많은 현지국 을 가지고 있다. 식품회사로서 대상의 핵심적인 위험 요인은 식중독과 그 들의 세계적 공급 사슬로 유입될 수 있는 오염된 식품이다. 대상은 그들의 공급 사슬에 들어와 있을 수도 있는 식품에 대한 조기 징후를 찾아내기 위 해 다양한 언어로 된 미디어를 적극적으로 모니터한다. 조기 확인을 통해 대상은 그러한 식품이 대상 브랜드에 악영향을 미치는 것을 막을 수 있다.

위기 탐지는 미디어의 경고신호 보도를 검토하기 위해 다양한 언어에 능통한 사람을 필요로 한다. 이러한 경고신호는 매일 수집되어 조직 내 관련 관리자와 공유된다. 대상 코퍼레이션의 위기 감지 체계는 매우 정교하며 초국가적인 조직이 직면하는 복잡한 요구사항을 반영하고 있다.

국제적인 위기에는 두 가지 유형, 즉 현지국 위기와 세계적인 위기가 있다. 현지국 위기는 하나 혹은 그 이상의 현지국에서 발생한다. 세계적인 위기는 본국과 하나 혹은 대부분의 현지국에서 일어난다. 두 가지 유형 모두 회사가 자국과 안주지역(comfort zone) 밖에서 일어나는 위기를 관리할 것을 요구한다. 위기관리자는 본국에서보다 현지국에서 위기가 발생할 경우 위기를 관리하고 소통하는 데 더 많은 어려움을 겪는다. 위기관리자는 다른 문화, 친숙하지 않은 미디어 체계와 온라인 사용 패턴, 다른 법적 관심사 속에서 이해관계자들에 대처할 때 반드시 자민족 중심주의적인 경향을 이겨내야 한다(Coombs, 2008).

까르푸(Carrefour)는 월마트나 테스코와 비슷한 프랑스의 대형 소매점 체인이다. 2008년, 프랑스의 시위자들은 올림픽 성화가 프랑스를 통과할 때 반복해서 그 성화를 공격했다. 성화가 몇 차례 꺼졌고, 그래서 성화 봉송 경로를 바꿀 수밖에 없었다. 프랑스 시위자들은 2008년 올림픽이 인권, 특히 티베트 사람들의 인권을 침해하고 있는 중국에서 열린다는 것을 못마땅해 했다. 많은 중국인은 이 공격을 모욕으로 받아들였고, 프랑스의 상징인 까르푸를 비난했다. 인터넷에는 까르푸에 대한 많은 온라인 항의와 더불어 까르푸에 대해 불매운동을 벌이자는 요구가 넘쳐났다. 까르푸는 세계적인 위기에 처했다. 이 위기는 중국(현지국)에서 일어났지만, 프랑스의 인권 이해관계자들은 까르푸가 2008년 올림픽을 지원하고 있는 것을 달가워하지 않았기 때문에, 동시에 본국에도 영향을 미쳤다. 그러한 상황은 중국 정부가 까르푸와 아무런 관련이 없는 시위자들에게 그 회사를 응징하지 말

것을 요청하고 나서야 비로소 안정되었다.

맥 코비(Matt Corby)는 휴대전화와 페이스북 페이지를 가지고 있는 호주의 10대 소년인데, 그러한 사실만으로도 세계적인 위기를 촉발하기에 충분했다. 그는 길이가 12인치가 되어 보이지 않는 서브웨이(Subway) 샌드위치 사진을 찍었다. 그 샌드위치는 "풋롱(footlong, 12인치)" 샌드위치라고 불리기 때문에 그는 기분이 상했다(Loreno, 2013). 그가 올린 사진을 본 많은 미국인이 서브웨이 풋롱 샌드위치의 길이를 재본 결과 길이가 12인치가 되지 않음을 알게 되었다. 샌드위치 길이가 12인치라는 약속을 지키지 않은 서브웨이를 상대로 소송이 제기되기도 했다(Manker, 2013). 이 '위기'는 현지국(호주)에서 본국(미국)으로 번져간 것이다. 2012년, 맥도날드는 중국에서 현지국 위기를 경험했다. 한 중국 텔레비전 프로그램이 맥도날드가 바닥에 떨어진 쇠고기 패티(patty)를 사용하고, 기한이 지난 음식을 팔며, 30분 제한 시간이 아닌 90분 동안이나 놓아두었던 닭고기를 손님에게 내보내는 등 회사 정책과 식품 안전 규정을 위반하고 있다고 폭로했다(*Beijing McDonald's Expired Food*, 2012). 이 세 가지 예는 국제적인 위기가 얼마나 쉽게 발생하고 또 퍼져나갈 수 있는지 잘 보여준다.

국제적인 위기는 위기관리자가 다른 법, 규정, 미디어 체계, 문화를 다루어야 하기 때문에 복잡하다. 문화는 조직과 위기에 대한 이해관계자들의 기대에 영향을 미치기 때문에 그 요인들 가운데 가장 복잡한 요인이다. 테일러(2000)는 벨기에와 유럽의 다른 지역에서 발생한 코카콜라 위기에서 문화의 역할을 강조했다. 코카콜라가 제품 피해 상황에 직면해 있을 수도 있다는 보도가 있었다. 일부 사람들이 코카콜라를 마시고 탈이 났다. 문제점에 대한 보도가 있었지만, 제품 피해에 대한 확실한 증거가 즉각적으로 입수되지는 않았다. 코카콜라 본사(미국)는 현지국(벨기에)의 그러한 상황을 위기로 보지 않았으며 더 많은 정보를 원했다. 벨기에 사람들은 그 상황을 위기로 보았으며 제품 리콜을 주문했다. 테일러는 이 문제를 모호성 관용도(ambiguity tolerance)에 있어서의 문화적 차이로 귀결 지었다. 미국은 모호성(불확실성)에 대해 더 관용적이어서, 코카콜라 본사는 그 상황에 더 늦게 대처했다. 본사는 잠재적인 제품 피해의 원인을 명확히 하기 위해 더 많은 정보를 원했다. 모호성 관용도가 더 낮은 벨기에 사람들은 그러한 불확실성을 해결하기 위해 더 빠른 조치를 요구했다.

국제적인 위기는 초국가적이어서 국경을 넘어 발생하는데, 이는 문화가 하나의 요인으로 작용할 수 있음을 의미한다. '국가(nation)'라는 용어와 '문화(culture)'라는 용어가 정확하게 동일한 것을 의미하지는 않는다. 국가는 지리적 경계를 가지고 있는 반면, 문화는 "국내에서 고유한 공통의 언어를 말하고 동일한 국가나 동일한 접촉 집단(contact group)에 속하는 사람"(Malhotra, Agawal, & Peterson, 1996: 25)으로 정의될 수 있다. '국가 문화(national culture)'라는 용어 속의 두 개념 간에는 의미 중복이 있을 수 있다. "만약 어떤 의미 있는 정도의 국가 내 공통점과 국가 간 문화 차이가 존재한다면, 문화는 국가 수준에서 타당하게 개념화될 수 있다"(Steenkamp, 2001: 36). 국제적인 위기는 위기가 국가 경계를 가로질러 발생할 때 문화 차이는 중요한 역할을 할 수 있기 때문에 위기관리자가 적어도 문화에 대한 기본적인 이해를 하고 있어야 한다는 것이 요점이다. 문화를 여러 차원에 걸쳐 서로 비교해봄으로써 우리는 문화를 이해할 수 있다. 만약 두 문화가 하나의 차원에서 서로 다르다면, 그것은 위기 시 고려해야 할 매우 중요한 포인트가 될 수 있을 것이다. 벨기에 사례에서 문화의 불확실성 회피(uncertainty avoidance) 차원이 그 위기 사례의 문제를 설명하는 데 도움을 준다. 〈표 후기-1〉은 국제적인 위기관리자에게 유용할 수 있는 문화의 일반적인 차원 일부를 나열해놓은 것이다.

문화 자체가 하나의 위험 요인으로 간주될 수 있다. 문화에 둔감한 조직

1. 권력 거리(power distance): 사람들이 기꺼이 권력의 차이를 받아들이고자 하는 정도
2. 개인주의(individualism) 대 집단주의(collectivism): 견고하게 짜인 사회 조직 대 느슨하게 짜인 사회 조직
3. 불확실성 회피: 사람들이 모호성을 불편해 하는 정도
4. 남성성(masculinity) 대 여성성(femininity): 사회가 경쟁 혹은 협력을 강조하는 정도
5. 장기 지향성 대 단기 지향성: 사회가 절약과 장기적인 결과 혹은 소비와 빠른 보상을 강조하는 정도
6. 응석(indulgence) 대 절제(restraint): 사람들이 기꺼이 만족감을 억누르고자 하는 정도
7. 보편주의(universalism) 대 다원주의(pluralism): 사회가 규칙 혹은 관계를 강조하는 정도
8. 개인주의 대 공동체주의(communitarianism): 사람들이 자신을 공동체의 일원으로 간주하는지 아니면 개인으로 간주하는지의 정도
9. 한정(specific) 대 분산(diffuse): 사람들이 책임을 분산하기를 원하는지 아니면 책임을 개인에게 할당하는지의 정도
10. 정서(affectivity) 대 중립(neutrality): 사람들이 기꺼이 정서를 표현하는지 아니면 감추고자 하는지의 정도
11. 내부 통제(inner directed) 대 외부 통제(outer directed): 사람들이 자신이 환경을 통제하고 있다고 느끼는지 아니면 자신이 환경에 의해 통제되고 있다고 느끼는지의 정도
12. 성취된 지위(achieved status) 대 귀속된 지위(ascribed status): 사람들이 개인이 노력한 결과로 획득한 지위를 강조하는지 아니면 태어나면서부터 얻게 되는 지위를 강조하는지의 정도
13. 순차적 시간(sequential time) 대 동시적 시간(synchronic time): 사람들이 한 번에 한 가지 일을 완수하길 원하는지 아니면 한 번에 여러 가지 일을 완수하길 원하는지의 정도

자료: Hofstede(1980); Trompenaars & Hampden-Turner(1997).

은 위기를 촉발할 수 있다. 1997년, 아메리칸 에어라인은 그들의 문화적 둔감성에 의해 야기된 경미한 위기를 겪었다. 법정 소송 사건으로 인해, 남미용 조종사 훈련 지침은 남미에 살고 있는 사람들에 대한 여러 가지 호의적이지 않은 성격 묘사를 포함하고 있었다. '남미에서의 생존' 부분에는 이 지역의 승객은 술을 너무 많이 마시는 경우가 잦아서 기내에서 제멋대로 굴며 비행기 탑승 시간에 늦을 것 같으면 이륙을 늦추기 위해 폭탄 위협 전화를 하는 것으로 알려져 있다고 적혀 있었다. 그러한 폭로가 아메리칸 에

어라인에 큰 문젯거리가 되었던 것은 남미가 아메리칸 에어라인의 중요한 시장이었고 지금도 중요한 시장이라는 점 때문이다. 고객을 모욕하는 것은 새로운 시장에 진출하는 효과적인 방법이 아니다. 아메리칸 에어라인은 다음과 같이 사과했다. "우리는 남미로 비행하는 조종사들에게 제공된 훈련 지침에 적혀 있는 일반화와 표현방식을 매우 유감스럽게 생각합니다. 아메리칸 에어라인은 우리의 남미 고객들을 매우 높이 평가하고 있으며 남미 시장에 헌신한다는 것을 보여주기 위해 열심히 노력해왔습니다"(Blanca, 1997: para. 1). 문화와 커뮤니케이션에 대한 자세한 논의는 이 장과 이 책의 범위를 넘어서는 것이며, 그러한 주제에 관한 책은 수백 권도 넘는다. 여기서의 요점은 국제적인 위기가 발생할 가능성이 점차 높아지고 있는 환경에서 문화를 이해하는 것의 중요성을 확인하는 것이다.

## 2. 되돌아보기: 위기 커뮤니케이션에 대해 우리가 알고 있는 것

이 책은 위기 커뮤니케이션과 위기관리에 관한 수많은 정보를 모아놓은 책의 한 예일 뿐이다. 저자는 상당한 양의 이러한 통찰력들을 위기관리자가 현재와 미래에 유용하게 사용할 수 있는 형식으로 정제하고자 했다. 위기 커뮤니케이션에 대한 가장 유용한 아이디어들의 일부를 재검토해보는 것은 이 책의 결론을 내리는 데 도움이 된다. 되돌아보기에 관한 이 절은 증거에 기반을 둔 위기 커뮤니케이션에 대한 접근이라는 개념을 살펴보는 것으로 시작한다. 위기 커뮤니케이션 통찰력을 체계화하는 틀을 먼저 제시한 다음, 그러한 통찰력들, 즉 교훈, 권고사항, 추이를 살펴본다.

## 1) 증거에 기반을 둔 위기 커뮤니케이션

의학과 관리 이 두 분야는 점차 증거에 기반을 두는 쪽으로 움직여왔다. 증거에 기반을 둔(evidence-based) 접근방식이란 의사나 관리자가 단순히 추측이나 받아들여지고 있는 지혜(wisdom)가 아닌 데이터를 바탕으로 결정을 내리는 것을 의미한다(Rousseau, 2005). 저자는 위기 커뮤니케이션이 증거를 기반으로 하는 접근방식을 사용하는 것이 도움이 될 거라고 주장해 왔다(Coombs, 2007, 2010b). 위기 커뮤니케이션은 매우 현실적인 문제를 다루기 위한 필요성 아래 탄생한 분야로 시작된 지 비교적 얼마 되지 않았다. 응용 분야에서 흔히 볼 수 있듯이, 위기 커뮤니케이션은 위기관리자가 위기와 싸우기 위해 그들이 행했던 것을 설명하는 '투쟁담'을 모은 것으로 시작했다. 일단의 용인되는 지혜가 서서히 나타났다. 연구자들은 그보다 훨씬 더 느린 속도로 일부 용인되는 지혜를 검증하고 나섰고 위기 시 왜 특정한 조치를 취해야 하는지 아니면 취해서는 안 되는지를 설명하는 이론을 개발하기 시작했다. 예를 들면, "노 코멘트"라고 말하는 것을 피하고 조직의 메시지를 빨리 내놓는 편이 좋다는 것이 용인되는 지혜다. 이후에 이루어진 연구에 따르면, 이해관계자들이 "노 코멘트"라는 말을 들으면 그들은 그것을 조직이 잘못을 저질러서 경영진이 그들에게 무언가를 감추려 하는 것으로 받아들인다고 한다. 추가 연구들도 조직이 가장 먼저 위기가 존재한다는 것을 알릴 때(연구자들은 이를 '선수 치기'라고 불렀음) 평판 손상을 덜 입는다는 사실을 확인했다. 두 가지 연구 모두 용인되는 지혜를 지지하는 증거를 제공했다.

위기관리 노력에 지침을 제공하고자 하는 연구가 더욱더 늘어나고 있다. 〈표 후기-2〉는 각각의 접근방법과 연관된 핵심 이론 및 연구자를 정리해 놓은 것이다. 더욱이 일부 연구자들은 실험방법을 통해 이론을 검정함으로

<표 후기-2> **핵심 위기 이론과 연구자**

| 위기 커뮤니케이션 이론 | 이론가 |
|---|---|
| 기업의 방어적 사과(apologia) | 히릿(Hearit) |
| 이미지 회복 이론/ 이미지 회복 담론 | 베노이트(Benoit) |
| 초점 사건(focusing event)[1] | 피시먼(Fishman), 버클런드(Birkland) |
| 재건 담론(discourse of renewal) | 시거(Seeger), 울머(Ulmer), 셀나우(Sellnow) |
| 상황 위기 커뮤니케이션 이론 | 쿰스(Coombs), 홀러데이(Holladay) |
| 상황 이론(통합 위기 매핑) | 캐머런(Cameron), 진(Jin), 팽(Pang) |

써 증거에 기반을 둔 위기 커뮤니케이션을 위한 실재적인 증거를 제공하고 있다. 사례연구가 위기 커뮤니케이션 연구를 지배해왔기 때문에, 실험연구로의 전환은 중요하다. 사례연구는 통찰력을 제공할 수 있지만, 사례연구의 결과는 증거라기보다는 추측이다. 위기 사례연구는 질적 연구방법을 활용하기 때문에, 연구 결과가 추측의 속성을 지니게 된다.

## 2) 위기 커뮤니케이션 통찰력을 체계화하는 틀

다른 글에서 저자는 위기관리에 사용된 모든 다양한 위기 커뮤니케이션 활동은 정보 관리와 의미 관리 두 가지 범주로 나눠질 수 있다고 주장했다. 위기에 의해 야기되는 정보 공백은 정보 수집 및 분석을 요구한다. 정보 처리를 하지 않는다면 위기팀은 조치를 취하는 데 필요한 결정을 결코 내릴 수 없을 것이다. 대비와 예방도 마찬가지로 신중한 정보 처리를 필요로 한다. 의미 관리는 내부 및 외부 이해관계자들이 위협, 위기, 위기 대응, 위기에 관련된 조직을 지각하는 방식에 영향을 미치는 노력을 수반한다. 의미

---

1   갑자기 발생하여 많은 사람의 주의를 일시에 끌어모으는 사건을 의미한다(역자 주).

<그림 후기-1> **위기 커뮤니케이션 배열표**

| 위기 단계 | 정보 관리 | 의미 관리 |
|---|---|---|
| 위기 전/ 예방 및 대비 | | |
| 위기 대응 | | |
| 위기 후/ 학습 | | |

관리는 위협이나 위기 그리고 위기에 따른 이해관계자들의 정서적·행동적 반응에 어떤 조치를 취할 것인지를 결정할 수 있기 때문에 매우 중요하다 (Coombs & Holladay, 2005; Jin & Cameron, 2007; Jin & Pang, 2010).

위기관리의 세 단계와 위기 커뮤니케이션의 두 범주를 결합하면, 〈그림 후기-1〉에서 보듯이, 위기 커뮤니케이션 배열표가 만들어진다(Coombs, 2010a). 위기관리자는 이 배열표를 통해 위기관리 전 과정에서 위기 커뮤니케이션이 다양하게 적용되는 것을 '볼' 수 있다. 이 장에서 위기 커뮤니케이션 배열표는 우리가 위기 커뮤니케이션에 대해 정말 알고 있는 것을 요약해주는 체계화 틀 역할을 한다. 위기 커뮤니케이션 지식 기반을 이해하는 것은 위기 커뮤니케이션에 대한 일단의 믿을 만한 권고사항을 분명히 표현하는 데 매우 중요한 요소다. 불행하게도 위기 커뮤니케이션 실무 관행이 이론을 앞서간다. 그것은 사용되고는 있지만 아직 연구되지 않은 실무 관행이 생겨나고 있음을 의미한다. 이러한 새롭게 생겨나고 있는 추이는 증거는 부족하지만 위기관리자에게 여전히 중요한 도전거리이기 때문에, 그것을 고려해보는 것은 중요하다.

### 3) 위기 커뮤니케이션 교훈, 권고사항, 그리고 추이

이 부분에서는 점차 늘어나고 있는 위기 커뮤니케이션 연구 결과들을 요약한다. 저자는 종종 제한된 지시적인 기본 틀을 의미하는 '최고의 실무 관행'이란 용어에 반대한다. 위기 커뮤니케이션은 매우 역동적이며 어떠한 위기에서도 취해져야 하는 믿을 만한 일단의 조치로 줄여서 요약하기가 어렵다. 오히려 이 부분은 위기관리자가 위기에 대비하거나 위기를 관리할 때 의지할 수 있는 교훈을 모아놓은 곳이다. 그러한 교훈은 〈그림 후기-1〉의 위기 커뮤니케이션 배열표에 나타나 있는 여섯 영역별로 정리되어 있다. 권고사항은 위기관리자에게 주는 일반적인 조언으로, 아직 검정되지는 않았지만 논리적이며 상식을 반영한다. 추이는 이론과 연구가 결여되어 있는 새롭게 등장하는 실무 관행이지만 주목을 요하는 요인이다. 추이는 위기 커뮤니케이션에서 어떻게 이론이 실무 관행에 뒤지는지를 보여준다.

## 위기 전 정보 관리

- 위기팀은 훈련을 받을 때 더 효과적이다.
- 위기팀은 반드시 새로운 기술을 사용해서 훈련을 받지 않으면 위기 동안 그러한 기술을 사용하지 않을 것이다.

| 권고사항 | • 위기관리 계획은 적어도 매년 업데이트하라.<br>• 가능하다면 시간을 절약하기 위해 위기 전에 메시지를 작성하라.<br>• 위기 동안 사용할 다크 사이트(dark site)와 소셜 미디어를 준비하라. |
|---|---|

## 위기 전 의미 관리

| 추이 | • 소셜 미디어는 위기 탐지와 모니터링에 점차 중요해지고 있다.<br>• 유사 위기는 공개적인 위기 예방을 요구하면서 그 빈도가 증가하고 있다. |
|---|---|

## 위기 대응 정보 관리

- 효과적이지 않은 지시 정보는 위기 대응의 효과성을 낮추고 공공의 안전을 위협한다.

- 웹사이트와 소셜 미디어는 위기 동안 소중한 커뮤니케이션 채널이 될 수 있다.

## 위기 대응 의미 관리

- 조직이 먼저 위기에 대해 보고할 때, 평판 손상은 줄어든다.
- 이해관계자들은 "노 코멘트"를 부정적으로 해석할 것이다.
- 적응 정보(adjusting information)는 위기로 인한 평판 위협을 줄인다.
- 사과와 보상은 똑같이 평판을 보호하는 데 효과적이다.
- 위기 책임은 구매 의향과 부정적으로 관련되어 있다.
- 화(anger)[2]가 커지게 되면 부정적인 입소문으로 이어질 가능성이 더 커진다.
- 부정적인 이전 평판은 위기로 인한 평판 위협을 증가시킨다.
- 위기 전력(前歷)은 위기로 인한 평판 위협을 증가시킨다.
- 카메라 앞에서 호감 있게 보이는 것은 공신력은 높이고 지각된 기만성(deceptiveness)은 낮춘다.

| 권고<br>사항 | • 위기 동안 추측은 삼가라.<br>• 위기 대응에 명료성과 속도를 높이기 위해 메시지 지도를 만들어라.<br>• 검색 엔진 프로토콜을 사용하여 온라인 위기 메시지에 이용하라. |

---

2 화(anger)와 분노(resentment)는 구별할 필요가 있다. 화는 개인적 차원에서 발생하는 즉흥적인 노여움인 데 반해, 분노는 규범적인 속성을 지닌 집합적 감정으로, 집합적 공분을 일으켜 저항행위로 이어지는 경향이 있다. 즉, 내 일은 아니지만 마치 내가 겪고 있는 것처럼 상황을 공유하면서 침해된 '성스러운' 규범과 가치를 고수하려는 '사회적' 감정이 바로 분노다(역자 주).

| | |
|---|---|
| | • 대량 통지 체계를 사용하여 시간을 아끼고 생명을 구하며 어느 정도의 법적 우위성(legal advantage)[3]을 제공하라.<br>• 필요할 경우 직원과 다른 이해관계자들에게 상담을 제공하라.<br>• 모든 직원에게 위기관리 노력에 대한 정보를 계속해서 제공하라. |
| 추이 | • 국제적인 위기의 경우 의미 관리 과제는 국경을 넘기 때문에 더 힘들어진다. |

## 위기 후 정보 관리

| | |
|---|---|
| 권고<br>사항 | • 위기 대응 동안 이해관계자들에게 약속한 정보는 모두 제공하라. |
| 추이 | • 소셜 미디어가 후속 정보를 제공하는 데 점차 많이 사용되고 있다.<br>• 소셜 미디어는 위기 후에 이해관계자들과 접촉할 수 있는 기회를 제공한다. |

## 위기 후 의미 관리

• 소셜 미디어는 위기와 조직의 위기 대응에 대한 이해관계자들의 반응을 평가하는 데 사용될 수 있다.

| | |
|---|---|
| 권고<br>사항 | • 위기관리 노력을 분석하고 조직 학습을 촉진하기 위해 노력하라. |
| 추이 | • 온라인 추모 행사가 위기 발생 후에 일어날 가능성이 있다. |

## 3. 결론

위기 커뮤니케이션은 역동적인 분야다. 연구와 실무를 통해 위기관리자에게 매우 유용한 새로운 아이디어가 계속해서 추가 제공되고 있다. 이 책

---

3 미국에서 대량 통지 체계를 갖는 것은 법적 소송이 진행되는 동안 이점이 될 수 있다. 왜냐하면 통지 체계는 상당한 주의(due diligence)를 기울이고 있음을 보여주기 때문인데, 이것은 바로 이해관계자들을 보호하기 위해 위기관리자가 해야 할 일 가운데 하나다(저자와의 이메일).

전체를 통해 저자는 커뮤니케이션에 기반을 둔 위기관리 접근방법에 대한 기본 틀을 제공하기 위해 기존의 위기관리 아이디어들을 몇몇 새로운 아이디어와 종합했다. 이 기본 틀의 목적은 관리하기 쉬운 지침서를 만들기 위해 위기관리에 관한 여러 가지 글과 아이디어를 통합하는 도구를 제공하는 것이다. 다양한 통찰력을 체계화하고 종합하기 위해 위기관리 과정을 세 단계로 나누었다. 이 3단계 모델은 위기관리 과정과 커뮤니케이션 요구의 계속 진행되는 속성을 강조한다.

위기관리는 결코 끝이 없다. 어떤 시간에도 위기관리자는 위기관리 과정의 다른 부분에 애쓰고 있을 뿐이다. 저자는 다양한 글과 아이디어를 통합하고 있는 이 책이 위기관리에 독특한 통찰력을 제공할 것으로 믿는다. 저자는 이 책이 위기관리 과정에 대한 당신의 관점에 많은 지식을 제공했기를 바란다.

## 1) 위기 리더십 역량 박스: 리더십의 가치

핵심은 위기는 조직에 대한 위협이라는 것이다. 위기가 조직과 조직의 이해관계자들에게 피해를 입힐 수 있기 때문에 관리자는 위기에 시간을 투자하고 위기에 주목한다. 위기의 위협에 지나치게 초점을 맞춘 나머지 피포위 심리(siege mentality)[4]에 빠지는 것은 위험하다. 관리자가 위기에 의해 야기되는 조직에 대한 공격만을 감지할 때 피포위 심리에 빠지게 된다. 지나치게 방어적인 자세를 취하는 것은 서투른 선택과 효과적이지 않은 위기 커뮤니케이션 및 관리로 이어질 수 있다(James & Wooten, 2010). 위기 지도자는 다른 사람에게 위기가 기회가 될 수도 있음을 상기시켜줄 필요가

---

4   항상 적들에게 둘러싸여 있다고 믿는 강박 관념(역자 주).

있다. 효과적인 대응을 하게 되면 이해관계자들로부터 칭찬을 받게 될 것이고, 이는 궁극적으로 조직과 조직의 이해관계자들에게 득이 될 것이다. 그 밖에도 조직은 조직을 향상하는 방법에 대한 통찰력을 얻는 데 위기를 사용할 수 있다. 9장에서 언급한 것처럼, 대부분의 조직은 위기로부터 교훈을 얻지 못한 채 기회를 날려버린다. 위기 리더십은 위기로부터 배우고 성장할 수 있는 잠재력에 초점을 유지하는 데 필수적이다(James & Wooten, 2010). 위기 리더십은 피포위 심리를 야기하는 위기냐 아니면 발전할 수 있는 기회냐의 차이라 할 수 있다.

## 토론문제

1. 당신이 관리하기 가장 어렵다고 느끼는 위기는 어떤 유형의 위기인가? 무엇 때문에 그러한 위기를 관리하기가 어려운가?
2. 위기 커뮤니케이션에서 새로운 커뮤니케이션 기술을 사용하지 않는 것이 실제로 위기 대응을 해친다고 생각하는가 아니면 단순히 어떤 조직이 시대에 뒤진 조직처럼 보이게 한다고 생각하는가? 위기 커뮤니케이션에서 새로운 커뮤니케이션 기술의 진정한 가치는 무엇인가?
3. 만약 당신이 어떤 조직에 위기 커뮤니케이션에 대해 다섯 가지 권고를 할 수 있다면 어떤 것을 권고하겠는가? 각 권고사항의 가치는 무엇인가?
4. 국제적인 위기를 관리하는 것이 매우 어려운 이유는 무엇인가?
5. 국제적인 위기에 의해 야기되는 커뮤니케이션상의 특별히 어려운 점은 무엇인가?
6. 위기 전, 위기 동안, 위기 후에 소셜 미디어를 사용하는 것에 대해 당신은 위기관리자에게 어떤 권고를 하겠는가?
7. 공급 사슬은 조직에 왜 그렇게 많은 위기 도전 과제를 제공하는가?

| Disney | 1997-2005 | 미국 가족협회의 불매운동 | |
|---|---|---|---|
| Union Carbide Corporation | 1998 | 질소 유출에 의한 질식 | Hahnville, LA |
| Morton International | 1998 | 폭발 및 화재 | Paterson, NJ |
| Sonat Exploration | 1998 | 선박 고장 | Pitkin, LA |
| Tosco Corporation | 1999 | 정유공장 화재 | Martinez, CA |
| Concept Sciences | 1999 | 수산화아민 폭발 | Allentown, PA |
| eBay | 2000 | 컴퓨터 해킹 | |
| Amazon.com | 2000 | 컴퓨터 해킹 | |
| Buy.com | 2000 | 컴퓨터 해킹 | |
| NuWood | 2001 | 직장 폭력 | Goshen, IN |
| Wendy's | 2001 | 동물 복지 지침을 지키지 않았다는 이유로 PETA가 문제 제기 | |
| Bethlehem Steel | 2001 | 시설물 화재 | Chesterton, IN |
| BP Amoco | 2001 | 뜨거운 플라스틱 사고 | Augusta, GA |
| Motiva Enterprises | 2001 | 정유공장 폭발 및 화재 | Delaware City, DE |
| Georgia-Pacific | 2002 | 황화수소 가스 누출 | Pennington, AL |
| Third Coast Industries | 2002 | 시설물 화재 | Brazoria County, TX |
| DPC Enterprises | 2002 | 염소 전송 호스 파열 및 유출 | Festus, MO |
| Kaltech Industries | 2002 | 시설물 폭발 | New York, NY |
| Tyco International | 2002 | 임원진의 공급 절도 | |
| Enron | 2002 | 투자자들에게 불법적으로 부채 숨김 | |
| Adelphia | 2002 | 투자자들에게 불법적으로 부채 숨김 | |
| WorldCom | 2002 | 투자자들에게 불법적으로 부채 숨김 | |
| HealthSouth | 2002 | 투자자들에게 불법적으로 부채 숨김 | |
| First Chemical | 2002 | 증류탑 폭발 | Pascagoula, MS |
| Air Midwest | 2003 | 관리 소홀로 5491편 사고 | Charlotte, NC |
| Lockheed Martin | 2003 | 직장 폭력 | Meridian, MS |
| Chi-Chi's | 2003 | 간염 발생 | Pittsburgh, PA |
| BLSR Operating | 2003 | 증기운(vapor cloud) 폭발 | Rosharon, TX |
| D. D. Williamson | 2003 | 선박 고장 | Louisville, KY |
| Technic | 2003 | 시설물 폭발 | Cranston, RI |
| Iostec | 2003 | 증류탑 폭발 | Miami Township, OH |
| West Pharmaceutical Services | 2003 | 시설물 폭발 및 화재 | Kinston, NC |
| CTA Acoustics | 2003 | 시설물 폭발 및 화재 | Corbin, KY |
| Honeywell | 2003 | 염소 가스 유출 | Baton Rouge, LA |

| | | | |
|---|---|---|---|
| Hayes Lemmerz | 2003 | 일련의 시설물 폭발 | Huntington, IN |
| DPC Enterprises | 2003 | 염소 가스 누출 | Glendale, AZ |
| Merck | 2004 | VIOXX로 인한 심장마비 및 뇌졸중 | |
| McDonald's | 2004 | 심장마비로 CEO 짐 캔탈루포 (Jim Cantalupo) 사망 | |
| Giant Industries | 2004 | 휘발유 구성 성분 유출로 인한 폭발 | Gallup, NM |
| MFG Chemical | 2004 | 독성 알릴알코올 증기 유출 | Dalton, GA |
| Formosa Plastics | 2004 | 폴리염화비닐 폭발 | Illiopolis, IL |
| Qwest Communications International | 2004 | 투자자들에게 불법적으로 부채 숨김 | |
| San Francisco 49ers | 2005 | 부적절한 팀 미디어 훈련 비디오 | |
| Acetylene Service Company | 2005 | 가스 폭발 | Perth Amboy, NJ |
| Marcus Oil | 2005 | 저장 탱크 고장 | Houston, TX |
| BP | 2005 | 일련의 시설물 폭발 | Texas City, TX |
| Ford Motor Company | 2005-2006 | 미국 가족협회의 불매운동 | |
| Synthron | 2006 | 시설물 폭발 | Morganton, NC |
| Cadbury | 2006 | 초콜릿으로 인한 식중독 | |
| Dell, Apple 및 Toshiba | 2006 | 랩탑 배터리 결함 | |
| Reebok | 2006 | 어린이 팔찌에서 납 성분 발견 | |
| HP | 2006 | 비윤리적인 방법으로 전화 기록 입수 | |
| Earthbound Farms 및 Dole | 2006 | 시금치에서 대장균 발견 | |
| Princess Cruises | 2006 | 선상 화재 | |
| Princess Cruises | 2006 | 조타기 고장 | |
| Taco Bell | 2006 | 파에서 대장균 발견 | |
| JetBlue | 2007 | 기내에 승객 갇힘 | |
| Menu Foods | 2007 | 애완동물 음식에 든 멜라닌으로 인한 리콜 | |
| Harry & David | 2007 | 신고되지 않은 견과 알러지 유발 물질 | |
| Campbell Soup | 2007 | 수프 속에서 플라스틱 발견 | |
| Fisher-Price | 2007 | 어린이 그네의 얽매임 위험 | |
| Polaris Industries | 2007 | 산악용 자전거 베어링 고장 | |
| Lowe's | 2007 | 할로겐 등의 화재 위험 | |
| Bassettbaby | 2008 | 유아 침대의 얽매임 위험 | |
| Walmart | 2008 | 장식물의 납 중독 위험 | |
| Arctic Cat | 2008 | 속도 조절 불가 | |
| Nestlé | 2008 | 딸기 분말에서 알루미늄 발견 | |
| Matterhorn Group | 2008 | 색다른 탄산수에서 플라스틱 발견 | |
| Bayer CropScience | 2008 | 시설물 폭발 | Charleston, WV |
| AstraZenerca | 2009 | 쎄로켈(Seroquel) 판매 | |
| Dole Foods | 2009 | 영화 〈바나나〉에 대한 소송 | |
| Ketchum | 2009 | 트윗으로 고객 모욕 | |

| | | | |
|---|---|---|---|
| KFC | 2009 | 증정품용 닭고기 확보 실패 | |
| Peanut Corporations of America | 2009 | 땅콩버터 페이스트 리콜 | |
| Ryanair | 2009 | BBC 인터뷰를 둘러싼 논란 | |
| Toyota | 2009 | 액셀러레이터 페달 매트 걸림 문제로 리콜 | |
| Amazon.com | 2009 | 조지 오웰 소설 삭제 | |
| Red Bull | 2009 | 제품에서 코카인 흔적 발견 | |
| Maclaren | 2009 | 손가락 부상 위험으로 유모차 리콜 | |
| Kellogg | 2009 | 오염으로 인해 에고 공장 폐쇄 | Atlanta, GA |
| Burger King | 2009 | 스페인어 광고에서 멕시코 국기 사용 | |
| Apple | 2009 | 유럽에서 아이폰 폭발 | |
| BP | 2010 | 딥워터 허라이즌 폭발 및 기름 유출 | Gulf of Mexico |
| Activision | 2010 | 핵심 임원 해고 | |
| Tesoro | 2010 | 정유공장 화재 | Anacortes, WA |
| POM Wonderful | 2010 | 논란을 불러일으킨 광고 | |
| Johnson & Johnson | 2010 | 냄새와 오염으로 제품 리콜 | |
| Royal Caribbean | 2010 | 아이티로의 신속한 복귀 | |
| Nestlé | 2010 | 그린피스와의 야자유 갈등 | |
| H&M | 2010 | 좋은 옷을 기부하는 대신 처분 | |
| Pampers | 2010 | 제품 피해 아기에 대한 소문 | |
| HP | 2010 | 랩탑 배터리 화재 위험 | |
| Hoover | 2010 | 감전 위험으로 진공청소기 리콜 | |
| Kleen Energy | 2010 | 시설물 폭발 | Middletowm, CT |
| DuPont | 2010 | 독성 포스겐 가스 유출 | |
| Air New Zealand | 2010 | '쿠거(Cougar)' 판촉 및 비디오 | |
| Rolls-Royce | 2010 | 에어버스 A380 엔진에서 기름 누출 | |
| Gap | 2010 | 새 로고에 대한 부정적 고객 반응 | |
| Starbucks | 2011 | 새 로고에 대한 부정적 고객 반응 | |
| Groupon | 2011 | CEO가 코끼리를 죽이는 장면이 담긴 비디오를 둘러싼 분노 | |
| Red Cross | 2011 | 직원의 음주에 대해 실수로 쓴 부적절한 트윗 | |
| Cargill | 2011 | 칠면조 고기에서 살모넬라 발병 | |
| DuPont | 2011 | 나무를 죽이는 제초제 리콜 | |
| Dunkin Donuts | 2011 | 광고 속 스카프에 테러를 지지한다고 적혀 있는 광고 제거 | |
| JetBlue | 2011 | 비행기가 7시간 동안 활주로 위에서 오도 가도 못함 | Hartford, CT |
| Versace | 2011 | 샌드블래스팅 청바지 제작 중단 | |
| Jensen Farms | 2011 | 리스테리아균 때문에 캔털루프 리콜 | |
| Johnson & Johnson | 2011 | 규정 위반으로 미국 정부에 의한 생산시설물 몰수 | |

| | | | |
|---|---|---|---|
| Bic | 2012 | 새로운 'Bic for Her' 펜에 대한 항의 | |
| Starbucks | 2012 | 영국에서 납부한 세금에 대한 항의 | 영국 |
| Adidas | 2012 | 인도네시아 노동자들에게 적절한 퇴직금을 지불하지 않은 것에 대한 항의 | |
| Qantas | 2012 | A380 슈퍼 점보 비행기 날개에서 균열 발견 | |
| NECC | 2012 | 백신이 수막염 발병과 관련됨 | |
| Splendid Products | 2012 | 살모넬라로 인해 망고 리콜 | |
| McDonald's | 2012 | 기한이 지난 안전하지 않은 식품 판매 | 베이징, 중국 |
| Carnival Cruise | 2012 | 코스타 콩코르디아 침몰 | 이탈리아 |
| American Apparel | 2012 | 옷 판매 촉진에 슈퍼 스톰 샌디 해시태그 사용 | |
| Susan G. Komen | 2012 | 플랜드 페어런트후드에 대한 후원 중단하기로 계획함 | |
| Chick-fil-A | 2012 | 사장이 남성 동성애자 결혼 반대 입장 취함 | |
| Subway | 2012-2013 | '풋롱' 샌드위치의 길이가 12인치가 되지 않음 | |
| Boeing | 2013 | 배터리 위험으로 드림라이너가 이륙하지 못함 | 미국 및 일본 |
| Primark | 2013 | 봉제공장 화재 | 방글라데시 |
| Walmart | 2013 | 봉제공장 화재 | 방글라데시 |
| Zara | 2013 | 봉제공장 화재 | 방글라데시 |
| Carnival Cruise | 2013 | 카니발 트라이엄프 화재 | |
| Royal Caribbean | 2013 | 그랜저 오브 시 화재 | |
| Wrigley | 2013 | 어린이에게 미칠 영향에 대한 식품의약국(FDA)의 우려로 카페인 껌 생산 중단 | |
| Danone | 2013 | 아플라톡신 수치로 유제품 리콜 | 루마니아 |
| Tesco | 2013 | 일부 식육 제품에서 말고기 발견 | |
| Ikea | 2013 | 일부 미트볼에서 말고기 발견 | |
| Reebok | 2013 | 대변인 릭 로스(Rick Ross)의 여성에 대한 부정적인 의견 표명에 대한 항의 | |
| General Mills | 2013 | 두 인종 부부와 그들의 어린 딸이 등장하는 치리오 광고에 대한 온라인상의 분노 반응 | |
| Nike | 2013 | 우즈베키스탄으로부터의 '노예 목화' 사용에 대한 항의 | |
| Disney | 2013 | 직원 안전에 관한 주 규정 위반으로 디즈니랜드의 세 종류 놀이기구 폐쇄 | |
| Exxon-Mobil | 2013 | 기름 유출 | Mayflower, AR |
| ANA | 2013 | 배터리 위험으로 드림라이너가 이륙하지 못함 | 일본 |
| Japan Airlines | 2013 | 배터리 위험으로 드림라이너가 이륙하지 못함 | 일본 |

About.com. 2002. *Febreze toxic to pets?* Retrieved from http://urbanlegends.about. com/library/blfebrez.htm

Abrams, A. L. (n.d.). *Legal strategies: Crisis management and accident investigation.* Retrieved from http://www.asse.org/practicespecialties/riskmanagement/docs/Abrams%20Paper.pdf

Agle, B. R., Mitchell, R. K., & Sonnenfeld, J. A. 1999. Who matters to CEOs? An investigation of stakeholder attributes and salience, corporate performance, and CEO values. *Academy of Management Journal, 42,* 507~525.

Agnes, M. 2012. *Dark websites as a social media crisis management strategy.* Retrieved from http://www.melissaagnescrisismanagement.com/wp-content/uploads/2012/05/Dark-Websites-as-a-Social-Media-Crisis-Strategy.pdf

Ahluwalia, R., Burnkrant, R. E., & Unnava, H. R. 2000. Consumer response to negative publicity: The moderating role of commitment. *Journal of Marketing Research, 27,* 203~214.

Ajzen, I. 2002. Perceived behavioral control, self-efficacy, locus of control, and the theory of planned behavior. *Journal of Applied Social Psychology, 32,* 665~683.

Alam, J. 2013(May 10). Bangladesh factory collapse: Death toll climbs past 1,000. *Huffington Post.* Retrieved from http://www.huffingtonpost.com

Allen, M. W., & Caillouet, R. H. 1994. Legitimation endeavors: Impression management strategies used by an organization in crisis. *Communication Monographs, 61,* 44~62.

Alsop, R. J. 2004. *The 18 immutable laws of corporate reputation: Creating, protecting, and repairing your most valuable asset.* New York, NY: Free Press.

American Family Association. 2005. *Ford supports homosexual polygamy.* Retrieved from http://media.afa.net/newdesign/ReleaseDetail.asp?id=3464

American Management Association. 2003. *Crisis management and security issues 2004 survey.* Retrieved from http://www.amanet.org/training/articles/2004-Crisis-Managements-and-Security-Issues-16.aspx

Ammerman, D. 1995. What's a nice company like yours doing in a story like this? In L. Barton (Ed.), *New avenues in risk and crisis management* (Vol.3, pp.3~8). Las Vegas: University of Nevada Las Vegas, Small Business Development

Center.

Annen, P., & McCormick, J. 1997(November 24). More than a tune-up: Tough going in a fight against sexual harassment. *Newsweek*, pp.50~52.

Argyris, C., & Schön, D. 1978. *Organizational learning: A theory of action perspective*, Reading, MA: Addison-Wesley.

Arpan, L. M., & Pompper, D. 2003. Stormy weather: Testing "stealing thunder" as a crisis communication strategy to improve communication flow between organizations and journalists. *Public Relations Review, 29*, 291~308.

Arpan, L. M., & Roskos-Ewoldsen, D. R. 2005. Stealing thunder: An analysis of the effects of proactive disclosure of crisis information. *Public Relations Review, 31*, 425~433.

Augustine, N. R. 1995. Managing the crisis you tried to prevent. *Harvard Business Review, 73*(6), 147~158.

Aula, P., & Mantere, S. 2008. *Strategic reputation management: Towards a company of good*. New York, NY: Routledge.

Baker, M. (n.d.). *Odwalla and the E-coli outbreak*. Retrieved from http://www.mallenbaker.net/csr/CSRfiles/crisis05.html

Balik, S. 1995. Media training: Boot camp for communicators. *Communication World, 12*, 22~25.

Barbaro, M., & Gillis, J. 2005(September 6). Wal-Mart at forefront of hurricane relief. *Washington Post*. Retrieved from http://www.washingtonpost.com

Barge, J. K. 1994. *Leadership: Communication skills for organizations and groups*. New York, NY: St. Martin's.

Baron, D. P. 2003. Private politics. *Journal of Economics & Management Strategy, 12*, 31~66.

Baron, R. A. 1983. *Behavior in organizations: Understanding and managing the human side of work*. Boston, MA: Allyn & Bacon.

Barry, R. A. 1984(March). Crisis communications: What to do when the roof falls in. *Business Marketing, 69*, 96~100.

Barton, L. 1995(August). *Your crisis management plan*. Paper presented at the meeting of New Avenues in Crisis Management, Las Vegas, NV.

_____. 2001. *Crisis in organizations II* (2nd ed.). Cincinnati, OH: College Divisions South-Western.

Baskin, O., & Aronoff, C. 1988. *Public relations: The profession and the practice* (2nd ed.). Dubuque, IA: William C. Brown.

Baucus, M. S., & Baucus, D. A. 1997. Paying the piper: An empirical examination of longer-term financial consequences of illegal corporate behavior. *Aca-*

*demy of Management Journal, 40*(1), 129~151.

Baucus, M. S., & Near, J. P. 1991. Can illegal corporate behavior be predicted? An event history analysis. *Academy of Management Journal, 34*(1), 9~36.

Beal, A. 2013. Trackur launches CrisisSheild: Free reputation insurance for our customers. Retrieved from http://www.trackur.com/crisisshield-free-reputation-insurance

Beijing McDonald's expired food scandal ignites public anger. 2012(March 17). Retrieved from http://www.chinasmack.com/2012/stories/beijing-mcdonalds-expired-food-scandal-ignites-public-anger.html

Ben-Zur, S. 2011(November 2). We're listening: Nvida's social media command center [Web log post]. Retrieved from http://blogs.nvidia.com/2011/11/were-listening-nvidias-social-media-command-center/

Benoit, W. L. 1995. *Accounts, excuses, and apologies: A theory of image restoration.* Albany: State University of New York Press.

_____. 1997. Image repair discourse and crisis communication. *Public Relations Review, 23*, 177~180.

Benson, J. A. 1988. Crisis revisited: An analysis of strategies used by Tylenol in the second tampering episode. *Central States Speech Journal, 39*, 49~66.

Berg, D. M., & Robb, S. 1992. Crisis management and the "paradigm case." In E. L. Toth & R. L. Heath (Eds.), *Rhetorical and critical approaches to public relations* (pp.93~110). Hillsdale, NJ: Lawrence Erlbaum.

Berger, C. R., & Calabrese, R. J. 1975. Some explorations in initial interaction and beyond: Toward a developmental theory of interpersonal communication. *Human Communication Research, 1*(2), 99~112.

Bergman, E. 1994. Crisis? What crisis? *Communication World, 11*(4), 9~13.

Bhattacharya, C. B., & Sen, S. 2003. Consumer-company identification: A framework for understanding consumers' relationships with companies. *Journal of Marketing, 67*(4), 76~88.

Bigley, G. A., & Roberts, K. H. 2001. The incident command system: High-reliability organizing for complex and volatile task environments. *Academy of Management Journal, 44*, 1281~1299.

Billings, R. S., Milburn, T. W., & Schaalman, M. L. 1980. A model of crisis perception: A theoretical and empirical analysis. *Administrative Science Quarterly, 25*, 300~316.

Birch, J. 1994. New factors in crisis planning and response. *Public Relations Quarterly, 39*, 31~34.

Black, T. How to write a social media policy. Retrieved from http://www.inc.com/

guides/2010/05/writing-a-social-media-policy.html

Blackshaw, P., & Nazzaro, M. 2004. Consumer-generated media (CGM) 101: Word of mouth in the age of the web-fortified consumer. Cincinnati, OH: Intelliseek. Retrieved from http://www.brandchannel.com/images/Papers/222_CGM.pdf

Blanca, M. 1997(August 21). Airline to Latin Americans: Sorry. *New York Daily News*. Retrieved from http://www.nydailynews.com

Blythe, B. T., & Stivariou, T. B. 2003. Negligent failure to plan: The next liability frontier? Retrieved from http://ehstoday.com/safety/ehs_imp_36448/index.html

Boffey, P. M. 1986(February 19). Shuttle head says he was not told of cold readings. *New York Times*, p.A1.

Botan, C., & Taylor, M. 2004. Public relations: The state of the field. *Journal of Communications, 54*, 645~661.

Bowers, J. W., Ochs, D. J., & Jensen, R. J. 1993. *The rhetoric of agitation and control* (2nd ed.). Prospect Heights, IL: Waveland Press.

Bradford, J. L., & Garrett, D. E. 1995. The effectiveness of corporate communicative responses to accusations of unethical behavior. *Journal of Business Ethics, 14*, 875~892.

Brewer, L., Chandler, R. C., & Ferrell, O. C. 2006. *Managing risks for corporate integrity: How to survive an ethical misconduct disaster.* Mason, OH: Thomson.

Briggs, R. O., De Vreede, G. J., & Nunamaker Jr, J. 2003. Collaboration engineering with ThinkLets to pursue sustained success with group support systems. *Journal of Management Information Systems, 19*(4), 31~64.

Brummett, B. 1980. Towards a theory of silence as a political strategy. *Quarterly Journal of Speech, 66*, 289~303.

Bryson, J. M. 2004. What to do when stakeholders matter: Stakeholder identification analysis techniques. *Public Management Review, 6*, 21~53.

Burgoon, J. K., Birk, T., & Pfau, M. 1990. Nonverbal behaviors, persuasion and credibility. *Human Communication Research, 17*, 140~169.

Business Roundtable. 2002. Business Roundtable's post-9/11 crisis communication toolkit: Best practices for crisis planning, prevention and continuous improvement. Retrieved from http://www.docstoc.com/docs/411987/Business-Roundtables-Post-9-1-Crisis-Communications-Toolkit

Cable News Network. 2002(February 3). Lawmakers blast Enron's "culture of corporate corruption." Retrieved from http://www.cnn.com

Caldiero, C., Taylor, M., & Ungureanu, L. 2010. Organizational and media use of technology during fraud crises. In W. T. Coombs & S. J. Holladay (Eds.), *The handbook of crisis communication* (pp.396~409). Malden, MA: Wiley-Blackwell.

Canadian Imperial Bank of Commerce. (n.d.). Stakeholder engagement. Retrieved from https://www.cibc.com/ca/inside-cibc/environment/stakeholder-engagement.html

Carlson, A. C., & Hocking, J. E. 1988. Strategies of redemption at the Vietnam Veterans Memorial. *Western Journal of Communication, 52*, 203~215.

Carney, A., & Jorden, A. 1993. Prepare for business-related crises. *Public Relations Journal, 49*, 34~35.

Carroll, C. E., & McCombs, M. E. 2003. Agenda-setting effects of business news on the public's images and opinions about major corporations. *Corporate Reputation Review, 6*, 36~46.

Caruba, A. 1994. Crisis PR: Most are unprepared. *Occupational Hazards, 56*(9), 85.

Center, A. H., & Jackson, P. 1995. *Public relations practices: Managerial case studies and problems* (5th ed.). Englewood Cliffs, NJ: Prentice Hall.

Chand, P. 2013. Who owns social media communication in a crisis? Retrieved from http://www.prmoment.in/1221/who-owns-social-media-communication-in-a-crisis.aspx

The changing landscape of liability: A director's guide to trends in corporate environmental, social and economic liability. 2004. Retrieved from http://www.sustainability.com/library/the-changing-landscape-of-liability

Chwolka, A., & Raith, M. G. 2012. The value of business planning before start-up-A decision-theoretical perspective. *Journal of Business Venturing, 27*, 385~399.

Cisco's Internet posting policy. 2008(March 24). Retrieved from http://blogs.cisco.com/news/ciscos_internet_postings_policy

Claeys, A. S., & Cauberghe, V. 2010. Crisis response and crisis timing strategies: Two sides of the same coin. *Public Relations Review, 38*, 83~88.

Clampitt, P. G. 1991. *Communicating for managerial effectiveness.* Newbury Park, CA: Sage.

Clarkson, M. B. E. 1991. Defining, evaluating, and managing corporate social performance: A stakeholder management model. In J. E. Post (Ed.), *Research in corporate social performance and policy* (pp.331~358). Greenwich, CT: JAI.

_____. 1995. A stakeholder framework for analyzing and evaluating corporate social performance. *Academy of Management Review, 20*, 92~117.

Coates, J. F., Coates, V. T., Jarratt, J., & Heinz, L. 1986. *Issues management: How you can plan, organize, and manage for the future.* Mt. Airy, MD: Lomond.

Cohen, J. R. 2002. Legislating apology: The pros and cons. *University of Cincinnati Law Review, 70,* 819~895.

Conflict free smelter program. 2010(December 10). Retrieved from https://www.itri.co.uk/index.php?option=com_zoo&task=item&item_id=1085&Itemid=143

Conway, T., Ward, M., Lewis, G., & Bernhardt, A. 2007. Internet crisis potential: The importance of a strategic approach to marketing communications. *Journal of Marketing Communications, 13,* 213~228.

Coombs, W. T. 1995. Choosing the right words: The development of guidelines for the selection of the "appropriate" crisis response strategies. *Management Communication Quarterly, 8,* 447~476.

_____. 1998. The Internet as potential equalizer: New leverage for confronting social irresponsibility. *Public Relations Review, 24,* 289~304.

_____. 2002. Assessing online issue threats: Issue contagions and their effect on issue prioritization. *Journal of Public Affairs, 2,* 215~229.

_____. 2004a. Impact of past crises on current crisis communications: Insights from situational crisis communication theory. *Journal of Business Communication, 41,* 265~289.

_____. 2004b. A theoretical frame for post-crisis communication: Situational crisis communication theory. In M. J. Martinko (Ed.), *Attribution theory in the organizational sciences: Theoretical and empirical contributions* (pp.275~296). Greenwich, CT: Information Age.

_____. 2005. The terrorist threat: Shifts in crisis management thinking and planning post-9/11. In D. O'Hair, R. Heath, & G. Ledlow (Eds.), *Communication, communities, and terrorism, Volume III: Communication and the media* (pp.211~225). Mahwah, NJ: Lawrence Erlbaum.

_____. 2006a. *Code red in the boardroom: Crisis management as organizational DNA.* Westport, CT: Praeger.

_____. 2006b. The protective powers of crisis response strategies: Managing reputational assets during a crisis. *Journal of Promotion Management, 12,* 241~259.

_____. 2007. Attribution theory as a guide for post-crisis communication research. *Public Relations Review, 33,* 135~139.

_____. 2008. The future of crisis communication from an international perspective. In T. Nolting & A. Tieben (Eds.), *Krisenmanagement in der mediengesellschaft (arbeitstitel): Potenziale und perspektiven in der* [Crisis management in media society: Potentials and perspectives] (pp.275~287). Wiesbaden, Germany: VS-Verlag.

_____. 2010a. Crisis communication: A developing field. In R. L. Heath (Ed.), *Handbook of public relations* (2nd ed., pp.477~488). Thousand Oaks, CA: Sage.

_____. 2010b. Pursuing evidence-based crisis communication. In W. T. Coombs & S. J. Holladay (Eds.), *Handbook of crisis communication* (pp.719~725). Malden, MA: Blackwell.

_____. 2010c. Sustainability: A new and complex "challenge" for crisis managers. *International Journal of Sustainable Strategic Management, 2*, 4~16.

Coombs, W. T., & Chandler, R. C. 1996. Crisis teams: Revisiting their selection and training. In L. Barton (Ed.), *New avenues in risk and crisis management* (Vol.5, pp.7~15). Las Vegas: University of Nevada Las Vegas, Small Business Development Center.

Coombs, W. T., & Holladay, S. J. 1996. Communication and attributions in a crisis: An experimental study of crisis communication. *Journal of Public Relations Research, 8*, 279~295.

_____. 2001. An extended examination of the crisis situation: A fusion of the relational management and symbolic approaches. *Journal of Public Relations Research, 13*, 321~340.

_____. 2002. Helping crisis managers protect reputational assets: Initial tests of the situational crisis communication theory. *Management Communication Quarterly, 16*, 165~186.

_____. 2004. Reasoned action in crisis communication: An attribution theory-based approach to crisis management. In D. P. Millar & R. L. Heath (Eds.), *Responding to crisis: A rhetorical approach to crisis communication* (pp.95~115). Mahwah, NJ: Lawrence Erlbaum.

_____. 2005. Exploratory study of stakeholder emotions: Affect and crisis. In N. M. Ashkanasy, W. J. Zerbe, & C. E. J. Hartel (Eds.), *Research on emotion in organizations: Volume 1: The effect of affect in organizational settings* (pp.271~288). New York, NY: Elsevier.

_____. 2006. Halo or reputational capital: Reputation and crisis management. *Journal of Communication Management, 10*, 123~137.

_____. 2010. *PR strategy and application: Managing influence*. Malden, MA: Wiley-Blackwell.

_____. 2011. Self-regulatory discourse: Corrective or quiescence? *Management Communication Quarterly, 25*, 494~510.

_____. 2012a. Amazon.com's Orwellian nightmare: Exploring apology in an online environment. *Journal of Communication Management, 16*, 280~295.

_____. 2012b. Internet contagion theory 2.0: How Internet communication channels empower stakeholders. In S. Duhé (Ed.), *New media and public relations* (2nd ed., pp.21~30). New York, NY: Peter Lang.

Coombs, W. T., & Schmidt, L. 2000. An empirical analysis of image restoration: Texaco's racism crisis. *Journal of Public Relations Research, 12*(2), 163~178.

Cooper, R. 1997(Summer). A historical look at the PepsiCo/Burma boycott. *The Boycott Quarterly*, 12~15.

"Corporate conscience award" presented to Chiquita by Social Accountability International. 2003(October 8). Retrieved from http://phx.corporate-ir.net/phoenix.zhtml?c=119836&p=irol-news Article&ID=456528&highlight=

Corporate Leadership Council. 2003. Crisis management strategies. Retrieved from http://www.opscentre:com/resources/pdfs/Whitepapers/Whitepaper%20-%20Corporate%20Leadership%20Council%20-%20Crisis%20Management%20-Strategies%20-%202003.pdf

Covello, V. T., Minamyer, S., & Clayton, K. 2007. Effective risk and crisis communication during water security emergencies: Summary report of EPA sponsored message mapping workshop. Cincinnati, OH: U.S. Environmental Protection Agency. Retrieved from http://oaspub.epa.gov/eims/eimscomm.getfile?p_download_id=461264

Covello, V. T., Sandman, P. M., & Slovic, P. 1988. *Risk communication, risk statistics, and risk comparisons: A manual for plant managers.* Washington, DC: Chemical Manufacturers Association.

Crable, R. E., & Vibbert, S. L. 1985. Managing issues and influencing public policy. *Public Relations Review, 11*(2), 3~16.

Creating the best crisis communications teams: One crisis at a time. 2003(January 27). *PR News.* Retrieved from http://www.prnewsonline.com/news/6266.html

Crisis Commander. 2012. About crisis commander. Retrieved from http://www.crisiscommander.com/about-us

Crisis management for social media. (n.d.). Retrieved from http://www.myprgenie.com/whitepaper/19

Crossan, M. M. 1998. Improvisation in action. *Organizational Science, 9*, 593~599.

Dagnoli, J., & Colford, S. W. 1991(March 18). Brief slump expected for Sudafed. *Advertising Age*, p.53.

Daniels, T. D., Spiker, B. K., & Papa, M. J. 1997. *Perspectives on organizational communication* (4th ed.). Dubuque, IA: William C. Brown & Benchmark.

Dao, J. 2006(January 4). 12 miners found alive 41 hours after explosion. *New York*

*Times.* Retrieved from http://www.nytimes.com

Darling, J. R. 1994. Crisis management in international business: Keys to effective decision making. *Leadership & Organizational Development Journal Annual, 15*(8), 3~8.

Davies, G., Chun, R., da Silva, R. V., & Roper, S. 2003. *Corporate reputation and competitiveness.* New York, NY: Routledge.

Dawar, N., & Pillutla, M. M. 2000. Impact of product-harm crises on brand equity: The moderating role of consumer expectations. *Journal of Marketing Research, 27,* 215~226.

De Cremer, D., Pillutla, M. M., & Folmer, C. R. 2011. How important is an apology to you? Forecasting errors in evaluating the value of apologies. *Psychological Science, 22,* 45~48.

de Turck, M. A., & Miller, G. R. 1985. Deception and arousal: Isolating the behavioral correlates of deception. *Human Communication Research, 12,* 181~201.

Dean, D. H. 2004. Consumer reaction to negative publicity: Effects of corporate reputation, response, and responsibility for a crisis event. *Journal of Business Communication, 41,* 192~211.

Denbow, C. J., & Culbertson, H. M. 1985. Linking beliefs and diagnosing image. *Public Relations Review, 11*(1), 29~37.

Diermeier, D. 2007. Private politics: A research agenda. *The Political Economist,* XIV, 1~2.

Dilenschneider, R. L. 2000. *The corporate communications bible: Everything you need to know to become a public relations expert.* Beverly Hills, CA: New Millennium.

Dilenschneider, R. L., & Hyde, R. C. 1985. Crisis communications: Planning for the unplanned. *Business Horizons, 28,* 35~38.

Dionisopolous, G. N., & Vibbert, S. L. 1988. CBS vs. Mobil Oil: Charges of creative bookkeeping. In H. R. Ryan (Ed.), *Oratorical encounters: Selected studies and sources of 20th century political accusation and apologies* (pp.214~252). Westport, CT: Greenwood.

Dobbin, B. 2006(April 12). Bausch & Lomb: Source of infection unknown. Retrieved from http://www.apnewsarchive.com/2006/Bausch-Lomb-Source-of-Infection-Unknown/id-4643fd57fc7de6826f f364f6f37037a4

Does Airborne really stave off colds? 2006. Retrieved from http://abcnews.go.com/GMA/Health/story?id=1664514

Donaldson, T., & Preston, L. E. 1995. The stakeholder theory of the corporation:

Concepts, evidence, and implications. *Academy of Management Review, 20,* 65~91.

Donath, B. 1984(September). Why you need a crisis PR plan. *Business Marketing, 69,* 4.

Dornheim, M. A. 1996. Recovered FMC memory puts new spin on Cali accident. *Aviation Week & Space Technology, 145*(11), 58~62.

Dow chemical plant leak forces evacuation. 2009(October 27). *ABC News.* Retrieved from http://abclocal.go.com/ktrk/index

Dowling, G. 2002. *Creating corporate reputations: Identity, image, and performance.* New York, NY: Oxford University Press.

Dozier, D. M. 1992. The organizational roles of communications and public relations practitioners. In J. E. Grunig (Ed.), *Excellence in public relations and communication management* (pp.327~356). Hillsdale, NJ: Lawrence Erlbaum.

Duffy, B., & Beddingfield, K. T. 1996(August 5). The sound of silence: More evidence from TWA Flight 800 suggests there was a bomb aboard. *U.S. News & World Report*, pp.28~31.

Dunham, W. 2010(March 22). Timeline: Milestones in Obama's quest of healthcare reform. *Reuters.* Retrieved from http://www.reuters.com

Dutton, J. E. 1986. The processing of crisis and non-crisis strategic issues. *Journal of Management Studies, 23,* 501~517.

Dutton, J. E., & Ashford, S. J. 1993. Selling issues to top management. *Academy of Management Review, 18,* 397~428.

Dutton, J. E., & Duncan, R. B. 1987. The creation of momentum for change through the process of strategic issue diagnosis. *Strategic Management Journal, 8,* 279~295.

Dutton, J. E., & Jackson, S. E. 1987. Categorizing strategic issues: Links to organizational action. *Academy of Management Review, 12,* 76~90.

Dutton, J. E., & Ottensmeyer, E. 1987. Strategic issue management systems: Forms, functions, and context. *Academy of Management Review, 12,* 355~365.

Edelman, 2013. Edelman Trustbarometer 2013: Annual global study. Retrieved from http://www.edelman.com/trust-downloads/global-results-2

Egelhoff, W. G., & Sen, F. 1992. An information-processing model of crisis management. *Management Communication Quarterly, 5,* 443~484.

Elliott, D. 2013. Colo. theater shooting kin reject movie invitation. *Yahoo News.* Retrieved from http://news.yahoo.com

Emergency Planning and Community Right-to-Know Act. 2012. Retrieved from http://www.epa.gov/epahome/r2k.htm

Endsley, M. R. 1995. Toward a theory of situation awareness in dynamic systems. *Human Factors, 37*, 32~64.

Engel, P. 2013(May 13). Here are some of the biggest brands that make clothes in Bangladesh. *Business Insider.* Retrieved from http://finance.yahoo.com

Entine, J. 1998. Intoxicated by success: How to protect your company from inevitable corporate screw-ups. Retrieved from http://www.jonentine.com/ethical_corporation/corp_screwups.htm

_____. 1999. The Odwalla affair: Reassessing corporate social responsibility. Retrieved from http://www.jonentine.com/articles/odwalla.htm

Ewing, R. P. 1979. The uses of futurist techniques in issues management. *Public Relations Quarterly, 24*(4), 15~18.

Fahey, A., & Dagnoli, J. 1990(June 18). PM ready to deal with outdoor ad foes. *Advertising Age*, pp. 1, 31.

Fairhurst, G. T., & Sarr, R. A. 1996. *The art of framing: Managing the language of leadership.* San Francisco, CA: Jossey-Bass.

Fearn-Banks, K. 2001. *Crisis communications: A casebook approach* (2nd ed.). Mahwah, NJ: Lawrence Erlbaum.

Feeley, T. H., & de Turck, M. A. 1995. Global cue usage in behavioral lie detection. *Communication Quarterly, 43*, 420~430.

Ferrin, D. L., Kim, P. H., Cooper, C. D., & Dirks, K. T. 2005. Silence speaks volumes: The effectiveness of reticence in comparison to apology and denial for repairing integrity-and competence-based trust violations. In *Academy of Management Proceedings* (Vol. 2005, No. 1, pp. C1~C6). Manor, NY: Academy of Management.

Finet, D. 1994. Sociopolitical consequences of organizational expression. *Journal of Communication, 44*(4), 114~131.

Fink, S. 1986. *Crisis management: Planning for the inevitable.* New York, NY: AMACOM.

Fink, S., Beak, J., & Taddeo, K. 1971. Organizational crisis and change. *Journal of Applied Behavioral Science, 7*, 15~37.

Fitzpatrick, K. R. 1995. Ten guidelines for reducing legal risks in crisis management. *Public Relations Quarterly, 40*(2), 33~38.

Fitzpatrick, K. R., & Rubin, M. S. 1995. Public relations vs. legal strategies in organizational crisis decisions. *Public Relations Review, 21*, 21~33.

Flin, R. 2006(June). *Naturalistic decision making and crisis management.* Paper presented at ISCRAM-TIEMS, Summer School, Tilburg, Netherlands.

Foley, S. 2005(January 26). Merck counts the cost of Vioxx recall. *The Indepen-*

*dent*. Retrieved from http://www.independent.co.uk/news/business/news/merck-counts-the-cost-of-vioxx-withdrawal-488299.html

Folkes, V. S., Koletsky, S., & Graham, J. L. 1987. A field study of causal inferences and consumer reaction: The view from the airport. *Journal of Consumer Research, 13*, 534~539.

Fombrun, C. J. 2005. Building corporate reputation through CSR initiatives: Evolving standards. *Corporate Reputation Review, 8*, 7~11.

Fombrun, C. J., & Shanley, M. 1990. What's in a name? Reputation building and corporate strategy. *Academy of Management Journal, 33*, 233~258.

Fombrun, C. J., & van Riel, C. B. M. 2004. *Fame and fortune: How successful companies build winning reputations.* New York, NY: Prentice Hall.

Foot, K., Warnick, B., & Schneider, S. M. 2005. Web-based memorializing after September 11: Toward a conceptual framework. *Journal of Computer-Mediated Communication, 11*, 72~96.

Foundation for Critical Thinking. 2009. Glossary of critical thinking terms. Retrieved from http://www.criticalthinking.org/articles/glossary.cfm

Frandsen, F., & Johansen, W. 2010a. Apologizing in a globalizing world: crisis communication and apologetic ethics. *Corporate Communications, 15*, 350~364.

_____. 2010b. Crisis communication, complexity, and the cartoon affair: A case study. In W. T. Coombs & S. J. Holladay (Eds.), *The handbook of crisis communication* (pp.425~448). Boston, MA: Wiley-Blackwell.

Frank, J. N. 1994. Plan ahead for effective crisis management, expert advises. *Beverage Industry, 85*(4), 22.

Friedman, M. 2002. *Everyday crisis management: How to think an emergency physician.* Naperville, IL: First Decision Press.

Fuchs-Burnett, T. 2002(May/July). Mass public corporate apology. *Dispute Resolution Journal, 57*, 26~32.

Gaines, K. 2010. Continental Airlines crisis communication plan: Plane crash response. Retrieved from http://mysite.verizon.net/klg545/crisis_plan.pdf

Garvin, A. P. 1996. *The art of being well informed.* Garden City Park, NY: Avery.

Geraghty, K., & Desouza, K. C. 2005. Optimizing knowledge networks. *Industrial Management, 47*(6), 25~30.

Gilman, A. 2004(September 27). Creating a message map for risk communication. *PR News.* Available from http://web.lexis-nexis.com/universe

Gilpin, D. R., & Murphy, P. J. 2008. *Crisis management in a complex world.* New York, NY: Oxford University Press.

_____. 2010. Complexity and crises: A new paradigm. In W. T. Coombs & S. J.

Holladay (Eds.), *The handbook of crisis communication* (pp.683~690). Malden, MA: Wiley-Blackwell.

Goldhaber, G. M. 1990. *Organizational communication* (5th ed.). Dubuque, IA: William C. Brown.

Goldstein, I. L. 1993. *Training in organizations: Needs assessment, development and evaluation* (3rd ed.). Monterey, CA: Brooks/Cole.

Gonzalez-Herrero, A., & Pratt, C. B. 1995. How to manage a crisis before-or whenever-it hits. *Public Relations Quarterly, 40*(1), 25~29.

_____. 1996. An integrated symmetrical model of crisis communications management. *Journal of Public Relations Research, 8*(2), 79~106.

Gower, K. K. 2006. Truth and transparency. In K. Fitzpatrick & C. Bronstein (Eds.), *Ethics in public relations: Responsible advocacy* (pp.89~106). Thousand Oaks, CA: Sage.

Gray, P. 1996(August 5). The search for sabotage. *Time*, pp.28~32.

Grebe, S. K. 2013. Things can get worse: How mismanagement of a crisis response strategy can cause a secondary or double crisis: the example of the AWB corporate scandal. *Corporate Communication, 18*, 70~86.

Greenpeace. 2010. Nestlé killer: Ask Nestlé to give rainforests a break. Retrieved from http://www.greenpeace.org/international/campaigns/climate-change/kitkat

Gross, A. E. 1990(October 11). How Popeye's and Reebok confronted product rumors. *Adweek's Marketing Week*, pp.27, 30.

Grunig, J. E. 1992. Communication, public relations, and effective organizations: An overview of the book. In J. E. Grunig (Ed.), *Excellence in public relations and communication management* (pp.1~30). Hillsdale, NJ: Lawrence Erlbaum.

Grunig, J. E., & Repper, F. C. 1992. Strategic management, publics, and issues. In J. E. Grunig (Ed.), *Excellence in public relations and communication management* (pp.117~158). Hillsdale, NJ: Lawrence Erlbaum.

Guth, D. W. 1995. Organizational crisis experience and public relations roles. *Public Relations Review, 21*, 123~136.

Hadden, S. 1989. *A citizen's right to know: Risk communication and public policy.* Boulder, CO: Westview.

Hall, P. 2006(January 16). The PR sherp: PR experts address no comment and net mischief. *PR News.* Retrieved from http://www.prnewsonline.com/news/6190.html

Halliday, J. 2010(October 12). Gap scraps logo redesign after protests on Facebook and Twitter. *The Guardian.* Retrieved from http://www.guardian.co.uk

Hanging in the Febreze. 2011. Retrieved from http://www.snopes.com/critters/crusader/febreze.asp

Härtel, C., McColl-Kennedy, J. R., & McDonald, L. 1998. Incorporating attribution theory and the theory of reasoned action within an affective events theory framework to produce a contingency predictive model of consumer reactions to organizational mishaps. *Advances in Consumer Research, 25,* 428~432.

Hays, C. L. 2003(August 14). Wal-Mart opens wallet in effort to fix its image. *New York Times.* Retrieved from http://sfgate.com

Headley, L. O. 2005(November 28). Failure to protect employees from terrorism may lead to liability. *Texas Lawyer.* Retrieved from http://www.law.com/jsp/tx

Hearit, K. M. 1994. Apologies and public relations crises at Chrysler, Toshiba, and Volvo. *Public Relations Review, 20,* 113~125.

_____. 1996. The use of counter-attack in apologetic public relations crises: The case of General Motors vs. Dateline NBC. *Public Relations Review, 22,* 233~248.

_____. 2001. Corporate apologia: When an organization speaks in defense of itself. In R. L. Heath (Ed.), *Handbook of public relations* (pp.501~511). Thousand Oaks, CA: Sage.

_____. 2006. *Crisis management by apology: Corporate response to allegations of wrongdoing.* Mahwah, NJ: Lawrence Erlbaum.

Heath, R. L. 1988. Organizational tactics for effective issues management. In R. L. Heath (Ed.), *Strategic issues management* (pp.99~121). San Francisco, CA: Jossey-Bass.

_____. 1990. Corporate issues management: Theoretical underpinnings and research foundations. In J. E. Grunig & L. A. Grunig (Eds.), *Public relations research annual* (Vol.2, pp.29~66). Hillsdale, NJ: Lawrence Erlbaum.

_____. 1994. *Management of corporate communication: From interpersonal contacts to external affairs.* Hillsdale, NJ: Lawrence Erlbaum.

_____. 1997. *Strategic issues management: Organizations and public policy challenges.* Thousand Oaks, CA: Sage.

_____. 1998. New communication technologies: An issues management point of view. *Public Relations Review, 24,* 273~288.

_____. 2005. Issues management. In R. L. Heath (Ed.) *Encyclopedia of public relations* (Vol.1, pp.460~463). Thousand Oaks, CA: Sage.

Heath, R. L., Lee, J., & Ni, L. 2009. Crisis and risk approaches to emergency management planning and communication: The role of similarity and sensitivity. *Journal of Public Relations Research, 21*, 123~141.

Heath, R. L., & Nelson, R. A. 1986. *Issues management: Corporate public policy making in an information society.* Beverly Hills, CA: Sage.

Heath, R. L., & Palenchar, M. J. 2000. Community relations and risk communication: A longitudinal study of the impact of emergency response messages. *Journal of Public Relations Research, 12*, 131~161.

_____. 2009. *Strategic issues management: Organizations and public policy challenges* (2nd ed.). Thousand Oaks, CA: Sage.

Heinberg, P. 1963. Relationships of content and delivery to general effectiveness. *Speech Monographs, 30*, 105~107.

Herbig, P., Milewicz, J., & Golden, J. 1994. A model of reputation building and destruction. *Journal of Business Research, 31*, 23~31.

Herbst, D. 2001. *Das professionelle 1x1: Internet-PR.* Berlin, Germany: Cornelsen Verlag.

Hess, A. 2007. In digital remembrance Vernacular memory and the rhetorical construction of web memorials. *Media, Culture & Society, 29*, 812~830.

Hibbard, J. 1997. Shell oil shifts safety data to intranet. *Computerworld, 31*(21), 20~21.

Higbee, A. G. 1992. Shortening the crisis lifecycle: Seven rules to live by. *Occupational Hazards, 54*, 137~138.

Hiltz, S. R. 2006(June). *Partially distributed virtual teams: A tutorial, hands-on experience, and discussion of their use in emergency response.* Paper presented at ISCRAM-TIEMS Summer School, Tilburg, Netherlands.

Hirokawa, R. Y. 1985. Discussion procedures and decision-making performance: A test of a functional perspective. *Human Communication Research, 12*, 203~224.

_____. 1988. Group communication and decision making performance: A continued test of the functional perspective. *Human Communication Research, 14*, 487~515.

Hirokawa, R. Y., & Rost, K. 1992. Effective group decision making in organizations. *Management Communication Quarterly, 5*, 267~288.

Hobbs, J. D. 1995. Treachery by any other name: A case study of the Toshiba public relations crisis. *Management Communication Quarterly, 8*, 323~346.

Hofstede, G. 1980. *Culture's consequences: Comparing values, behaviours, institutions and organizations.* Beverly Hills, CA: Sage.

Holladay, S. J. 2009. Crisis communication strategies in the media coverage of chemical accidents. *Journal of Public Relations Research, 21*, 208~215.

Holladay, S. J., & Coombs, W. T. 1994. Speaking of visions and visions being spoken: An exploration of the effects of content and delivery on perceptions of leader charisma. *Management Communication Quarterly, 8*(2), 165~189.

Holtz, S. 1999. *Public relations on the net: Winning strategies to inform and influence the media, the investment community, the government, the public, and more!* New York, NY: AMACOM.

_____. 2007(September 18). Dark blogs: A bad idea for crisis communication [Web log post]. Retrieved from http://archive.webpronews.com//expertarticles/expertarticles/wpn-62-20070925DarkBlogsBadIdeaforCrisisCommunication.html

Hopper, D. I. 2002. Hacking up, disclosure down, FBI survey says. Retrieved from http://seclists.org/isn/2002/Apr/0042.html

HP FY07 global citizenship report. 2008. Retrieved from http://www.hp.com/hpinfo/globalcitizenship/gcreport/pdf/hp_fy07_gcr.pdf

Hunter, M. L., Le Menestrel, M., & De Bettignies, H. C. 2008. Beyond control: Crisis strategies and stakeholder media in Danone boycott of 2001. *Corporate Reputation Review, 11*, 335~350.

Ice, R. 1991. Corporate publics and rhetorical strategies: The case of Union Carbide's Bhopal crisis. *Management Communication Quarterly, 4*, 341~362.

In a crisis. 1993. *Public Relations Journal, 49*(9), 10~11.

In loving memory: Cantor families memorial. (n.d.). Retrieved from http://www.cantorfamilies.com/cantor/jsp/index.jsp

IR Insight. 2012. Crisis management and communication. Retrieved from http://media.insideinves-torrelations.com/library/crisis_communications_report_june_2012.pdf

Irvine, R. B., & Millar, D. P. 1996. Debunking the stereotypes of crisis management: The nature of business crises in the 1990's. In L. Barton (Ed.), *New avenues in risk and crisis management* (Vol.5, pp.51~63). Las Vegas: University of Nevada Las Vegas, Small Business Development Center.

Isidore, C. 2013. Wrigley to sell caffeinated chewing gum. *CNN*. Retrieved from http://money.cnn.com/2013/03/08/news/companies/wrigley-caffeine-gum/index.html

James, E. H., & Wooten, L. P. 2010. *Leading under pressure: From surviving to thriving before, during, and after a crisis.* New York, NY: Routledge.

Jaques, T. 2006. Activist "rules" and the convergence with issues management. *Journal of Communication Management, 10*, 407~420.

Jin, Y., & Cameron, G. T. 2007. The effects of threat type and duration on public relations practitioner's cognitive, affective, and conative responses to crisis situations. *Journal of Public Relations Research, 19*, 255~281.

Jin, Y., & Pang, A. 2010. Future directions of crisis communication research: Emotions in crisis-The next frontier. In W. T. Coombs & S. J. Holladay (Eds.), *Handbook of crisis communication* (pp.677~682). Malden, MA: Blackwell.

Johnson, G., Scholes, K., & Whittington, R. 2008. *Exploring corporate strategy: Text and cases*. New York, NY: Pearson Education.

Jones, B. L., & Chase, W. H. 1979. Managing public policy issues. *Public Relations Review, 5*(2), 3~23.

Kamer, L. 1996. When the crisis is orchestrated: Corporate campaigns and their origins. In L. Barton (Ed.), *New avenues in risk and crisis management* (Vol. 5, pp.64~72). Las Vegas: University of Nevada Las Vegas, Small Business Development Center.

Kampf, Z. 2009. Public (non-)apologies: The discourse of minimizing responsibility. *Journal of Pragmatics, 41*, 2257~2270.

Katz, A. R. 1987. 10 steps to complete crisis planning. *Public Relations Journal, 43*, 46~47.

Kaufmann, J. B., Kesner, I. F., & Hazen, T. L. 1994(July/August). The myth of full disclosure: A look at organizational communications during crises. *Business Horizons, 37*, 29~39.

Kellerman, B. 2006(April). When should a leader apologize and when not? *Harvard Business Review*, pp.73~81.

Kellerman, K., & Reynolds, R. 1990. When ignorance is bliss: The role of motivation to reduce uncertainty in uncertainty reduction theory. *Human Communication Research, 17*(1), 5~75.

Kelly, K. 1990(September 24). Dayton Hudson finds there's no graceful way to flip-flop. *BusinessWeek*, p.50.

Kempner, M. W. 1995. Reputation management: How to handle the media during a crisis. *Risk Management, 42*(3), 43~47.

Kent, M. L. 2005. Critical analysis of blogging in public relations. *Public Relations Review, 34*, 32~40.

Kerkhof, P., Schultz, F., & Utz, S. 2011. How to choose the right weapon. Retrieved from http://www.peterkerkhof.info/wordpress/wp-content/uploads/How-to-choose-the-right-weapon.pdf

Kiley, D. 1991(March 11). Sudafed deaths spark a backlash against capsules. *Adweek's Marketing Week*, p.6.

"Killer Coke" or innocent abroad? 2006(January 23). *Business Week*, pp.46~48.

Kilmann, R. H., & Thomas, K. W. 1975. Interpersonal conflict-handling behaviors as reflection of Jungian personality dimensions. *Psychological Reports, 37,* 971~980.

Kim, P. H., Ferrin, D. L., Cooper, C. D., & Dirks, K. T. 2004. Removing the shadow of suspicion: The effects of apology versus denial for repairing competence-versus integrity-based trust violations. *Journal of Applied Psychology, 89,* 104~118.

Kim, Y., & Yang, J. 2013. Corporate reputation and return on investment (ROI): Measuring the bottom-line impact of reputation. In C. E. Carroll (Ed.), The Handbook of communication and corporate reputation (pp.574~589). Boston, MA: Wiley-Blackwell.

Klein, J., & Dawar, N. 2004. Corporate social responsibility and consumers' attributions and brand evaluations in a product-harm crisis. *International Journal of Marketing, 21,* 203~217.

Kleindorfer, P. R., Freeman, H., & Lowe, R. A. 2000. Accident epidemiology and the U.S. chemical industry: Preliminary results from RMPInfo. Retrieved from http://opim.wharton.upenn.edu/risk/downloads/00-1-15.pdf

Koepp, S. 1985(September 16). Placing the blame at E. F. Hutton. *Time*, p.54.

Kolfschoten, G. L., & Appelman, J. H. 2006(June). *Collaborative engineering in crisis situations.* Paper presented at ISCRAM-TIEMS Summer School, Tilburg, Netherlands.

Kolfschoten, G. L., Briggs, R. O., de Vreede, G. J., Jacobs, P. H. M., & Appelman, J. H. 2006. A conceptual foundation of the thinkLet concept for collaboration engineering. *International Journal of Human-Computer Studies, 64,* 611~621.

Komaki, J., Heinzmann, A. T., & Lawson, L. 1980. Effects of training and feedback: Component analysis of a behavioral safety program. *Journal of Applied Psychology, 65,* 261~270.

Kouzes, J. M., & Posner, B. Z. 1993. *Credibility: How leaders gain and lose it, why people demand it.* San Francisco, CA: Jossey-Bass.

Kreps, G. L. 1990. *Organizational communication: Theory and practice* (2nd ed.). New York, NY: Longman.

Kristof, N. D. 2010(June 26). Death by gadget. *New York Times.* Retrieved from http://www.nytimes.com

Kruse, K. 2013. Social media manager job description: A complete guide. Retrieved from http://www.krusecontrolinc.com/social-media-manager-job-description-guide/

Lackluster online PR no aid in crisis response. 2002. *PR News.* Retrieved from http://www.prnewsonline.com/news/5957.html

Laczniak, R. N., DeCarlo, T. E., & Ramaswami, S. H. 2001. Consumers' responses to negative word-of-mouth communication: An attribution theory perspective. *Journal of Consumer Psychology, 11,* 57~73.

Larson, C. U. 1989. *Persuasion: Reception and responsibility* (5th ed.). Belmont, CA: Wadsworth.

Lauzen, M. M. 1995. Toward a model of environmental scanning. *Journal of Public Relations Research, 7*(3), 187~204.

Leon, M. 1983. Tylenol fights back. *Public Relations Journal, 11,* 10~14.

Leonard, A. 2010(March 19). Nestlé's brave Facebook flop. Retrieved from http://www.salon.com/news/social_media/index.html?story=/tech/htww/2010/03/19/nestle_s_brave_facebook_flop

Lerbinger, O. 1997. *The crisis manager: Facing risk and responsibility.* Mahwah, NJ: Lawrence Erlbaum.

Letter: Families of Aurora theater shooting victims to Cinemark. 2013. *Denver Post.* Retrieved from http://www.denverpost.com

Levick, R. 2005(August 17). In staging responses to crises, complacency plays a big role. *PR News.* Retrieved from http://www.prnewsonline.com/news/7220.html

Levitt, A. M. 1997. *Disaster planning and recovery: A guide for facility professionals.* New York, NY: John Wiley & Sons.

Li, A., YeZhuang, T., & Ying, Q. Z. 2004. An empirical study on the impact of organizational memory on organizational performance in manufacturing companies. Retrieved from http://origin-www.computer.org/csdl/proceedings/hicss/2004/2056/08/205680236a.pdf

Littlejohn, R. F. 1983. *Crisis management: A team approach.* New York, NY: American Management Association.

Loewendick, B. A. 1993(November). Laying your crisis on the table. *Training & Development,* pp.15~17.

Loreno, D. 2013(January 19). Subway uproar: Chain responds to "footlong" claims. Retrieved from http://fox8.com/2013/01/19/subway-responds-to-claims-footlong-comes-up-short/

Lukaszewski, J. E. 1987. Anatomy of a crisis response. *Public Relations Journal, 43,* 45~47.

Lundgren, R., & McMakin, A. 1996. *Risk communication: A handbook for commu-*

*nicating environmental, safety, and health risks*. Columbus, OH: Battelle Press.

Mackinnon, P. 1996. When silence isn't golden. *Financial Executive, 12*(4), 45~48.

Magiera, M. 1993(June 21). Pepsi weathers tampering hoaxes: It's textbook case of how to come through a PR crisis. *Advertising Age*, p.1.

Malhotra, N. K., Agarwal, J., & Peterson, M. 1996. Methodological issues in cross-cultural marketing research. *International Marketing Review, 13*(5), 7~43.

Manker, R. 2013. Subway footlong lawsuits: Sandwich chain responds. *Chicago Tribune*. Retrieved from http://www.chicagotribune.com/

Marcus, A. A., & Goodman, R. S. 1991. Victims and shareholders: The dilemmas of presenting corporate policy during a crisis. *Academy of Management Journal, 34*, 281~305.

Martine, M. 2007(August 23). How to start a business blog, part 10: Crisis management plan [Web log post]. Retrieved from http://usaha-ray.blogspot.com/2008/08/how-to-start-business-blog-part-10.html

Maynard, R. 1993(December). Handling a crisis effectively. *Nation's Business*, pp.54~55.

McClanahan, P. 2011(January 23). As Ivory Coast's Gbagbo holds firm, "blood diamonds" flow for export. *Christian Science Monitor*. Retrieved from http://www.csmonitor.com/World/Africa/2011/0123/As-Ivory-Coast-s-Gbagbo-holds-firm-blood-diamonds-flow-for-export

McCroskey, J. C. 1997. *An introduction to rhetorical communication* (7th ed.). Boston, MA: Allyn & Bacon.

McGinley, L. 1997. Of mice and men: How Ex-Lax, trusted for nearly a century became a cancer risk. Retrieved from http://junksciencearchive.com/news/ex-lax.html

McGraw, D. 1996(January 8). Human error and a human tragedy: The aftermath of the American Airlines crash. *U.S. News & World Report*, p.38.

McKeen, J. D., Zack, M. H., & Singh, S. 2006. Knowledge management and organizational performance: An exploratory study. *Journal of Knowledge Management, 13*, 392~409.

Mecham, M. 1986(February 19). Shuttle probe gets testy: Who knew about the cold and when? *USA Today*, p.1A.

Mei, J. S. A., Bansal, N., & Pang, A. 2010. New media: A new medium in escalating crises? *Corporate Communications, 15*(2), 143~155.

Mendonca, S., Pina e Cunha, M., Kaivo-oja, J., & Ruff, F. 2004. Wild cards, weak signals and organizational improvisation. *Futures, 36*, 201~218.

Merck to pay $4.9 billion to end Vioxx claims. 2007. Retrieved from http://www.

pharmafile.com/news/merck-pay-49-billion-end-vioxx-claims

Meserve, J. 1999. One company still dealing with Melissa. Retrieved from http://www. networkworld.com/news/1999/0401melissa.html

Milas, G. H. 1996. Guidelines for organizing TQM teams. *IIE Solutions, 28*(2), 36~ 39.

Mintz, P., & Di Meglio, F. 2006(April 16). Bausch & Lomb: Crisis management 101. *BusinessWeek.* Retrieved from http://www.businessweek.com

Mintzberg, H. 1994. *Rise and fall of strategic planning.* New York, NY: Free Press.

Mitchell, R. K., Agle, R. A., & Wood, D. J. 1997. Toward a theory of stakeholder identification and salience: Defining the principle of who and what really counts. *Academy of Management Review, 22,* 853~886.

Mitchell, T. H. 1986. Coping with a corporate crisis. *Canadian Business Review, 13,* 17~20.

Mitroff, I. I. 1994. Crisis management and environmentalism: A natural fit. *California Management Review, 36*(2), 101~113.

Mitroff, I. I., Harrington, K., & Gai, E. 1996. Thinking about the unthinkable. *Across the Board, 33*(8), 44~48.

Mitroff, I. I., & McWinney, W. 1987. Disaster by design and how to avoid it. *Training, 24,* 33~34, 37~38.

Mohr, B. 1994(March). The Pepsi challenge: Managing a crisis. *Prepared Foods,* pp.13~14.

Montoyo, A., Martinez-Barco, P., & Balahur, A. 2012. Subjectivity and sentiment analysis: An overview of the current state of the area and envisaged developments. *Decision Support Systems, 53,* 675~679.

Moore, R. H. 1979. Research by the conference board sheds light on problems of semantics, issue identification and classification-and some likely issues for the '80s. *Public Relations Journal, 35,* 43~46.

Morgan, G., Fischhoff, B., Bostrom, A., Lave, L., & Atman, C.J. 1992. Communicating risk to the public. *Environmental Science Technology, 26,* 2048~2056.

Morse, F. 2012. Starbucks PR fail at Natural History Museum after #SpreadThe Cheer tweets hijacked. Retrieved from http://www.huffingtonpost.co.uk/ 2012/12/17/starbucks-pr-rage-natural-history-museum_n_2314892.html?ncid =GEP

Mukherjee, D., Nissen, S. E., & Topol, E. J. 2001. Risk of cardiovascular events associated with selective cox-2 inhibitors. *Journal of the American Medical Association, 286,* 954~959.

Mullich, J. 2012. Improving the effectiveness of customer sentiment analysis. Retrieved from http://data-informed.com/improving-effectiveness-of-customer-sentiment-analysis

Myers, K. N. 1993. *Total contingency planning for disasters: Managing risk, minimizing loss, ensuring business continuity.* New York, NY: John Wiley & Sons.

Nason, A. 2011. Employee sends out errant tweet using @RedCross Twitter account. Retrieved from http://beerpulse.com/2011/02/employee-sends-out-drunk-tweet-using-redcross-twitter-account

National Research Council. 1996. *Computing and communications in the extreme: Research for crisis management and application.* Washington, DC: National Academy Press.

NBC News. 2012(August 31). Employee shoots 2 dead at NJ supermarket before killing himself, police say. Retrieved from http://usnews.nbcnews.com

Nelkin, D. 1988. Risk reporting and the management of industrial crises. *Journal of Management Studies, 25,* 341~351.

Nestlé, 2013. Nestlé open forum on deforestation, Malaysia. Retrieved from http://www.nestle.com/media/mediaeventscalendar/allevents/2010-nestle-open-forum-on-deforestation-malaysia

New survey finds crisis training is primarily learned on the job. 2006(March 20). *PR News.* Retrieved from http://www.prnewsonline.com/news/8190.html

Newsom, D., VanSlyke Turk, J., & Kruckeberg, D. 1996. *This is PR: The realities of public relations* (6th ed.). Belmont, CA: Wadsworth.

Nicholas, R. 1995(November 23). Know comment. *Marketing,* pp.41~43.

Nike. 2013. Global manufacturing. Retrieved from http://nikeinc.com/pages/manufacturing-map

Northouse, P. G. 1997. *Leadership: Theory and practice.* Thousand Oaks, CA: Sage.

Norton, R. W. 1983. *Communicator style: Theory, applications, and measures.* Beverly Hills, CA: Sage.

O'Connor, M. F. 1985. Methodology for corporate crisis decision-making. In S. J. Andriole (Ed.), *Corporate crisis management* (pp.239~258). Princeton, NJ: Petrocelli.

O'Hair, D., Friedrich, G. W., Wiemann, J. M., & Wiemann, M. O. 1995. *Competent communication.* New York, NY: St. Martin's.

Olaniran, B. A., & Williams, D. E. 2001. Anticipatory model of crisis management: A vigilant response to technological crises. In R. L. Heath (Ed.), *Handbook of public relations* (pp.487~500). Thousand Oaks, CA: Sage.

Oneupweb. 2007. Principles of crisis management in a viral age: Integrating the tools and lessons of Search 2.0 into a comprehensive crisis response. Retrieved from http://internetetopinion.files.wordpress.com/2008/01/crisis_management.pdf

O'Leary, J. 2013. Getting started with login verification. Retrieved from https://blog.twitter.com/2013/getting-started-with-login-verification.

O'Reilly, T. 2005. What is web 2.0? Retrieved from http://oreilly.com/web2/archive/what-is-web-20.html

Outzen, R. 2010. BP's shocking memo. Retrieved from http://www.thedailybeast.com/blogs-and-stories/2010-05-25/shocking-bp-memo-and-the-oil-spill-in-the-gulf/full/

Owyang, J. 2007. Defining the term: "Online community." Retrieved from http://www.web-strategist.com/blog/2007/12/28/defining-the-term-community

———. 2011. Social business readiness: How advanced companies prepare internally. Retrieved from http://www.brandchannel.com/images/papers/530_altimeter_wp_social_business_readiness_0911.pdf

P&G reaches settlement agreement with Vi-Jon Laboratories. 2006(April 18). Retrieved from http://www.thefreelibrary.com/P%26G+Reaches+Settlement+Agreement+With+Vi-Jon+Laboratories.-a0144606904

Paine, K. D. 2011. *Measure what matters: Online tools for understanding customers, social media, engagement, and key relationships.* Hoboken, NJ: Wiley.

Palenchar, M. J. 2005. Risk communication. In R. L. Heath (Ed.), *Encyclopedia of public relations* (Vol.2, pp.752~755). Thousand Oaks, CA: Sage.

Palenchar, M. J., & Heath, R. L. 2006. Responsible advocacy through strategic risk communication. In K. Fitzpatrick & C. Bronstein (Eds.), *Ethics in public relations: Responsible advocacy* (pp.131~154). Thousand Oaks, CA: Sage.

———. 2007. Strategic risk communication: Adding value to society. *Public Relations Review, 33*, 120~129.

Pampers calls rumors completely false. 2010. Retrieved from http://www.prnewswire.com/news-releases/pampers-calls-rumors-completely-false-92997194.html

Patel, A., & Reinsch, L. 2003. Companies can apologize: Corporate apologies and legal liability. *Business Communication Quarterly, 66*, 17~26.

Paton, D., & Flin, R. 1999. Disaster stress: An emergency management perspective. *Disaster Prevention and Management, 8*, 261~267.

Pauchant, T. C., & Mitroff, I. I. 1992. *Transforming the crisis-prone organization: Preventing individual, organizational, and environmental tragedies.* San Francisco, CA: Jossey-Bass.

Paul, R., & Nosich, G. M. (n.d.). A model for the national assessment of higher order thinking. Retrieved from http://www.criticalthinking.org/pages/a-mo-del-for-the-national-assessment-of-higher-order-thinking/591

Pearson, C. M., & Clair, J. A. 1998. Reframing crisis management. *Academy of Management Review, 23*(1), 59~76.

Pearson, C. M., & Mitroff, I. I. 1993. From crisis prone to crisis prepared: A framework for crisis management. *The Executive, 7*(1), 48~59.

Perry, D. C., Taylor, M., & Doerfel, M. L. 2003. Internet-based communication in crisis management. *Management Communication Quarterly, 17*, 206~232.

Perry, R. W. 2007. What is a crisis? In H. Rodriguez, E. L. Quarantelli, & R.R. Dynes (Eds.). *Handbook of disaster research* (pp.1~15). New York, NY: Springer.

PhRMA. 2008. PhRMA guiding principles: Direct to consumer advertisements about prescription medicines. Retrieved from http://www.phrma.org/sites/default/files/pdf/phrmaguidingprinciplesdec08final.pdf

Pines, W. L. 1985. How to handle a PR crisis: Five dos and five don'ts. *Public Relations Quarterly, 30*(2), 16~19.

Podolak, A. 2002. Crisis management series: Creating crisis management teams. *Risk Management, 49*(9), 54~57.

Procter & Gamble files lawsuit against Vi-Jon Laboratories. 2006(February 15). Retrieved from http://news.thomasnet.com/companystory/477793

Putnam, L. L., & Poole, M. S. 1987. Conflict and negotiation. In F. M. Jablin, L. L. Putnam, K. H. Roberts, & L. W. Porter (Eds.), *Handbook of organizational communication: An interdisciplinary perspective* (pp.549~599). Newbury Park, CA: Sage.

Putnam, T. 1993. Boycotts are busting out all over. *Business and Society Review, 85*, 47~51.

Quarantelli, E. L. 2005. A social science research agenda for the disasters of the 21st century. In R. W. Perry & E. L. Quarantelli (Eds.), *What is a disaster? New answers to old questions* (pp.325~396). Philadelphia, PA: Xlibris.

Rancer, A. S., Baukus, R. A., & Infante, D. A. 1985. Relations between argumentativeness and belief structures about arguing. *Communication Education, 34*, 37~47.

Ray, S. J. 1999. *Strategic communication in crisis management: Lessons from the airline industry.* Westport, CT: Quorum.

Redding, W. C. 1972. *Communication within the organization.* Lafayette, IN: Purdue Research Foundation.

Reeves, M. 1996. Weaving a web at the office: Intranets are all the rage in networking technology. *Black Enterprise, 27*(4), 39~41.

_____. 1989. *Crisis management: How to turn a crisis into an opportunity.* London, UK: Hutchinson.

Reputation in the cloud era: Digital crisis communication study. 2011. Retrieved from http://www.slideshare.net/bmasia/bursonmarsteller-digital-crisis-communications-study

Richardson, B. 1994. Socio-technical disasters: Profile and prevalence. *Disaster Prevention and Management, 3*(4), 41~69.

Richmond, V. P., & McCroskey, J. C. 1997. *Communication: Apprehension, avoidance, and effectiveness* (5th ed.). Boston, MA: Allyn & Bacon.

Rising CCO IV. 2012. Retrieved from http://www.spencerstuart.com/research/articles/1605

Rojas, B. 2006(March/April). Wal-Mart: Beyond business. *Continuity Insights*, pp.10~13.

Rollins, M., & Halinen, A. 2005. Customer knowledge management competence: Towards a theoretical framework. Retrieved from http://www.computer.org/csdl/proceedings/hicss/2005/2268/08/22680240a.pdf

Rost, P. 2006(June 6). Companies snooping on e-mail. *Huffington Post.* Retrieved from http://www.huffingtonpost.com

Rouse, M. 2010. Social media manager. Retrieved from http://whatis.techtarget.com/definition/social-media-manager.

Rousseau, D. M. 2005. Is there such a thing as "evidence-based management"? *Academy of Management Review, 31*, 256~269.

Rowley, T. J. 1997. Moving beyond dyadic ties: A network theory of stakeholder influence. *Academy of Management Review, 22*, 887~910.

Rupp, D. 1996. Tech versus touch. *HR Focus, 73*(11), 16~18.

Ryan, C. 1991. *Prime time activism: Media strategies for grassroots organizing.* Boston, MA: South End Press.

_____. 1998(January 7). Three killed in explosion at chemical plant outside Reno. *Las Vegas Sun.* Retrieved from http://www.lasvegassun.com

Saffer, A. J., Sommerfeldt, E. J., & Taylor, M. 2013. The effects of organizational Twitter interactivity on organization-public relationships. *Public Relations Review, 39*, 213~215.

Safko, L., & Brake, D. K. 2009. *The social media bible: Tactics, tools and strategies for business success.* Hoboken, NJ: John Wiley & Sons.

Sandman, P. M. 1987. Risk communication: Facing public outrage. *EPA Journal, 13*, 21~22.

Sanger, D. E. 1986(February 28). Communications channels at NASA: Warnings that faded along the way. *New York Times*, p. A13.

Savage, G. T., Nix, T. W., Whitehead, C. J., & Blair, J. D. 1991. Strategies for assessing and managing organizational stakeholders. *The Executive, 5*(2), 61~ 75.

Schuler, A. J. 2002. Does corporate culture matter? The case of Enron. Retrieved from http://www.schulersolutions.com/enron_s_corporate_culture.html

Seeger, M. W., Sellnow, T. L., & Ulmer, R. R. 2003. *Communication and organizational crisis*. Westport, CT: Praeger.

Seeger, M. W., & Ulmer, R. R. 2001. Virtuous responses to organizational crisis: Aaron Feuerstein and Milt Cole. *Journal of Business Ethics, 31*, 369~376.

Seitel, F. P. 1983. 10 myths of handling bad news. *Bank Marketing*, 15, 12~14.

Sellnow, T. L., Seeger, M. W., & Ulmer, R. R. 2002. Chaos theory, informational needs, and natural disasters. *Journal of Applied Communication Research, 30*, 269~292.

Sellnow, T. L., Ulmer, R. R., & Snider, M. 1998. The compatibility of corrective action in organizational crisis communication. *Communication Quarterly, 46*, 60~74.

Sen, F., & Egelhoff, W. G. 1991. Six years and counting: Leaning from crisis management at Bhopal. *Public Relations Review, 17*(1), 69~83.

Several missing in Nevada explosion. 1998. *CNN*. Retrieved from http://www.cnn.com

Sewell, D. 1997(August 12). Small businesses feeling the pain. *Houston Chronicle*.

———. 2010. P&G hosts bloggers in defense of Pampers Dry Max. Retrieved from http://www.cleveland.com/business/index.ssf/2010/05/pg_hosts_bloggers_in_defense_o.html

Shaw, M., McCarthy, C., & Dykeman, K. 2012. The power of like Europe: How social marketing works for retail brand. Retrieved from http://www.comscore.com/Press_Events/Presentations_Whitepapers/2012/The_Power_of_Like_Europe_How_Social_Marketing_Works_for_Retail_Brands

Shrivastava, P., & Mitroff, I. I. 1987(Spring). Strategic management of corporate crises. *Columbia Journal of World Business, 22*, 5~11.

Siegl, E., & Foot, K. A. 2004. Expression in the post-September 11th web sphere. *Electronic Journal of Communication, 14*(1-2). Retrieved from http://www.cios.org/www/ejcmain.htm

Smallwood, C. 1995. Risk and organizational behavior: Toward a theoretical framework. In L. Barton (Ed.), *New avenues in risk and crisis management* (Vol. 4, pp. 139~148). Las Vegas: University of Nevada Las Vegas, Small Business Development Center.

Smith, C. A. P., & Hayne, S. C. 1997. Decision making under time pressure: An investigation of decision speed and decision quality of computer-supported groups. *Management Communication Quarterly, 11*(1), 97~126.

Smith, E. B. 1998(January 13). The Zilog mystery: What made so many workers so sick? *USA Today*, pp.B1, B3.

Smith, N. 2008. *I was wrong.* New York, NY: Cambridge University Press.

Snyder, A. 1991(April 8). Do boycotts work? *Adweek's Marketing Week*, pp.16~18.

Snyder, L. 1983. An anniversary review and critique: The Tylenol crisis. *Public Relations Review, 9*(3), 24~34.

Sonenshein, S. 2012. Being a positive social change agent through issue selling. In K. Golden-Biddle & J. E. Dutton (Eds.), *Using a positive lens to explore social change and organizations: Building a theoretical and research foundation* (pp.49~69). New York, NY: Routledge.

Sonnenfeld, S. 1994. Media policy-What media policy? *Harvard Business Review, 72*(4), 18~19.

Soper, R. H. 1995(August). *Crisis management strategy plan formulation and implementation.* Paper presented at the meeting of New Avenues in Crisis Management, Las Vegas, NV.

Stacks, D. W. 2002. *Primer of public relations research.* New York, NY: Guilford.

Starbucks. 2012. Starbucks support of the troops/military. Retrieved from http://news.starbucks.com/views/myths-facts-military-donations

Steenkamp, J. B. E. M. 2001. The role of national culture in international marketing research. *International Marketing Review, 18*(1), 30~44.

Stephenson, B., & Blackshaw, P. 2006. Power shift: How the Internet gives consumers the upper hand-and what proactive automakers can do about it. New York, NY: Nielsen BuzzMetrics. Retrieved from http://www.nielsen-online.com/downloads/us/buzz/nbzm_wp_Automotive.pdf

Sterne, J. 2010. *Social media metrics: How to measure and optimize your marketing Investment.* Hoboken, NJ: Wiley.

Stewart, C. J., & Cash, W. B., Jr. 1997. *Interviewing: Principles and practices* (8th ed.). Dubuque, IA: William C. Brown.

Stewart, T. D. 2002. *Principles of research in communication.* Boston, MA: Allyn & Bacon.

Stohl, C., & Coombs, W. T. 1988. Cooperation or cooptation: An analysis of quality circle training manuals. *Management Communication Quarterly, 2*, 63~89.

Stohl, C., & Redding, W. C. 1987. Messages and message exchange processes. In F. M. Jabling, L. L. Putnam, K. H. Roberts, & L. W. Porter (Eds.), *Handbook of organizational communication: An interdisciplinary perspective* (pp.451~502). Newbury Park, CA: Sage.

Strauss, G. 1998(January 13). Embezzlement growth is "dramatic." *USA Today*, pp. 1A, 2A.

Sturges, D. L. 1994. Communicating through crisis: A strategy for organizational survival. *Management Communication Quarterly, 7*, 297~316.

Sullivan, M. 1990. Measuring image spillover in umbrella-branded products. *Journal of Business, 63*, 309~329.

Swallow, E. 2010. Dell to launch social media listening command center. Retrieved from http://mashable.com/2010/12/08/dell-social-listening-center

Sysomos. 2005-2013. Heartbeat: Social media monitoring dashboard. Retrieved from http://www.sysomos.com/products/overview/heartbeat

Szpunar, P. M. 2010. Monuments, mundanity and memory: Altering "place" and "space" at the National War Memorial (Canada). *Memory Studies, 3,* 379~394.

Tan, A. S. 1985. *Mass communication theories and research.* New York, NY: John Wiley & Sons.

Taylor, M. 2000. Cultural variance as a challenge to global public relations: A case study of the Coca-Cola scare in Europe. *Public Relations Review, 26,* 277~293.

Taylor, M., & Kent, M. L. 2006. Public relations theory and practice in nation building. In C. H. Botan & V. Hazleton (Eds.), *Public relations theory II* (pp. 341~357). Mahwah, NJ: Lawrence Erlbaum.

_____. 2007. Taxonomy of mediated crisis response. *Public Relations Review, 33,* 140~146.

Taylor, M., & Perry, D. C. 2005. Diffusion of traditional and new media tactics in crisis communication. *Public Relations Review, 31,* 209~217.

Techtronic Floor Care Technology. (n.d.). Important notice regarding Hoover Wind-Tunnel T-Series REWIND bagless upright vacuums distributed prior to November 23, 2009. Retrieved from http://hoover.com/support/recalls/t-series-rewind-recall

Tesser, A., & Rosen, S. 1975. The reluctance to transmit bad news. In L. Berkowitz (Ed.), *Advances in experimental social psychology* (Vol.8, pp.193~232). New York, NY: Academic Press.

Thickeness, P. 2006. *A year's journey through France and part of Spain, 1777* (Vol. 1). Teddington, UK: Echo Library.

Thomas, E. J. 1999(Summer). Odwalla. *Public Relations Quarterly*, pp.15~17.

Thompson, C. 2008(February 1). Is the tipping point toast? *Fast Company*. Retrieved from http://www.fastcompany.com

Thompson, K. 2005. Virtual teams, disaster recovery and business continuity planning. Retrieved from http://www.bioteams.com/2005/06/30/virtual_teams_disaster.html

Trahan, J. V., III. 1993. Media relations in the eye of the storm. *Public Relations Quarterly, 38*(2), 31~33.

Trompenaars, F., & Hampden-Turner, C. 1997. *Riding the waves of culture: Understanding cultural diversity in business* (2nd ed.). London, UK: Nicholas Brealey.

Tsouderos, T. 2008(November 18). Company caves to moms' Motrin backlash. *Chicago Tribune*. Retrieved from http://www.chicagotribune.com

Tsui, J. 1993. Tolerance for ambiguity, uncertainty audit qualification and bankers' perceptions. *Psychological Reports, 72*, 915~919.

Twardy, S. A. 1994. Attorneys and public relations professionals must work hand-in-hand when responding to an environmental investigation. *Public Relations Quarterly, 39*(2), 15~16.

Tyler, L. 1997. Liability means never being able to say you're sorry: Corporate guilt, legal constraints, and defensiveness in corporate communication. *Management Communication Quarterly, 11*(1), 51~73.

Ulmer, R. R. 2001. Effective crisis management through established stakeholder relationships. Management *Communication Quarterly, 14*, 590~615.

Ulmer, R. R., & Sellnow, T. L. 2002. Crisis management and discourse of renewal: Understanding the potential for positive outcomes in crisis. *Public Relations Review, 28*, 361~365.

Ulmer, R. R., Sellnow, T. L., & Seeger, M. W. 2006. *Effective crisis communication: Moving from crisis to opportunity*. Thousand Oaks, CA: Sage.

van Riel, C. B. M. 2013. Corporate reputation and the discipline of public opinion. In C. E. Carroll (Ed.), *The handbook of communication and corporate reputation* (pp.13~19). Boston, Ma: Wiley-Blackwell.

Veil, S. R., Sellnow, T. L., & Heald, M. 2011. Memorializing crisis: The Oklahoma City National Memorial as renewal discourse. *Journal of Applied Communication Research, 39*(2), 164~183.

Vera, D., & Crossan, M. 2005. Improvisation and innovative performance in teams. *Organization Science, 16*, 203~224.

Versace announces it will join the global ban on sandblasting. 2011. Retrieved from http://www.clean-clothes.org/news/2011/07/21/versace-announces-it-will-join-the-global-ban-on-sandblasting

Versical, D. 1987(May). An anatomy: Dealers, critics review Audi's crises management. *Automotive News*, p.1.

Voit, L. (n.d.). Participation, openness, conversation, community, connectedness ··· yes that's what social media is all about! Retrieved from http://www.isnare.com/?aid=595202&ca=Marketing

Wacka, F. 2005. Crisis blogs-Plan them well. Retrieved from http://www.webpronewscanada.com/2005/0223.html

Wagstaff, J. 2006. Kryptonite's task and the real cluetrain lesson [Web log post]. Retrieved from http://www.loosewireblog.com/2004/11/kryptonites_tas.html

Walsh, B. 1995. Beware of the crisis lovers. *Forbes, 155*(12), A17~A18.

Wang, W. T., & Belardo, S. 2005. Strategic integration: A knowledge management approach to crisis management. Retrieved from http://ieeexplore.ieee.org/xpl/articleDetails.jsp?reload=true&arnumber=1385756

Ware, B. L., & Linkugel, W. A. 1973. They spoke in defense of themselves: On the generic criticism of apologia. *Quarterly Journal of Speech, 59*, 273~283.

Wathen, T. A. 1987. Audi: Shifting the blame. Retrieved from http://www.multinationalmonitor.org/hyper/issues/1987/05/wathen.html

Watson, R. 1996(September 2). Next, a "Eureka" piece. *Newsweek*, pp.48~50.

Watts, D. J., & Peretti, J. 2007(May). Viral marketing for the real world. *Harvard Business Review*. Retrieved from http://hbr.org

Wehr, L. 2007(April 19). JetBlue and Taco Bell: Lessons in crisis marketing. Retrieved from http://www.imediaconnection.com/content/14452.asp

Weick, K. E. 1979. *The social psychology of organizing* (2nd ed.). Reading, MA: Addison-Wesley.

_____. 1988. Enacted sensemaking in crisis situations. *Journal of Management Studies, 25*, 305~317.

_____. 1993. The collapse of sensemaking in organizations: The Mann Gulch disaster. *Administrative Science Quarterly, 38*, 628~652.

_____. 2001. *Making sense of the organization*. Malden: MA: Blackwell.

Weiner, B. 1986. *An attributional theory of motivation and emotion*. New York, NY: Springer Verlag.

Weinstein, S. 1993. The hoax that failed. *Progressive Grocer, 72*(8), 17.

The well-provisioned war room and why you need one. 2005(October 26). *PR News*. Retrieved from http://www.prnewsonline.com/mediarelations/The-Well-Provisioned-War-Room-And-Why-You-Need-One_7473.html

Williams, D. E., & Olaniran, B. A. 1994. Exxon's decision-making flaws: The hypervigilant response to the Valdez grounding. *Public Relations Review, 20*, 5~18.

Wilsenbilt, J. Z. 1989(Spring). Crisis management planning among U.S. corporations: Empirical evidence and a proposed framework. *SAM Advanced Management Journal*, pp.31~41.

Wilson, S., & Patterson, B. 1987(November). When the news hits the fan. *Business Marketing, 72*, 92~94.

Winfield, N. 2013. Costa Concordia disaster anniversary: Survivors still suffering a year later. *Huffington Post.* Retrieved from http://www.huffingtonpost.com

Witte, K., Meyer, G., & Martell, D. 2001. *Effective health risk messages: A step-by-step guide.* Thousand Oaks, CA: Sage.

Wood, D. J. 1991. Corporate social performance revisited. *Academy of Management Review, 16*, 691~718.

Young, S. 2013. Caffeinated chewing gum catches FDA's eye. CNN. Retrieved from http://www.cnn.com/2013/04/30/health/caffeinated-gum

Zinn, L., & Regan, M. B. 1993(July 5). The right moves baby. *Business Week*, p.31.

## 지은이

W. 티머시 쿰스 W. Timothy Coombs

센트럴플로리다 대학교(the University of Central Florida) 커뮤니케이션학부 교수. 위기관리, 기업 커뮤니케이션, PR 과목을 가르치며, 석유화학, 건설/엔지니어링, 의료, 건강 업계를 대상으로 위기관리, 커뮤니케이션, PR 관련 컨설팅을 한다. 웨인 주립대학교(Wayne State University), 클렘슨 대학교(Clemson University), 일리노이 주립대학교(Illinois State University)에서도 강의했다. 지은 책에 『위기관리 DNA: 어떤 조직도 피할 수 없는 13가지 위기, 예방과 대응 방법』(2010) 등이 있다.

## 옮긴이

|

## 배현석

1984년 연세대학교 사회과학대학 신문방송학과를 졸업하고, 1986년 연세대학교 동 대학원(신문방송학 전공)에서 석사 과정을 마쳤다. 1989년부터 1993년까지 방송위원회(현 방송통신위원회) 연구원을 거쳐, 1998년 미시건 주립대학교(Michigan State University) 텔레커뮤니케이션학과(Dept. of Telecommunication)에서 박사 학위를 받았다. 1998년 영남대학교 언론정보학과 객원교수를 지낸 후, 1999년부터 지금까지 동 대학에서 교수로 재직하고 있다. 주요 관심분야는 미디어의 효과, 특히 교육적 오락물(Entertainment-Education)과 보건 커뮤니케이션이며, *Asian Journal of Communication* 편집자문위원으로 활동하고 있다.

• 주요 논문

Bae, H.-S., Lee, D., & Bae, R. E. (2014). Emotional engagement with the plot and characters: A narrative film on hearing-impaired sexual assault victims. *Narrative Inquiry, 24*(2), 309~327.

Bae, H.-S., Brown, W. J., & Kang, S. (2011). Social influence of a religious hero: The late Cardinal Stephen Kim's impact on cornea donation and volunteerism. *Journal of Health Communication, 16*(1), 62~78.

Kang, S., Gearhart, S., & Bae, H.-S. (2010). Coverage of Alzheimer's disease from 1984 to 2008 in television news and information talk shows in the United States: An analysis of news framing. *American Journal of Alzheimer's Disease and Other Dementia, 25*(8), 687~697.

Bae, H.-S. (2008). Entertainment-education and recruitment of cornea donors: The role of emotion and issue involvement. *Journal of Health Communication, 13*(1), 20~36.

Bae, H.-S., & Kang, S. (2008). The influence of viewing an entertainment-education program on cornea donation intention: A test of the Theory of Planned Behavior. *Health Communication, 23*(1), 87~95.

Lee, B., & Bae, H.-S. (2004). The effect of screen quotas on the self-sufficiency ratio in recent domestic film markets. *The Journal of Media Economics, 17*(3), 163~176.

Bae, H.-S., & Lee, B. (2004). Audience involvement and its antecedents in enter-tainment-education: An analysis of bulletin board messages and drama epi-sodes on divorce in Korea. *Asian Journal of Communication, 14*(1), 6~21.

Bae, H.-S. (2000). Product differentiation in national TV newscasts: A Compari-son of the cable all-news networks and the broadcast networks. *Journal of Broadcasting & Electronic Media, 44*(1), 62~77.

Bae, H.-S. (1999). Product differentiation in cable programming: The case in cable all-news networks. *The Journal of Media Economics, 12*(4), 265~277.

Bae, H.-S., & Baldwin, T. F. (1998). Policy issues for cable startup in smaller countries: The case in South Korea. *Telecommunications Policy, 22*(4/5), 371~381.

• 주요 역서

『저항과 설득(*Resistance and persuasion*)』(2013)

『커뮤니케이션 정책의 기초: 전자 미디어 규제의 원칙과 과정(*Foundations of commu-nications policy: Principles and process in the regulation of electronic media*)』(2012)

『미디어 메시지 분석: 양적 내용분석방법(개정판)(*Analyzing media messages: Using quantitative content analysis in research*, 2nd ed.)』(2011, 공역)

『방송시장의 경제적 규제: 진화하는 기술과 정책적 과제(*The economic regulation of broadcasting markets: Evolving technology and challenges for policy*)』(2011).

『국제 커뮤니케이션(개정판)(*International communication: Continuity and change*, 2nd ed.)』(2009)

『교육적 오락물과 사회 변화: 역사, 연구 및 실제(*Entertainment-education and social change: History, research, and practice*)』(2008)

『미디어 효과의 기초(*Fundamentals of media effects*)』(2005)

한울아카데미 1883
방송문화진흥총서 162

# 디지털 시대의 위기 커뮤니케이션
계획 수립 · 관리 · 대응

지은이 ┃ W. 티머시 쿰스
옮긴이 ┃ 배현석
펴낸이 ┃ 김종수
펴낸곳 ┃ 한울엠플러스(주)
편　집 ┃ 배유진

초판 1쇄 인쇄 ┃ 2016년 3월 4일
초판 1쇄 발행 ┃ 2016년 3월 18일

주소 ┃ 10881 경기도 파주시 광인사길 153(문발동 507-14) 한울시소빌딩 3층
전화 ┃ 031-955-0655
팩스 ┃ 031-955-0656
홈페이지 ┃ www.hanulmplus.kr
등록번호 ┃ 제406-2015-000143호

Printed in Korea
ISBN  978-89-460-5883-5 93330 (양장)
ISBN  978-89-460-6144-6 93330 (학생판)

\* 책값은 겉표지에 표시되어 있습니다.
\* 이 도서는 강의를 위한 학생판 교재를 따로 준비했습니다.
　강의 교재로 사용하실 때는 본사로 연락해주십시오.

이 책은 MBC재단 방송문화진흥회의 지원을 받아 출간되었습니다.